건배사 모음 대백과

건배사 모음 대백과

초 판 발 행 | 2013년 8월 15일
2 쇄 발 행 | 2016년 11월 25일

지 은 이 | 김선영
펴 낸 이 | 배수현
디 자 인 | 박수정
제　　작 | 송재호

펴 낸 곳 | 가나북스 www.gnbooks.co.kr
출 판 등 록 | 제393-2009-000012호
전　　화 | 031) 408-8811(代)
팩　　스 | 031) 501-8811

ISBN 978-89-94664-47-7(03030)

※ 이 책은 청주시 · 청원군 1인 1책 펴내기 운동 기금을 일부 지원받아 발간하였습니다.

건배사를 통해
배우는 다양한 **일반상식**

건배사 모음 대백과

김선영 지음

Prologue

요즘 사회생활(social life)을 하다 보면 좋든 싫든 이런저런 모임(meeting)에 자주 나가게 됩니다.

그리고 모임이 크든 작든 건배(乾杯)를 하고 건배사(toast greetings)들이 오갑니다. 좋은 건배사(goodtoast greetings)는 함께 하는 자리의 분위기(atmosphere)를 한껏 끌어 올리기도 하고, 모임 구성원(Meeting members)들의 단합(union)을 이끌어 내기도 합니다.

그러나 이에 익숙하지 않으면 막상 건배 제의(propose a toast)를 받았을 때 매우 부담(burden)을 갖게 됩니다. 특히(specially), 건배(toast)는 장소(place), 상황(conditions)에 따라 달라지기 때문에 불쑥 건배 제의를 받게 될 경우 난감(unbearable) 할 수도 있습니다. 따라서 모임의 분위기를 잘 이끌어 나갈 수 있도록 건배하기 위해서는 평상 시(ordinarytimes) 준비(preparation)나 연습(practice)이 필요(necessity)합니다.

하지만 별도로 건배를 연습할 시간(time)이나 지도(guidance)받을 기회(opportunity)를 갖기가 쉽지는 않습니다. 이에 패러디(parody)한 건배사 용어

(term)의 해설(explanation)을 곁들여 지식(knowledge)과 지혜(wisdom)와 즐거움(pleasure)이 3합된 국내 최대(nation' sbiggest), 최고(the best) 건배사 모음집(collection)을 글로벌 시대(globalera) 상황(situation)을 반영(reflection)하여 리얼하게 편찬(compilation) 발간(publication)하고자 합니다. 이 건배사 모음집을 적절하게 사용하여 지식과 지혜를 얻고 술자리(drinkingparty)의 여흥(fun)을 더하고 모임 분위기를 주도(leading)하여 구성원(member)들의 단합을 이끌어 신바람 나는 조직(exciting organization)으로 만드는데 이바지하길 바랍니다. 또한 파생상품(derivative) 건배사를 만들어 모임 자리마다 재미(amusement)와 즐거움을 만끽할 수 있기를 희망(hope)합니다.

건배사 하나가 평생 기억(memory)되는 모임으로 만들 수 있는 위력(power)을 가지고 있음을 기억하여 건배하며 잔(glass)을 비울 때마다 새롭고 참된 것으로 채워 넣음으로써 모두의 발전(development)에 보탬(help)이 된다면, 이 책을 발간한 보람(worth)이 있겠습니다.

건배사 편찬(compilation) 시 흔쾌히 도와주신 농협 및 우리은행 관계자(the persons concerned)와 늘 곁에서 내조(wife's help)를 아끼지 않은 사랑하는 아내(dear wife) 이옥순과 편집(editing)작업을 도와준 큰딸(eldest daughter) 김혜성, 작은딸(younger daughter)김혜령에게 깊은 감사(enormous gratitude)를 전합니다.

우리 모두의 건승(健勝)을 위하여!
위하여! 위하여! 우리 모두를 위하여!

우리 모두의 건승(健勝)을 위하여!
위하여! 위하여! 우리 모두를 위하여!

2013년 여름   김 선 영

Contents

01

건배사
기원과 의미

건배사 기원과 의미

:: 건배사의 기원과 의미를 되새겨 보며

원래 신(神)에게 바친 신주(a spirit tablet)로 건배(toast)하고 죽은 사람에 대하여 행하는 종교적(sacred) 의례(courtesy)였으나, 그 후 서로 축복(blessing)하는 뜻으로 변하였다.

술잔(winecup)을 단숨에 비우는 것은 옛날에는 뾰족한 뿔잔(drinking horn)을 사용하여 잔을 세울 수 없기 때문이라고도 하고 술잔(wineglass)을 상대방(the other party)의 진심으로 생각하고 단숨에(at a stretch) 받아들이기 위한 것이라고도 한다.

한편, 술잔(wineglass)을 맞대어 소리를 내는 것은 서로의 마음이 통한다는 뜻이고 주객(主客, host and guest)이 동시에(at the same time) 술을 따라 건배(乾杯, toast : 잔을 부딪쳐 술이 섞임)하는 것은 독주(poisoned liquor)가 아닌 것을 입증(proof)하기 위한 것이라 등 여러 설(設)이 있다.

건배(toast, 乾杯)라는 말은 독특하게도 한국, 중국, 일본 등 동양 3국에서 공통(commonness)으로 사용하고 있는 말인데 중국에서 '간베이', 일본에선 '간빠이'라고 발음(pronunciation) 한다. 음식문화(Foodculture)는 판이한 세나라지만 술자리(drinking party) 문화만큼은 예로부터 닮은 것 같다.

회식(get-together)이나 술자리에서 건배사(Toast greetings)는 모임의 분위기(atmosphere)를 돋우고 화합(harmony) 의미를 살리는 감초(licorice)같은 역할(role)을 한다. 예전의 건배사(Toast greetings)들 대부분이 모임의 대표자(representative)에 의한 천편일률(千篇一律, Monotony)적이고 권위적인 형태(authoritative mode)였다면, 최근에는(lately) 술자리 문화가 변하면서 건배사도 무미건조(dry-as-dust)하고 딱딱한 예전 형식(form)에서 벗어나 유쾌하고 재미있는 형태(pleasant and interesting forms)로 발전(development)하고 있다.

그뿐만 아니라 모임의 상하 관계(relationshipbetween subordinates and superiors)나 서열(rank)을 떠나 누구에게나 건배(乾杯, toast) 제의(proposal)가 갈 정도로 건배사는 사적인 가치를 추구(pursuit)하면서 공적인 의미(public meaning)도 담아, 나와 네가 아닌 '우리'라는 공동체(Community)로 결속(binding together)시키는 데 중요한 역할(importantrole)을 하고 있다. 우리 사회(society)가 더 다양(variety)해지고 성숙(mature)해지고 있다는 증거(evidence)다.

건배(乾杯, toast)는 술자리(drinking party)에 모인 사람 모두에게 기분 좋은 일이고 건배사가 변화(change), 발전(development)한다는 것은 우리 사회(society)가 그만큼 더 여유로워졌다는 방증(collateralevidence)이니 앞으로 희망적인 의미(hopefulmeaning)가 함축(implication)된 재미있고 유쾌한 건배사들이 더 많이 나와 우리의 새로운 소통의 길(new way of communication)을 열어줬으면 한다.

02

건배
제의 요령

건배
제의 요령

:: **잔(winecup)을 채우게 한다.**

본인 앞에 놓인 잔(goblet)에 술(liquor)을 가득 채워 주시기 바랍니다.

:: **건배 제의(propose a toast) 기회(opportunity)를 준 사람에게 감사 인사(a word of thanks)를 한다.**

저에게 건배 제의를 할 수 있는 영광(glory)을 주셔서 감사합니다.

:: **당일(the day) 모임(meeting) 취지(purpose)와 관련된 멘트(ment)를 한다.**

공사다망(as busy as a bee)한 가운데도 이렇게 많이 참석(attend-ance)해 주신데 대해 진심(sincerity)으로 감사드리며, 아무쪼록 이 자리가 우리 모두의 단합(union, unity)과 친목(friendship)을 더욱더 돈독히(friendly)하는 귀한 자리(place)가 될 수 있기를 바라면서 건배 제의를 하겠습니다.(cheers!)

:: **건배 구호(cheers slogan)를 선창(lead)한다.**

그럼 건배 제의를 하겠습니다.(I'd like to offer(make, propose) a toast)
"건배 제의"

:: **마신 다음 박수(handclap)를 유도(inducement)한다.**

박~수(handclap)

03
직원회의
&단합모임

001. 오불가급(五不可及) (다 함께)삼십가취(三十可就)

　원대한 목표(grand goal)를 세우고 도전(challenge)하면 반드시(certainly) 이룰수있다는의미(meaning)로5%는불가능(impossibility)해도30%는가능(possibility)하다를 한자로 해석(interpretation).

※ 『5%는 불가능해도 30%는 가능하다. 5% may be impossible, but 30% is possible』는 전 한국전력 사장 김쌍수의 저서. LG전자에서 42년간 평사원(mere[plain]clerk)에서CEO(chief executive officer 최고 경영자)가 되기까지의 현장(thescene)에서의 산 경험(experience)과 노하우(know-how)가 고스란히 녹아있는 책이다. Part 1 〈혁신 10계명 Spirit〉 '마음가짐부터 혁신하라.'에는
1. 5%는 불가능해도 30%는 가능하다.
2. 한 방에 끝내라.
3. 조직을 파괴하라.
4. 실천하는 것이 힘이다.
5. 'NO'없는 도전

6. 나 아닌 우리

7. 자원유한 지무한(資源有限 智無限 : 자원은 한계가 있어도 사람의 지혜는 끝이 없다)

8. Early Innovation

9. 과수원 패러다임(품종 우량화로 높은 수익의 잘 익은 과일 생산)

10. 큰 덩치를 잡아라.

등 보석(jewel) 같은 내용(contents)을 내포하고 있다.

002. 우리(we)! (다 함께)서로(each other)! 모두(all)! (다 함께)함께(together)!

"If you want to go fast, go alone, but if you want to go far, go together" 빨리 가고 싶다면 혼자 가도 됩니다. 그러나 멀리 가고 싶다면 함께 가야 합니다.

※ 해설 : 독일 총리 **앙겔라 메르켈의 명언**(a wise saying)으로 당장 눈 앞에 보이는 개개인 (individuals)의 이익(profit)보다 조직(organization) 전체의 발전(development)과 목표 달성 (achieving goals)을 위해서 조직원 모두의 힘(power)과 노력(effort)이 필요하고 그 힘을 바탕 (foundation)으로 우리회사의 지속적인 성장(perpetual growth)을 기원(prayer)한다는 의미.

※ 앙겔라도로테아메르켈(독일어 : AngelaDorothea Merkel, 1954년 7월 17일~)은 독일의 정치인 (states·man)이다. 2000년 4월 10일부터 기독민주연합(CDU : ChristlichDemokratischeUnion Deutschlands) **최초의 여성 의장**(chairman)을, 2005년 11월 22일부터는 독일의 제8대(**통일 독일 제국 이후로는 제34대**) 총리로서 제2차 좌-우대연정을 이끌었다. 2009년 9월 27일에 있었던 총선 (generalelection)에서 승리(victory)를 거두고 '흑황[黑黃 : 독일정당의대표색(representative color) 은 기민당 흑색, 기사당 청색, 자민당 **황색**]연정(기민·기사-자민)'을 성립(conclusion)시켜 연임 (reappointment)에 성공(success)했다.

003. 2만 ○○가족과, 4천만 고객과, 초일류기업을 위하여!
(다 함께) 위하여! 위하여! ○○○을 위하여!

올해(this year)는 우리 회사가 창립(founding) ○○○주년을 맞이하는 뜻 깊은 해입니다. 1887년 경북궁 건청궁에서 이 땅에 처음으로 전기라는 문명 (civilization)의 불(fire)이 밝혀진 이후, 1898년 최초 ○○회사인 ○○전기회 사 발족(inauguration)부터 시작된 ○○○년 ○○산업(Electricpowerindustry) 의 역사(history)의 의미(meaning)를 되짚어 보며, ○○○년이라는 긴 역사동안 (during longhistory) 변함없이(asever) 국민기업(nationalcompanies)인 ○○○ 을 사랑해주시고 성원(encouragement)해주신 고객 여러분께 진심(sincerity) 으로 감사(gratitude)를 드리고 한순간도(as slick as nothing at all) 쉬지 않 고 힘차게 빛(light)의 역사를 일으켜 안정적 ○○ 공급(stable powersupply)을 통하여 국가산업(nationindustry)과 경제발전(economicdevelopment)에 기 여하시는 임직원(executivesandstaffmembers) 여러분의 노고(labor)를 치하 (compliment)합니다.

저는 ○○○주년(a whole year)을 맞이한 의미 있는 올해, 이 자리에 모이신 분들과 고객님 그리고 세계 초일류기업(world top-notch enterprise)위해 건 배 제의 하겠습니다. 잔을 높이 들어주시기 바랍니다.

※ 불의 역사(the history of fire) : 제1의 불은 음식을 익혀 먹고 난방(heating)을 하는 등의 불, 제2의 불은 전기, 제3의 불은 원자력 에너지, 제4의 불은 핵융합 발전이다.

※ 경복궁 : 조선시대의 대표적인(typical) 궁궐(theroyal palace)로서 중국의 고대 궁궐(the royal palace)을 만드는 법식인 하늘의 별자리(constellation)를 본뜬 오성좌 배치(arrangement)를 했으며. 정도전이 [詩經] 大雅篇 의 "君子萬年 介 景福" 에서 '경복' 을 따 경복궁이라 지었다. 임금 (monarch)의 즉위식(coronation)이나 대례(大禮) 등을거행(performance)하던 근정전과 우리나라 최대의 누각(樓閣)으로 나라에 경사(happy occasion)가 있거나 사신(envoy)이 왔을 때 연회

(banquet)를 베풀던 경회루가 있다.

※ 창덕궁 : 유네스코세계유산(worldheritage)으로 등록(registration)된, 우리나라에서 가장 아름다운 궁궐(beautiful palaces)로, 조선시대 궁궐(theroyalpalace)의 아름다움(beauty)을 잘 보여주는 연못 부용지와 정자(pavilion) 부용정이 있다.

004. 나를 ^(다 함께)버리자

나무(tree)는 꽃(flower)을 버려야 열매(fruit)를 맺고, 강물(river water)은 강(river)을 버려야 바다(sea)에 이른다고 합니다. 우리 부서(our department) 또한, 공동의(common) 열매를 맺기 위해서 각 개인의 이기심(egoisticmind)보다는 조직(organization)을 위해 서로 배려(consideration)가 충만(fullness)할 때 우리 괴산지점(the branch office in goesan)은 빛날 것입니다. 제가 **나를** 하고 선창하면 여러분께서는 **버리자**라고 후창하여 주시기 바랍니다.

005. 미래로!(go! to! world!) ^(다함께)세계로(go! to! future!)

partnership으로 더 큰 목표(bigger goals), 더 큰 성과(greater outcome)를 만들기 위해 서로(mutually)를 존중하고(respect), 배려하고(consideration), 신뢰하는 마음 (heart of faith)을 갖자는 의미 담아 건배 제의합니다. 제가 스타카토 음률을 넣어 "세계로!" 선창하면 다함께 "미래로!"를 외치며 잔을 부딪쳐 주시기 바랍니다.

006. 진정으로 하나 된! (다 함께)전력인을 위하여!

성공한 사람(successful people)의 이야기를 살펴보면 한 가지 공통점(common point)이 있습니다. KFC 창업자인 커넬샌더스는 자신의 닭요리(chicken) 제안(proposal)을 받아들일 음식점(restaurant)이 나타날 때까지 무려 1,009번이나 면전(presence)에서 거절(refusal) 당했고, 디즈니랜드(Disneyland) 창업자(the founder)인 월드 디즈니는 세상에서 가장 행복한 장소(happiestplace)인 디즈니랜드를 만들기 위해 은행(bank)에서 재정지원(financialaid)을 받기까지 무려 303번이나 거절(rebuff)당했다고 합니다.

기업환경(Corporate environment)의 벽(wall), 에너지의 벽, 세계시장(global market)의 벽, 자기 자신(oneself)과의 벽에 부딪혀 시도(try)했던 모든 것이 절망(despair)이라하더라도 그것은 또 하나의 전진(advance)이기 때문에 용기(courage)와 희망(hope)을 잃지 맙시다. 가장 가치 있는 시간(the most precious time)은 최선을 다한 시간이고, 가장 소중한 시간은 지금 바로 이순간입니다.(The most precious time is the moment right now.) 이제 우리에게 주어진 시간이 많지 않습니다. 우리는 절반의 성공을 원치 않습니다. 우리가 그토록 열망(ardentdesire)하는 세계초일류기업(world top-notch company)의 꿈을 반드시 이루고 자랑스러운 전력인(proud electric power man)이라 말할 수 있을 때까지 전력투구(maximum effort)합시다. 한 사람의 꿈(dream)은 단지 꿈이지만 만인의 꿈은 반드시(certainly) 현실(actuality)로 이루어진다고 했습니다. 여기에 모인 모든 분(everybody)의 건강(health)과 행복(happiness)을 기원하고, 모두 하나 되고, 진정한 전력인이 되어 우리 회사를 세계 초일류 기업으로 만들어 갑시다.

※ KFC(Kentucky Fried Chicken) : 미국에 본거지(headquarters)를 둔 패스트푸드 체인점(chain店)이다. 미국에서는 얌 브랜드(brand)의 자회사(an affiliated company)이며, 대한민국에서는 두산그룹

건배사 모음 대백과

에서 운영권(the running)을 가지고 있다. 치킨(Chicken, 닭튀김) 메뉴(menu)로 특히 유명(famous)하며, 전 세계(the whole world) 여러 나라(many countries)에 진출(advance)해 있다.

※ 체인점(chain店) : 공동 구입(cooperative buying), 공동 광고(joint advertising), 공동 설비(common plant)로 동일 업체 (same vendor)나 상표(brand)의 상품(commodity)을 취급하는 많은 소매점 (a retail store)을 각처(each place)에 두고 중앙의 통제(Central Control)에 따라 경영하는 점포 (Managing stores) 조직(organization)

※ 프랜차이즈(franchise):특정한상품이나서비스(certain productsorservices)를제공(offer)하는주재자 【the president, 主宰者 : 어떤 일을 중심이 되어 맡아 처리하는 사람이 일정한 자격(qualification)을 갖춘 사람에게 자기 상품에 대하여 일정지역(region)에서의 영업권(goodwill)을주어시장개척 (thecultivationofthe markets)을 꾀하는 방식(method). 영업권(trade rights)을 주는 대가로 로열티 (royalty)를 징수(levy)한다

※ **디즈니랜드 : 세계에서 가장 유명한 유원지**(an amusement park) **하나. 미국 캘리포니아 주 남서 부 애너하임에 있다.** 1955년에 문을 연 이 유원지(면적 약 30㎡)는 미국의 영화감독(a film director)이며 TV 연출가(producer)인 월트 디즈니의 계획(plan)으로 세워졌다.

007. 주전자(kettle)

막걸리는 우리나라의 대표 전통주(traditional alcohol)입니다. 우리 회사는 우리나라의 대표적인(representative) 국민기업(National companies)입니다. 막걸리의 맛(taste)을 제대로 음미(tasting)하기 위해서 주전자(kettle)에 술 (wine)을 부어 마시듯 최상의 전력서비스(the best electric power service)를 받기 위해서는 바로 우리 회사의 주전자를 통해서 직접 경험(experience)해 보아야 합니다. 우리나라, 또 세계전력산업(worldelectricpower industry)의 주전자 역할(role)을 하고 있는 우리 회사를 위해 건배하겠습니다.(CHEERS!)
　주인(the master)답게 살고, **전문성**(professionalism)을 갖추고 살고, **자신**

있게 살자.

008. (잔을 위로)**위** (잔을 아래로)**하** (잔을 부딪치며)**여**

Change crisis to an opportunity. 위기를 기회로 **하**면 된다. **여**러분 go for it 힘내세요.(파이팅)

009. **사이다**

조직(organization)은 그 구성원(member)이 가족적인(homely) 분위기(atmosphere) 속에서 서로 사랑하고 배려(consideration)하는 문화(culture)가 있을 때 잘 운영되지요! 서로 사랑하고 배려하는 조직문화(Organizationalculture)를 만들어가자는 의미(meaning)로 삼행시 사이다로 건배 제의하고자 합니다.(I'd like to propose a toast.) 여러분께서 앞 글자(acronym)를 선창(lead)해 주시기 바랍니다.

사 : 사랑합니다. **이** : 이 한 몸 다 바쳐 사랑(또는 존경)합니다. **다** : 다시 태어나도 사랑(또는 사랑하고 존경)합니다.

010. **우리나라 세계 초일류 기업을 위하여!**
(다 함께)**위하여! 위하여! 전력회사를 위하여!**

4천만 고객행복(Customer happiness)을 위하여 불철주야(dayandnight) 노심초사(exertionofthe mind)하고, 2만여 전력가족의 애환(joysand sorrows)

을 누구보다 잘 헤아리시고 보살펴주시는 존경(respect)하는 홍길동사장님의 꿈이자 우리 가족 모두의 영원한 꿈(eternaldream)은 세계초일류기업(world top-notchcompany)입니다." 강한 정신력(strongmentalstrength)으로 집중(concentration)하면 화살(arrow)이 바위(rock)에 꽂히고, 성공의 요체(SuccessFactor)는 반복(repetition)과 몰입(absorption)에 있다."고 사장님께서 말씀하셨습니다. 사석위호(射石爲虎)의 집중력으로 반복과 몰입을 하면 꿈은 반드시 이루어집니다.(Dreams come true.)

※ 사석위호(射石爲虎) : '돌(stone)을 던져 호랑이(tiger)를 잡는다'는 뜻으로 정신을 집중하고 일에 임하면 어떤 일도 이루어질 수 있다는 의미다. **사마천이 저술**한 옛 신화(myth)시대부터 전한 초기(beginning)인 기원전(B.C = before Christ) 2세기 말 한 무제(漢武帝) 때까지의 역사(history)를 다루고 있는 역사서(history book)로 **기전체의 효시**(the first)**인 사기**(史記)의 〈이장군 열전(李將軍 列傳)〉 에 나오는 말이며, 중국 전한시대의 장군(general) 이광(李廣)이 쏜 화살에 대한 이야기에서 유래(originate)했다. 이광은 조상(ancestor)으로부터 물려받은 궁술(archery)과 기마술(騎馬術:말을 타는기술)에 남다른 재주(talent)가 있는 맹장(a strong general)이었는데 하루는 명산(冥山)으로 사냥(hunting)하러 갔었다. **풀숲**(grass thicket) **속에 호랑이가 자고 있는 것을 보고 급히 화살을 쏘아 맞혔는데 호랑이가 꼼짝도 하지 않았다. 이상하게 생각되어 가까이 가 보니 그가 맞힌 것은 화살이 깊이 박혀 있는 호랑이처럼 생긴 돌**(stone)**이었다. 다시 화살을 쏘았으나 이번에는 화살이 튕겨져 나왔다. 정신을 집중하지 않은 것이었다.**

※ 동의어(synonym) : 중석몰촉(中石沒鏃), 중석몰시(中石沒矢)

※ 유의어(synonym) : 우공이산(愚公移山) 우공이 산을 옮긴다는 말로, 남이 보기엔 어리석은 일(absurdity)처럼 보이지만 한 가지 일(one job)을 끝까지 밀고 나가면 언젠가(sometime)는 목적(purpose)을 달성(achievement) 할 수 있다는 뜻이다.

011. **생각을** (다 함께)**바꾸자**

"Change your thoughts." 사람들은 프라이팬 위의 파전이나 빈대떡은 곧 잘 뒤집으면서 자신의 생각(selfthought)이나 신념(conviction)은 좀처럼 뒤집으려 하지 않는 성향(disposition)을가지고있습니다.자신의 생각(selfthought)이나 신념만 고집(obstinacy)하는 인생(life)은 한쪽 면만(only one side) 타버리거나 한쪽 면이 익지 않아 멋없는 인생(uninteresting life, 직장생활)이 될 것입니다. 제가 **생각을** 하면 여러분께서는 **바꾸자**라고 후창하여 주시기 바랍니다.

012. 50여 년 전통, 50여 년 영광 열린 문도 기회, 닫힌 문도 기회.

새로운 도약(newleap)을 위한 내실 성장(Profitable Growth), 정도 영업(正道 營業, right path business) 풍림화산 정신과 전력 plus 1 실천(practice)으로 우리 회사의 발전(development)과 영광(hour), 그리고 우리나라 최고 국민 기업(Topnational companies)을 위해!

※ 해설 : 좋지 않은 날씨(bad weather)는 항상(always) 있습니다. '**나중**['**나중**'의 원래 말은 **乃終(내종)이다.**]에'라는 길을 통해선 이르고자 하는 곳에 결코 이를 수 없듯이 실천(practice)을 통한 목표 달성(achieving goals)이 중요합니다.

013. **고!고!고!**

우리 회사(ourcompany)의 무궁한 발전(eternal prosperous development)을 위하고! (다 함께)고고고!

                                        건배사 모음 대백과

충북 본부의 무궁한 발전을 위하고! (다 함께)고고고!

우리 모두(Weall)의 건강과 행복(health and happiness)을 위하고! (다 함께) 고고고!

014. 불파만(不怕慢)! (다 함께)지파참!(只怕站)

Be not afraid of growing slowly, be afraid only of standing still. 느린 것을 걱정하지 말고, 멈춘 것을 걱정하라는 뜻입니다.

우리가 사회생활(sociallife)을 하다보면 기쁜 일(pleasure)도 있지만 힘든 일(hard work)도 많이 있습니다. 어려울 때, 힘들 때, 그만 멈추고 싶을 때! 좌절(frustration)하지 말고 포기(abandonment)하지 마십시오! 하면 된다(if you have a mind to do something, you can do it)는 마음으로 꾸준히 가면 언젠가는(some timeorother) 목적지(one'sdestination)에 도달(attainment) 할 것입니다. 조금은 늦더라도 멈추지 말고 달립시다. 그런 의미에서 제가 **불파만**하고 선창하면 **지파참**하고 힘차게 후창하시기 바랍니다.

015. 우리 회사의 발전과 우리 모두의 행복을 위하여! (다 함께)지수분(知守分)!

제가 평소 좋아하는 이정우님의 '지혜로운 삶(The life of wisdom)'이라는 시(詩)의 한 소절(measure)을 소개(introduction)하며, 건배를 할까합니다.

자기의 분수(one's place)를 잘 아는 것은 지분(知分)이고, 자기의 분수를 잘 지키는 것이 수분(守分)이며, 자기 분수에 만족(satisfaction)하는 것을 안분(安分)이라고 합니다.

지분과 수분과 안분 삼분(三分)을 아는 것이야말로 바로 행복한 삶(happy-life)을 살 수 있는 지혜로움(devicefulness)이라 했습니다. 우리 모두 삼분을 실천(practice)하는 지혜로운 사람(awiseperson)이 되었으면 합니다. 우리 회사의 발전(ourcompany's development)과 우리 모두의 행복(oureveryone's happy)을 기원(prayer)하며.

※ **이정우 법사**는 경남 함양에서 태어났다. 금선사에서 생활하기 시작하여 종교(religion)와 정신(spirit)에 깊은 관심(deep interest)을 가지고 불경과 동양사상(Eastern ideas), 크리슈나무르티, 라즈니쉬 등에 심취(admiration)하였다. 동국대학교에 들어가 불교학을 공부하고 석사 학위(master's degree)를 취득 (acquisition)하는 등, 불교를 학문적으로 연구(academic research)하는 데 많은 노력(a lot of effort)을 쏟고 있다. **92년, 군에서 복무**(service)**하는 젊은이**(youngperson)**들과 함께 하고자 군승으로 임관**(appointment)하여 육군청성부대(청원사), 뇌종부대(운학사), 육군종합행정학교 군종학교관(instructor), 광개토부대(일승사) 등을 거쳐 지금은 육군대학(the Military Staff College) 군종장교로서, 삼군대학 자운사 주지 법사(Buddhist priest)로 있다. 2001년에서 '선도 및 상담 백과'(공저)를 펴냈었고, 같은 해 **씨앗 법문이라는 설법집으로 많은 이들에게 삶의 지혜**(The wisdom of life)**를 전하였다.**

📑 **참고사항**

크리슈나무르티는 1895년에 인도 특유의 신분 제도(Unique identification scheme)인 카스트의 네 가지 신분 **브라만**(승려 계급), **크샤트리아**(무사 계급), **바이샤**(평민 계급), **수드라**(천민 계급)중 브라만 가정(family)에서 태어나 14살에 신지학회(기독교)에 발탁(selection)되기 전까지 힌두교적 풍습(custom)에 따라 생활(life)하였던 것으로 알려져 있다. 대부분(for the most part)의 브라만 소년들(the boys)처럼,크리슈나무르티도힌두교의의례(courtesy)나경전【Scriptures,經典종교(religion)의 교리(doctrine)를 적은 책】을 공부 (study)하는 학교(school)에서 교육(education)을 받았다. 그는 스스로 자신의 빛(light)이 되라고 주장(insistence)한다. **내 안의 빛**(light in oneself)**은 나에 의해서만 밝혀질 수 있으며, 다른 누구의 빛도 나의 것이 될 수는 없다고 말한다. 따라서 그는 종교나 사상**(thought) **등 무엇인가 '다른 사람의 빛**(Other people's light)'**을 따르는 것을 거부**(refusal)**하라고 주문**(request)**한다.**

오쇼 라즈니쉬는 1931년 12월 11일 인도의 Madhya Pradesh에서 자이나교도인 직물상인(textiles merchant)의 장남(the eldest son)으로 태어나 7살이 될 때까지 그의 할아버지(grandfather)와 함

건배사 모음 대백과

께 살았다. 그의 할아버지는 그가 마음껏 행동(action)할 수 있도록 절대적 자유(absolute freedom)를 허락(consent)해주고, 삶의 진리("Truth of Life")에 대한 그의 조숙(precocity)하고 강렬한 탐구(intense exploration)를 전면적으로 지원(support from all sides)해 줬다. 1990년 1월 19일 인도의 구루 바그완 슈리 라즈니슈가 59세로 죽었다. 구루는 주로 인도의영적지도자(spiritual leader)를 가리키는 말이다. 어원적(etymological)으로는 '무겁다'는 뜻이라고 한다. **그는 힌두교, 자이나교, 선불교, 도교, 기독교에다 이런저런 철학적**(philosophical) · **심리학적 전통**(psychological tradition)**과 명상 요법**(transcendental meditation)**들을 결합**(combination)**한 신비주의적 가르침**(mysticalteachings)**으로 수많은 추종자**(countless followers)**를 얻었다.**

※ **힌두교** : 인도의 토착(aboriginality) 신앙(faith), 풍속(custom)과 브라만교가 융합(fusion)한 민족종교(nation religion) 힌두교는 하나의 단일한 종교(single religion)가 아니라, 여러 가지 다양한 성격(many different character)의 종교가 뒤섞여 있는 것이라고 해야 할 것이다. 즉 인도 사람들이 갖고 있는 여러 가지신앙(variousfaith), 항상(always) 유동(flow)하며 변화(change)하는 그들의 신앙 전체(whole)를 총칭(a generic name)하는 것이 힌두교다. 힌두교(인도를 가리키는 말)의 주요 경전(Major Scriptures)인 베다는 기원전(B.C = before Christ) 1500년경에 성립(realization)되어 베다 산스크리트어로 기록(record)되었다. 교주(教主) 즉 **특정한 종교적 창시자**(religiousfounder)**가 없는 것이 특징**(characteristic)**이다.** 또한(also) 소(cattle)를 신(God)으로 여기지는 않는다.

※ **브라만교** : 브라만 계급(class)을 중심으로 베다【veda는 '보다' 라는 뜻으로 신이 설파(con ‑futation)한 진리(truth)를 담고 있음】를 근본 경전(tfundamental scriptures)으로 하여 발달한 종교.

※ **자이나교** : 인도에 신흥 종교(new religion)의 하나. 인도에서 기원전(B.C = before Christ) 6세기경 비정통(非正統) 브라만교에서 발생(origination)하였다. 개조(開祖,progenitor)는 마하비라(Mahāvira)이다. '자이나(Jaina)'의 음역어는 '지나(耆那)'이다. 베다가제시(presentation)하는 희생제의(sacrificesuggestion)를 거부(refusal)하고 카스트 제도(system)의 불평등(inequality)을 지적(pointout)했다. 또한 금욕주의(asceticism)와 비폭력주의(gandhian), 아힘사(ahimsa)≪'불살생'의 뜻으로, 살아 있는 모든 것을 살상(shed blood)하면 안 된다는 사상, 인도 종교의 가장 기본적인 사상(the most basic idea)이며, 간디가 독립운동(independence movement)을 할 때는 비폭력(ahimsa)의 뜻으로 사용하였다≫의 종교라 불리기도 한다. 금욕주의(stoicism)란 일체의 욕망(all desire)과 집착(tenacity)을 갖지 않는 것이다.

※ **선불교(禪佛教)** : 선종(禪宗)이리하며 중국 남북조시대 달마가 창시한 종교로 중국 불교 십삼종

(十三宗)의 하나. 문자(letter)를 뛰어넘어 참선(參禪)을 통한 내적 관찰(inner observation)과 자기 성찰(self communion)에 의하여 불도의 깨달음(realization)을 얻을 것을 주창(advocacy)한 불교 종파 (Buddhist sect)이다

※ **도교** : 황제(emperor)와 노자【중국 춘추 시대의 사상가(thinker)이자 도가의 창시자(originator)】를 교조(the founder of a religion)로 하는 중국 고유의 토착종교(unique indigenous religion).

※ **기독교**(hristianity) : 예수그리스도(히브리어 메시아 Messiah)를 구세주(the Messiah)로 믿는 종교. 서기 30년대에 유대교로부터 갈라져 나왔으며 전 세계적으로(worldwide) 10억이 넘는 신도 (believer)가 있다.

016. 불가능은! (다 함께)**없다!**

Impossible is nothing. 뜻한 바를 포기(abandonment)하지 않으면 반드시 이룬다는 의미. 불가능(Impossible), 그것은 나약한 사람들(weenie)의 핑계(pretext)에 불과하다. 불가능, 그것은 영원한 것이 아니라, 일시적인 것이다. 불가능, 그것은 도전(challenge) 할 수 있는 가능성(possibility)을 의미(meaning)한다. 불가능, 그것은 사람들을 용기(courage)있게 만들어 준다. 불가능, 그것은 머릿속 그림(picture)일 뿐이다.

※ **"나의 사전에는 불가능은 없다"**(The impossible is nothing in my dictionary) **이 말은 나폴레옹** 이 1799년 11월 제1통령(dictator : 전체를 관할하여 거느림)으로 권력(power)을 장악(grasp)한 뒤 과거 코끼리 부대(elephant unit)를 앞세워 알프스를 넘어 이탈리아로 진격(advance)한 카르타고 의 한니발 이후 대규모(large scale)의 군사(soldier)가 처음으로 알프스를 넘으려 할 때 그의 부관 (adjutant)들은 불가능한 일이라며 극구 만류(detain)하였으나 단호히 "나의 사전에 불가능이란 단 어는 없다"라는 유명한 말(amous saying)을 외쳤다. 1800년 5월 마침내 알프스의 생베르나르협곡 (canyon)을 넘은 나폴레옹군은 이탈리아를 점령(occupation)하고 있던 오스트리아군과 마렝고전 투(combat)에서 결정적인(definite) 대승(agreatvictory)을 거두었다.

건배사 모음 대백과

🖋 참고사항

쇼비니즘(chauvinism) 나폴레옹 군대에 참가하여 열광적이고도 극단적인 애국심(fanatic and extreme patriotism)을 발휘(display) 했던 니콜라 쇼뱅의 영웅담(epic tale)을 작가(writer)와 역사가(historian)들이 퍼트리면서 나오게된 용어(phraseology)로, 맹목적이고 배타적인 애국주의(blindand exclusive chauvinism)를 뜻한다.

동장군(generalwinter) 나폴레옹 1세가 러시아 원정(expedition)을 나섰을 때 추위(coldness)를 견디지 못한 나폴레옹 군대(army)가 퇴각(retreat)한 것을 두고 영국의 한 기자(reporter)가 'general winter'라고 말한 데서 유래했다고 함.

017. 함께 가면! (다 함께)멀리 간다!

if you want to go far, go together 혼자서는 살 수 없는 세상에서 겸허(humility)하고 열린 마음(open mind)으로 사람들과 교류(exchange)하는 것이 나를 발전(growth)시킬 수 있는 최소한(the minimum)의 준비(preparation)라는 것이다.

018. 통! 통! 통!

뜬다 충북본부, 난다 괴산지점 통! 통! 통! 충북본부 괴산지점(the branch office in goesan)은 파이팅(fighting)! (다 함께)위하여! 위하여! 충북본부 괴산지점은 파이팅!

※ 고객과 통, 직원과 통, 최고실적(The best performance)으로 통하자는 의미.

019. 통! 통! 통!

조직(organzation)이 발전하고 가정(home)이 화목(harmony)하기 위해서는 의사소통(communication)이 중요하다고 합니다.조직의 발전(develop-ment)과 화목(harmony)을 위해서 건배 제의합니다. 건배 구호(Cheerss-logan)는 통통통으로 하겠습니다. 통통통은 의사 소통(communication, 意思疏通), 운수대통(anextremely good luck, 運數大通), 만사형통(all goes well, 萬事亨通)을 의미합니다. 제가 통통통을 선창하면 통통통으로 후창하시면 됩니다.

020. 목표(goal)는! (다 함께)높게(high)!

추진(promotion)은! (다 함께)즐겁게(pleasantly)!
결실(ripening)은! (다 함께)달콤하게(mellowly)!

021. 위하여! 위하여! 충북본부 최우수 본부달성을 위하여!

올해도(this year), 전 직원들(all employees)이 한마음(one mind)이 되어 정도 영업(正道 營業, right path business)을 바탕(basis)으로 내실 성장(Profitable Growth)을 통한 새로운 도약(new jump)으로 우리 충북본부 1등(first class) 본부(the head office) 달성(achievement)을 위하여.

022. 우리 회사 파이팅(fighting)! 홍길동 사장님 파이팅! 파이팅! 파이팅!

올해 전력사업의 최고의 성과(supreme performance)를 거양(super-duction)하신 홍길동 사장님! 올해에는 대한민국을 넘어 세계 최고의 성과(the world's highest result)를 올리시는 사장님으로서 그 명성(fame)을 드 높이시고 사장님께서 주창(advocacy)하신 '내실 성장 (profitable Growth)을 통한 새로운 도약(new leap)'을 통해 세계 속의 우리 회사로 우뚝 서는 데 2만여 임직원(executives and staffmembers)들이 '死卽必生(사즉필생)'의 각오(preparedness)로 출전(participation)할 것을 사장님 앞에서 굳게결의(Firmlyresolution)합니다. 불후(immortality)의 명장(Enduring active chapter)이신 홍길동 사장님과 세계 최고(The best in the world)의 우리 회사를 위하여 건배를 제의합니다.

※ **死卽必生(사즉필생)** : 이순신 장군(general)이 **명량해전을 앞두고 한 "생즉필사 사즉필생《生卽必死 死卽必生 "**You will die if you are worried about your life, and if you are not afraid to die, you will live." **살고자 하면 반드시 죽을 것이오, 죽고자 하면 반드시 살 것이다.》"라는 명언**(a wise saying)이다.

023. 최우수 사업소 괴산지점을 위하여

'통하였느냐?'라는 유명한 카피(copy : 광고의 문구)가 있습니다. 원래 스캔들(scandal)이라는 영화(film)의 홍보문구(public information phrase)로 쓰인 이 말은 영화의 내용(contents)과 달리 소통(communication)의 중요성(importance)을 강조(emphasis)하는 말로 더 널리 쓰이고 있습니다. 소통이란, 서로의 뜻이 통하는 것(come to[arriveat] understanding)을 말합니다. 무릇(in general), 사람이 큰 뜻(great ambition)을 이루기 위해서는 일을 도모

(planning)하는 사람들의 뜻이 통해야 합니다. 소통하면 대통합니다. 우리 모두 소통하여 괴산지점(the branch office in goesan)은 최우수 사업소(the best business office)의 뜻한 바를 크게 이룹시다.

🖋 참고사항

※ **POP**(point of purchase, **購買時點廣告**) : 상품(commodity)의 특징(characteristic)이나사용방법(Howtouse), 효능(efficacy), 가격(price) 등을 알기 쉽게 설명한 광고물(Intelligibly explainedadvertisement)을 고객이 쉽게 볼 수 있는 점포 입구(Store entrance)나 점포 안의(inside of the store)적당한위치(suitablelocation)에부착한광고(attached advertisement).

※ **티저광고**(Teaser**廣告**) : 티저는 놀려대는 사람, 짓궂게 괴롭히는 사람(annoying people)이라는 뜻이다. 소비자(consumer)의 호기심(curiosity)을 자극(stimulation)하려고 일부러 상품(merchandise)이나 서비스 따위에 대한 정보(information)를 자세히 드러내지 않는 광고.

※ **Shopping Mall**(쇼핑몰) : 쇼핑센터옥내(theinteriorofa house)의녹지(greens)나분수(fountain)등의환경(environment)을 갖춘 홀(hall : 넓은 방)이나 통로(passage)를 몰이라고 하는데 가로수(aroadsidetree), 가로등(streetlight), 안내판(guideboard), 벤치 등을 디자인하여 보행자(walker)의 쾌적성(comfortproperties)을 중시하고 머무는 시간(staying time)을 연장(extension)해 상점가를 활성화(activation)하는 것이 목적(purpose)임.

※ **Golden line**(골드 라인) : **상품**(merchandise)을 **진열**(display)**할 때 고객의 눈길**(customer's attention)**이 머무는 높이**(height), **즉 눈높이**(eye level)**를 일컫는 말로 남성**(man) **상품**(merchandise)**은 지면**(ground)**으로부터 160cm, 여성**(woman) **상품은 150cm 높이.**

024. 괴산지점을 위하여

돈키호테가 말(horse)을 타고 갑옷(armor)을 입고, 투구(helmet)를 쓰고, 긴 창(long spear[lance])을 들고 성(castle)을 향해 혼자(alone)돌진(dash)하면

서 남기는 출사표가 있습니다.

> 이룰 수 없는 꿈을 꾸고,
>
> Dream the impossible
>
> 이루어질 수 없는 사랑을 하고,
>
> Do the impossible love
>
> 이길 수 없는 적과 싸움을 하고
>
> Fight with unwinnable enemy,
>
> 견딜 수 없는 고통을 견디며,
>
> Resist the unresistable pain
>
> 닿을 수 없는 저 밤하늘의 별을 따자!
>
> Catch the Uncatchable star in the sky

돈키호테의 시구(a phrase in a poem)와 같이 우리 모두 도진정신(Challenging Spirits)을 키워 최우수 사업소(the best business office)를 만듭시다.

025. 새로운(new)! (다 함께)출발(start)! 새로운! (다 함께)도전(challenge)! 도약(jump)! (다 함께)올해(this year) 야!

026. 우리 회사를 위하여! ^(다 함께)나를 위하여! 우리 괴산지점을 위하여!

우리를 영어로 WE라고 합니다. WE를 써놓고 글자 아래쪽에서 수직 (verticality)으로 거울(mirror)을 대어 보면 ME 즉 나라는 글자(letter)가 나타 납니다. 이렇듯 우리와 나는 한 몸을 의미합니다. 우리 회사를 위하는 것이 나를 위하는 것이고 우리 회사의 발전이 여러분 개개인의 발전이라는 의미에서 건배 제의를 하겠습니다.(Iproposea toast.)

027. 때를 기다리자! ^(다 함께)기다리자! 기다리자! 때를 기다리자!

let's wait for an opportunity. Everything comes to those who wait 모든 것은 기다리는 자에게 옵니다. 일본 전국시대 영웅(hero) 3인의 성격 (character)을 말해주는 재미있는 이야기가 있는데 두견새(일명 접동새)가 울지 않을 때 울게 하려면 어떻게 할까를 세 명에게 물었는데 오다 노부나가는 "울지 않으면 칼로 새의 목을 친다", 도요토미 히데요시(별칭 원숭이)는 "어떻게든 새가 울게 만든다" 도쿠가와 이에야스는 "새가 울 때까지 기다리겠다"고 대답 했다. 새가 울 때까지 기다린 도쿠가와 이에야스가 전국(the whole country, 戰國)을 제패(conquest)하여 에도 막부(幕府)를 세웠던 것 같이 우리는 고난 (hardship)과 역경(adversity)이 있을지라도 참고 인내(endurance)하고 기 대(expectation)하고 기다릴 줄 알아야 합니다. It's a long lane that has no turning 기다리면 기회(chance)는 반드시 옵니다. 목표(target)를 달성 (achievement)할 수있습니다.

※ 에도 막부(幕府) 일본의 도쿠가와이에야스(德川家康) : 1603년에 에도(江戸)에 수립(establish-ment)한 무가(武家)정권(power) 15대 265년으로 끝났다.

                                        건배사 모음 대백과

028. 오늘은 (다 함께)선물이다.

Today is a gift 오늘이 마지막(the last)이란 마음으로 최선을 다하자.(Let's do our best, do my utmost)

029. 우리는! (다 함께)하나다!, 있을 때! (다 함께)잘하자!

We are one 우리는 모두 하나의 목적(purpose)을 위해 살아가는 한가족(onefamily)이다.함께 협력(cooperation)하여 목표달성(achieving goals)을 이뤄내고 함께 근무(duty)할 때 서로 살피고 도와주면서 정(humannature)이 넘치는 즐거운 직장 생활(Enjoyable work life)을 영위(administration)하자는 의미.

030. 우리는! (다 함께)하나로! 우리가! (다 함께)해낸다!

If there is a will, there is a way. 뜻이 있으면 길이 있다는 말이 있습니다. 모두 함께 조직(organization)의 역량(ability,capacity,capability)을 한 곳으로 결집(concentration)하여 열정(passion)을 갖고 노력(effort)하면 목표달성(Goal Achievement)을 할 수 있습니다.

031. 십시일반(十匙一飯)!

Let's effort all together 다 같이 노력하자.

※ 열 사람이 한 숟가락(spoon)씩 밥(boiled[cooked] rice)을 보태면 한 사람이 먹을 만한 양식

(provisions)이 된다는 뜻으로, 여럿이 힘을 합하면 한 사람쯤은 도와주기 쉽다는 것을 비유적
(metaphorical)으로 이르는 말.

예문) 저는 그저 되는대로(randomly) 조금씩(little by little) 십시일반(Every little helps)으로 이 일에
참여(participation)해야 한다고 생각합니다.

《**속담(proverb,俗談)**》십시일반 Every little helps.; Many a little makes a mickle[muckle] /

티끌 모아 태산 Even a small amount adds up

032. 최고의 전력서비스는 누가?(다 함께)우리가!
고객 행복은 누가? (다 함께)우리가!
우리나라 최고의 회사 누가? (다 함께)우리가 모두!

우리나라 최고의 국민기업(The best national company)으로 최고의 인재
(competent person)들이 최고의 역량(The best competencies)으로 고객 행복
(customer happiness)을 추구(Pursue)하고 대한민국을 대표(representation)
하는 세계초일류기업(world top-notch company)이 될 것입니다.

033. 위하여! 위하여! 우리 회사를 위하여!

우리는 지난 한해 회장님께서 주창(advocate)하신 정도 영업(正道 營
業, right path business)의 기치(banner)아래근배지달(根培枝達 : 학문의기초
(academic foundation)를 튼튼히 하면 학식(learning)이 절로 늚)과 사석위호【射石爲虎 : 돌
(stone)을 범인(criminal)줄 알고 쏘았더니 돌에 화살(arrow)이 꽂혔다는 뜻】의 정신(mind)
으로 백 년에 한 번 올까 말까 한 글로벌경제위기(aneconomiccrisis)를잘
극복(overcome)하고,당기순이익(netprofitduringtheterm) 2조원을 달성
(achievement)하는 엄청난 쾌거(inspiring deed)를 이룩하였습니다. 이제 새해

(the New Year)를 맞아 우리는 모두 내실 성장(Profitable Growth)을 통한 새로운 도약(leap)을 경영목표(business goals)로 정하고 지혜(wisdom)와 풍림화산(風林火山)의 기세(vigor)로 경쟁회사(rival company)들을 제압(oppression)해 우리 모두의 소망(desire)인 세계 초일류 기업(world top-notch company)의 비전(vision : 내다 보이는 미래의 상황)을 기필코 달성해야 할 것입니다.

우리 회사 영육(body and soul)의 50여 년 역사(history) 속에 영롱한 아침 이슬(dew)처럼 피어오른 세계 전자 산업계의 큰바위 얼굴! 우리 2만여 명 임직원(executivesand employees)의 맏형(one's eldest brothe)이신 따뜻한 카리스마(charisma)! 홍길동 사장님을 중심으로지혜(wisdom)와 풍림화산(風林火山)의 기세(spirit)로 세계 초일류 기업 달성의 그날을 위하여~.

034. 생전(生前)! 무적(無敵)! 전력혼(戰力魂)!
(다 함께)**사후(死後)! 불멸(不滅)! 전력신(電力神)**
전력사를 위하여! 위하여! 위하여! 전력사를 위하여!

우리들의 영원한 영웅(Eternal Hero)이신 사장님의 건승(健勝, be in good health)과 전력사의 무궁한 영광(glory)과 올해 시장(market) 제패(conquest)를 위해 지혜(wisdom)와 민첩성(agility)을 발휘(display)할 것을 다짐하며 건배를 제의하겠습니다. (I'd like to offer a toast)

035. 다시(다 함께) 합창합시다

get back to chorus 팰린드롬(Palindrome, 회문, 回文)으로 노조대회가 끝

난 후 갈라진 마음을 하나로 통합(unification)하여 **한마음 한뜻으로**(with one accord) 옛날(old days)같이 생활(life)하자는 의미.

036. 최우수 사업소 괴산지점을 위하여!
(다 함께)위하여! 위하여! 괴산지점을 위하여!

우리 몸에 유일하게 암세포(cancer cells)가 자라지 못하는 곳이 있는데 바로 심장(heart)입니다. 우리 몸 안에서 단 1초라도 쉬지 않고 끊임없이 일을 하기 때문입니다. 구르는 돌에는 이끼가 낄 틈이 없고(A rolling stone gathers no moss), 흐르는 물은 썩지 않는 것(flowingwaterdon't decay)과 같습니다.강한 자(strongeperson)만이 승리(victory)한다고 정해져 있지는 않습니다. 재빠른 자(shrewd person)만이 이긴다고 정해져 있지도 않습니다.열정(passion)을가지고 쉼 없이 도전(constant challenge)한다면, 할 수 있다는 신념(conviction)을 지닌 자가 결국(afterall), 승리한다고 확신(conviction)합니다.오늘 이자리에서 괴산지점(thebranchofficeingoesan)은 최우수 사업소(thebestbusiness office) 달성(achievement)을 위해 혼신(魂神)의 힘을 다하겠다는 결연한 각오(determined resolution)를 다지면서 건배를 제의하고자 합니다.(I'd like to propose a toast.)

037. 고! 고! 고!(固! 考! 高!)

첫 번째 고는 단단한 고 입니다. 마음이 가벼워 이리저리 흔들리지 않고 가치관(one's values)의 중심(center)을 잡고 업무적인 면에 있어 주어진바 책임

감(senseof responsibility)을 다하겠습니다. 두 번째 고는 헤아릴고입니다. 매사(everything)에 항상(always) 신중(prudence)함을 가지고 충분히 생각하여 행동(action)하는 것에 경솔(thoughtless)함이 없게 하겠습니다. 세 번째 고는 높을고 입니다. 선배(senior)들과 동료직원(co-worker)들과의 관계를 원만히 하여 요금관리팀 분위기(atmosphere)를 화기애애(harmonious)하게 만들 것이며 업무적으로(transactionally)는 신중함(caution)을 가지고 맡은바 업무에 최선을 다하는 유능한 직원(talented staff)이 되도록 노력하겠습니다.

038. 절전지훈(折箭之訓)

'가느다란 화살(slender arrow)도 여러 개가 모이면 꺾기 어렵듯, 협업(Cooperative Work)은 당할 자가 없다'는 고사성어로 목표(target)를 달성(achievement)하기 위한 팀워크(teamwork)의 중요성(importance)을 의미.

039. 기호지세(騎虎之勢)

달리는 호랑이(tiger)등에서 도중에(on one's way) 내리기 어려운 형세(difficult situation)로, '한 번 시작한 일을 중도에서 중단할 수 없음'을 비유(metaphor)한 말. 호랑이를 말 타듯이 타고 몰아가는 기세(vigor)로 융성(prosperity)하게 나가자.

※ 기호지세의 유래(the history)는 중국 수[隋] 황제인 文帝, 이름은 양건(楊堅 : 재위 581 ~604)으로 晉(진)나라 동천 이래 2백 수십 년 간 남북(north and south)으로 갈라져 있던 중국을 통일(unification)한 인물(person)이다. 앞서 그는 남북조시대 말, 578년 황태자(Crown Prince)가 武帝

(무제)의 뒤를 잇자 외척(maternalrelative)으로서 북주 조정(Court)의 실세(heavyweight)가 되었다. 그러다 북조의 마지막 왕국(last kingdom)인 北周(북주)의 宣帝(선제)가 죽자, 楊堅이 뒷수습(settlement)을 하려고 왕궁(palace)으로 들어갔다. 그의 속셈(intention)은 전부터 오랑캐 선비족의 나라인 北周를 소멸(extinction)시키고 새롭게 한족의 나라를 세우려고 기회(opportunity)를 엿보고 있던 참이었다. 양건(楊堅)이 이 같은 모반(revolt)을 궁리(deliberation)하고 있을 때 남편(husband)이 大望(대망)을 품고 궁중(theRoyalCourt)에 들어가 반란(revolt)을 꾀하고 있는 사실(fact)을 안 그의 아내(wife) 獨孤(독고)씨는 환관(eunuch)을 통해 이런 전갈(message)을 전했다. 大事己然 騎虎之勢 不得下 勉之 "대사는 이미 정해졌습니다. **호랑이(tiger)를 탄 형세(situation)이니 절대 도중에 내릴 수 없습니다. 만일 중도에서 내린다면 잡아먹히고 말 것입니다.** 그러니 끝까지 그 일을 추진(propulsion)하십시오." 이에 고무 받은 양건(楊堅)은 선제(宣帝)의 뒤를 이어 즉위(enthronement)한 어린 정제를 폐위(dethronement)시키고 선위(abdicate)의 형식(form)을 밟아 스스로 제위(throne)에 올라 나라를 세우니, 이것이 곧 隋(수)나라다. 그로부터 8년 후인 589년, 양건(楊堅)은 南朝(남조)인 陳 (진)나라를 쳐서 天下統一(천하통일)의 대업(great work)을 달성한 후 진(隋)나라의 文帝(문제)가 되었다. '내친걸음(having set about doing, having crossed the Rubicon)'이란 뜻으로도 쓰이고 騎獸之勢(기수지세)라고도 한다.

040. 괴산지점 최우수 사업소를 위하여!

(다 함께)위하여! 위하여! 괴산지점 최우수 사업소를 위하여!

칭기즈칸은 역사상(historically) 최단기간(shortest time)에 나폴레옹의 7배, 히틀러의 3배 반, 알렉산더대왕이 점령(occupation)한 영토(territory)의 2배나 더 넓은 777만 제곱킬로미터에 달하는 광활한 땅(vast land)을 차지하여 최대제국(thelargestempire)을 건설(construction)했습니다. **칭기즈칸의 성공요체(SuccessFactor)는 비전(vision), 능력(ability), 열정(passion), 권한위양(delegationofpower), 군대(the military)의 단정함(neatness of the army)이**라 할 수 있습니다. 우리에게는 최우수 사업소(thebest business office) 달성이라는 비전도 있고 능력도 있고 열정도 있으며 권한 (authority)도 있으니 전쟁(war)의 완벽한 태세(posture)를 갖춘 칭기즈칸 군대의 단정함까지 더하여 전직원(allemployees)이 혼연일체(complete[harmonious] whole)가 되어 최우수 사업소(thebestbusiness office)를 달성합시다.

※ 칭기즈칸 : 1162년~1227년 8월 25일은 세계 역사상 가장 넓은 대륙(the widest continent)을 점유한 몽골 제국 창업자(the founder)이자 초대 대칸이다. 어릴 때 (when I was a child)의 이름은 테무친(鐵木眞)이었다. 몽골의 여러 부족(multiple tribes)을 통합(unification)하고, 출신(birth)이 아닌 능력에 따라 대우(treatment)하는 합리적 인사제도(rational personnel system)인 능력주의(meritocracy)에 기반을 둔 강한 군대(strong military) 이끌어 역사상 가장 성공한 군사(most successful military), 정치지도자(political leader)가 되었다. 중국사에는 원(元) 태조(太祖)로 기록(record)된다. 오늘날(today) 그의 이름은 칭기즈칸 국제공항(international airport)으로 남아 있다.

※ **칭기스칸 경구(epigram, 警句) : 말에서 내려와 비단옷(silk dress[clothes])을 입는 순간 제국은 무너지기 시작 한다. / 배운 게 없다고 탓하지 마라. 나는 이름(name)도 쓸 줄 몰랐지만 남의 말에 귀 기울이며 현명해지는 법을 배웠다 = 이청득심(以聽得心) : 들음으로 마음을 얻는다. / 내가 힘**이 없기 때문에 친구와 동지(friend and comrade)를 사귐으로 이를 채웠다.

※ 나폴레옹 보나파르트(Napoléon Bonaparte, 1769년 8월 15일 프랑스 코르시카 섬~1821년 5월 5일 세인트 헬레나 섬)는 프랑스 혁명기(revolutionary era)의 군인이자 정치가(politician)로, 훗날 프랑스 제1제국의 황제 나폴레옹 1세(Napoléon I, 재위 1804년~1814년, 1815년)로 즉위한다. 또한 라인 동맹의 보호자(a guardian) 겸 이탈리아의 왕이기도 하였다. 혁명 시기, 여러 전투(combat)와 원정(expedition)에서 명성(fame)을 떨쳐, 당시 총재 정부 시기 유력한 정치군인(influential political soldier)으로 부상(float)하였으며, 혼란스러웠던 프랑스 혁명 후의 프랑스를 쿠데타(coup d'état)를 일으켜 종신(tenure) 집정(government)으로 다스려 안정(stability)시킨 후 국민투표(aplebiscite)를 통해 군주제(a monarchial system)로 전환(change)하여, '나폴레옹 전쟁'이라고도 불리는 전 유럽을 상대로 침공(invasion)하여 제패(conquest)하려한 전쟁을 벌이다가 패한 뒤 폐위(dethronement) 당하여 유폐(confinement)되어 비극적인 최후(tragic end)를 맞이하였다. **나폴레옹의 가장 큰 업적(biggest feat)은 유럽 대륙 전체에 프랑스 혁명의 정신《자유(freedom), 평등(equality), 박애(philanthropy)》을 전파(spread)한 것이다.** 그와 함께 나폴레옹 법전(lawbooks)은 국가 차원(nationallevel)에서 제정(onactment)된 최초의 법전으로 세계 각국(all the countries of the world)의 법체계(legal system)에 큰 영향(great influence)을 미쳤으며 1798년의 이집트 원

정(expedition) 중에 발견(detection)된 로제타석【RosettaStone : 비문(pitaph) 새겨져 있는 고대 이집트의 돌. 이비문(inscription)으로 이집트 상형문자가 해독(decode)되었다.】은 근대 이집트학이 탄생하는 계기(born opportunity)가 되었다. **그가 건설을 명령한 개선문**【Arc de triomphe de l'Étoile : 나폴레옹 1세의 전승기념비(victory monument) 로 우리나라 독립문(theIndependentArch)도 개선문(triumphalarch)을본떠만듬】**은 에펠탑**【EiffelTower : 1889년 프랑스 혁명 100주년 기념(commemoration) 박람회 기념물(monument)로 에펠이 설계(plan)함】**과 더불어 파리의 가장 유명한 상징물(most famous landmark)로 남아있다. 나폴레옹 1세의 특이한 음식(unusual food) 습관(habit)은 전쟁터(battlefield)에서 조차 세끼 식사(meal)에 굴(oyster)을 즐겨 먹었다고 한다. 굴에 함유된(contain) 아연(Zn)은 성호르몬의 활성화(vitalization)에 중요한 역할(important role)을 하는 영양소(nutrient)이기 때문이다. 참고로 대작가(great writer)인 발자크**【[Balzac, Honoré de] 프랑스의 소설가(novelist), 근대 사실주의(modern realism) 문학(literature) 최대의 작가(greatest writer)로, 방대한 양의(vast amounts of) 장편(long work) 및 단편 소설(short story)로 이루어진 《인간 희극》이라는 연작(repeatedcultivation)을 발표(announcement)했다.】**는 한번(once)에 12타스(1444개)의 굴을 먹었다는 일화(anecdote)로 유명(famous)하고, 카사노바**【Casanova : 난봉꾼 또는 바람둥이를 비유적(metaphorical)으로 이르는 말, 이탈리아의 문학가(writer)이자 모험가(adventurer)】**도 굴을 즐겨 먹었다고 한다.

※ 라인동맹(프랑스어 : ConfédérationduRhin, 독일어 : Rheinbund)은 프랑스의 속국(dependency)으로 프로이센 및 러시아와 프랑스 사이의 완충 지대(a buffer zone) 역할(part) 을 수행(performance)할 목적으로 나폴레옹이 독일의 중소 영방국가【領邦國家 : 중세 후기로부터 신성 로마 제국(empire)이 해체(ismantlement)는 1806년까지 독일 연방(federation) 또는 신성 로마 제국을 구성하던 지방 국가】들을 부추겨 결성(formation)한 동맹체제(alliance framework)인데, 시간이 흘러 오스트리아 제국 (various countries)과 프로이센 왕국, 헤센 다름슈타트 대공국을 제외(exclusion)한 모든 독일 영방국가 가맹(affiliation)하였다.

※ 아돌프 히틀러(독일어 : Adolf Hitler, 1889년 4월 20일 오스트리아브라우나우암인~1945년 4월 30일)는 독일의 정치가(statesman)로, 민족사회주의 독일 노동자당의 지도자(leader)이자 나치 독일의 총통(president)이었다. 히틀러의 청년기(adolescence)는 초등학교(elementaryschool)를 졸업(graduation)하고 레알슐레(실업계 중등학교)에 입학(entrance intoaschool)했으나 성적(grade)이 불량(badness)해서 졸업장(diploma)을 받지 못했다. 1906년 16세 때 학업(study)을 중단(discontinuance)하고 2년 동안 린츠에서 방황(rove)하다가 화가가 되기로 했는데 응시(applyforan examination)에 모두 낙방(flunk)했다. 뛰어난 웅변술(excellent oratory)과 감각

(sense)의 소유자(possessor)였던 그는 독일 민족 생존권(righttolive) 수립(establishment) 정책(policy)을 주장(contention)하며 자를란트의 영유권(dominium) 회복(recovery)과 오스트리아합병(combination), 체코슬로바키아 점령(occupation) 및 폴란드를 침공(attack)하며 제2차 세계대전(the World War)을 일으켰다. 전쟁(warfare) 중 그의 유대인(jew) 말살 정책(liquidation policy)으로 600만 명이라는 엄청난 유대인들이 아우슈비츠수용소(concentrationcamp)와 같은 강제 수용소(concentration camp)의 가스실(gaschamber)에서 군에서 사용하던 사이클론비라는 독가스(poisongas)로 학살(slaughter) 당했다. 대학살(massacre)의 원인(cause)은 첫째, 유대인이 미국 전체 인구(population)의 2%에 불과하지만, 국민총생산액(Grossnationalproduct amount)의 15%나 차지하는 것과 같이 독일에서 극소수인 유대인(jew)이 독일의 부(wealth)를 차지해 독일인의 적개심(hostility)을 샀다. 둘째, 아버지를 일찍 여의고 어머니 클라크 밑에서 **자라면서 어머니의 유방암(breast cancer)을 치료(cure)하기 위하여 매일(daily) 집을 방문(visit)하던 유대인 의사(doctor)와 어머니가 애정행각을 벌이는 것을 목격(observation)하고 깊은 원한(bitter[deep]grudge)을 가졌다. 셋째, 그림(picture)을 잘 그려 미술가(artist)가 되려고 미술대학(a college of fine arts)을 진학(Enter upon Studies)하려 했으나 자신을 미술대학에 두 번이나 떨어지게 한 시험관(examiner)이 유대인이었다. 넷째, 비엔나에서 공부하는 동안 히틀러는 속옷(underwear)모델을 하는 유대인 여자와 사랑에 빠졌으나 실연(abrokenheart) 당하고 원한(grudge)의 칼을 갈았다.** 승승장구(win victory after victory)하며 전세(thewar situation)를 확장(expansion)하던 독일은 스탈린 그라드와 북아프리카 서부 전선(thefightingline)에서는 패배(defeat)하였고 히틀러는 1945년 4월 29일 소련군에 포위(encirclement) 된 베를린에서 에바브라운과 결혼(marriage)한 뒤 이튿날(thenextday) 베를린의 총통(generalissimo) 관저(anofficialresidence) 지하(underworld) 벙커에서 시안화칼륨캡슐(potassiumcyanide capsule)을 삼키고 권총(pistol)으로 자신(oneself)을 쏘아 자살(suicide)했다. 그러나 독약(poison)캡슐을 쓰지 않고 권총 자살을 했다는 이야기도 있다.

✔ **참고사항** : 오스카 쉰들러(Oskar Schindler)는 나치 수용소(a concentration camp)에서 처형(execution)당할 운명(doom)에 처한 유태인을 독일군 장교(officer)에게 빼내는 사람 숫자대로 뇌물 (bribe)을 주는 방법(way)으로 1,100명의 유태인을 자신의 공장 근로자(factory worker)로 채용(adoption)해 목숨(life)을 구했다. 이 실화(a true story)를 영화화한 스티븐 스필버그 감독 (director)의 영화(film) '쉰들러 리스트(Schindler's List)'로 세상(the world)에 존재(existence)가 널리 알려졌다.

※ 알렉산더 대왕은 BC 4세기경 그리스와 페르시아, 인도에 이르기까지 이르는 대제국(a great empire)을 건설(construction)하였으며, 그리스와 오리엔트(Orient: 해 뜨는 곳, 아시아를 지칭) 문화(culture)를 결합(union)한 헬레니즘(Hellenism) 문화 형성(formation)에 크게 이바지한 인물(figure)

이다. 고르디움의 매듭(knot) 풀기 유래는 알렉산더가 페르시아 원정(expedition)중 프리기아라는 나라에 도착(arrival)했을 때의 일이다. 프리기아의 수도 고르디움에 복잡하고 단단하게 묶인 매듭이 있었는데 "이 매듭을 푸는 자 세계의 왕이 되리니"라는 전설(legend)이 있어 많은 사람이 도전(challenge)했다. 그러나 한 사람도 풀지 못했다. 그 소문(rumor)을 들은 알렉산더는 단칼에(with one stroke) 그 매듭을 절단(sever)했다. 그 뒤부터 '**고르디움의 매듭을 풀었다**'는 말은 **난해**(difficult to understand)**한 문제**(problem)**를 해결**(solution)**했다는 동의어**(synonym)**로 널리 쓰이게 됐다. 알렉산더 대왕은 운명**(fate)**할 때 '내가 죽거든 두 손**(hand)**을 관**(coffin,널관棺) **밖으로 내어놓아라. 천하**(thewholecountry)**를 정복**(subjugation)**했던 나도 결국 빈손**(empty hands)**으로 갈 수 밖에 없음을 보여줄 수 있도록 하거라'고 유언**(express one's dying wish)**했다고 한다.**

041. 택중유화(澤中有火)

연못(pond)이 위(up)에 있고 불(fire)이 아래(under)에 있으면 불이 자연스럽게 물을 끓이게 돼 화합(harmony)된 가운데 변화(change)와 혁신(innovation)이 일어나게 된다.

※ 택중유화는 주역의 49번째 괘인 택화혁(澤火革)의 형국(situation)이며 '혁(革)'이란 바로 잡는다는 뜻으로 낡은 것을 바꾸고 새로운 것을 창조(creation)해내는 과정(process)을 말한다. 택화혁(澤火革) 괘의 모양(shape)을 보고 말하기로는(象曰) '연못속에 불(blaze)이 있는 모양(shape)이 바로 혁이라(澤中有火 革). 지도자(leader)가 이로써 새로운 역사(new history)를 밝힘이라(君子以 治歷明時)'고 하였다. 국가의 정권(government)을 바꾸고 새로운 지배체계(newdomination System)가 시작되는 때임을 밝히는 근거(basis)가 택화혁괘【물(water)과 불이 맞서 상극(conflict)의 상과를 이루니, 현상(phenomenon)을 뒤집는 승부(victoryor defeat)를 걸면 길하다는 괘이다】의 상징성(Symbolic Meanings)에 있다.

042. 우보천리(牛步千里)

건배사 모음 **대백과**

소걸음(cattle walking)으로 천리(long distance)를 간다는 뜻으로 소는 순박함(simplicity), 근면함(diligence), 성실함(sincerity)을 상징할 뿐 아니라, 은근(politeness)과 끈기(adhesiveness), 여유(margin)를 상징합니다.

🖋 참고사항

※ 워낭 : 소(cow)나 말(horse)의 귀밑에서 턱밑으로 늘여 다는 방울(bell). 또는 소나 말의 턱(the jaws) 아래에 늘어뜨리는 쇠고리(an iron ring)

043. 我社化! (다 함께)萬社成!

직원 개개인이 잘되고 회사가 잘되어야 우리가 모두 잘 된다. If we all togather join forces, there would be nothing we can't do. 다 함께 힘을 합치면 안 되는 일이 없다는 의미임.

044. 우리는 (다 함께)하나다

We are the one. 고 정주영 회장은 생전(one's life)에 "나는 젊었을 적부터 새벽 일찍 일어났다. 왜 일찍 일어나느냐 하면 그날 할 일이 즐거워서 기대(expectation)와 흥분(excitement)으로 마음이 설레기 때문이다. 아침에 일어날 때의 기분(feeling)은 초등학교(primary[anelementary] school)때 소풍(excursion) 가는 날 아침, 가슴(chest)이 설레는 것과 같다. 또 밤에는(at night) 항상 숙면(sound[profound/heavy] sleep)할 준비(preparation)를 하고 잠자리(bed)에 든다. 날이 밝을 때 일을 즐겁고 힘차게 해치워야겠다는 생각 때문이다. 내가 이렇게(like this) 행복감(euphoria)을 느끼면서 살 수 있는 것은 이 세상을 아름답게 밝게, 희망적이고 긍정적으로 보기 때문에 가능한 것이다.”

"I do not have a failure in life 나는 생명(life)이 있는 한 실패(failure)는 없다고 생각한다. 내가 살아 있고 건강한 한 나한테 I may have an ordeal, but not a failure 시련(trial)은 있을지언정 실패는 없다. 낙관하자(Let's hope for the best). 긍정적으로 생각하자(Let's think positively)”라고 했습니다. 우리 고객지원팀 모두가 '하면 된다'(if you have a mind to do something, you can do it.)라는 신념으로 목표달성(Achieving goals)을 위해 분골쇄신(do one's best)하고 있습니다. We can do it. 우리는 할 수 있습니다. 아니 해야만 합니다. 우리가 불타는 열정(burning passion)을 가지고 목표달성을 위해 똘똘 뭉쳐서 피와 땀(blood and sweat)을 흘린다면 Our dreams will become a reality. 우리의 꿈은 현실이 될 것입니다. 12월말 목표달성의 축제(festival)에 우리가 모두 기쁨(delight)의 축배(celebratory drink)를 들고자 하는 염원(wish)을 담아 건배를 제의하고자 합니다. 여기 모인 우리가 힘을 합쳐 하나가 된다면 무슨 일인들 못 하겠습니까? 우리 모두 합심(union)하여 최우수 사업소(the best business office) 괴산지점(the branch officein goesan)을 만들어 갑시다.

※ 정주영(鄭周永, 강원도 통천 출생(birth). 1915년 11월 25일~2001년 3월21일)은 한국의 기업인(businessman)이자 정치인(politician)이다. 호는 아산(峨山)이며, 현대그룹의 창업자(founder) 겸 명예회장(honorary president)이며 자수성가한(self-made) 기업인의 전형(model)으로 알려져있다. 제3공화국 시절 박정희 대통령의 경제개발정책(Economic development policy)에 편승(bandwagoning)하여 건설사업(the construction industry)을 추진(promotion), 성공(success)을 거두었다. 1992년 통일국민당을 창당(form a (political) party)하여 제14대 대통령 선거(presidentialelection)에 출마(candidacy)하기도 했으나 낙선(defeat)하였다. 1998년 이후에는 김대중 정권(political power)을 도와 대북사업(enterprise to North Korea)추진의 한 축(axis)을 담당(charge)하였으며, 정 회장을 주인공(hero)으로 하는 드라마(drama)가 제작(production) 되기도 하였다.

045. 당신 멋져(You look marvelous)!
(다 함께)당신 멋져(You look fabulous)!

개개인(individuals)의 직장(workplace)과 가정생활(homelife)의 만족(satisfaction)이 우리 회사의 발전(development)과 번영(prosperity)에 연결(connection)되며 나아가 세계 초일류 기업(World Class Company)으로 뻗어 가는 초석(foundation stone)이 될 것입니다. 그런 의미에서 건배 제의를 하겠습니다.

046. 좋아~! (다 함께)가는 거야!(노홍철 버전)

모두 힘을 모아 목표(target)를 향해 도전(challenge)하자.

※ 노홍철(盧弘喆, 1979년 3월 31일 ~)은 대한민국의 방송인(broadcaster), 진행자(emcee)이다. 2004년 7월 Mnet【Music Network : 엠넷은 대한민국의 텔레비전케이블 음악 &엔터테인먼트 방송국이다】의 VJ【Video Journlist : 1인이 기획(planning) · 취재(news gathering) · 편집(compilation) · 방송(broadcasting)을 도맡아 하는 1인 다역 방송인 저널리스트(journalist)를 일컫는다】로 방송계에 데뷔한 노홍철은 현재 각종 쇼오락 프로그램의 패널【panel : 토론에 참여하여 의견을 말하거나, 방송 프로그램 따위에 출연해 사회자의 진행을 돕는 사람】및 MC(master of ceremonies : 사회자)로 활동(activity)하고 있다. 특유(characteristic)의 수다스러운(talkative) 입담(volubility)과 강한 개성(forceful personality), 다재다능한 방송인(versatile broadcaster)으로서의 자질(disposition)로 그는 대한민국 오락 프로그램의 주류 방송인(mainstream broadcaster)으로 성장(growth)했다. "좋아! 가는거야!" 와 같은 유행어(fad words)가 있으며, '닥터노' '퀵마우스' '사기꾼(swindler)' '돌+아이' '노찌롱' 등의 별명(nickname)이 있다. 2007년과 2009년, 각각 대한체육회(the Korea Sports Council) 봅슬레이【bobsleigh : 방향(direction)을 조정(control)하는 키가 달린, 강철(steel)로 만든 썰매(sled)】선수(athlete)와 댄스 스포츠 선수(player)로 등록(registration)되어 있으며 2010년에는 서울 종합예술학교(Seoul Art College) 패션 예술학부(the department of arts) 겸임교수(adjunct professor)로 임명(appointment)되었다.

047. 우리 모두(everybody), 나가자(let's go out)!

(다 함께)**나가자(let's go out)!**

We Have A Dream. 우리에겐 꿈이 있습니다. 우리 지점 최우수 사업소의 비전≪vision : 내다보이는 미래(future)의 상황≫이 있습니다. 회사 경영(management of firms)에 여러 부문 (field)의 업무(task)가 있는데 그 중에 제일은 채권관리업무(Debt management services)가 아니겠습니까? 건배 구호(Cheers slogan)는 '나가자'로 하겠습니다. 나라를 위하여(for the sake of one's country), 가정을 위하여(for the sake of one's home), 자신을 위하여(in one's own behoof)! 라는 의미 입니다. 우리 지점 최후의 보루(the last bastion) 채권관리업무 꿈인 S등급 달성과 최우수 사업소(the best business office) 달성을 위하여.

048. 우리나라 5천 년 역사에 영롱히 빛나는
  우리 회사의 영구한 발전(tremendous development)과
  사장님의 건승(健勝, good health)을 위하여!

049. 50년의 역사에 우리의 노력을 더하여 만들어질
  확고한 Global TOP 5위 기업을 위하여! (다 함께)오! 십! 오!

얼마 전, 한 고등학교(high school)의 10분의 힘에 관한 얘기를 들었습니다. 등교(attending school) 후 아침 수업(study) 시작 전(before the start) 10분간 책상(desk)에 앉아 책을 읽는 아침 독서운동(reading exercise)을 한 결

과(result), 어떤 학생(some student)은 한 해 20권의 책을 읽었다고 하고, 아침 독서운동을 지속한 후, 2년 만에 S대에 합격(pass)한 학생도 다수 나왔다고 합니다. 무엇보다(above all) 놀라운 결과(amazing results)는 사고(accident)나 결석(absence)이 현저하게 줄었다는 교장(headmaster)선생님의 말씀이었습니다. 10분이라는 시간은 아무 것도 아닌(nothing)듯 지나갈 수 있지만, 꾸준히 쌓인 10분은 학생들의 생활(life)을 통째로 바꿀 수 있는 엄청난 힘(great power)을 가지고 있었던 것입니다. 이것이 바로 사장(the president of a company)님께서 말씀하시는 'Plus 1' 운동과 일맥상통합니다. (have a thread of connection) 우리 회사에는 선배님들(seniors)부터 고스란히 쌓아온 50여 년이라는 소중한 세월(precious times)이 있습니다. 그 소중한 시간들이 바로 '세계 5위 기업의 밑거름(initial manure)'입니다. 여기에(Here) 우리 각자 맡은 자리에서 10분을 더 Plus(노력)한다면, 우리 회사가 확고한 세계 5위의 기업으로 자리 매김하여 Global leader가 될 수 있을 것으로 믿습니다. 50년이 넘는 회사의 역사를 의미하는 '오', 10분의 노력(effort)을 각자가 더하자는 '십', 세계 5위 기업의 위치를 확고히 하자는 '오'를 모두가 외치는 것으로 건배 구호(Cheers slogan)를 하겠습니다.

050. 우리나라 최고회사, 우리 회사를 위하여!

(다 함께)위하여! 위하여! 우리 회사를 위하여!

Small Change Big Difference, 작은 변화가 큰 차이를 만들 수 있다는 것입니다. 여기서 Change의 G를 C로 바꾸면 Chance가 됩니다. 작은 변화가 큰 차이를 가져오는 것은 물론 우리 지점 최우수 사업소(the best business office)로 가는 기회(opportunity)가 되도록Let's do one's best 최선을 다합시다.

051. 위하여! 위하여! 전력회사를 위하여!

50년 장구한 역사(long history)와 민족(race)의 찬란한 전통(brilliant tradition)에 빛나는 우리 회사의 자존심(pride)을 높이 세우시고 우리나라 전력산업(Electric power industry)의 종가(the head family), 고종황제로부터 이어져 온 대한민국의 전력산업의 위상(The status of the electric power industry)을 새롭게 창조(creation)하신 존경 (respect)하는 홍길동 사장님의 강녕하심(health and peace)과 아무도 감히 넘보지 못할 강한 회사(strong company) 세계 초일류 기업 (world top-notch company) 건설(construction)에 혼신(魂神)의 노력(flat-out effort)을 다하고 있는 2만여 명 직원(staff)들의 건승(健勝)을 소망(desire)하며, I wish you good health 건승을 빕니다.

※ 고종 : 조선의 제26대 왕(1852~1919). 초대황제【재위기간 (the period of reign)1863~1907】. 이름은 희. 자는 성림(聖臨) 1897년 고종은 국호(the name of a country)를 대한제국【大韓帝國의 '대한' (大韓)은 삼한(三韓 : 마한, 진한, 변한)을 통합(unification)하였다는 뜻】으로 바꾸고 왕을 황제(emperor)라 칭(appellation)하고, 연호(an era name) 를 광무(光武)로 했다.) 대원군과 명성 황후(empress)와의 세력 다툼(a power struggle), 밖으로는(outwards) 구미(Europe and America) 열강 (the Great Powers)의 문호개방(open door) 압력(pressure)에 시달렸다. 1907년 헤이그 밀사(emissary) 사건(incident)으로 퇴위(abdication)하였다. 재위 기간(the period of reign)은 1863~1907년이다.

※ 헤이그밀사사건(대한 제국 광무 11년(1907)에 고종이 헤이그에서 열린 만국 평화 회의(the International Peace Conference)에 밀사(emissary)를 보내 을사늑약≪乙巳條約 : 대한 제국기, 1905년에 일본이 한국의 외교권(diplomatic right)을 빼앗기 위하여 강제적(compulsory)으로 맺은 조약(treaty)≫ 이 무효(invalidity)임을 주장(argument)하려던 사건(affair). 이상설, 이준 등이 갔으나 일본과 영국의 방해(disturbance)로 뜻을 이루지 못하고 이준은 거기서 자결(suicide)하였다.

※ 열사(烈士)는 자신의 뜻을 이루지 못하고 안타깝게 돌아가신 분을 말하며 의사(義士)는 뜻을 이루고 돌아가신 분을 말한다.

※ 에디슨이 전구(an electric bulb)를 발명(invention)한지 8년 후인 1887년 3월 6일경 고종 황제와 명성황후가 거처하던 경복궁【임진왜란 때 불에 타 버리고 고종 때 흥선 대원군에 의해 중건되었다】후원(a back[rear] garden)의 **건청궁(乾淸宮) 뜰(yard) 앞에서 우리나라 최초의 전등불이 밝혀졌다. 당시 전기 공급(electricity supply)은** 경복궁의 근정전【조선 시대에 임금(kingm)의 즉위식(coronation)이나 대례(a state ceremony) 등을 거행(performance)하던 건물(building)로 천정(ceiling)에 북두칠성(the Big Dipper)이자 하늘(sky)의 천제(Heavenly King)를 상징(symbols)하는 발톱(toenail)이 7개인 칠조룡이 조각(carving)되어 있음】북쪽의 연못(pond) 향원지안에 있는 누각(pavilion)인 향원정 연못가에 세워진 전등소에서 7㎾ 에디슨 다이나모 발전기(generator) 3대에 의해 이루어졌다. 이는 16촉광의 전등 750개를 켤 수 있는 규모(scale)로 발전기 조립 (generator assembly) · 설치(installation)· 전등 가설light installation)은 미국 에디슨 전기회사의 윌리엄 멕케이(William Mckay)라는 전기기사(electrician)가 했다. 경복궁 향원지의 연못물을 먹고 켜진 불이 건청궁 안을 대낮처럼 밝힌 것을 보고 '물불'이라고 하였고, 그것은 또한 묘한 불이라는 뜻으로 '묘화(妙火)', 와전되어 '모화'라고도 불렀다. 발전기(generator) 가동(operation)으로 연못(pond) 수온(water temperature)이 상승(rise)해서 물고기(fish)가 떼죽음(fishkill)을 당한 후로, 전등(an electric light)을 물고기(fish)를 끓인다는 뜻인 '증어(蒸魚)'라 부르기도 했고 전기설비(electric installation) 성능(efficiency)이 완전치 않아 잦은 고장 (breakdown)으로 깜박거리고 비용(expenses)이 많이 들어가는 게 꼭 건달(a scamp)같다 해서 건달불이라 불렸다. 전기불이 들어온 후 **3년 뒤쯤 커피 [Coffee]도 들어왔는데 맛이 탕약(decoction)과 비슷하다 하여 서양에서 들어온 탕이라는 뜻으로 양탕국 등으로 불리며 즐겨 마셨다. 페르시아의 의학자인 라제스(Rhazes)는 페르시아, 인도, 그리스의학을 집대성(codification)한 '의학집성'에서 커피를 약(medicine)으로 분류(classification)했다. 커피는 아랍어로 와인이라는 Qawah 에티오피아 지역의 이름인 kaffa라고도 불렸다.**

※ 황후(皇后,empress) : 황제(emperor)의 정실부인(正室夫人)으로, 궁정(Court)에서 태황태후(황제의 살아 있는 할머니)와 황태후(황제의 생존한 모후) 다음으로 높은 자리를 차지한다. 또는 황후를 정궁(正宮, palace of the Joseon dynasty)이라 부르기도 한다.

※ 왕비(王妃,queen) : 제후국왕의 부인인 비(妃)로서, 궁중 (court)에서 대왕대비(왕의 할머니)와 왕대비(선왕의 비) 다음으로 높은 자리를 차지한다. 또는 왕비(queen)를 중궁(中宮) 또는 중전(中殿)이라 부르기도 했다

※ 건청궁(乾淸宮) : 1873(고종10)년에 창건(establishment) 되었으며, 주로 국왕(king)과 왕비(queen)의 거처나 외교적인(diplomatic) 접대장소(reception hall)로도 이용되던 건물. 1895년 10월 8일 명

성황후가 일본인에 의해 시해(assassination)당한 비극(을미사변 · 乙未事變)의 장소이기도 하다.

※ 누각(樓閣) : 휴식(rest)을 취하거나 놀이(amusement)를 하기 위해, 산(mountain)이나 언덕(hill), 물가(waterside) 등에 높이 지은 다락집(a two-story house). 주변의(circumjacent) 풍광(scenery)을 즐길 수 있도록, 대체로(generally) 문(door)과 벽(wall)이 없이 사방(all directions)으로 트여 있다.

※ 정자(亭子,pavilion) : 자연 경관(natural landscape)을 감상(sentimentality)하면서 한가로이 놀거나 휴식(rest)을 취하기 위하여 주변 경관(view)이 좋은 곳에 아담하게 지은집. 벽이 없이 기둥(pillar)과 지붕(roof)만 있으며 단층(單層, one story)이다.

052. 민족과 함께한 전통전력, 세계와 함께할 우리회사를 위하여!
(다 함께)위하여! 위하여! 전력을 위하여!

115년 전 고종황제께서, 일제의 총칼(a gun and a sword)앞에 짓밟힌 국가(Trampling Nation)와 황실(the Imperial Household)의 권위(authority)를 높이고, 근대적 산업(The modern industry)을 일으켜 부강(wealth[prosperity] and power)의 토대(foundation)를 마련(arrangement)하고자 순수한 민족자본(pure native capital)으로 설립(establishment)하신 전력회사!

하늘아래(beneath the sun) 첫 번째(the first) 전력회사!'한성전기회사(대한제국회사)의 창립정신(Founding spirit)을 이어받은 '민족 정통 (nation legitimacy) ××전력' 우리나라 국가발전(national development)의 산 증인(witness)이 된 자랑스러운 ××전력은 미래(future)의 주역(the leading part)입니다. 자부심(self-esteem)과 사명감(a sense of duty)으로 ××전력의 새로운 115년의 새 역사(new history)가 이어지기를 기원(prayer)하며 건배(toast)를 제의(suggestion)하겠습니다.

053. **사장님!** (다 함께)**멋져!**

글로벌(global) 경제 위기【an economic[a financial] crisis】의 터널(tunnel)을 넘어 우리를 당당할 수 있게 해 주시고 정도 영업(正道 營業, right path business)을 주창(advocate)해 신바람 나는 일터(exciting workshop)를 만들어 주시고 우리를 위해 가끔은 멋지게 져 주시기도 하는 (건배사).

화이부동(和而不同)

남과 사이좋게 지내기는 하나 무턱대고(recklessly) 동조(agreement)하지는 않는다는 뜻으로 이념(ideology)과 계층(level) 간 갈등(trouble)을 극복(overcome)하고 화합(harmony)하자는 의미.

※ '화이부동'은 공자가 '논어(論語)'에서 "군자는 화이부동하고 소인은 동이불화(同而不和)한다"고 말한 데서 비롯된 말. 군자(noble man)는 화합하되 같이 하지 아니하고, 소인은 함께하되 화합하지 못한다는 의미.

054. **다다(多多)** (다 함께)**익선(益善)**

The more, the better. 많이 하면 할수록 좋다는 의미로 열심히 추진하자.

※ 다다익선(The more, the merrier)은 초한지에 나오는 고사성어로 유방(劉邦 중국 한나라 초대 황제)이 한신(韓信)에게 먼저 묻기를 "과인과 같은 사람은 얼마나 많은 군사(many soldier)를 거느리는 군대(army)의 장수(commander)가 될 수 있겠는가?" 한신(韓信)이 대답하되 "폐하(Your[Her, His] Majesty[Highness])는 10만쯤 거느리는 장수(general)에 불과 합니다." 다시 유방(劉邦 중국 한나라 초대 황제))이 묻기를 "그렇다면 그대는 어떠한가?" 한신(韓信)이 대답하되 "신은 많으면

많을수록 좋습니다.(多多益善, the more, the better)이에 유방(劉邦 : 중국 한나라 초대 황제)이 되 묻기를 "많으면 많을수록 좋다. 그런데 자네는 왜 10만의 장수(general)에 불과한 나에게 잡혔는 가?" 이에 한신(韓信)이 대답하기를 "폐하께서는 장수의 능력(ability)은 없지만 장군(general)을 통 솔(command)하는 폐하(Majesty)의 능력은 하늘이 주신 것이므로 도저히 사람의 능력(ability)으로 는 논할 수 없는 것입니다."라고 한데서 유래(the history)되었다.

※ 초한지 : 작자 미상(anonymous)으로 초나라의 항우와 한나라의 유방이 대결(confrontation)하여 유 방이 한나라를 건설(establishment)해가는 과정(process)을 그린 대하(saga, epic) 군담소설(軍談 小設, martial novels)

055. 일로영일(一勞永逸)

Looks profit for a long time, with less effort. 적은 노력으로 오랫동안(for ages long) 이익(profit)을 본다는 뜻으로 지금(the present)의 노고(labor)를 통해 이후 오랫동안(for a long time) 안락(comfort)함을 누림을 의미.

※ 일로영일(一勞永逸)은 중국 위진시대(220~420)에 선비족(鮮卑) 탁발부(拓跋部)에 의해 화북에 건 국(he founding of a country) 되어 남북조시대(439~589)까지 이어진 왕조(dynasty,王朝) 북위(北 魏)의 학자(scholar) 가사협의 저서 6세기 이전의 농업이론(Agricultural theory)과 농업기술 경험 (experience)을 총괄(generalization)한 제민요술(濟民要術) 등에 나오는 문구(phrase)

056. 우리 회사 초일류기업을 위하여

風林火山의 정신으로 강한 회사(a strong company), 전력 PLUS 1 행동 (action)으로 성공 회사(Success company), 작은 변화 큰 차이(Small change big difference), 내실 성장(Profitable Growth)을 통한 새로운 도약(leap), 우

리 회사의 발전(development)과 영광(glory)은 물론······.

057. 우리 회사 발전과 우리 모두를 위하여!
(다 함께)위하여! 위하여! 우리 모두를 위하여!

인생은 짧고 우리 회사는 영원하리(Life is short and our company is eternity) 회사가 나를 원하고 나 또한, 인생이 즐거우니 나와 회사를 위하여 이 건배주(toasting drink)를 마다하리오. 또한 우리 곁에 동료(colleague)가 있으니 세상 부러울 게 없다.

058. 매니 (다 함께) 페스토(manifesto)

후보자(candidate)는 실현 가능한 정책 공약(feasible policy commitment)을 제시(presentation)하고 유권자(elector)는 후보자(candidate)의 공약(pledge)을 비교검증(comparison verification)하여 투표(vote)한다는 의미입니다. 제가 '매니'하고 선창하면 '페스토'하고 힘차게 후창하시기 바랍니다.

059. 우리 회사의 발전과 우리 모두의 건강을 위하여

우리에게 꿈(dream)과 비전(vision : 내다보이는 미래(Future)의 상황)을 주는 우리 회사라는 의미.

060. 우리 회사, 세계 초일류기업을 위하여!
(다 함께)위하여! 위하여! 초일류기업을 위하여

20세기 위대한 석학(reat scholar) 피터 드러커는 '당신의 작년(last year) 이력서와 올해(this year) 이력서가 똑같다면 이미 경쟁력(competitive power)을 상실(loss)한 것이다'라고 말했습니다. 우리는 日新又日新(일신우일신) 하루하루(day by day) 작은 변화(small change)를 통해 자신의 이력서를 새롭게 만들어 나가야겠습니다. 물이 99℃에서 1℃를 더해 100℃가 되어야 증기(steam)라는 새로운 에너지를 만들듯이 Small Change, Big Difference 작은 변화(mild change)가 큰 차이(big difference)를 만들어 냅니다.

※ 피터 드러커(Peter Ferdinand Drucker, 1909년 11월 19일∼ 2005년 11월 11일)는 오스트리아 빈 출신의 미국인이며, 작가이자 경영학자이며 스스로는 "사회생태학자(social ecologist)"라고 불렀다. 그의 저작들은 20세기 후반의 많은 변화(many changes)를 예측(presupposition)하였다. 이를테면 민영화(privatization)와 분권화(decentralization), 일본 경제의 발전(economic development), 사업에서의 판촉(marketing)의 중요성(Importance), 정보화 사회(Information society)의 발현(revelation)과 평생 교육(lifelong education)의 필요성(necessity)에 대해 역설(emphasis)하였다.1959년에 그는 지식 노동자(knowledge workers)는 개념(concept)을 고안(design)하였는데 만년의 그는 다음 세대(next generation) 경영에서의 지식 노동(knowledge labor)의 생산성(productivity)에 대해 고찰(consideration)하였다.

※ 日新又日新(일신우일신) 중국의 최초 역사서(history book)로 공자가 하, 은, 주 삼대의 문서를 수

집(collection)하여 지은 책인 상서에 실린 은나라 "탕" 왕의 반명【盤銘 : 제사 때 손을 씻기 위해 대야에 자신을 돌아볼 수 있는 경구를 적어 넣은 것】이란 글에 실려 있고, 이후 대학이란 유가 경전(Scriptures)에 다시 실려 유명(famous)해진 말이다.

　　湯之盤銘에 曰, "苟日新이어든 日日新하고 又日新이니라"

　　탕지반명에 왈, 구일신이어든 일일신하고 우일신하니라

"진실로 하루가 새롭게 되거든 나날이 새롭게 하고, 또 날로 새롭게 하라." 즉 새로워진다는 것은 과거(past)를 돌이켜 잘못된 점을 살피고, 이를 고쳐 새롭게 변화시키는 것이다. 매일매일(everyday) 발전된 삶(advanced life)이 될 수 있도록 끊임없이 노력(constantly trying)하며 살라는 말이다.

061. 언제나 (다 함께)그랬듯이

As always. 한결같은 마음으로 직장생활(work life)을 즐겁게 보내자(Let's have a good time)는 의미.

※ '언제나 그랬듯이'는 국내 실력파 베이시스트(bassist : 저음 악기 연주자)이자 프로듀서(producer 저작자)로 활동하고 있는 우형윤의 작사/작곡, 프로듀서한 곡이다. '언제나 그랬듯이'는 전체적으로 잔잔하게 흐르는 기타(guitar), 드럼(drum), 브라스(brass)의 멜로디(melody)에 '한얼' 특유의 꾸밈없는 담백하고 애잔한 보이스(voice)가 만나 더욱더 깊은 감성(deep sensitivity)을 느끼게 하며 메마른 감성(dry sensitivity)에 잔잔하게 파장을 불러일으키는, 가슴(the heart)이 두근거릴 수 있는 어쿠스틱(acoustic : 청각의, 음향학의) 감성(sensitivity) 발라드(ballad : 시에 붙인 곡 · 가락) 곡이다. 특히 '내추럴(NATURAL)'의 기본 음악의 바탕이 '그룹 사운드'이다 보니, 다양한 악기(musical instrument)들이 곡(music)의 전반에 리드미컬(rhythmical)하고 각각의 감성 파트(part)를 대변(speaking by proxy)하고 있어 사운드(sound 소리)를 따라가다 보면 가사(the words) 하나하나에 소중한 추억(precious memories)이 되어버린 사랑에 대한 그 감정(emotion) 그대로의 그리움(yearning)을 깊게 느낄 수 있게 된다.

062. 쑤욱! (다 함께)껄! 껄! 껄!

이런 말이 있습니다. 우리가 죽을 때 후회(regret)하는 3개의 걸이 있다고. 3개의 걸 하니까 "웬 여자가 셋"하고 이상하게 생각하지 마세요. 여기서 3개의 걸(껄)이란?

첫째! 살면서 **좀 더 베풀면서 살 걸(껄)**,

둘째! 살면서 **좀 더 용서(pardon)하며 살 걸(껄)**,

마지막(the last)으로 **좀 더 재미있게 살 걸(껄)**

이란 말로 죽을 때 인간은 이 3가지의 걸(껄)을 가장 후회한다고 합니다. It is not too late 늦지 않았습니다. 우리가 지금부터 살면서 앞서 말씀드린 3개의 걸(껄)을 실천(practice)하면서 생활(life)한다면 올챙이(tadpole) 뒷다리가 쑤욱 나와 성장(growth)하듯이 우리의 **건강 (health)도 쑤욱…… 행복(happiness)도 쑤욱……** 재미(pleasure)도 쑤욱, 실적(results, 성과)도 쑤욱…… 성장하고 좋아지지 않겠습니까?

063. 쑤욱! (다 함께)세! 세! 세!

우리의 **건강(health)도 쑤욱, 행복(happiness)도 쑤욱, 재미(pleasure)도 쑤욱, 실적(results, 성과)도 쑤욱.** 참으세, 베푸세, 즐기세 오메가(omega(Ω, ω) : 그리스어의 마지막 자모)를 따서 건배 제의(Propose a Toast).

064. 해현경장(解弦更張)

풀어진 거문고 줄을 고친다는 말, 개혁(reform)을 비유 (figure of speech).

※ **거문고**는 삼국사기에 의하면 왕산악(王山岳)이 중국 악기(a musical instrument)인 칠현금(七絃琴)을 개조(remodeling)하여 만들어졌다. **6줄(string)로 된 우리나라의 대표적인 현악기(String Instrument)로 오동나무(empress tree)와 밤나무(chestnut tree)를 붙여 만든 울림통(soundbox) 위에 명주실(silk)을 꼬아 만든 6줄을 매고 술대로 쳐서 소리를 낸다.** 술대로 줄을 뜯어서 연주(performance)하는데, 관현악【여러 가지의 관악기, 현악기, 타악기를 조화시킨 큰 규모의 합주. 유의어(synonym) 오케스트라 (orchestra)】에 반드시 편성(composition)되며 독주악기로도 널리 사용(use)한다.

※ 해현경장(解弦更張) 이 말은 한(漢)나라 무제(武帝)때 동중서(董仲舒)가 올린 현량대책(賢良對策)에서 유래한다. 동중서는 공맹(孔孟)의 학설(theory)을 깊이 연구(research)하여 박사(博士, Doctor of Philosophy, 略 Ph.D., D.Phi)로 임명(appointment)되었다. 그는 공부(learning)를 시작하면 방문(door)에 늘 발을 쳐놓고 하루 종일(all day) 책을 읽었고, 집 뜰(yard)에 이삼 년 동안 내려가 본적이 없을 정도로 하였다.

무제가 동중서에게 정치자문(Political Advisory)을 구하자, 동중서가 말하길, "한나라는 진(秦)에 이어서 세워졌지만, 진의 구제도(the old order)는 적용(application)할 수 없습니다. 이는 **마치 거문고의 줄(string)이 맞지 않으면 반드시 벗겨내고 그것을 바꾸어야만 비로소 소리를 낼 수 있는 것**과 같습니다(必解而更張之). 정책(policy)이나 제도(system) 역시 통용(popular use)되지 않는 것은 반드시 고쳐야하며, 그런 후에야 비로소 일을 잘 처리할 수 있습니다. 마땅히 바꾸어야 할 것을 바꾸지 않으면 천하제일(uniqueness)의 연주가(instrumentalist)라도 아름다운 연주(beautiful performance)를 할 수 없고, 마땅히(properly) 개혁(reformation)해야 할 것을 개혁하지 않으면, 아무리 훌륭한 정치가(great politician)라도 사람들이 만족(satisfaction)해하는 정치(politics)를 할 수 없습니다"고 하였다.(漢書, 董仲舒傳)

065. 청정무애(淸淨無碍)

Morally clean people can act honorably. 도덕적으로 깨끗한 사람만이 당당할 수 있다.

066. 생각을 ^(다 함께)행동으로

Thoughts into action. 현대그룹 정주영 회장님께서 즐겨 쓰시던 말 중에 "하기는 해봤어(have you tried)"라는 명언(quippery)이 있습니다. 아무리 좋은 생각도 생각(thought)만 하고 행동(action)으로 옮기지 않는다면 이룰 수 없습니다. 말보다 행동이 중요합니다. (actions speak louder than words) 1t의 생각보다 1g의 실천(practice)이 더 중요(important)하다. 실행력(executive ability)이 있어야 목표(target)를 달성(achievement)할 수 있습니다. 그런 의미를 이 술잔(goblet)에 담아 건배제의 합니다.(I propose a toast) 제가 생각을 하면 여러분들은 행동(action)으로 합창(chorus)하여 주시기 바랍니다.

067. 사화(社和)! ^(다 함께)만사성(萬事成)!

회사(company)가 잘되어야 모든 일이 잘 풀린다.

068. 다난흥방(多難興邦)

어려운 일을 많이 겪고 나서야 나라를 부흥(revival) 하게 할 수 있다는 뜻.

※ 다난흥방(多難興邦) : 중국 東晋(동진) 개국(the opening of a country) 때 장수(commandant)들이 좌승상【일반 정치 및 외교의 일을 맡아 하던 정일품(영의정 좌의정 우의정 다 정1품이나 영의정이 제임 높음) 벼슬】司馬睿(사마예 : 중국 동진(東晋)의 초대 황제)에게 초대 황제(the first emperor)로 즉위(enthronement)할 것을 권유(solicitation)하는 勸進表(권진표)에서 유래. '或多難以固邦國 或殷憂以啓聖明'【혹 많은 어려움은 나라를 공고히 하고 깊은 근심(anxiety)은 황제(emperor)의 지혜(wisdom)를 열어줄 것입니다.】

069. 건배(toast,乾杯)!

72 : 1 법칙(law)이라는 것이 있습니다. 자신이 결심 (determination)한 사항(particulars)을 72시간 즉, 3일 이내에 행동(action)으로 옮기지 않으면 단, 1%도 성공(success) 할 가능성(possibility)이 없다는 말입니다. 무언가 성사(accomplishment)시키기 위해서는 결심한 다음 실행(practice)에 옮겨 합니다. 패자(loser)들은 언제나(all the time) '내일(tomorrow)'이라는 단어(word)를 즐겨 씁니다. 그러나 뭔가 변화(change)는 '지금 여기서(now here)' 시작됩니다. 어제나 그제보다 지금(present)을 소중하게 생각(thought)하는 사람만이 무엇이든 성취할 수 있습니다. 내일은 지금(this time) 이 순간(this moment)을 충실히 보낸 사람, 작은 실천을 진지하게 반복(repetition)하는 사람에게만 의미심장(very meaningful)한 선물(gift)로 다가옵니다.

주어진 목표(target)가 도저히 달성할 수 없는 것 같아도 우선 **Let's start.** 시작해봅시다. Well begun is half done. 일에 착수(start)했다는 것만으로도 이미 반은 이룬 셈입니다. 그러나 아직 반이 남아 있습니다. 그렇다면, 한 번 더 착수해 봅시다. 그러면 목표는 모두 달성될 것입니다. 생각을 실천에 옮기는 것이 곧 용기(courage)입니다. 그 용기가 우리의 운명(fate)을 바꿔줍니다. 새롭게 비상(flight)하는 우리 괴산지점과 우리 가족 모두의 건강(health)과 행운(luck)을 기원하며 건배를 제의합니다.(I propose(make) a toast)

070. 글로벌 (다 함께)하모니

오늘날(today) 세계(the world)는 불균형(imbalance)과 온난화(global warming), 빈곤(indigence) 등 굵직한 도전(major challenge)에 직면(face)해 있다. 하지만(however) 우리에게 가장 큰 도전(the biggest challenges)은 바

로 '우리 자신(ourselves)'이다. 우리가 조화(harmony)를 이룰 수 있다면 문제 (problem)가 되지 않는다. 제가 '글로벌'이라고 선창하면 여러분은 '하모니'라고 크게 소리쳐 주시기 바랍니다.

071. 위대한 동지들과 위대한 우리 회사를 위하여!

우리는 세계 초일류 기업(world top-notch company)을 항상(always) 꿈 (dream)으로 가득 찬 여정(journey)을 함께 하고 있습니다. 이 길(way)을 걷는 우리는 위대한 사람들(great people)입니다. 가슴(one's heart)에 우리 회사의 비전(vision : 내다보이는 미래의 상황) 실현(realization)을 위한 원대한 (grand) 꿈을 품고 있기 때문입니다. 위대한 사람들이 모여 있는위대한 회사 (great company) 이것이 바로 우리가 추구(pursuit)하는 세계 초일류 기업의 진정한 모습(true look)이라 생각(thought)합니다. 위대한 동지(great like-minded person)들과 함께 이 자리에 서 있는 것이 한없이 자랑스럽습니다.

072. 유수(流水)! ^(다 함께)불빙(不氷)!

Flowing water is not frozen. 흐르는 물은 얼지 않는다는 뜻으로 변화 (change)에 적극 대응(actively cope)하자는 의미.

073. 건배(toast,乾杯)!

Humans can't be beautiful without suffering. 인간은 고통(suffering)없

이는 아름다워질 수 없습니다. 고통 없는 인생(painless life)은 존재(existence)하지 않습니다. 인생이라는 말은 고통(pain)이라는 말과 의미를 같이합니다. 사랑(love)도 고통없는 사랑(painless love)은 없습니다. 사랑이 시작되면 고통이 시작됩니다. 고통이 없으면 이미 사랑이 아닙니다. 고통이야말로 삶을 아름답게 하는 결정적인 요소(determining factor)입니다. No pain, No gain. 만약 성공(success)을 원한다면 그만큼 자신을 희생(sacrifice)해야 합니다. 큰 성공(great success)을 바란다면 큰 희생(great sacrifice)을, 더 이상 없을 만큼 큰 희생을 치러야 합니다. 큰 성공을 위해서는 열심히 하는 정도로는 부족합니다. 몰입(absorption)과 헌신(devotion)없이는 좋은 결과(good result)를 만들 수 없습니다. 아무도 이 이상은 할 수 없을 정도의 노력(effort)을 쏟아야만 비로소 남다른 성과(unusual result)가 나오게 됩니다. 당연히(naturally) 희생이 따르지만, 그 희생은 성공을 위한 정당한 대가(rightful reward)로 지불(payment)되는 것입니다. 최우수 사업소(the best business office)가 되기 위해 어떠한 고통과 희생을 감수하고서라도 주어진 목표(assigned target)는 반드시(certainly) 달성(achievement)해내는 우리 지점장님(branch manager)을 비롯한 직원(worker)과 가족(family) 모두를 위하여 건배를 제의합니다(I propose(make) a toast)

074. **사랑해요!** (다 함께)**우리 회사!**
함께하자! (다 함께)**우리 회사 오래오래!**

뿌리 깊은 나무(deep-rooted tree)는 절대 바람(wind)에 흔들리지 않고 비행기(airplane)는 역풍(adverse wind)에 잘 뜨는 법입니다. 50년! 수많은 역풍에도 결코 굴하지 않고 우리는 모두 나보다 더 위대한 회사(great company)

의 일부가 되어야 한다는 각오(preparedness)로 피(blood)와 땀(sweat)을 바쳐왔고 그 자존심(self-respect)을 지켜왔습니다. 최우량 회사(the Most Competitive Corporation)가 눈앞에 보이는 오늘! 역사(history)를 새로 쓰지 않으면 우리는 과거(the past)가 되고 맙니다. 폭풍우(rainstorm)가 몰아칠지라도 타려던 배(ship)는 주저하지 맙시다.(Do not hesitate to let.)우리 회사를 목숨 바쳐 사랑하고 風林火山의 기백(spirit)으로 똘똘 뭉칩시다. 그래서 우리 회사 백 년은 승리(victory)와 영광(honor)의 이야기들로만 가득 채워나갑시다. 고객이 대단히 사랑하는 회사(very much dear company), 직원이 대단히 행복한 회사(very much happy company) 우리나라 최고 국민기업의 영광을 위하여 축배(toast)를 듭시다.(Let's make a toast)

※ 양력(Lift) : 공기(air)와 날개(wings)가 만나서 항공기(airplane)가 위로 뜰 수 있게 하는 힘이다. 이것은 "유체(fluid)의 속력(speed)이 증가(increase)하면 압력(pressure)은 감소(decrease)한다"는 베루누이의 원리(principle)가 적용(application)되는 것이다.

※ 부력(아르키메데스의 원리) : 어떤 물체(body)는 자신의 무게(weight)보다 더 많은 물을 밀어내면 뜨게 되고 적게 밀어내면 가라앉으며, 같은 양의 물(same amount of water) 을 밀어내면 가라앉지도 뜨지도 않는 것. 아르키메데스는 목욕탕(bathhouse)속에 자신이 들어가자 자신의 부피(size)만큼 물이 넘치는 것을 보고 고대 그리스 언어 '유레카(eureka : 알았다)'를 외치며 정수역학의 제1법칙을 생각해 냈다.

075. 50년을 넘어 백 년을 바라보는 고객의 회사! 가족의 회사! 역사의 회사! (다 함께)위하여! 위하여! 회사를 위하여!

지금 혹시 이 자리에 계신 분 중에 내의(underwear)를 입으신 분이 계신지 모르겠습니다만 2009년 부산에 백화점(department store) 2곳이 개점(open a shop)을 하면서 빨간 속옷(red underwear)을 개점 당일(the day) 판매(sale)했는데, 그날 한 곳은 8억원, 또 한 곳은 20억원(가량)의 판매로 단일품목(single item)으로는 상당한 매출실적(significant sales performance)을 올렸습니다. 아시는 분들도 있겠지만, 그 두 백화점은 신세계와 롯데인데요, 백화점의 이름(brand)보다는 빨간 속옷을 사기 위해 새벽부터(from dawn) 줄을 선 고객들이 몰려서 더 화제(topic)가 되었습니다. 부산(영남지점)에는 고기(fish)를 잡기 위해 바다(sea)로 나갔던 고깃배(fishing boat)가 들어올 때 빨간 깃발(red flag)를 달고 입항(port entry)하는데 선원들(sailors)의 안전(safety)과 고깃배(fisherboat)의 만선(a boatful of fish)으로 풍요(abundance)를 상징(symbol)하기 때문이라고 합니다.

이 때문에 영남지역에서는 상점 개업 (store's opening) 때 빨간 속옷을 사면 복(fortune)이 온다는 풍습(custom)이 아직까지 이어지고 있는 것 같습니다. 올해는 내실성장(profitable growth)을 통한 수익창출(profit creation)의 해입니다. 앞서 말씀드린 고깃배(fisher boat)가 빨간 깃발을 달기 위해선 선원들의 안전이라는 전제(premise)하에 만선(the boat full of fish) 이루어졌듯이 우리도 건전한 정도 영업(正道 營業, right path business)의 바탕 하에 지속성장(Sustainable Growth) 가능한 영업으로 수익성(profitability)을 확보(security)할 수 있을 것입니다.

또 빨간 속옷이라고 하면 첫 월급(first salary) 때 부모님께(parents) 선물(gift)했던 기억(memory)도 나지 않습니까? 그런 초심(one's original intention)로 돌아가서 긴장(tension)과 열정(passion)으로 주어진 업무(given task)에 최선을 다할 때(If you do your best) 세계최대기업(The world's largest companies)에 도달(attainment)할 것입니다. 최근에(recently) 우리 회사의 몇몇 상품(파생상품)의 손실 (loss) 때문에 고객들로부터 신뢰(confidence)를 잃은 점을 안타깝게 생각합니다만 한편으로는(on one hand)

이를 계기(chance)로 다시 한 번 (once again) 우리 회사의 내실(internal stability)을 다질 기회(opportunity)가 되지 않을까 싶습니다.

지금은 힘들지만 몇 년 후에 되돌아보면 오히려 좋은 기회(good opportunity)였다고 돌이켜볼 수 있도록 눈부신 성장(sensational growth)과 발전(development)을 거듭해 우리 스스로 자긍심(self-respect)도 지니고 고객에게 다시 한 번(once more) 신뢰(confidence)와 행복(happiness)을 얻는 멋진 발판(wonderful foothold)으로 삼았으면 합니다. "If you want to go fast, go alone, but if you want to go far, go together" 빨리 가려면 혼자 가고 멀리 가려면 함께 가라는 속담(proverb, 俗談)도 있듯이 언제나(always) 고객과 함께 하여 고객에게 든든한 힘이 되는 가족 같은 회사(Company like Family)!

※ 빨간색(red color)은 새 출발(a fresh start)과 관련해 행운(good fortune)이나 복(blessing)을 가져다 주는 색으로 알려져 있다. 특히 빨간색 속옷 (red underclothes)의 경우 섹시해 보일 뿐만 아니라 즐겨 입으면 건강(health)과 복(fortune)을 동시에 얻을 수 있다는 속설(a common saying)이 있어 선물용으로 제격이다. 특히(specially) 레드컬러의 지갑(purse)은 부(wealth)와 행운(luck)을 가져다 준다는 믿음(trust)이 있어, 윗사람(one's elders)이나 친구들(friends)에게 선물(gift)하기 좋다. 지갑을 선물할 때는 지갑(wallet)안에 약간의 현금(little cash)을 넣어 선물하는 것이 예의(etiquette)다.

076. 50년 전통, 백년천년지향, 더욱 화려한 우리 회사의 미래를 위하여!
(다 함께)위하여! 위하여! 우리 회사를 위하여!

타이타닉 이후 12년 만에 스크린(screen) 혁명(revolution)을 낳은 제임스 캐머런 감독(director)의 영화(film) 아바타는 인간(human)의 무한한 상상력(infinite imagination)을 바탕(ground)으로 신기한 세계(magic world)를 경험(experience)하는 느낌(feeling) 뿐만 아니라 우리가 지켜야 할 자연(nature)

 　　　　　　　　　　　　　　　　　　　　건배사 모음 대백과

과 환경(environment)의 소중함(preciousness)을 보여주고 있습니다. 포기(abandonment)하지 않은 그의 꿈(dream)은 고등학교(high school) 때 끄적거렸던 메모(memo)에서 시작되어 40년 만에 그 꿈을 이뤘으며 14년 간 구상(conception)을 하고, 4년간의 제작(production) 기간(period)을 거쳐 비로소 세상에 빛(light)을 낼 수 있었습니다. 제임스 캐머런 감독(supervision)처럼 자신의 꿈으로 우리를 새로운 세계에서 꿈꾸게 하는 사람, 그리고 그 꿈을 나만의 꿈이 아니라 세상과 함께 꿈꾸게 하는 노력(effort)의 아름다움(beauty)이야말로 고객행복경영(customer happy management)을 실천(practice)하는 우리나라 최고 기업 (Top companies) 우리 회사의 비전【vision : 내다보이는 미래(Future)의 상황】과 같습니다. 용기(courage)와 창조(creation)의 DNA를 가진 이들이 함께 꿈꾸고 꿈을 이뤄가는 우리 회사(Our company)! 한 걸음(One step) 한 걸음씩 위풍당당(panache) 전진(advance)하는 우리 임직원(executives and employees)의 건승(健勝)을 기원합니다.(I wish you good health) 50십 년 전통(tradition) 국민기업의 자부심(pride)과 긍지(dignity)를 계승(succession)하고 백년, 천 년 지향 사장님을 비롯한 2만여 임직원의 건승(健勝 : 탈이 없이 건강함)과 만년지세 우리 회사의 더욱 화려한 비상(more brilliant flight)을 기원하면서 건배 제의를 하고자 합니다.(I would like to propose a toast)

※ DNA(deoxyribo nucleic acid) : 핵산의 하나. 진핵 세포의 핵에 있는 염색체(chromosome)와 원핵 세포(cell)에 들어 있는 유전 물질(genetic material)을 말한다. 스스로 복제(複製)하는 분자(分子)로서, **당, 인산, 염기로 구성되어 있다.**

※ 아바타(Avatar)는 미국의 제임스 캐머런 감독이 제작(production)한 영화로 '판도라(Pandora)'라는 행성(planet)을 배경(backdrop)으로 하는 SF영화(Science fiction film,공상과학 영화)이다. 아바타의 별칭(another name)은 Project 880이다.

※ 제임스 프랜시스 카메론(James Francis Cameron, 1954년 8월 16일~)은 캐나다계 미국인 감독

(director), 각본가(dramatist), 제작자(producer), 편집자(editor) 및 투자자(investor)이다. 대표적인 작품(Representative works)으로는 《터미네이터》(1984), 《에이리언2》(1986), 《어비스》(심연; 1989), 《터미네이터 2 : 심판의 날》(1991), 《트루 라이즈》(1994), 《타이타닉》(1997), 그리고 최신작 《아바타》(2009) 등이 있다. 2009년 12월, 할리우드 명예의 거리(Walk of Fame)에 올랐다.

※ 판도라(Pandora) 그리스 신화(myth)에 나오는 인류(humanity) 최초의 여자(the first woman). 그리스 신화(myth) 최고의 신이며 천공【天工 : 하늘의 조화로 자연히 이루어진 묘한 재주】을 주재(supervision)하는 신으로 올림포스 신전(temple)에 군림(reigning)하는 제우스(Zeus,목성)는 천계(heavenly revelation)의 불을 훔쳐 인류(humanity)에게 준 프로메테우스≪Prometheus : 그리스 신화에 나오는 거인족(티탄족 : Titan)영웅, 불을 훔쳐 인간에게 내준 까닭에 제우스의 노여움(anger)을 사서 캅카스산의 바위에 묶여 날마다 독수리에게 간을 쪼여 먹히는 벌을 받았다고 한다.≫에게 노하여 인간을 벌할 목적으로 헤파이스토스≪Hephaistos : 그리스 신화에 나오는 올림포스 열두 신의 하나로, 불과 대장장이의 신, 절름발이에 못생긴 남자로 묘사되며, 로마 신화의 불카누스(Vulcanus)에 해당한다.≫를 시켜 판도라를 만들었고, 인류의 온갖 불행(unfortunate)과 희망(hope)을 담은 상자(box)를 인간 세상(the human world)에 전하게 된다.

📌 참고사항

올림포스 신전에는 '시간의 신'으로 불리는 크로노스(고대 그리스어 $\mathrm{X}\rho\acute{o}\nu o\varsigma$: 그리스 태초신 중의 하나이며 티탄인 크로노스($\mathrm{K}\rho\acute{o}\nu o\varsigma$)와는 다른 신이다.)의 신상(image[idol] of a deity[god])이 있는데 벌거벗은 젊은이(young person)가 달리는 모습을 하고 있다. 발(foot)에는 날개(wing)가 달려 있고, 오른손(right hand)에는 날카로운 칼이 들려 있고 이마에는 곱슬곱슬한 머리카락(hair)이 늘어뜨려져 있는데 유독 뒷머리(back hair)와 목덜미(nape)는 민숭민숭하다. 시인 포세이디프(Poseidipp)는 시간의 신 크로노스(Cronos, 토성)의 신상(image[idol] of a deity[god])을 보고 이렇게 노래했다.

"시간은 쉼 없이 달려야 하니 발에 날개가 있고, 시간은 창끝보다 날카롭기에 오른손에 칼을 잡았고, 시간은 만나는 사람이 잡을 수 있도록 앞 이마에 머리카락이 있다. 그러나 시간이 지나간 후에는 누구도 잡을 수 없도록 뒷머리가 없다. 시간은 곧 기회다."

이것이 우리가 사용하는 연월일시의 양적 시간인 크로노스(chronos)적 시간이다. 이와는 달리 카이로스(kairos)적 시간이 있는데 이는 얼마나 살았느냐(How long did you live)'가 아니라 '어떻게 살았는가(How to live)'라는 뜻을 담고 있다. 이 카이로스는 과거에 대한 기억(memory), 미래(Future)에 대한 희망과 현재를 초극【超克,conquest : 어떤 어려움(difficulty)이나 한계(limit) 따위를 극복(overcome)하여 이겨 냄】하는 시간을 뜻한다.

077. 경영실적 1등 본부달성과 강한 충북본부를 위하여!

나무는 혹독한 겨울(harsh winter)을 견뎌내며 더욱 단단해지듯이 시련(trial)은 조직(organization)과 그 구성원(member)을 단련(temper)시킵니다. 우리에게 지난 시련(last ordeal)은 소중한 경험(invaluable experience)이며, 역경(adversity)을 극복(overcome)한 후 새로운 용기(new courage)와 자신감(confidence)을 갖게 됐습니다. 올해는 지혜(wisdom)와 슬기(wit)로 무장(armament)하여 회사 전 직원(all employees)은 어떠한 역경(any adversity)에도 굴하지 않고 혼연일체(together as one)가 되어 올 한해(this year) 힘차게 전진(advance)해 나갈 것입니다. 충북본부 전 직원 또한, 앞선 정보(advanced information)와 디테일(detail)한 전문성(expertise)으로 무장(armament)해 강한 충북본부를 만들겠습니다.

078. 우리 회사를 사랑하는 모든 고객님의 앞날에 더욱더 큰 발전과 무궁한 영광을 위하여!

먼저, 이 자리를 마련해주신 팔공산 돌부처님처럼 인자(benignity)하고 따뜻한 홍길동 사장님과 이 자리에 참석(attendance)한 모든 분들, 4천만 명의 고객 여러분께 고개 숙여 감사의 말씀을 드립니다.

이 자리에 모인 한 분 한 분의 발전(development)이 창립 50주년(the 50th anniversary of the foundation)을 맞은 국민기업 최고 전력의 발전이고, 우리 회사의 발전이 우리나라에서 더 나아가 전 세계 전력산업(the Electric Power Industry)의 초석(foundation stone)이 될 것이라 확신(conviction)합니다.

황동규 시인 슬거운 편지(sweet letter)라는 詩에서 '진실로(verily) 진실로 내가 그대를 사랑하는 까닭은 내 나의 사랑을 한없이 잇닿은 그 기다림으로 바꾸어 버린데 있었다.' 라고 했습니다. 저 또한, 이 자리에 참석(participation)한 사장님과 그 외 참석한 모든 분을 진실로 사랑합니다.

※ 대구.경북 명산의 팔공산 갓바위 부처 : 소원(wish)을 들어주는 영험한 불상(Buddhist image)이란 소문(rumor)이 자자한 보물 431호 관봉석조여래좌상이다.

※ 부처(석가모니,釋迦牟尼) : 불교의창시자(BC 6~4세기경). 성은 고타마(Gautama), 이름은 싯다르타(Siddhārtha : '석가모니'가 출가하기 전, 태자 때의 이름)로서, 중부 네팔의 석가족(釋迦族)의 중심지(center) 카필라성(Kapila城)에서 정반왕(淨飯王)과 마야(摩耶)부인의 아들로 태어났다. 29세 때 인생(life)의 고뇌(anguish) 해결(solution)을 위하여 출가하여, 35세에 부다가야(Budda-gayā)의 보리수(菩提樹 : 염주나무, 피나무, 모감주나무와 더불어 염주(108개)를 만든다.) 아래에서 깨달음(realization)을 얻어 부처가 되었다. 그 후 녹야원(鹿野苑 : 인도 북부 우타르푸라데시 주의 남동쪽에 있는 바라나 시 북쪽 사르나트에 있는 불교 유적)에서 다섯 명의 수행자(ascetic)를 교화(reformation)하는 것을 시작으로 교단(religious body)을 성립(formation)했으며, 각지(various places)를 다니며 설법(Buddhist sermon[preaching])을 하다가 80세에 입적(entering Nirvana)하였다. 입적(the passing away of a Buddha) 후 그의 가르침(lesson)이 경전(Scriptures)으로 모아져 세계로 전파(propagation)되었다. 산스크리트 어 이름은 '샤키아무니(Śākyamuni)'이다.

※ 대웅전(大雄殿)은 석가모니를 불을 주불로 좌우로 협시불(좌우에서 가까이 모시는 부처)인 문수보살(文殊菩薩 : 석가여래를 왼편에서 모시고 있는, 지혜를 맡아보는 보살)과 보현보살(普賢菩薩 : 석가여래를 오른편에서 모시고 있는, 불교의 진리와 수행의 덕을 맡아보는 보살)을 두는데 삼존불이라 한다. 대웅보전(大雄寶殿)은 좌우 협시불 아미타불(서방 정토의 극락세계에 머물면서 불법을 설한다는 대승 불교의 부처)과 약사불(중생의 질병을 고쳐주는 의료에 관련된 부처)을 둔다. 대웅전과 대웅보전의 차이는 석가모니의 좌우 협시불이 보살인가 부처인가에 따른 것이다. 삼존불 뒤에는 탱화(불교의 신앙 대상이나 내용을 그린 그림)가 그려져 있다.

※ 불전사물(佛殿四物) : 범종은 천상과 지옥(Heaven and Hell)에 있는 중생(living things), 법고는 땅 위에 사는 중생, 목어(wooden fish)는 물속에(underwater) 사는 중생, 운판은 공중(midair)을 날아 다니는 중생을 일깨우기 위해 울린다.

※ **황동규**(黃東奎, 1938년~)는 대한민국의 시인(poet)이다. **소설가**(novelist) **황순원의 아들**이다.

건배사 모음 대백과

1968년부터 정년퇴임(retirement)까지 서울대학교 영문과 교수(Professor of English)로 있었다.
시인 황동규는 1958년 서정주에 의해 《시월》,《동백나무》,《즐거운 편지》가 현대문학(modern
literature)에 추천(recommendation)되어 시인(poet)으로 등단하게 되었다. 대표작 (a person'
s masterpiece)으로는 〈비가〉, 〈어떤 개인 날〉, 〈풍장〉, 〈외계인〉 등 10권의 시집과 〈사랑의 뿌리
〉, 〈나의 시의 빛과 그늘〉 등 몇 권의 산문집≪단편 소설(nouvelle)이나 수필(essay), 기행문(travel
essay) 등의 산문(prose)을 한데 모아 엮은 책≫이 있다.

079. IT 지원부! (다 함께)KISSS! KISSS! KISSS!

IT 지원부(information technology Support)에서는 새해(the New Year)를
맞아 영업지원(sales assistant)의 새로운 지평(the surface of the earth)을 여는
한 해가 되도록 노력하겠습니다. 사업소(place of business) 현장(scene of labor)
에 도움(assistance)이 되는 업무지원 자료(material) 제공(supply) 등 업무지원
10대 과제, 서버(server) 가상화(virtualization) 등 비용절감(cost reduction) 5
대 과제, 전산장비(computerized equipment)가 같은 증상(symptoms)으로 3
번 장애(problems)시 교체(replacement)해주는 삼진아웃제(三振 out制), 단말
(terminal)의 먼지(dust) 제거(removal) 불필요한 소프트웨어(software)를 제
거 단말기 클렌징제(terminal cleansing 制) 등 효율성(effectiveness) 개선
(improvement) 5대 과제를 시행(enforcement)하겠습니다.

건배 구호(Cheers slogan)는 'KISSS'로 하겠습니다. KISSS는 'Keep
IT Strategic Smart Save'의 의미입니다. 전략적IT(strategic information
technology), 스마트IT(Smart information technology), 경비절감(Expense
reduction) IT(Information technology, 정보기술)는 IT 지원부(information
technology Support)의 전략입니다.

080. 진인사(盡人事)! (다 함께) 대천명(待天命)!

Let's do the best in everything business. 모든 업무에 최선을 다하자.

※ 진인사대천명(盡人事待天命) 사람으로서 할 수 있는 일을 다 하고 나서 천명(God's will)을 기다린다는 뜻으로, 무슨 일이든지 자신이 할 수 있는 최선의 노력(utmost effort)을 기울인 다음 하늘의 뜻을 따른다는 것이다. 속담의 '**하늘은 스스로 돕는 자를 돕는다**'(God helps those who help themselves)와 통한다. 이 말은 진(晉)나라의 학자 진수(陳壽 : 233~297)가 중국의 위(魏)·촉(蜀)·오(吳) 3국의 정사(正史, official history)을 편찬(compilation)한 '삼국지(三國志)에 실려 있다. 제갈량(諸葛亮, 18'~234)이 유비(劉備, 중국 삼국 시대 촉한(蜀漢)의 초대 왕 161~223)에게 한 말로 '수인사대천명(修人事待天命)'에서 유래(originate)한다. 위(魏)나라 조조(曹操 중국 후한 말의 승상·위의 시조, 155~220)는 적벽대전(赤壁大戰)에서 오(吳)·촉(蜀) 연합군(the Allied Forces)에게 참패(crushing[humiliating] defeat)하고 달아나던 중 화용도(華容道)에서 촉의 관우(關羽, 160년경~219)에게 포위(siege)하고 만다. 하지만 관우는 조조를 죽이지 않고 길을 내주어 달아나게 하였다. 그 사실을 들은 제갈량은 관우를 참수(decapitation : 목을 벰)하려 하였으나 유비의 부탁(request)으로 관우의 목숨(life)을 살려주면서, "**천문(天文)을 보니 조조**(중국 후한 말의 승상, 위의 시조)**는 아직 죽을 운명**(fate)**이 아니므로 일전에 조조에게 은혜**(favor)**를 입었던 관우로 하여금 그 은혜를 갚으라고 화용도로 보냈다. 나는 사람으로서 할 수 있는 방법**(method)**을 모두 다하고 하늘의 명을 기다릴 따름이다**"고 하였다. **즉 조조가 목숨**(the breath of life)**을 구한 것은 거역**(disobedience)**하기 힘든 하늘의 뜻이지, 관우의 결단**(decision)**이 아니라는 것이다.**

※ 화용도(華容道, 중국고전소설) 〈나관중의 삼국지연의 三國志演義〉 중 가장 극적인 부분인 적벽대전【赤壁大戰 : 중국 삼국 시대, 손권(오나라의 초대 황제)과 유비의 연합군(the combined forces)이 조조의 대군(large army)을 적벽에서 크게 무찌른 싸움】중심으로 만든 고전소설(classic novel). 관우가 조조를 죽이지 않고 너그러이 길을 터 주어 달아날 수 있게 한 장면(scene)이 나온다.

081. 당신과 함께라면 (다 함께) 최우수 사업소 달성할 수 있습니다.

이순신 장군(admiral)께서 유배(banishment)를 갔다가 빈손으로(with

empty hands) 전쟁터(battlefield)에 돌아오신 후에 '신에게는 아직도 잘 훈련된 병사(well-trained soldier)와 12척의 배(ship)가 남아 있습니다.'라고 말씀하시고 실제 12척의 배로 잘 훈련된 병사들(well-trained soldiers)과 함께 133척의 왜군을 섬멸(annihilation)하셨습니다. 우리가 가진 것이 부족해도 최우수 사업소(the best business office)를 이루겠다는 열정(passion)과 노력(effort)으로 전 직원(all staff)이 함께 한다면 최우수 사업소(the best business office) 충분히 달성(achievement)할 수 있습니다.

※ 명량대첩(鳴梁大捷) 임진왜란의 화의(negotiations for peace)가 깨지고,1597년(선조 30) 9월 왜군이 다시 쳐들어 온 정유재란(酉再亂)란 때 이순신이 이끄는 조선 수군(the naval forces) 12척이 명량해협(울돌목)에서 일본 수군(the naval forces) 133척을 대파(ruin)한 해전(a sea fight). 왜군은 도요토미 히데요시가 죽자 철수(withdrawal)하였다.

※ **이순신** : 조선 선조 때의 무신(1545~1598). 자는 여해(汝諧). 시호는 충무(忠武). 32세에 무과에 급제한 후에 전라 좌도 수군절도사가 되어 **거북선≪조선수군의 주력부대 판옥선보다 빠른 조선 최고의 선박기술자(engineer)인 나대용이 거북선을 개발≫**을 제작(production)하는 등 군비 확충(the expansion of armaments)에 힘썼다. 임진왜란이 일어나자 한산도(지금의 통영)에서 적선 70여 척을 무찌르는 등 공을 세워 삼도수군통제사가 되었다. 1592년 거북선(머리는 용의 모습)을 앞세워 승리를 거둔 이 한산도 대첩(유인과 포위의 전술 학익진)은 B.C. 480년 그리스의 데미스토클레스(Themistocles) 제독의 살라미스(Salamis) 해전(a sea fight), 1588년 영국 하워드(Howard) 제독(admiral)의 칼레(Calais) 해전, 1805년 영국 넬슨(Nelson) 제독의 트라팔가(Trapalgar) 해전과 함께 미국의 해군사관학교(the Naval Academy)에서 가르치는 세계 4대 해전(sea fight)중 하나이다. **23전 23승 불패(invincibility)의 장수**(general)로 노량 해전(a sea fight)에서 적의 유탄(a stray bullet)에 맞아 전사(death in battle)하였다. 저서로 《유네스코 세계기록유산에 등재된 난중일기》가 있다. 1973년부터 1993년까지 사용된 **대한민국의 500원권 지폐의 앞면에 이순신과 거북선, 100원권 동전에는 초상화가 도안**(design)**되어있다.**

※ 임진왜란의 3 대첩(signal victory)은 육지전투(land battles)의 행주 대첩(sweeping victory)과 진주 대첩(great victory), 해전의 한산도대첩(경남 통영)이다.

※ 명량해협(鳴梁海峽) 또는 울돌목은 전라남도 해남군 문내면 학동리의 화원 반도(peninsula)와 진도군 군내면 녹진리 사이의 있는 해협 (straits)이다. 길이 약 1.5km이며, 폭이 가장 짧은 곳은 약 300m 정도가 된다. 밀물 때에는 넓은 남해의 바닷물(seawater)이 한꺼번에 명량 해협(strait)을 통과하여 서해로 빠져 나가 조류(tidal current)가 5m/s 이상으로 매우 빠르다. 이를 이용하여 정유재란(酉再亂) 당시 명량 해전(naval battle)에서 이순신이 이끄는 조선군이 승리(win)하였다. 물길(waterway)이 암초(rock)에 부딪혀 튕겨 나오는 소리가 매우 커 바다가 우는 것 같다고 하여 울돌목(명량 : 鳴울명 梁대들보량)이라고도 불린다. 유속(the velocity[speed] of a moving[running] fluid)은 약 10노트(10knot, 시속 20km 정도)라고 한다.

※ 울돌목 조류발전소 : 전라남도 진도군 군내면 수심(the depth of the water)이 얕고 조류(tidal current)가 빠르게 흐르는 좁은 바다(the narrow sea) 인 울돌목에 건설(building)되었다
고를로프 터빈을 사용하는데 날개를 나선형(spiral)으로 만들고 날이 유선형(streamlined form)으로 돼 있어 물살(the current of water)의 방향(direction)에 상관없이 회전(revolution)을 하도록 설계(design)돼 있다. 또한 미미한 물(small water)의 흐름(the flow[flowing] of water)에도 스스로 움직이기 시작 한다.

082. 나의 삶의 터전인 우리 회사의 또 다른 미래를 위하여!
(다 함께)위하여! 위하여! 우리의 모든 것을 위하여!

올해도(this year) 긴장(strain)을 늦출 여유(space)가 없습니다. 지난 한 해 동안(over the past year) 강건(sturdiness)하고 민첩(agility)하게 내실(substantiality)을 다져온 직원 모두에게 올해는 지혜롭게 (sapientially) 지속성장(Sustainable Growth)의 기회(opportunity)를 모색(groping)하여, '내실 성장을 통해 새롭게 도약(take-off)하자'라는 사장님의 경영 방침(management[business] policy)과, 고객의 요구(customer's needs)는 바람과 같이 빠르게 채워 주고, 경쟁회사(rival company)의 동향(tendency)을 살피고 탐색(probe)할 때는 숲(forest)과 같이 고요(silence)하며, 경쟁 회사(rival company)의 타깃(target) 고객을 공략(capture)할 때는 불(fire)같이 공격(attack)하고, 우리의 충성(loyalty) 고객을 지킬 때는 산(mountain)과 같이 굳건히 하라는 사장님의 올해 행동 강령(main principles)인 풍림화산(風林火山)의 뜻을 기리기 위해 우리는 이 자리에 모였습니다. 자! 모두 잔(winecup)을 들고 우리의 각오(preparedness)를 다집시다. 나를 비롯한 2만 명의 우리 동료(our colleague)와 내 가족(my family)을 포함한 8만여 명의 우리 동료(our colleague) 모두의 가족을 비롯해……..

083. 아자! (다 함께)안 죽어(Not dying)!

안 된다, 죽겠다, 어렵다는 말의 이니셜(initials)을 붙여서 만든 말로 어려움(trouble)을 극복(overcome)하겠다는 의미.

084. 아싸 (다 함께)가자

(여름철 버전) "**아끼자** 25시"는 전력수요(power demand)가 가장 많은 오후 2시부터 5시 사이에 전기를 아껴 쓰자!, "**사랑한다, 26도**"는 실내(indoors) 건강 온도(health temperature)인 26℃이상으로 유지하자! "**가볍다, 휘들옷**"은 간편 복장, 즉 휘들옷이나 쿨맵시 의상(clothes)을 입으면 체감온도(effective temperature)가 2℃나 내려간다는 뜻이며, 휘들옷은 "휘몰아치는 들판(field)에서 부는 시원한 바람(cool[refreshing, bracing] breeze) 같은 옷"이라는 의미에서 한국패션협회(Korea Fashion Association)가 개발(development)한 순 우리말이다. '**자~뽑자.** 플러그'로 안 쓰는 전기제품(electric appliance) 플러그

를 뽑아 대기전력(standby power)를 아끼자라는 의미다.

(겨울버젼) **아껴서** "**나누자**" **싸**(사) 사랑한다 "**건강온도(health temperature)**"
(18~20℃) **가뿐하다** "**내복스타일**" **자~뽑자.** "**전열기**"

※ '아싸가자'는 홍석우 지식경제부(Ministry of Knowledge Economy) 장관(minister)이 국민의 전기절
약(electricity saving)으로 발전소(power plant)를 짓는 효과(effectiveness)를 거두자는 국민발전소
(National power plant) 건설(construction)의 절전운동(power-saving movement) 구호다.

※ 홍석우(洪錫禹, 1953년 6월 17일 충북청주출생 ~)는 대한민국의 지식경제부(Ministry of
Knowledge Economy) 장관(minister). 성균관대학교 대학원(graduate school) 행정학(public
administration) 박사(Doctor of Philosophy, 略 Ph.D., D.Phil), 하버드대학교 대학원 정책학(policy
studies) 석사(master), 서울산업자원부 미래생활(Future life) 산업본부 본부장(Director), 산업자원부
무역투자실 무역정책과 과장(section chief), 1980 : 제23회 행정고시(the civil service examination)

※ 나비효과(Butterfly Effect) 나비의 단순한 날갯짓(simple wingbeat)이 날씨(weather)를 변화
(change)시킨다는 이론(theory)입니다. 카오스 이론을 대신해서 부르기도 한다. 나비효과는 1963
년 미국의 기상학자(meteorologist)인 에드워드 로렌츠가 컴퓨터로 기상을 모의실험(simulation)하
던 중 초기(beginning) 조건(condition)의 값(value)의 미세한 차이(delicate difference)가 **시간의 흐**
름(the passage[lapse] of time)**에 따라 점점 커져서 결국**(eventually) **그 결과**(result)**에 엄청나게**
(awfully) **큰 차이**(big difference)**가 난다는 것을 발견**(detection)하면서 알려졌다. 즉(namely), 컴
퓨터화면에 나타난 기상계는 한없이 복잡한 궤도(Infinitely complex orbit)가 일정한 범위(certain
range)에 머무르면서도 서로(mutually) 교차(crossing)되거나 반복(repeat)됨이 없이 나비의 날개모
양(wing shape)을 끝없이 그려내고 있었다. 다시 말해, 그림(picture)은 혼돈스러워(chaos) 보이지
만 일정한 모양새(regular shape)를 갖춘 규칙성(regularity)이 숨어 있었다. 이와 같이 혼돈(chaos)
속에 질서(order)가 내재(immanence)되어 있다는 나비효과(Butterfly Effect)가 확인(confirmation)됨
에 따라 카오스 이론【chaos theory : 매우 무질서(disorder)하고 불규칙적으로(irregularly) 보이는
현상(phenomenon) 속에 내재(inherence)된 일정 규칙(rule)이나 법칙(law)을 밝혀내는 이론】이 등
장(advent)하였다.

건배사 모음 대백과

085. 생즉사 사즉생(生卽死 死卽生)!
초우량 기업(excellent company)을 위하여!

드디어 우리가 와신상담(perseverance, 臥薪嘗膽)하며 기다려왔던 새해(a new year)입니다. 지혜(wisdom)와 민첩성(agility)을 발휘(display)하여 지속 성장(sustainable growth)의 기회(opportunity)를 움켜쥐어 아무도(anyone) 넘보지 못할 초우량기업(excellent company)을 만들어야 할 사명감(sense of duty)이 지금 우리에게 있습니다. 오늘 우리 회사에 역사(history)의 새 물줄기(stream)를 만들어 가는 도원결의(桃園結義) 현장에서 건배 제의(Propose a Toast)의 영광(honor)을 주신 사장님께 깊은 감사(deep gratitude)를 드립니다. 우리의 경험(experience)과 지혜(wisdom), 열정(passion)과 노력(effort)을 통해 반드시(certainly) 쟁취(gain)할 세계 초우량기업(excellent companies)의 영광(榮光)을 후배(younger men)들이 자랑스러워 할 것이라고 확신(conviction)합니다.

※ 도원결의(桃園結義) 뜻이 맞은 사람끼리 하나의 목적을 이루기 위해 행동을 같이 할 것을 약속(promise)한다는 뜻으로 후 한말 영제시대 황건적이 일어날 때에 유주(현재의 베이징 시와 텐진 시 일대)에서 의병(patriotic soldier)을 모집(recruitment)하고 있었던 때에 관우와 장비는 형제(brothers)같은 우애(friendship)로 지내고 있었는데 그때 후한의 왕손 유비(중국 삼국 시대 촉한(蜀漢)의 초대 왕)를 만나서 장비의 집 뒤뜰(backyard)에서 의형제(brotherhood)를 맺은 데에서 유래(originate)한 말이다. 위(魏), 촉(蜀), 오(吳) 삼국의 역사에서 취재(collection of data)한 것으로 천하(the world)가 하나로 통일(unification)될 때까지의 사적(historical site)을 중국 원나라의 소설가(novelist) 나관중(羅貫中)이 지은 통속 (common[popular] custom) 역사소설(historical novel)인 삼국지연의(三國志演義)에서 이 일을 **복숭아밭에서 맺은 결의**(resolution)**라고 하여 도원결의라고 불렀다.**

※ **와신상담**(臥薪嘗膽, perseverance, endurance of hardship, go through unspeakable hardships and privations) : 누울 와/섶 신/맛볼 상/쓸개 담. 섶에 누워 자고 쓴 쓸개를 맛본다는 뜻으로 원수(怨讐, Enemy)를 갚거나 마음먹은 일을 이루기 위하여 온갖 어려움(hardship)과 괴로움(troubles)

을 참고 견딤을 비유적(metaphorical)으로 이르는 말. **사마천의 《사기》의 월세가【越世家 : 월나라 역사. 세가는 제후국의 역사 / 본기는 왕들의 역사 / 열전은 주요 인물들과 이민족의 역사】와 원나라의 증선지가 지은 중국 고대사를 담은 《십팔사략**(만화가 고우영이 만화를 만듦)**》**등에 나오는 이야기로, 중국 춘추시대 오나라의 왕 부차(夫差)가 아버지의 원수(怨讐, Enemy)를 갚기 위하여 장작더미(woodpile) 위에서 잠을 자며 월나라의 왕 구천(句踐)에게 복수(revenge)할 것을 맹세(oath)하였고, 그에게 패배(defeat) 한 월나라의 왕 구천이 쓸개(gall bladder)를 핥으면서 복수(revenge)를 다짐한 데서 유래(originate)한다. = 切齒腐心≪절치부심, grit one's teeth 이를 갈다. 고통(agony)을 참거나 큰 결심 (big decision)을 나타내는 경우에 사용함.≫

※ 춘추시대는 주왕조가 도읍(capital)을 옮긴 때로부터 진(晉)나라의 대부(大夫 : 고대 중국의 상류 계급)인 한(韓) · 위(魏) · 조(趙) 삼씨가 진나라를 분할(partition)하여 제후【feudal lords : 봉건 시대, 일정한 영토를 가지고 그 영내의 백성을 다스리던 사람】로 독립 (independence)할 때까지의 시대를 말한다(BC 403년).

※ 전국시대(Warring States Period)는 기원전 403년~221년 사이의 시기(time). 기원전 403년 진(晉)의 대부 조(趙) · 위(魏) · 한(韓) 3가문(family)이 주(周) 왕실(Royal family)로부터 정식 제후 (legal feudal lords)로 공인(official approval)받으면서 시작되었으며, 이 시기에는(at this time) 제후(feudal domain)들이 주(周)로부터 정신적 독립(mental independence)을 지향(aim)해 제각기 왕을 칭하였으며, 진(秦)의 시황제가 중국을 통일(reunification)할 때까지 멸망(fall)하지 않고 살아남은 일곱 국가인 진(秦) · 조(趙) · 위(魏) · 한(韓) · 제(齊) · 연(燕) · 초(楚)를 전국칠웅(战国七雄)이라 칭한다.

※ 춘추전국시대에서 춘추(春秋)는 공자가 엮은 노(魯)나라의 역사서인 《춘추(春秋)》에서 유래(origin)되었고, 전국(戰國)은 한(漢)나라 유향(劉向)이 쓴 《전국책(戰國策)》에서 유래되었다.

086. 풍림(風林)! (다 함께)바람처럼 빠르게, 숲처럼 고요하게
　　 화산(火山) (다 함께)불길처럼 맹렬하게, 산처럼 묵직하게!

087. 풍림화산(風林火山)

풍! 풍전등화(a light before the wind) 같은 무한 경쟁 시대(the age of limitless competition)

임! 임전무퇴(knowing no retreat at the battlefield)의 정신으로

화! 화이팅(fighting의 비표준어)만이 살길이다

산! 산 자여 따르라!

088. 마무리(finish)

마음먹은 대로(after one's (own) heart), **무**슨 일이든(anything), **이**루자(let's accomplish).

089. 재개발(redevelopment, 再開發)

재미있고 **개**성 있게(fun and personality) **발**전적인 삶(progressive life)을 살자 / 사람이 되자

사장님(president)께서 신년사(New Year's address)에 밝히신 올해 '내실성장(Profitable Growth)을 통한 새로운 도약(new leap)의 해', 그 힘찬 출발(strong start)을 위해 풍림화산(風林火山)의 정신(mind)으로 영업에 임할 것을 건배로 제의합니다. (I propose a toast)

**090. 올 한해 우리 회사의 새로운 도약(new leap)을 위한,
우리 모두의 Best를 위하여!**

조직(organization)의 발전(expansion)은 구성원(member) 개개인의 실력(one's ability)으로부터 나오는 것입니다. 올해도 우리 회사의 경영목표(business goals)인 새로운 도약(new leap)을 위해 2만 명 임직원(executives and employees)은 혼연일체(coherent whole)가 되어 최선을 다해야겠습니다.

First to Best! 최선을 다해 1등(first-class)으로 가자! 그리고 Best에는 여러 가지 함축(implication)된 의미(meaning)가 있습니다.

B! Brand Power입니다.(조직을 위해 각자의 Man Power를 기릅시다!)

E! Entertainment입니다.(똑같은 일이라도 즐기면서 합시다!)

S! Serverce입니다.(가족 간에, 상하 간에, 동료 간에 서로 위해주며 아껴 줍시다!)

T! Trading입니다.(자기 계발에 부단히 노력합니다!)

위의 4가지를 모두 했을 때, 비로소(for the first time) 우리는 최선을 다하고, Best를 다 했다고 할 수 있습니다.

**091. 우리 회사의 위대한 발전(great development)을 위하고!
고객관리팀의 빛나는 업적(brilliant feat)을 위하고!
우리 모두의 빛나는 일류 인생(first class life)을 위하여!
사무사 (다 함께)思無邪! 사무사 !사무사! 사무사!**

올해는 ○○의 해! ○○년 새해입니다! 새로운 마음(new mind)으로 생각을 다듬어 보고 인생의 여백(margin of life)에 멋진 그림(wonderful picture)을 그려보는 시간이 되시기를 간절히 소망(sincerely hope)합니다.

※ 해설 : 사무사(思無邪)는 논어 위정편에 나오는 말로서, '생각이 바르므로 사악함이 없다'는 의미. 회사를 사랑하는 데 있어 '사악(evil)함이 없이 오로지(solely) 회사만을 사랑하고 사랑하자'는 뜻임.

※ 四書 : 공자와 그 제자(disciple)들의 언행(speech and behavior)을 적은 것으로, 공자 사상(idea)의 중심이 되는 효제【孝悌, filial piety and brotherly love : 부모에 대한 효도와 형제에 대한 우애】와 충서【忠恕 : 자기에게 충실하여 정성을 다하며, 그러한 자세로 다른 사람을 용서함】및 '인【仁, perfect virtue : 어질고 자애로움】의 도(道, duty)에 대하여 설명(explanation)한 **논어**, 학문(learning)의 근본 의의를 제시한 **대학**(大學), 공자의 손자인 자사(子思)가 쓴 책으로 어느 한 쪽으로 치우치지 않아 과함과 모자람이 없이 딱 들어맞는 것과 용(쓸용 庸)은 평상(ordinary times)을 일컬음을 기술한 **중용**(中庸), 맹자의 제자(pupil)가 맹자의 언행 (speech and behavior)을 기록(record)한 **맹자**(孟子).

※ 三經 : 춘추(春秋) 시대(時代)의 민요(民謠, folk song)를 중심으로 한 중국 최고(最古)의 시집(詩集, collected poems)인 **시경**(詩經), 관리 임용(appointing officials)의 가부(yes or no)를 묻는 제도(system)에 관해 기록(record)한 **서경**(書經), 주(周)나라 시대에 나온 점서(占書)인 **주역**(周易)이다.

092. 내실(内實)! (다 함께)도약(跳躍)!

내실 성장(profitable growth)을 통한 새로운 도약(new leap).

093. 위하여!

눈(snow)이 온 길(way)을 걸을 때는 뒷사람(person behind)을 위하여 발자국(foot print)을 바로 남기듯이 우리 회사의 미래(future)를 위하여 정도 영업(正道 營業, right path business)을 추구(chase)함으로써 선도적(pacesetting) 전력사업(electric power industry)으로 나아갈 토대(foundation)를 마련하신 홍길동 사장님의 탁월한 리더십(excellent leadership)과 세계 초일류 기업

(world top-notch company)의 조기 실현(Early realization)을 위해 건배를 제의합니다.(I propose a toast)

094. 삼고(三顧)! (다 함께) 초려(草廬)!

좋은 일(good thing)이 있을 때 위기상황(Crisis situations)을 대비(provision)하라는 의미.

유비가 제갈공명의 마음을 얻으려고 세 번(three times) 이나 찾아갔다는 뜻이지만 쓰리고를 할 때 초단을 조심(precaution)하라는 의미의 건배사(toast greetings)

※ **유비는** 중국 삼국(위, 촉, 오) 시대 촉한의 제1대 황제(221년~223년)로 자는 현덕(玄德). 시호는 소열제(昭烈帝). 후한의 영제(靈帝) 때에, 황건적을 쳐서 공(meritorious deed[service])을 세우고, 후에 관우(關羽), 장비(張飛), 제갈량(諸葛亮) 등의 인재(competent person)들을 등용(appointment)하여 당대 중원의 패자(supreme ruler)였던 위왕(魏王) 조조(曹操)와 끝까지 맞서 **제국**(empire) **촉한(蜀漢)을 건국**(the founding[establishment] of a country[nation])하였다.

※ **제갈량(諸葛亮, 181년~234년)은** 중국 삼국시대 촉한의 모신(謨臣, strategist)이다. 자는 공명(孔明)이며, 29세 때 유비(劉備 중국 삼국 시대 촉한(蜀漢)의 초대 왕)의 삼고초려로 세상에 나온 제갈량은 재략【resource : 재주와 꾀를 아울러 이르는 말】과 웅재(뛰어난 재능을 가진 사람)로써 유비를 도와 촉한을 건국(found a country)하는 제업(帝業 : 제왕의 업적)을 이루었다. 유비의 사후 출사표(出師表)를 촉한의 제2대이자 마지막 황제 유선(劉禪)에게 올린 후 중원【본래 한족(漢族)의 본 거주 지역, 즉 과거 주나라(周)가 있던 곳을 지칭하던 말】을 도모(planning)하였으나 적수(敵手, rival) 위(魏)나라의 대신(大臣 : 오늘날 '장관2'(長官) 사마의(司馬懿)와의 대결(fight) 도중 오장원에서 나이 54세로 숨을 거두었다. 그의 **출사표는 후세**(after ages) **사람들이 이 글을 보고 울지 않으면 충신**(loyalist)**이 아니라고 평하는 명문**(a beautiful passage)**으로 꼽히고 있다.**

※ **칠종칠금(七縱七擒)은 제갈량이 중국 삼국시대의 남만족의 지도자 맹획을 일곱 번 놓아주고 일곱**

번 사로잡았다는 고사(an old story)에서, 상대방을 마음대로 다룸을 이르는 말이다.

※ 읍참마속(泣斬馬謖) : 泣 울 읍, 斬 벨 참, 馬 말 마, 謖 일어날 속 울면서 마속을 벤다는 뜻으로, 공정(justice)함을 지키기 위해서 사사로운 정(affection)을 버린다는 말. 서기 288년 촉나라 제갈공명이 북정군을 일으켰을 때 전투 책임자(Combat officer)로 유비의 유언(a will)을 저버리고 자신이 총애(favor)하던 신하(liege)인 '마속'을 임명(appointment)했다. 제갈량은 마속에게 가정(街亭)의 "길목을 지키되 높은 곳은 피하고 산 밑에 진을 치라"고 당부했다. 그러나 마속은 산 위에 진을 쳤다. 위나라 장수, (general) 장합은 촉나라 군사가 산꼭대기(mountaintop)에 포진(the lineup)한 것을 보자마자 재빨리 여러 겹으로 에워싸고, 물(water)과 군량(provisions)의 보급선 (supply ship)을 끊은 다음, 지구전(attrition warfare)으로 나왔다. 물이 없으면 지구전에 견디어낼 수가 없음을 안 까닭이다. 앉아서 죽음(death)을 기다릴 수는 없다고 생각한 마속은 전군(the whole army[force])에게 명령(order)을 내려, 하산(climb down a mountain)해서 싸우도록 하였지만, 기다리고 있던 적(enemy)에게 대패(a crushing defeat)하고 말았다. 제갈량은 마속을 아끼는 마음(caring heart)을 누르고 군율(軍律, military discipline)에 따라 울며 마속의 목(neck)을 베었다. 여기서 '읍참마속(泣斬馬謖)'이라는 고사성어(idiom originated in[derived from] an ancient event)가 생겼다.

※ 봉룡봉추(鳳龍鳳雛) 엎드려 있는 용(dragon)과 봉황 (phoenix)의 새끼(young)라는 뜻으로, 초야(boondocks) 에 숨어 있는 훌륭한 인재(clever people)를 이르는 말. 제갈공명(봉용)과 방통(봉추)를 일컬음

※ **관우(關羽)** 중국 삼국 시대, 촉한(蜀漢)의 장수(?~219). 자는 운장(雲長), 시호는 충의후(忠義侯)이다. 장비(張飛)와 함께 유비(劉備 : 중국 삼국 시대 촉한(蜀漢)의 초대 왕)와 의형제(a sworn brother)를 맺고 유비의 무장(武將,warlord)으로 활약하였다. 오나라와 싸우다가 여몽(呂蒙)에게 패하여 죽음(death)을 당하였다

※ **장비(張飛)** 중국 삼국시대 촉한(蜀漢)의 무장(武將, military commander). 자는 익덕(益德). 후한(後漢) 말엽(the end)에 유비(劉備 : 중국 삼국 시대 촉한(蜀漢)의 초대 왕)를 좇아 군사를 일으켰다. 조조(曹操)가 형주(荊州 : 현재의 후베이 성 샹판 시)를 차지하고, 유비가 장판≪長坂 : 지금의 후베이 성[湖北省] 당양[當陽] 동북쪽≫에서 패(defeat)했을 때, 장비가 기병(cavalry)을 이끌고 저항(resistance)하자 조조의 군사들이 감히 접근(approach)하지 못했다고 한다. 나중에(later on) 유비를 따라 익주(益州)를 차지(occupancy)하고, 거기장군【車騎將軍 : 총사령관(supreme commander)격인 대장군 아래 표기, 거기, 위, 전, 후, 좌, 우의 일곱 장군이 있는데, 거기장군은 둘

째로 높은 관직이었다】이 되었다. 당시 관우(關羽)와 더불어(together) '만인적【萬人敵 : 군사를 쓰는 전술이 매우 뛰어난 사람】으로 불렸다. 221년(章武1)에 유비를 따라 오(吳)나라를 공격(attack)하려 했는데, 출발할 즈음 부하장수(subordinate commander)의 칼 (knife)에 찔려 살해(killing)되었다. 판소리 '흥부가'에서 흥부를 혼내주는 인물이기도 하다.

※ **조조**(曹操, 155~220) 중국 삼국시대 위나라의 시조. 중국 후한(後漢) 말기에, 장각(張角)을 우두머리(the head)로 하여 허베이【하북,河北 : 중국 황허 강 북방 지역을 통틀어 이르는 말】에서 일어난 유적【流賊 : 떼를 지어 여러 곳을 떠돌며 노략질하는 도적(plundering thief)】으로 모두 머리(head)에 누런 수건(towel)을 쓰고 태평도라는 종교(religion)를 세워 반란(revolt)을 일으킨 황건적(黃巾賊)의 난(revolt)을 평정(calm)하는 데 공(meritorious[distinguished] services)을 세움으로써 두각(prominence)을 나타냈고 동탁【후한 말의 정치가(statesman), 쌍수(both hands) 궁술(archery)의 재능(talent)이 있는 폭군(despot)】이 죽은 뒤 헌제(한나라의 마지막 황제)를 옹립(enthrone)하여 실권(real power)을 장악(hold)하였다. 화북 평정 후, **손권〈오〉·유비〈촉〉의 연합군**(the Allied Forces)**과 위나라**(조조)**전쟁인 적벽대전에서 대패**(a crushing defeat)하여 그 세력(power)이 강남(江南)에는 미치지 못하였다. 뛰어난 문학가(outstanding writer)이기도 하여 이른바 중국 후한(後漢)의 마지막 황제("The Last Emperor")인 헌제(獻帝) 건안시대의 문학(literature)인 **건안문학**(建安文學)**의 흥륭**(興隆, prosperity)**에 이바지**(혼례 후에 신부집에서 신랑집으로 음식을 정성 들여 마련하여 보내 줌)**하였다.** 또한 손자병법의 화공계략의 요점만을 엮어 맹덕신서를 편찬(compilation)하기도 하였다.

※ **중국의 역사 : 삼황오제【**三皇五帝 : 단군신화(Tan-gun mythology)같은 중국 고대 신화(classical mythology)에 등장(appearance)하는 제왕(sovereign)들로 반인반수이다. 진시황제의 황제(emperor) 호칭(appellation)은 여기서 따와 처음 시 始를 넣어 작명(naming)】- 하왕조(미입증) - 은(일명 상나라 : 우리와 동족인 동이족이 건국) - 주 - 춘추시대(공자, 노자, 장자) - 전국시대 - 진(진시황제 중국 최초의 통일 국가 세움) - 한(유방건국) - 신(왕망/15년) - 한 - 3국시대 위(조조), 촉(유비), 오(손권) - 진(사마염 건국) - 오호십육국 - 남북조 - 수(양건 건국 / 을지문덕 살수대첩) - 당(이연 건국 / 최치원의 '토 황소격문') - 송(나침판, 화약 발명) - 원(징기스칸 건국) - 명(홍건적의 우두머리인 주원장이 건국) - 청(만주족 누루하치 건국) - 중화민국

오늘 우리는 뜻 깊고 즐거운 자리(significant and joyful place)에 함께 하면 좋은 사람들(good people)과 아름답고 멋진 만남(beautiful and wonderful encounter)을 위해 모였습니다. '꽃(flower)은 피어도 소리(sound)가 나지 않고, 새(bird)는 울어도 눈물(tear)이 나지 않으며, 사랑(love)은 불타도 연기(smoke)가 나지 않는다'고 합니다.

존경하는 회장님(respected chairman)께서는 말씀은 않으셔도, 눈물은 보이지 않으셔도, 사랑으로 불타는 연기(burning smoke)가 보이지 않으셔도, 전 조직(whole organization)에 적당한 긴장감(proper suspense)과 지속적인 열정(continuous passion)을 촉발(being excited)시키는 무언(silence)의 카리스마 리더십(charisma leadership), 인정(sympathy)과 신뢰(trust)의 눈빛(the color of one's eyes), 따뜻한 가슴(warm heart)으로 포용(comprehension)해주는 감성 리더십(motional leadership), 신바람 나는 뻔(excitement fun)뻔(fun)한 직장 분위기(workplace atmosphere)를 창출(creation)하는 행복경영(Happy management)을 통해 반드시(surely) 글로벌(global) 초일류기업(top-notch company)으로 도약(leap)해야만 하는 것은 우리의 사명(mission)이자 비전(vision : 내다보이는 미래의 상황)입니다.

삼류(third-rate)는 상품(commodity)을 팔고(sell), 이류(second-class)는 기술(technique)을 팔고, 일류(first class)는 감동(emotion)을 판다고 합니다. 우리는 일류를 넘어 초일류(top-notch)가 되기 위해 고객을 미치게 하고 직원들을 미치도록 춤추게 하는 감동을 넘어 우리의 혼(our souls) 파는 열정적 핵심(enthusiastic core) 리더(leader)가 되어야 하겠습니다. 회장님의 건승(健勝, be in good health)과 2만 명의 우리 가족, 또 여기 함께 하신 핵심 리더분들(core leaders)의 행복(bliss), 상품(merchandise)과 기술(technique)을 파는 것을 넘어 감동(emotion)과 혼(soul)을 파는 우리 회사가 천세 만세 영원하길…….

※ 카리스마(charisma) 많은 사람(many people)을 휘어잡거나 심복(admiration and devotion)하게 하
는 능력(ability)이나 자질(disposition), 대중(masses)을 따르게 하는 초자연적(supernatural) 또는
초인간적(superhuman) 재능(talent)이나 힘(power).

096. 회사의 더 무궁한 발전(endless development)과
이 자리에 함께 하신 모든 분의
건강과 행운(health and good luck)을 위하여!

우리 회사를 사랑하는 4천만 고객님과 우리가 모두 존경(respect)하고 인자
(benignancy)하신 카리스마(charisma)로 우리 2만여 명의 임직원(executives
and staff members)을 이끌어주시는 사장님의 건강하심과 세계로 뻗어 가는
우리 회사.

097. 우리 회사 세계 초일류 기업을 위하여!
(다 함께)위하여! 우리 회사를 위하여!

○○년 새해 ○○의 해를 맞아 우리 모두의 꿈인 세계 초일류 기업 달성
(world top-notch company achievement)을 위해 건배를 제의하겠습니다(I
will propose a toast) 사랑하고 존경하는 전력가족 여러분의 지혜(wisdom)와
열정적인 (perfervid) 실행력(executive ability)으로 모든 어려움(all hardship)
을 극복(overcome)하고 토끼(hare)처럼 귀(ear)를 활짝 열어 고객의 소리
(Voice of Customer)를 청취(listening)하여 영업(business)에 신명(one's life)

을 바칩시다. 우리는 할 수 있습니다.(We can do it) 빠르게(quickly), 고요하게 (quietly), 뜨겁게(hot), 우직하게(naively), 풍림화산(風林火山)의 정신으로 세 계 초일류 기업(world top-notch company)의 꿈을 이룹시다. 50년 대한민국 전력사에 '큰 바위 얼굴'이신 홍길동 사장님을 모시고……

※ 해설 : 왜? 큰 바위 얼굴을 빠짐없이 외치는가? 우리 회사 모든 직원(all staffers)이 세계 초일류 기 업(world class firms)의 꿈(dream)을 실현(ealization)기 위한 공감대(chemistry) 형성(formation)이 필요(need)하다.

※ 큰 바위 얼굴이신 사장님을 중심으로 굳게 뭉쳐 그 어떠한 어려움(any difficulty)도 이겨내고 영원 히(forever) 세계 초일류 기업(world class firms)으로 이어가겠다는 기업 문화(enterprise culture)가 필요(need)합니다.

※ 조선왕조 5백 년은 만백성(all the people)과 왕실(Royal family)의 영원무궁(eternity)을 노래한 용비 어천가의 힘이 결정적(decisive)이었습니다.

※ 로마 제국의 천 년 지속은 황제(emperor)를 위해 목숨(life)을 바치는 불굴(indomitability)의 기사도 정신(chivalry)때문이었습니다.
  "위대한 로마제국의 황제폐하(His Majesty the Emperor)를 위하여!"

※ 창립 50년의 유구한 역사(eternal history)를 자랑하는 우리 회사가 아무리 환경(environment)이 어 렵더라도 2만 임직원들이 똘똘 뭉쳐서 '홍길동 사장님'을 모시고 맡은바 업무에 몸과 마음(body and mind)을 바쳐 영원히 세계 초일류기업의 기상(spirit)을 이어가야 할 역사적 사명(historical mission)이 있습니다.

※ 큰 바위 얼굴 : 그가 하는 말들은 그의 생각 그리고 행동과 정확히 일치하는 것이기 때문에 아 주 힘이 있었습니다. 그의 말들은 그가 살아왔던 매일의 삶(life of every day)과 아름다운 조화 (Beautiful harmony)를 이루고 있었기 때문에 참으로 진실(honest)해 보였습니다. 그 어떤 시(詩)보 다도 더 고결한 사람(a virtuous person)이라고 느꼈습니다. 진정한 예언자(true prophet)이자 위 대한 사람(great people)의 얼굴 모습(face look)으로 느꼈습니다. 저물어 가고 있는 황금빛(a gold color) 햇살(sunbeams)속에서 환히 빛나고 있는 큰 바위 얼굴 역시 어니스트의 얼굴(face)에서

와 똑같이 고결한 표정(noble expression)을 짓고 있었습니다. 그때, 자신이 표현(expression)하고 자 하는 생각과 일치하는 위대하고 고결한 표정(noble look)이 어니스트의 얼굴(face)에 떠올랐습 니다. 여러분, 보십시오! 어니스트야 말로 큰 바위 얼굴의 모습(appearance of the face)과 똑같은 사람입니다. 마침내(finally) 예언(prophecy)이 실현(realization)된 것입니다. 아직도(still) 여전히(as ever), 언젠가(sometime) 자기보다 더 지혜롭고 훌륭한 사람(Wise and wonderful people)이 나타 날 것이고 그 사람은 큰 바위 얼굴과 아주 똑같이 닮은 사람(dead ringer)일 거란 희망(hope)을 품 고서 말입니다. – 너새니얼 호손(Nathaniel Hawthorne)의 '큰 바위얼굴' 中

🖋 참고사항

※ **용비어천가**(龍飛御天歌)는 조선 세종 때 권제 · 정인지 · 안지 등이 세종의 명을 받아 지은 악장 【공식적 행사인 제향(祭享)이나 연향(宴享) 때에 쓰이는 음악의 가사】 · 서사시(epic)이다. 한글 창 제 후 **첫 시험**(test)**으로** 이루어진 **최초의**(the first) **한글 문헌**【literature : 특정한 연구를 할 때 참고 가 되는 서적이나 문서】**이며 악장**(movement)**이다.** 내용(contents)은 **목조 · 익조 · 도조 · 환조 · 태조 · 태종 등 조선의 선대인 6대에 걸쳐 그 사적 노래했다.**

※ 조선왕조의 상징 꽃(flower)은 오얏나무 꽃으로 순수 우리말 이름은 오얏, 한자명은 오얏나무 이 (李)이다. 열매(fruit)가 진한 보라색(purple)이고 모양(shape)이 복숭아(peach)를 닮았다하여 자도 (紫桃)라 부르다 자두(plum)가 되었다. "오이 밭에서 신발 끈(shoelace)을 매지 말고 오얏이 익은 나무 아래서 손을 들어 관(crown)을 고쳐 쓰지 말라." '과전불납리 이하부정관(瓜田不納履 李下不 整冠)'이란 《열녀전(烈女傳 : 중국 한나라의 유향이 지은 책)》에 나오는 유명한 고사(故事 : 예부터 전하여 내려오는 유서 깊은 일)다.

※ 서사시(敍事詩) : 국가(nation)나 민족(race)의 역사적 사건(historic event)과 관련된 신화 (mythology)나 전설(legend) 또는 영웅(hero)의 사적 등을 시간의 연쇄(series)에 따라 있는 그대로 나열하여 읊은 장시

※ 악장 : 고려와 조선 시대, 궁중(court)에서 나라의 공식적 행사(Official events)인 제향(祭享 : 나 라에서 지내는 제사)이나 연향(宴享 : 나라의 귀한 손님을 대접하는 잔치) 때에 쓰이는 음악가사 (music lyrics)를 이르던 말. 일반적으로는 조선 초기에 새로 지어진 특정한 시가 장르를 이르며, 이 에는 《용비어천가(龍飛御天歌)》, 《월인천강지곡(月印千江之曲)》 등이 있다. 주로(mostly) 조선의 건국【the founding[establishment] of a country[nation]】과 선대(previous generation) 임금의 공덕 (charity)을 기리는 내용(contents)이다

※ 월인천강지곡(月印千江之曲) : 최초의 한글 찬불가로 1997년 10월 1일 유네스코 세계기록유산
(UNESCO's Memory of the World Register)으로 지정(appointment) 되었다. 조선의 4대 왕 세종이
1449년에 석가모니(석가는 종족이름, 모니는 성자라는 뜻)의 공덕(charity)을 찬양(praise)하여 지은
장편의 노래

098. 고도리

고통(pain)과 도전(challenge)을 즐기는 **리**더(leader) 가 되자.

※ 고스톱(Go-Stop) 또는 고도리는 대한민국에서 널리 행해지는 화투를 이용한 노름(gambling) 또는
놀이(play)의 한 종류(a kind)이다. 주로 세 명이 어울려 행해지지만, 두 명 또는 네 명 이상의 사람
이 참여(participation)할 수도 있다. 보통 3점 이상 먼저 내는 사람이 이기게 된다. 두 명이 하는 경
우는 맞고 라고도 불린다. 맞고의 경우 보통 7점 이상 먼저 내는 사람이 이긴다.

※ 이 놀이(play)는 일본에서 유래(origin)되었으며 일본에서의 규칙(rule)은 한국과 다르고 하나후다
(일본어 : 花札) 또는 하나카루타(일본어 : 花かるた)로 불리며 두 명이서 하는 경우는 코이코이(일
본어 : こいこい)라고 부른다.

※ 1월 송학 : 세칭 '삥'이라고 불리는 송학의 화투 문양(pattern)을 보면 태양은 신년 새해의 일출
(sunrise)을, 학(crane)은 장수(longevity)와 가족의 건강(family's health)에 대한 염원(desire)을 나
타낸다. 또 **소나무(pine)가 등장(appearance)하는 이유(reason)는 일본인들이 1월 1일부터 1주일
동안 소나무(pine)를 현관(the door) 옆에다 장식(decoration)해 두고 조상신(Ancestor spirit)과 복**
(luck)을 맞아들이기 위한 가도마쯔 행사(event) 때문이다.

※ 2월 매조 : **2월에 해당한 매조에는 꾀꼬리(oriole)와 매화(Japanese apricot flower)가 나온다.** 일
본의 매화(Japanese apricot flower) 축제(festival)가 2월에 시작되는 이유에서다. 눈에 띄는 점
(noticeable point)은 꾀꼬리(nightingale)가 봄철(4월 이후)이 아닌 2월에 등장(appearance)한다는
사실(fact)이다.

※ 꾀꼬리 : 유리명왕의 〈황조가〉에, 월령체 고려가요 〈동동〉에서 4월령에 '곳고리새' 라 하여 꾀꼬

리가 등장한다. 나뭇가지(branch)와 나뭇가지 사이, 숲(forest)과 숲 사이를 계속 왔다 갔다 하는 모습(appearance)이 마치(as) 숨바꼭질(hide—and—(go—)seek)을 하는 것 같아 빗대어(ironically) 숨바꼭질을 할 때 '못 찾겠다 꾀꼬리'라는 말을 했다. **매화**(절개 상징)**는 꽃**(flower)**을 보기 위해 심을 때는 매화나무, 열매**(fruit)**를 얻기 위해 심을 때는 매실나무**(Japanese apricot)**라 한다.**

※ 3월 벚꽃(cherry blossoms : 서양에서는 벚꽃을 봄(spring) 혹은 순결(purity) 처녀의 상징(The symbol of the Virgin)이 되고, 그리스도교 전설(legend)에서는 열매(fruit)인 버찌 (cherry)가 마리아의 성목이 된다)은 일본의 벚꽃 축제(festival)는 3월 최고 절정(maximum peak)에 이른다. 그래서 3월의 화투 문양(pattern)은 온통 벚꽃(cherry blossoms : 벚꽃의 개화 시기는 기상관측소에 있는 벚나무를 기준)으로 가득 차 있다. 삼광의 벚꽃**(벚나무에서 프로틴 감기약 원료 추출)** 밑에 그려진 것은 '만막'이라는 일종의 천막(tent)이다. 이는 지금도(until now) 일본인들의 경조사(celebrating or mourning event) 때 천막(tent)으로 사용되고 있다. 그 속에는 상춘객(賞春客, springtime picnickers : 봄의 경치를 즐기러 나들이 나온 사람)이 만막 안에서 벚꽃cherry blossoms)을 감상하며 술잔(goblet)을 기울이며 낮(day) 술에 취한 채(under the influence of alcohol) 봄날(spring day)의 정취(taste)를 만끽하고(have one's fill)있는 숨은 그림(Hidden picture)이 있다.

※ 벚나무(cherry tree) : 벚나무(구체적으로 왕벚나무)의 원산지(country[place] of origin)가 우리나라 제주도이다. 세계문화유산으로 지정된 팔만대장경 경판도 벚나무 목재(lumber)로 깎아 만들었다.

※ 팔만대장경 : 국보 제32호로, 고려가 몽골의 침입(invasion)을 불력(佛力)으로 막아내고자 고종 23년(1236) 강화에서 조판(彫版 : 나무 따위에 조각하거나 글자를 새김)에 착수(outset)하여 동왕 38년(1251) 완성한 고려의 대장경이다. 2007년 세계기록유산에 지정(designation)되었다.

※ 4월 흑싸리 : **4월 화투 문양**(design)**은 흑싸리가 아니라 등나무**(wisteria) **꽃**(flower)**이다.** 4월은 일본에서 등나무(참고사항 등나무와 칙 넝쿨이 얽힌 칡葛 등나무 橙에서 갈등(葛藤,conflict)이 유래함) 꽃 축제(flower festival)가 열리는 계절(season)로, 등나무(wisteria)는 일본 전통시의 시어(poetic word)로 쓰이는 여름(summer)의 상징(symbol)이다. 여기에 그려져 있는 두견새(cuckoo, 접동새) 역시 일본에서 시제(subject[theme] for a poem)로 자주 등장할 만큼 일본인들에게 사랑 받고 있는 새다.

※ 5월 난초 : **5월 화투 문양**(design)**도 난이 아니라 붓꽃**(iris)**이다.** T자 모양의 막대는 **붓꽃(꽃봉오리가 먹을 머금은 붓과 같다고 해서 붓꽃이라 한다. 꽃말은 좋은 소식)**을 구하기 해 정원(garden) 내

건배사 모음 대백과

습지(swamp)에 만든 산책용 목재 다리(Wooden walking bridge)며, 3개의 작은 막대기(small stick)는 목재(timber) 다리를 지지하는 버팀목(prop)이다. 일본인들은 이 목재 다리를 '야츠하시'라고 부른다. 다리 끝에는 붓꽃(blue flag)을 감상하는 기모노를 입은 일본인이 있는데, 이 또한, 삼광과 마찬가지로 화투 하단(the bottom)의 보이지 않는 1인치 속에 들어가 있기 때문에 보이지 않는다.

※ 세밀화(miniature) : 작은 부분까지 자세하고 꼼꼼한 것으로 됨, 가는 붓(brush)을 사용하여 매우 정밀(precise)하게 그린 그림

※ **워터마킹(Watermarking) 지폐의 제작과정(production process)에서 위조지폐(counterfeit money) 여부를 가리기 위해(light) 젖어있는 상태에서 특정 정보(certain information)를 삽입(insertion)하고, 말린 후 인쇄를 하여 불빛(light)에 비춰 보았을 때 그림이 보이도록 하는 기술(technique)을 말한다**

※ 6월 모란(peony) : 6월 화투 문양(symbol)은 모란꽃이다. 모란【작약과에 속한 낙엽 활엽 관목(떨기나무)】은 고귀한 이미지(noble image)로, 일본인들의 가문(one's family)을 나타내는 문양(pattern)으로 널리 사용되고 있다. **한국인의 모란꽃(일명 목단 꽃)의 그림에는 나비가 없다. 당 태종이 신라의 선덕여왕(queen)에게 보낸 모란꽃(peony blossom)의 그림(picture)에 나비(butterfly)가 없는데 한국과 일본의 문화적 차이인 셈이다.**

※ 7월 홍싸리 : 7월 화투 문양(design)은 싸리나무(bush clover)다. 싸리나무는 녹색(green color)이다. 그러나 이 문양(pattern)엔 빨간색(red color)과 검은색(black color)으로 처리돼 있다. 멧돼지(boar / 럭비공 돼지방광에서 유래)가 나오는 이유(reason)는 근대(modern times) 일본에서 성행(prevalence)했던 멧돼지((wild pig) 사냥철(the season for shooting[hunting])이 7월이었기 때문이다.

※ **참고로 댑싸리나무로 만든 구유【**manger : 가축의 먹이를 담아 주는 그릇**】인 비싸리구시가 전라남도 승주군 송광사의 명물(speciality)로 있다.**

※ 8월 공산 : 8월 화투 문양엔 산(mountain), 보름달(full moon), 기러기(wild goose) 3마리가 등장(appearance)한다. 이는 8월이 일본에서 '오츠키미(달 구경)'의 계절(season)인 동시에 철새(migratory bird)인 기러기(wild goose)가 대이동(mass exodus)을 시작하는 시기(time)임을 알려주는 일종의 문화적 암호(cultural code)다. 검은색(black)으로 처리된 것은 산이다. 흰색(white)으로 처리된 부분은 하늘(sky)을 의미 한다. **한국 화투엔 산에 억새(으악새) 풀이 없는 반면 일본 화투엔 억세 풀이 그려져 있다. 또 한국 화두엔 홍색(red)이나 청색(blue) 띠도 없다.**

즉, 일본에서 8월은 1년 중 가장 바쁜 추수철(busiest harvest season)이기 때문에 한가롭게 시를 쓰고 낭송(recitation)할 만큼의 시간적 여유(free time가 없음을 시사(suggestion)한다.

※ 참고로 **우리나라에서는 물을 상징하는 물새**(waterfowl)**인 기러기**(wild goose)**를 장대**(pole) **위에 얹어 솟대를 만들어 세워 마을**(village)**의 안녕**(peace)**을 기원**(pray)**하기도 한다.**

※ 9월 국준 : 고스톱 꾼들은 9월 화투를 유난히 좋아한다. **9월은 일본에서 국화**(chrysanthemum) **축제**(festival)**가 열리는 대표적인 계절**(representative season)**이다.** 그 쌍피엔 '목숨(life) 수(壽)' 자가 새겨진 술잔(engraved goblet)이 등장(appearance)한다. 이는 9세기경인 헤이안 시대부터 유래(origin)된 **'9월 9일에 국화주를 마시고, 국화꽃**(national flower)**을 덮은 비단옷**(silk dress[clothes])**으로 몸을 씻으면 무병장수**(health and longevity)**를 한다**'는 일본의 전통(tradition)을 그대로 반영(reflection)한 것이다. 특히 (specially) **국화**(national flower)**는 일본의 왕가**(royal family)**를 상징**(symbol)**하는 문양**(pattern)**이다.** 이를 고려(consideration)하면 일왕을 비롯한 권력자(powerful man)들이 흐르는 물(flowing water)에다 술잔(goblet)을 띄워놓고 국화주를 마시면서 자신들의 권세(power)와 부귀(wealth)가 영원(eternity)하기를 기원했던 데서 비롯된 것으로도 보인다. 쌍피가 피와 10점짜리로 동시에 활용(practical use)될 수 있는 특권(privilege)을 갖는 것은 일왕을 상징(symbol)하기 때문이다.

※ 10월 단풍(autumn colors) : 일본에서 10월은 전통적(traditional)으로 단풍놀이(maple-tree viewing)의 계절(season)인 동시에(at the same time) 본격적인 사슴 사냥철(real deer hunting season)이다. 수사슴(stag)과 **단풍(잎 속에 안토시아닌이라는 색소가 만들어지기 때문)**들이 등장(appearance)하는 것도 이러한 계절(season)의 특성(characteristic)을 반영(reflection)했기 때문이다. 사슴(deer : 이규보의 고구려 건국 서사시 동명왕편에서 지상과 천상을 연결하는 동물로 묘사)을 의미하는 '시카'와 단풍(fall[autumn] foliage)을 뜻하는 '카에데간'에도 각운【脚韻, end rhyme : 시가에서, 구나 행의 끝에 규칙적으로 같은 운의 글자를 다는 일. 또는 그 운】과 두운(頭韻, initial rhyme)이 일치하는데, 이것 역시 우연의 일치(coincidence)가 아니다.

※ 참고로(for reference) **영국 조앤 롤링의 저서 해리포터의 마법-익스펙토 페트로눔 주문**(spell)**을 외면 수사슴**(stag)**을 불러낸다 또한 공중부양주문 '윙가르디움레비오우사'가 있다.**

※ 11월 오동 : 오동은 가장 각광받는 화투 패다. 속칭 '똥광'으로 불리는 오동의 광은 광으로도 쓸 만하고, 피 역시 오동만이 유일하게 3장이다. **오동(오동나무에 봉황이 둥지를 틀고 산다)** 광속의 닭

모가지(chicken's neck) 모양(shape)의 조류(birds)는 막부(the shogunate)의 최고 권력자(the lord paramount)인 쇼군의 품격(dignity)과 지위(rank)를 상징(symbol)하는 봉황새(Chinese phoenix)의 머리(head)다. 검은색의 싹은 오동잎(paulownia tree leaf)이다. 오동잎(the Empress tree leaf) 역시 (too) 일왕보다도 더 막강한 힘(mighty power)을 갖고 있었던 막부의 쇼군을 상징(symbol)하는 문 양(pattern)이다. 지금까지(until now) 일본 정부나 국·공립학교를 상징(symbol)하는 문양(design) 으로 사용되고 있다. 심지어(even) **일본 화폐 5백엔 주화에도 오동잎**(paulownia tree leaf)**이 도안** (design)**으로 들어가 있을 정도다.**

※ 12월 비 : 절기상으로 12월은 추운 겨울(cold winter)이다. 그런데도 불구하고(Nevertheless) 비광을 살펴보면 낯선 선비(stranger classical scholar) 한 명이 양산(parasol)을 받쳐 들고 어디론가 가고 있다. 그리고 **축 늘어진 수양버들**(weeping willow) **사이로 실개천**(streamlet)**이 흐르고 있고, 그 옆 에는 개구리**(frog) **한 마리가 앞다리**(foreleg)**를 들며 일어서려는 모습**(figure)**을 하고 있다.** 이는 일 본의 '오노의 전설(legend)'을 묘사(description)한 것이다. 갓 쓴 선비(classical scholar)는 '오노노 도후'라는 일본의 귀족(貴族, nobility)으로서 약 10세기경에(About 10 century) 활약(activity)했던 당 대(those days) 최고의 서예가(supreme calligrapher)다.

비광에 등장(appearance)하는 선비(classical scholar)의 모습(figure)은 오노가 붓글씨(Brush handwriting)에 몰두(absorption)하다 싫증(dislike)이 나자 머나먼 방랑길(faraway wandering road)을 떠나는 모습(leaving the appearance)이다. 이 과정(process)에서 오노는 **수양버들**(weeping willow) **에 기어오르기 위해 노력**(exertion)**하는 개구리**(frog)**의 광경**(scene)**을 보고 "미물**(microorganism)**인 저 개구리**(frog)**도 저렇게 피나는 노력**(desperate[strenuous] effort)**을 하는데, 하물며 인간인 내가 여기서 포기**(abandonment)**해서 되겠는가"라는 깨달음**(enlightenment)**을 얻은 뒤, 곧장**(straight) **왔 던 길을 되돌아가 붓글씨**(Brush handwriting) **공부에 정진**(devotion)**했다고 한다.**

한국 화투는 일본 화투에 나오는 이 선비(classical scholar)의 갓 모양(shape)만 일부 변형 (transformation)시켰다. 또 **쌍피의 문양**(mark)**은 '죽은 사람을 내보내는 일종의 쪽문**(side door)**'으 로서, '라쇼몬'이라고도 일컬어진다. 이 피가 쌍피로 대접**(treatment)**받는 것은 이 문에 붙어 있는 귀신**(ghost)**을 대접**(reception)**한다는 의미다.**

※ 참고로(for reference) 수양버들(weeping willow)은 중국 수나라 양제가 북경에서 항주까지 대운 하(Grand Canal)를 파고 그 양변(both sides)에 운치(elegance)도 있고 물가에서(at the water's edge) 잘 자라는 수양버들(weeping willow)을 심도록 하였는데, 용선에 삼천궁녀(3,000 court lady) 를 태우고 양편(either side)에 버들(willow)이 늘어진 운하(canal) 위에 유유히 떠가면서 양제가 신하 (retainer)들에게 그 나무 이름을 물었으나 아무도 대답(reply)을 못하자 "이 아름다운 나무(beautiful tree)가 이름이 없어서야 되나! 당장(on the spot) 이름을 지어 올려라" 하니 신하(subject)들이 **수나라 양제를 따서 수양버**(weeping willow)**들**이라 지어 올린 데서 유래(origin)되었다고 한다.

099. 우리 회사의 북극성, 사장님을 위하여!
(다 함께)위하여! 위하여! 우리 회사를 위하여!

산속에서 길을 잃으면, 산골짜기(ravine)를 헤맬 것이 아니라 '산 정상으로 올라 Polaris(북극성, 北極星)을 보라' 하였습니다. 우리 회사 정도 영업(正道 營業, right path business)의 '북극성(Polaris)'이신 사장님(the president of a company)을 나침반(compass, 羅針盤)으로 삼아 나간다면, 우리도 가장 안전(safety)하고, 확실하게 최우수 기업(the best company)으로 가는 탄탄한 길을 찾을 것으로 확신(confidence)합니다.

※ **북극성**[北極星, the polar star, Polaris, the North Star] 작은곰자리에서 가장 밝은 별(the brightest star), 천구(celestial sphere)의 북극【남극은 최저온도인 −89.6℃, 북극은 −70℃ 정도가 관측】가까이 에 있고 위치가 거의 변하지 않기 때문에 방위(bearing)나 위도(latitude)의 지침(guidelines)이 된다. 지구의 세차운동≪precession : 팽이를 돌릴 때, 회전 속도가 줄면서 팽이의 축을 중심으로 한 팽 이의 회전이 아닌 축 자체가 팽그르르 도는 것≫ 때문에 자전축(rotational axis)의 방향 (direction), 즉(in other words) 천구【둥글게 보이는 밤하늘을 학문적으로 천구(天球, celestial sphere)라고 부 른다】북극이 서서히 이동하므로, 작은곰자리 α 는 천구 북극에서 점차 멀어지고, **1만 2000년 후 에는 거문고자리 α 인 직녀성**(Vega)**이 북극성이 될 것이다. 지금부터 5000년 전에는 용자리 α 가 북극성이었다.**

※ 나침반(羅針盤, compass) : 수평상태(Horizontal status)서 붉은 쪽은 북쪽(N)은 흰 쪽은 지구의 남 쪽(S)를 가르친다. 중국의 4대 발명품 **나침반**【compass : 중국 한왕조 기원전(B.C = before Christ) 2세기에서 서기 1세기 사이에 발명】, **종이**【paper : 105년경에 중국 후한(後漢)의 채윤(蔡倫)이 만 듬】, **화약**【gunpowder : 중국 최초 발명은 흑색화약】, **활자인쇄술**【printing type typography : 우리 나라 세계최초 목판 무궁광정다라니경은 넓은 판자에 글자를 줄줄이 새긴 것이나 중국은 조각 하

건배사 모음 대백과

100. 우리 모두 한마음으로, 요금관리팀을 위하여!
(다 함께)위하여! 위하여! 요금관리팀을 위하여!

숙종 시절(days)에 사랑하는 여인 장희빈이 있었는데, 장희빈이 숙종의 사랑을 너무 과신(overconfidence)한 나머지 국사(national affairs) 개입(ntervention)하다가, 각 지방(region)의 충신(aloyalist)들이 장희빈 때문에 나랏일(the state[national] affairs)이 엉망이 되어 가고 있다며 장희빈을 폐위(dethronement)시키라는 상소(an appeal)를 올리게 됩니다. 결국, 숙종이 거듭되는 충신(aloyalist)들의 상소(an appeal)에 굴복 (submission)해 장희빈에게 사약(bestowal of poison)을 내리게 됩니다. 장희빈이 사약(poison)을 갖고 내려온 신하(subject)의 얘기를 듣고 '임금이 나를 얼마나 사랑하는데 그럴리 없다'며 사약(bestowal of poison)을 마시지 않고 버티다가 결국, 조건부로 사약(a deadly drug)을 마시게 됩니다.

"임금님이 나를 얼마나 사랑하는지를 알고 마시겠다."는 장희빈의 얘기에 사약(poison)을 전달(Forwarding)하는 신하(retainer)가 말하기를 "임금께서 마마를 사랑하는 마음을 사약 약사발 밑에 적어 놓았으니 읽어 보시지요" 사약 사발(bowl) 밑에는 다음과 같은 말이 있었다고 합니다.

"원샷(one shot)"

그래서 그때부터 우리나라에 '원샷(one shot)'이 유래(origin)했다는 설이 있습니다.

※ 숙종 : 조선의 제19대 왕(1674~1720 재위). 재위기간(the period of reign) 동안 조선 중기 이래 계속되어온 붕당정치(factional politics)가 절정(the zenith)에 달했다. 한편으로는 대동법의 확

대(expansion) 실시(enforcement), 양전의 시행(operation), **상평통보 주조**, 통용, **호패법의 실시**
(enforcement), 군제의 정비(reorganization) 등을 통해 양난 이후 무너져가는 봉건체제(feudal
system)를 재정립(reestablishment)해 나가려는 정책(policy)을 시도(attempt)했다.

※ 양난(기사 환국[己巳 換局]1689년 숙종 15) : 숙종이 후궁 (royal concubine) 소의(昭儀) 장씨(張
氏 : 장희빈)가 낳은 아들 (son)을 원자≪**조선 왕조 제20대 국왕인 경종**(景宗)**, 본초강목에도 게장
과 생감은 상극**(conflict)**이라고 명시**(clear statement)**돼 있는 데 이 음식을 먹고 붕어**(崩御 : 임금
죽음)**함**≫로 정호(定號)하려는 문제(question)를 반대(opposition)한 송시열(宋時烈) 등 서인이 정
권(political power)에서 쫓겨나고, 남인이 정권(political power)을 장악(grasp)한 사건(incident). 갑
술옥사[甲戌獄事] 1694년에는 남인이 서인이 인현왕후≪조선 숙종의 계비(繼妃 : 임금이 두 번
째로 장가(marriage)를 들어 맞아들인 비), 1689년 기사환국이 있은 후 폐위(dethronement)되었
다가 1694년의 갑술옥사로 다시 왕후(queen)로 복위(restoration)하였다≫ 복위(restoration)를 도
모(planning)하려 했다는 고변(reporttreason)을 하고 옥사(die in prison)를 일으킨 사건(affair). 그
러나(but) 인현왕후를 두둔(back)한 숙종의 미움(hatred)을 사 몰락(fall)하고 서인이 정권(political
power)을 장악(hold)함.

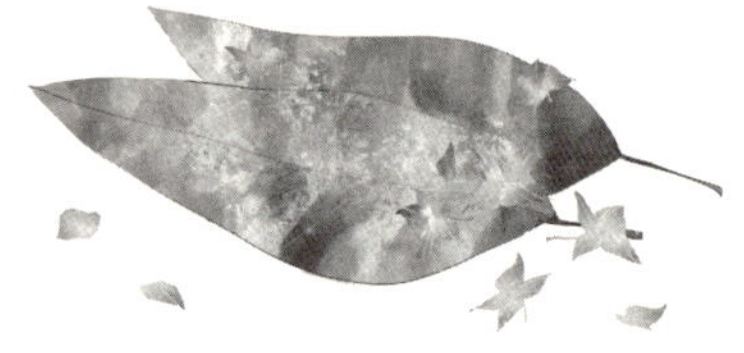

건배사 모음 대백과

FINE CHAMPAGNE COGNAC
REMY MARTIN
FINE CHAMPAGNE COGNAC
XO
SPECIAL

101. 본부장님과 여기 계신 모든 분의 즐거움을 위하여!

^(다 함께)즐거움을 위하여!

우리나라 최고 국민기업(Top national companies)은 전 직원(all staff)의 역량(competence)에서 비롯된다고 생각합니다.

맹자는 군자의 3가지 즐거움(joy), 즉(that is), 君子有三樂(군자유삼락)을 다음과 같이 정의(definition)했습니다.

父母俱存 兄弟無故 一樂也(부모구존 형제무고 일락야), 즉, 부모님이 모두 살아계시며, 형제(brothers)가 아무 탈이 없는 것이 첫 번째 즐거움(joy)이요,

仰不愧於天, 俯不作於人 二樂也(앙불괴어천 부불작어인 이락야), 즉, 우러러 보아 하늘에 부끄러움이 없고, 구부려 보아 사람에게 부끄럽지 않은 것이 두 번째 즐거움(joy)이요,

得天下英才 而敎育之 三樂也(득천하영재 이교육지 삼락야), 즉, 천하의 영재(genius)를 얻어서 그를 교육(education)하는 것이 세 번째 즐거움(joy)이라 했습니다. 첫 번째와 세 번째 즐거움은 우리의 의지(will)대로 될 수 없는 일이지만 두 번째 즐거움은 우리가 충분히 할 수 있는 것입니다. 우러러보아 우리 회사의 전통(tradition)을 만들어 놓으신 선배님(senior)들께 부끄럽지 않고, 굽어보아 다시 우리 회사(our company)를 이어갈 후배(younger men, one's junior)들에게 부끄럽지 않도록, 지혜(wisdom)를 모아 현재 최선을 다할 것을 다짐(pledge)하는 우리 모두를 위해 건배 제의를 하겠습니다.(I'd like to offer a toast)

※ 맹자(孟子, 기원전(B.C = before Christ) 372년?~기원전(B.C = before Christ) 289년?)는 공자의 사상(idea)을 이어 발전 (development)시킨 유학자(Confucianist)이다. 전국 시대 추(鄒)나라 사람으로 이름은 가(軻)이고, 자는 자여(子輿) 또는 자거(子車)이다. 어릴 때부터 공자를 숭배(worship)하고, **공자의 사상**(thought)**을 발전**(development)**시켜 유교를 후세**(posterity)**에 전하는 데 큰 영향**(great influence)**을 끼쳤다.** "**인간의 본성**(本性, one's real nature)**은 선**(善)**하다**"는 성선설을 주장(assertion)**하였다.**

건배사 모음 대백과

102. 타산지석(他山之石)! ^(다 함께)역지사지(易地思之)!

서로(mutually) 양보(concession)하고 다른 직원(another employee)의 입장(position)에서 조금만 더(a bit more) 배려(consideration)하자.

※ 타산지석(他山之石) : 다른 산(another mountain)의 돌(stone)이라도 나의 옥(玉, gem)을 가는 데에 도움(help)이 된다. 다른 사람(other people)의 하찮은 언행(trifling speech and behavior)도 나의 지식(knowledge)과 인격(character)을 닦는 데 보탬(help)이 될 수 있다. 타산지석(lesson) 유래(origin)는『시경(詩經)』, 소아편 학명(鶴鳴 : 학의 울음)에 나오는 다음과 같은 시(poem)의 한 구절(paragraph)이다. 즐거운 저 동산(hill)에는(樂彼之園 낙피지원) 박달나무 심겨 있고(爰有樹檀 원유수단) 그 밑에는 닥나무 있네 (其下維穀 기하유곡) 다른 산의 돌이라도 (他山之石 타산지석) 이로써 옥을 갈 수 있네 (可以攻玉 가이공옥) 돌을 소인에 비유(metaphor)하고 옥을 군자(man of virtue)에 비유(metaphor)하여 군자(a man of virtue)도 소인에 의해 수양(moral culture)과 학덕(learning and virtue) 을 쌓아 나갈 수 있음을 이르는 말.
(속담)O− man's error is another man's lesson. 남의 잘못을 자기의 거울로 삼다, 타산지석(他山之石).

※ 역지사지 (易地思之) : 처지를 바꾸어서 생각해 본다는 의미로 맹자(孟子) 이루【離婁 : 중국의 황제(黃帝) 시대의 전설적 인물. 시력(視力)이 매우 뛰어나 백 보 떨어진 곳에서도 털끝을 볼 수 있었다고 전한다.】에 나오는 '역지 즉 개연(易地則皆然)'에서 유래(origin)한 말이다. 역지사지(易地思之)는 입장(standpoint)을 바꾸어 다른 사람들(other people)의 처지(situation)를 헤아려보는 것을 말한다. 어려운 상황(difficult situation)을 당한 사람의 마음을 이해하기 위해서는 그 상황(situation)에 처해보면 바로 이해할 수 있다. 상대편(one's opponent)의 처지(situation)나 입장(standpoint)에서 먼저(before) 생각해보고 이해(comprehension)하라는 뜻이다.

🌶 참고사항

※ 박달나무 : 목질(lignum)이 단단하여 특히(specially) **빨래방망이(battledore)로 널리 쓰였으며**, 기구(utensil) · 기계(machinery) · 조각(sculpture), 기타 세공재로 많이 쓰인다. 좀(Moth)이 잘 슬지 않으나 때로는 좀(moth)이 슬기도 하는데, 똑똑한 사람(smart people)이 실수(mistake)를 하거나 평상시(ordinary times) 건강(health)하던 사람이 아플 때 이를 두고 "박달나무도 좀(moth)이 슨다"고 말하기도 한다.

※ 닥나무 : 닥나무의 열매(fruit)를 저실(楮實)이라 하는데 이것을 한방(oriental medicine)에서는 양기 부족 · 수종【水腫 : 혈액(blood) 중의 액체(liquid) 성분(ingredient)이 혈관벽(the walls of the blood vessels)을 통과(passage)하여 신체조직(body tissue) 속이나 조직(tissue)과 조직(tissue) 사이의 공간(space)에 괸 상태】의 치료(treatment)에 쓰고 있다. 나무껍질(bark) 속의 섬유(textiles)를 뽑아 내 창호지(window paper)를 만드는데 조선시대에는 **닥나무 껍질(skin)로 만든 종이로 저화(楮貨) 라는 돈을 만들어 쓰기도 했다.**

103. 우리 회사의 발전과 임직원 모두의 건승(健勝)을 위하여!

(다 함께)위하여! 위하여! 우리 회사를 위하여!

내일(tomorrow)의 꿈(dream)과 어제(yesterday)의 배움(learning) 사이 에서 오늘(today)의 기회(opportunity)가 있다고 합니다. 세계 초일류 기업 (world top-notch company)이라는 멋진 꿈(nice dream)과 오랜 역사(long history)에 빛나는 (bright) 장대한 경험(grand experience)사이에서 올해 는 우리 회사가 더 큰 발전(larger growth)을 이루고, 임직원(executives and employees) 모두 생애(life) 최고의 한 해(the best years)가 될 것을 소망 (wish)합니다.

104. 상부상조(interdependence, 相扶相助)

상처받지 않도록 **부족한 것 껴안으며 상호간에**(mutually) 노력(effort)하며 **조직발전**(Organization development)을 도모(planning)하자.

※ 우리의 전통적인(traditional) 계(契), 두레, 품앗이, 향규(향약) 등은 상부상조(mutual dependence) 하는 공동체 정신(spirit of community)을 실천한 사례(pratical example)들이다. 향약은 조선 시

건배사 모음 대백과

대, 권선징악(encouraging good and punishing evil)과 상부상조(mutual help)를 목적으로 만든, 향촌의 자치 규약(Autonomous agreement). 또는 그 규약(regulation)에 근거한 조직체(based organization). 중국 송나라 때의 여씨 향약(呂氏鄕約)을 본뜬 것으로, 조선 중종 때 조광조를 비롯한 사림파의 주장(leader)으로 추진(propel)되어 영, 정조 때까지 전국 각지에서(nationwide) 실시(enforcement)하였다.

105. 우리의 끈끈한 단합으로 기필코 이룩하자 (다 함께)우리의 사명

하나의 열매(fruit)를 맺기 위해 우리는 같은 말, 같은 마음, 같은 뜻을 가지고 미션(mission : 해야 할 중요한 일)을 다하자는 의미.

106. 머리(head)는! (다 함께)차갑게(frigidly)! 가슴(heart)은! (다 함께)뜨겁게(hotly)!

Cool Head and Burning Heart 영어에 타오르는 심장과 침착한 머리라는 말이 있습니다. 중국 고사성어 중 登高自卑(등고자비)가 있는 데, 높은 곳(high place)에 오르려면 낮은 곳(low spot)에서부터 올라야 한다는 의미(meaning)라고 합니다. 회사(company)와 구성원(member) 모두가 최고 역량(Best competence)을 보유(possession)하며, 끊임없는 도전(endless challenge)과 혁신(innovation)으로 지속적인 성과(Continuous performance)를 창출(creation)하는 위대한 회사(great company)로 도약(leap)하기 위하여 원칙과 정도(principles and right path)가 무엇인지 되돌아보고, 적합한 인재(Right People), 가치창조(Value creation), 고객만족(Customer satisfaction), 강한 조직(Strong organizations)이라는 실행중심(practice center)의 혁신

(innovation)을 하자는 의미를 한 번 새겨보기 위해 말씀드렸습니다. 새해에 는(new year) 냉철한 시야(cool-headed view)와 뜨거운 가슴(hot hearts)을 가진 우리가 모두 되길 희망하며 건배 제의를 하겠습니다.(I'd like to offer a toast)

※ 등고자비는 중용15장에서 유래(origin). "군자의 도는 비유(metaphor)하자면 먼 길(long distance)을 가기위해서는 반드시(without fail) 가까운 곳(close proximity)에서부터 출발(departure)해야 하고 또 비유(metaphor)하자면 높은 곳(high place)을 오르려면 반드시(certainly) 낮은 곳(low spot)으로부터 시작(beginning)해야 하는 것과 같다.(君子之道, 辟(譬)如行遠必自邇, 辟如登高必自卑)"고 하였다.

107. 우문현답(a wise answer to a silly question,愚問賢答)

우리의 문제(problem)는 현장(spot)에 답(answer)이 있다

※ 우문현답(a wise answer to a silly question,愚問賢答) : 어리석은 질문(質問)〈dumb question〉에 현명(賢明)한 대답(對答)〈Wise answer〉

108. 건배(toast,乾杯)!

우리의 성공적인 협력(successful cooperation)을 위하여

109. 변화(change,變化)와 혁신(innovation,革新)에!

(다 함께)도전(challenge, 挑戰)하자!

110. 다 같이! (다 함께)하나로!

Together as one! 하나에 하나를 더하면 둘이 아니라 셋도 되고 넷도 되는 것이 힘의 논리(power of logic), 즉 시너지효과≪synergy effect : 전체적 효과 (overall effect)에 기여하는 각 기능(each function)의 공동 작용(synergism)이나 협동(cooperation)≫ 가 나타난다는 의미.

111. 안되면(If you can't do)! (다 함께)되게 하라(do to be it)!

목표(target)를 세웠다면 무슨 방법(any method)을 동원(mobilization)해서 라도 기필코 달성(surely achievement)하자.

112. 우리는 할 수 있다. (다 함께)그렇고말고(해낼게)

"We Can Do It" 버락 은 문제아(problem child)였던 청소년기(adolescence) 를 지나 세계적 지도자(world leader)가 되기까지 의 강인한 의지(tough will) 와 끝없는 도전(Constant challenge)의 기록(record) 『우리는 할 수 있다』는 불가능을 뛰어 넘는 희망 메시지(message)를 던지며 성별(sexdistinction)과 정치 성향(political trends), 인종(race)을 불문하고 모든 사람들(everyone) 을 감동(emotion)시키며 미국 최초의 흑인 대통령(black president)으로 당선 (election)됐다. 그렇습니다. 샘솟는 열정(surging passion)과 끊임없는 도전 (Endless challenge)이 있다면 못해낼 것도 없습니다. 우리의 목표(target) 1등 (the first class) 중주지사를 반드시 만듭시다. 건배제의 하겠습니다.(I'd like to propose a toast) 우리는 할 수 있다.(We Can Do It)하면 여러분들은 그렇

고말고 합창(chorus)하여 주시기 바랍니다.

113. 힘들 땐! (다 함께)웃어라!

스스로 자신을 격려(encouragement)하며 즐겁게 일하자.(let's work pleasantly)

114. 뜨거운 열정(enthusiastic zest)의 우리와 우리 회사를 위하여!
(다 함께)위하여! 위하여! 우리의 열정을 위하여!

드라마(drama)중에 '외과의사 봉달희'라는 드라마가 있었습니다. 이 드라마(drama)에는 '사람의 피(human blood)가 36.5℃인 이유는 적어도 그만큼 뜨거워야 하기 때문이다'라는 대사가 나옵니다. 뜨거운 피(The hot Blood), 즉 열정(passion)이 있고, 인정(compassion)이 있어야 한다는 의미이겠지요. 여러분은 뜨거운 피(hot blood), 열정(passion)을 가지고 있으신가요? 오늘은 그 뜨거운 열정(enthusiastic passion)을 위해 이 잔을 들고자 합니다.

115. 놀 때는! (다 함께)놀고! 할 때는! (다 함께)한다!
요금관리팀 파이팅(fighting)!

휴식(recess)을 취할 때는 확실히 쉬고 일할 때는 고도의 집중력(a high level of concentration)을 발휘(display)하여 최상의 성과(best performance)를 이룩하자는 의미

116. 여기 모이신 사장님 이하 모든 임직원의 발전과
우리 회사의 새로운 도약(new leap)을 위하여!
(다 함께)위하여! 위하여! 새로운 도약(new leap)을 위하여!

우리 호의 선장(master mariner)이시며 우리의 등불(amplight)이신 존경하는 사장님(respectful CEO)! 온화한 성품(gentle personality)과 카리스마(charisma)로 존경(respect)과 신망(prestige)을 한 몸에 받고 계신 사장님(president)을 모시고 건배 제의(Propose a Toast)를 하게 되어 매우 영광스럽게 생각합니다. 우리의 지난 시절(old times)은 질풍지경초(疾風知勁草), 즉, '모진 바람이 불어야 강한 풀인 줄 알 수 있다'는 말처럼, 우리 회사의 상대적 견실(relative solidity)함을 대내외에(external and internal) 알릴 수 있는 기간이었습니다. 최근의 화두(latest buzzword)인 風林火山을 재해석(reinterpretation)한다면, 상황(conditions)에 따라 적절하게 잘 대처하는 임기응변(adaptation to circumstances)의 능력(ability)을 갖춘 승부사(hustler)라고도 볼 수 있습니다. 천재(genius)는 확률(probability)을 계산(calculation)하지만, 승부사(hustler)는 천재(genius)의 판단(judgment)을 읽는 것처럼 올해 우리가 모두 승부사(hustler) 기질(disposition)을 발휘(display)한다면 우리의 경쟁자(rival)들은 우리의 발아래(under foot) 무릎(knee)을 꿇는 한 해가 될 것입니다. 이런 승부사(hustler)의 기백(spirit)을 여기에 있는 분들의 모든 잔(all glass)에 담아 건배 제의를 하겠습니다.(I'd like to offer a toast)

※ 질풍지경초(疾風知勁草)는 중국 전한(前漢)시대 외척(a maternal relative)들의 발호(跋扈,rampancy)로 인해 나라가 극도로 혼란스러웠고, 결국(after all) 외척(a maternal relative)의 한 사람인 왕망(王莽)에게 나라를 빼앗기고 말았다. **왕망≪王莽 : 주내백약지장 "酒乃百藥之長 술은 곧 백가지 약중에 으뜸**(으뜸의 바로 다음은 버금)**가는 것이다"이란 조서를 내린 왕≫**이 세운 신(新)나라도 가혹한 정치(harsh politics)로 인해 각처(each[every]place)에서 농민(peasant)의 봉기(prising)가 폭발적으로(explosively) 일어나면서 위기(crisis)에 처했다. 이때를 틈타서 한고조(漢高

祖) 유방(劉邦 중국 한나라 초대 황제)의 9세손인 유수(劉秀 광무제, 중국 후한의 초대 황제)도 거병(擧兵, raise an army)하여 녹림군(綠林軍)에 가담(participation)했다. 이 때 왕패(王覇)라는 사람도 영양지방에서 유수가 지휘(command)하는 부대(unit)에 가담(participation)하여 수많은 전공(meritorious services in war)을 세우고 있었다. 유수의 부대(corps)가 승승장구(乘勝長驅, win victory after victory)하며 황하부근의 곤양성을 점령(capture)하자 왕망(王莽)은 사십여만의 주력부대(main-force units)를 동원(mobilization)하여 불과 일만도 안 되는 유수(劉秀)의 녹림군을 포위(encirclement)해 버렸다. 이렇게 **전세가 절대 불리해지자 왕패**(王覇)**와 함께 유수의 부대**(unit)**에 가담**(participation)**했던 수십 명의 친구들은 다 도망**(escape)**가고 말았다. 그러나 왕패만은 끝까지 유수**(劉秀 광무제, 중국 후한의 초대 황제)**를 도와 힘껏 싸웠다. 이를 본 유수는 "영천에서부터 나를 따르던 사람들은 모두 자취**(track)**를 감췄으나 오직 그대만이 나를 위해 힘쓰고 있으니, 세찬 바람이 불어야 억센 풀을 알아볼 수 있는 것과 같구려**(疾風勁草)**"라고 말했다.」는 데서 유래**(origin)되었습니다.

✍ 참고사항

※ 곤양전투 : 목택동은 1936년『중국혁명의 전략문제연구』및 1938년『논지구전』에서 두 번이나 남양에서 작은 병력(small force)로 많은 병력(large forcer)을 이기고, 약한 병력(weak force)으로 강한 병력(strong force)을 이긴 곤양지전을 언급(mention)했다.

117. 개선단(改善團)

개혁적이고(reconstructive) 선도적인(pacesetting) 구조조정(rightsizing)만이 **단단한** 회사(Solid company)를 만드는 지름길(shortcut)이다.

118. 우리 앞에 남아 있는 1%를 ～～위하여

(다 함께)**위하여! 위하여! plus 1을 위하여!**

물(water)이 끓으면 증기(steam)라는 강한 에너지(strong-energy)가 생

기는 데, 이런 힘은 온도(temperature)가 100℃를 넘어야만 얻을 수 있습니다. 0℃나 99℃는 그 에너지(energy)를 얻을 수 없기는 마찬가지입니다. 99℃와 100℃는 고작 1℃ 차이지만 그 질적(qualitative)인 차이(difference)는 엄청납니다. 혹시(possibly) 우리가 99℃까지 올라왔는데 마지막 1℃도를 더하지 못하고 포기(abandonment)하는 일은 없는지 생각해 보아야 합니다. 산에 갈 때 깔딱 고개(ridge)를 넘어야만 모든 봉우리(peak)를 한눈에 볼 수 있듯이 1%의 힘을 더하여 지금 하고 있는 것에 PLUS 1을 해야만 최우수 사업소(the best business office)를 달성(achievement)할 수 있습니다.

※ **임계지수**(critical exponent, 臨界指數) **물리학에 나오는 용어로 임계란 어떤 물리 현상**(physical phenomena)**이 갈라져서 다르게 나타나기 시작하는 경계**(boundary), **예를 들면**(for example) **물이 끓기 위해 필요한 임계지수는 100℃다.**

119. 세계 초일류 기업(top-notch company) 우리 회사를 위하여!
(다 함께)승리하자! 지배하자! 영원히!

오닐이라는 성씨(surname)는 서양가문(Western family)에서 가장 오랜 역사(the oldest history)를 가진 성씨(family name) 중 하나입니다. 경주 최 부자(rich person)가 3백 년을 부자로 버텨왔다면, 오닐 가문(one's family)은 1천 5백 년을 북아일랜드를 군림(reigning)하며 지배(control)했습니다. 오닐 가의 紋章≪crest : 국가나 일정한 단체 등을 나타내는 상징적인 표지(標識,mark)≫은 붉은 손(red hand)입니다. 기원전(B.C = before Christ) 10세기(10th century)경 스페인 왕 밀레시우스는 대기근(great famine)의 고통(pain)속에서 새로운 낙토(new paradise)를 찾으려는 간절한 염원(ardently desire)을 아들들에게 물려주고 죽었습니다. 밀레시우스의 아들들은 아일랜드가 조상(ancestor) 대대로

(for generations) 꿈꾸어왔던 천혜(eaven's lessing) 낙원(paradise)임을 알고, 새로운 땅을 정복(conquest)하기 위해 험난한 원정(arduous expedition)을 계획(plan) 합니다.

그리고 밀레시우스의 유지(the desire[wish, intention, will] of a deceased person)에 따라 손이 먼저 닿는 사람이 그 땅을 지배(domination)하기로 약속(promise)했습니다. 밀레시우스의 아들 헤레몬은 경쟁자(rival)에게 한발 뒤져 승리(victory)를 빼앗길 위기(crisis)에 처했습니다. 바로 이 결정적인 순간(crucial moment)에 헤레몬은 자신의 손목(wrist)을 칼로 잘라 피 묻은 손(bloody hand)을 힘차게 던짐으로써 경쟁자(competitor)보다 먼저 손이 육지(land)에 닿게 해 승자(winner)가 되었습니다. 헤레몬은 아일랜드의 왕이 되었고 밀레시우스의 후손(descendant)들만이 왕이 될 자격(qualification)을 가지고 아일랜드를 통치(rule)하였습니다. 헤레몬의 후손들은 피묻은 붉은 손(bloody red hand)을 문장(紋章, crest)에 그려 넣었으며 오닐 가문(O'Neill's family)은 1천 5백 년간 북아일랜드를 지배하였습니다.

헤레몬의 붉은 손은 비전(vision)과 용기(courage)의 이야기입니다. 밀레시우스의 후손들(descendants)은 낙토(paradise)에 대한 간절한 비전(ardent vision)이 있었으며 이 비전을 쟁취(gain)하기 위하여 헤레몬은 자신의 손목(wrist)자르는 용기를 보여 줍니다.

우리 회사의 비전은 Global top5 기업입니다. 회사가 초일류기업(top-notch company)이 되기 위해서는 홍길동 사장님을 중심으로 회사 전임직원(executives and employees)이 초일류기업의 비전을 간절히 염원(eagerly desire)해야 합니다. 그리고 어떠한 역경(adversity)에서도 반드시 비전을 달성(achievement)하겠다는 용기를 보여주어야 합니다. 글로벌(global) 경제위기(economic crisis)를 슬기롭게 극복(overcome)해 낸 홍길동 사장님의 영도력(leadership)과 회사 전임직원의 초일류기업에 대한 비전과 용기로 우리 회사가 반드시 (certainly) 승리해 우리의 후손만이 오닐 가문처럼 세계전력산업을 1천 5백년 이상 지배하기를 염원(one's heart's desire)하며 건배를 제의합니다. (I would like to propose a toast)

※ **아일랜드**[Ireland] : 아일랜드 섬 북동부를 제외(exclusion)한 지역(area)을 차지하는 공화국. 낙농(dairy) 중심의 농업국(agricultural[a farming] country)이며, 주민(habitant)은 켈트 족으로 가톨릭을 신봉(belief)하고 **아일랜드어와 영어를 주로 쓴다. 수도(capital)는 더블린, 면적은 7만㎢. 작은 나라임에도 불구하고 7개의 노벨상을 수상하였고 영어 서적(English books)으로 가장 유명한 소설**(most famous novel) **"율리시즈(Ulysses)"의 작가 제임스 조이스(James Joyce) 그리고 아일랜드의 시인(poet)이자 극작가(dramatist)로 1923년 노벨 문학상(Nobel prize for literature)을 수상했으며, 노벨 위원회가 "고도의 예술적인 양식으로 전체 나라의 영혼을 표현한, 영감**(inspiration)**을 받은 시"라는 평가를 남긴 윌리엄 버틀러 예이츠(William Butler Yeats), 초등학교**(elementary school)**만 졸업(graduation)한 노벨문학상 수상자이며 "우물쭈물하다가 내 이럴줄 알았다"**(I kew if I stayed around long enough, something like this would happen) **묘비문**(words(=an inscription) on a tombstone)**이 새겨진 세계적으로 유명한 극작가**(world-famous playwright) **조지 버나드 쇼(George Bernard Shaw)와 같은 문학가**(writer)**를 배출**(produce)**하였으며 높은 교육**(high education) 노동력(manpower)을 갖추고 있다.

※ 켈트족 : 영국 런던에서 남서쪽(the south-west)으로 130km 떨어진 잉글랜드 위트셔주 솔즈베리 평원(Salisbury Plain)에 스톤헨지(Stone Henge)라 불리는 거대한 석조물(huge stone work)을 세웠다.

120. 최우량기업 우리 회사를 위하여!

(다 함께)위하여! 위하여! 최우량기업을 위하여!

양성우 시인이 쓴 '오늘은 어둠의 나라일지라도'란 시에 보면 이런 구절(paragraph)이 나옵니다. '오늘은 비록 앞뒤 없는 어둠의 나라일지라도 때가 되면 그 세상 눈부신 첫날부터 끝 날까지 당신의 나라입니다.'

이 시(poem)에 나오는 것처럼 오늘 비록 글로벌(global) 경제위기(an

economic crisis)를 헤치며 앞을 구별(distinction) 할 수 없을 만큼 캄캄한 어둠 속(pitch-black darkness)을 나아가더라도 밝은 내일(bright tomorrow)이 있다고 믿으면 최우량 회사(excellent corporation)는 우리 것이 될 수 있습니다.

오로지(solely) 꿈꾸는 자(dreaming man)만이 계획(plan)을 세우고 방법(method)을 찾아낸다고 했습니다. 이처럼 우리 함께 최우량 회사의 꿈을 꾸고 그 꿈을 향해 노력하면 이것은 환상(fantasy)이 아니라 현실(actuality)이 될 것입니다. 이제 우리 회사는 올해 새로운 도약(new leap)을 하기 위한 기회(opportunity)가 왔습니다. 그 기회를 잡을 수 있는 것은 탁월한 리더십(outstanding leadership)을 소유(ownership)하신 회장님(chairman)이 계시기에 가능합니다. 최우량 기업으로 거듭날 기회를 회장님을 모시고 반드시(certainly) 우리가 이루어야 합니다.

※ **양성우(梁性佑)**, 1943년 11월 1일~)는 대한민국의 시인(poet)이다. 전라남도 함평에서 태어났다. 본관(clan)은 남원(南原)이다. 1975년 양성우는 교사(teacher)로 일하고 있었는데, 박정희 군사독재(military dictatorship)를 비판(criticism)한 〈겨울공화국〉을 낭독(recitation)하여 교직(teaching profession)에서 파면(dismissal)되었다. 1977년에도 **저항시**(resistance poem)**를 써, 일명 노예 수첩 필화 사건**이 터졌다. 그 결과 1979년까지 감옥(prison)에서 지냈다. 주요시집 《발상법》, 《신하여 신하여》, 《겨울공화국》, 《청산이 소리쳐 부르거든》

121. 해내자(carry through)

해뜨기 전에(before the sun rises) 혁신(innovation)의 나무(tree)를 심고, 해지기 전(before the sun goes down)에 과일(fruit)을 따야 한다. **내**일이면 늦고, 오늘 당장(in no time) 행동(action)해야 한다. **자~출발합시다**(let's start). 세계 최고의 Global GEPCO를 위해.

122. 우리 회사의 위대한 발전(great development)을 위하고!

고객지원팀의 빛나는 업적(illustrious achievements)을 위하고!

우리 모두의 빛나는 일류 인생(brilliant first class life)을 위하여!

(다 함께)**우사또! 우사또! 우사또!**

올해는 ○○의 해, ○○년 새해입니다.

새로운 마음(new mind)으로 생각을 다듬어 보고 인생(life)의 멋진 그림(wonderful painting)을 그려 보는 시간이 되시기를 간절히 원합니다. 우사 또는 '우리 회사를 정말로 사랑하고 사랑하자'는 의미.

123. 우리는 한 조직이다! (다 함께)네! 맞습니다.

We are the same organization. 부서 간의 이해(gain and loss)와 마찰(friction)을 없애고 목표(target)를 향해 한 마음, 한 뜻으로(one in heart and mind) 함께 매진(dash)하자는 의미

124. 우리는 (다 함께)하나다

We are one. 이번 목표관리(management by objectives) 부문에서 1등(first class) 사업소가 되기 위해서는 채권관리파트(debt management part) 여러분의 역할(role)이 가장 중요합니다. 이 잔을 마시기 전에는 저와 여러분이었습니다. 하지만 이 잔을 마시는 순간 우리는 하나가 됩니다. 우리 모두 목표달성(achieving goals)을 위하여 함께 나아가야 합니다. 제가 "우리는 하면 여러분은 하나다" 하고 제창(unison)하여 주시기 바랍니다.

125. 우리는 남이다! (다 함께)아니다! 아니다! 아니다!

we are not other people. 우리는 남이 아니라는 것은 나 자신만큼 가까운 가족(close family)이라는 뜻이다. 서로의 아픔(each other's pain)과 모자람(scantiness)까지도 서로 위로(each other consolation),하고 보듬어 주며 함께 목표달성(achieving goals)을 이룩하자는 의미.

126. 사! 우! 나!

오늘의 건배사(toast greetings)를 말씀드리게 되어 대단히 영광(very much honor)으로 생각합니다. 저는 사우나(sauna)처럼 화끈하고 뜨거운 열정(hot and hot passion)으로 우리나라 최고 국민기업(Top national companies)의 자부심(pride)을 지켜가도록 하자는 취지(purpose)에서 '사우나'라는 단어(vocabulary)로 건배 제의합니다.(I would like to propose a toast.)

사! 사랑스러운, **우!** 우리 회사, **나!** 나라의 보배.

127. 이 모든 것을 위하여! 위하여! 위하여! 우리 회사를 위하여!

우리 회사라는 한 우리 안에서 동고동락(share the sweets[pleasures] and bitters[pains] of life)한 모든 과거(all past)를 추억(recollection)하고, 현재(now)를 소중히 여기며, 희망찬 우리 회사(hopeful our company)의 미래(future)를 만들어가자는 의미이다.

128. 명문 사업소(名門 事業所)! _(다 함께)명문 ○○지점(名門 ○○支店)!

'우리 회사가 명문가(a family of pedigree)가 되려면 어떻게 해야 하나?'(what am I supposed to do?) 생각하고 있습니다. 명문가(a family of pedigree)는 뛰어난 실력(excellent ability)과 훌륭한 성품(Good Character)을 갖추어야 한다고 생각합니다. 우리 모두 누구나(anyone) 근무하고 싶어 하는 명문사업소(Prestigious Business Place)로 만들어 갑시다.

129. 당신과 함께라면 최우수 사업소 달성! _(다 함께)할 수 있습니다!

우리가 가진 것이 부족해도 최우수 사업소(the best business office)를 이루겠다는 열정(passion)과 노력(effort)으로 전 직원(All personnel)이 함께한다면 최우수 사업소! 충분히 할 수 있습니다.

130. 이 모든 것을 위하여! _(다 함께)위하여! 위하여! 우리 회사를 위하여!

당신과 함께했던 그 시간은 우리의 자랑(our pride)이고, 당신과 함께하는 이 시간은 우리의 기쁨(joy)이며, 당신과 함께할 시간(time)은 우리의 영광(honor)입니다. 강한 회사(A strong company), GEPCO, 앞선 회사(Advanced company), GEPCO!

※ 해설 : 건배사(Toast greetings) 내의 당신은 '백두전력, 사장님(bwana), 직장동료(workfellow), 고객님(customer)' 등 다양한 주체(various main body)를 지칭(designation)하며, 우리 회사라는 한우리(one pen) 안에서 동고동락(share one's lot)한 모든 분과 과거(the past)를 추억(reminiscence)하고, 현재(the present)를 소중히 여기며, 희망찬 우리 회사(hopeful our company)의 미래(Future)를 만들어가자는 의미임.

131. 우리는! (다 함께)하나다! (남이가!)

모임(meeting)의 분위기(atmosphere)를 더욱 공고히 하기 위하여 건배는 "우리는 하나다(We are one)"로 하겠습니다. 제가 '우리는' 하고 선창하면 여러분은 '하나다'라고 제창(unison)해주시기 바랍니다. "우리는(선창)", "하나다(제창)"

※ 단합(union)을 강조하는 모임(노사, 기별 동기 모임, 선후배 간)

132. 이제는! (다 함께)때가 왔다! 술로 뛰는! (다 함께)마케팅!

영업점(sale office)의 회식(get-together)자리에서 술(liquor)과 마케팅(marketing)을 연결(connection)하여 추진(forwarding) 의지(will)를 다하고자 할 때 유용(usefulness)하다.

※ 마케팅 소비자(consumer)에게 상품(commodity)이나 서비스를 효율적으로 제공(efficiently provide)하기 위한 체계적인 경영 활동(systematic management activities). 시장조사(market research), 상품화 계획(merchandising),선전(propaganda), 판매(sale) 등이 이에 속하며, 소비자에게 최대의 만족(the greatest satisfaction)을 주고 생산자(producer)의 생산 목적(production purposes)을 가장 효율적으로 달성시키는 것(most efficient way to achieve)을 목표(target)로 한다.

※ 디마케팅(Demarketing) 기업이 고객의 수요(customer demand)를 의도적으로 줄이는 마케팅기법을 말한다. 정기적으로(regularly) 고객과 건실한 관계(reliable relation)를 유지(maintenance)하고 발전(development)시켜 나가기 위해서 마케팅활동을 억제(restraint)하는 것으로, **필립 코틀러가 1971년에 처음 사용한 개념**(the first notion)이다.

※ 니치마케팅(niche marketing) '틈새시장'이라는 뜻을 가진 말로서 시장의 빈틈(gap)을 공략(target)하는 새로운 상품(new product)을 잇따라 시장에 내놓음으로써, 다른 특별한 제품(special product)없이도 셰어(share)를 유지(maintenance)시켜 가는 판매전략(the sales strategy)

※ 바이럴 마케팅(Viral marketing) 바이러스(Virus)와 입(Oral)을 합친 합성어로 소비자들이 자발적으로(spontaneously) 메시지를 전달(communication)하게 하여 상품(merchandise)에 대한 긍정적인(positive) 입소문(word-of-mouth)을 내게 하는 입소문 마케팅기법(Word of mouth marketing techniques)이다. 꿀벌(honeybee)이 윙윙거리는(buzz) 것처럼 소비자들이 상품(commodity)에 대해 말하는 것을 마케팅으로 삼는 것으로, 구전 마케팅(Word-of-mouth marketing), 버즈 마케팅, 바이럴 마케팅이라고도 한다.

※ 노이즈 마케팅(noise marketing) 상품의 홍보(public relations)를 위해 고의적으로(calculatedly) 각종 이슈(various issues)를 만들어 소비자의 호기심(curiosity)을 불러 일으키는 마케팅기법으로 특히(specially) 단기간(short period of time)에 최대한 인지도(name recognition)를 높이기 위한 경우에 쓰인다.

※ Green Marketing(그린마케팅) 환경문제(environmental issue)를 능동적으로 대응(correspondence)해 기업의 사회적 기여(social contribution)를 높이고 매출 신장(sales growth)의 기회(opportunity)를 마련한다는 점에서 환경문제(environmental problem)에 대한 창조적 대응(creative response) 방안(program) 임.

※ **필립 코틀러**(Philip Kotler, 1931년5월 27일 ~)는 미국의 경영학자이다. 시카고 대학(university)에서 석사(Master), 매사추세츠 공과대학에서 박사학위(doctorate)를 땄으며, 노스웨스턴 대학 부속 켈로그 경영대학원(a graduate school of business administration)의 교수(professor)이다. 현대 마케팅의 1인자(number one)로 알려져 있으며, 파이낸셜 타임즈≪Financial Times : 영국의 국제 비즈니스 신문≫에서 뽑은 비즈니스(business) 그루에 잭 웰치, 빌 게이츠, 피터 드러커에 이어 4위에 선정(selection)되기도 하였다. 그의 연구(research)는 영리사업(a profit-making enterprise) 뿐만 아니라(besides), 미술(art)과 비영리기구(nonprofit organization)의 자금조달(financing), 정치 마케팅의 분야(field)에도 족적(footprint)을 남겼다. 저서(book) 중 《마케팅 관리》가 있다.

※ 잭 웰치(John Frances Welch Jr. Jack Welch) : 1935년 미국의 매사추세츠주(州) 피바디에서 태어나 세일럼에서 어린 시절(childhood)을 보낸 뒤, 1960년 일리노이대학교에서 화공학 박사 학위(doctorate)를 취득(acquire)하였다. 같은 해 제너럴일렉트릭(GE)에 입사(joining a company)해 독특하면서도 뛰어난 경영 방식(Excellent management style)으로 승진(promotion)을 거듭해, 1981년 최연소(youngest)로 GE 회장(president)이 되었다. 이후 '고쳐라, 매각하라, 아니면 폐쇄하라'는 경영 전략(business strategy)을 통해 10만 명 이상의 직원(staff)을 해고(dismissal)함으로써 언

론(press)으로부터 '중성자탄 잭(Neutron Jack), 경영의 달인(Management mastery)'이라는 별명(nickname)을 얻었고, '6시그마 · e 비즈니스 · 세계화' 등의 전략으로 GE를 혁신(innovation)해 세계 최고의 기업(the world's best enterprise)으로 성장(growth) 시켰다.

※ 빌 게이츠 : 1955년 10월 28일에 시애틀 워싱턴에서 태어났으며 13세의 나이에(the age of 13) 컴퓨터 프로그래밍에 관심(interest)을 가졌다. 기술 혁신(technical innovation), 날카로운 비즈니스(sharp business) 전략(strategy), 그리고 공격적인 경쟁 전략(offensive competitive strategy)을 통해, 폴 알렌과 세계 최대의 소프트웨어 기업(the world's largest software company) 마이크로 소프트(Microsoft)를 세웠다. 이 과정(process)에서 빌 게이츠는 세계에서 가장 부유한 사람(the richest people)이 되었다.

133. 말 안 해도 알지? (다 함께)알지!

훌륭한 조직(fine organization)을 만들기 위해 리더(leader)는 4가지를 열어야 합니다. 마음을 열고, 눈을 열고, 귀를 열고 마지막으로 지갑(purse)을 열어야 합니다.

① 마음(mind)을 열어야, 직원(staff)들에게 다가갈 수가 있고,

② 눈(eye)을 열어야, 직원(employee)들의 아픈 구석(sick corner)을 살필 수가 있고

③ 귀(ear)를 열어야, 직원들과 소통(mutual understanding)할 수가 있고,

④ 지갑(wallet)을 열어야, 직원들의 감동(emotion)을 살 수가 있습니다.

사장님(bwana)께서 마음을 열고 직원들과 직접 소통(communication)하며 경영기획팀(Management Planning Team)을 구성(make-up)해서 산출(output)한 경영실적(business results)의 최종결과(final results)를 오늘 발표(announcement)하셨습니다. 아마 여기까지만 하셨다면 훌륭한 리

더(great leader)의 4개 항목(item) 중 3개만 실행(practice)하셨기에 100점 만점(perfect score)에 75점밖에 안 되지만, 오늘 이렇게 회사발전(the development of corporation) 경영기획팀원들을 격려(encouragement)해 주시기 위해 지갑을 여셨기에 100점 만점(full marks)에 100점을 다 받으신 게 되겠습니다. 늘 따뜻한 마음(warm heart)과 말씀으로 우리 직원들을 사랑해주고 복을 주시는 사장님께 감사드리고, 그동안 많은 고생(many hardships)을 해가면서 멋진 성과(beautiful result)를 높인 경영지원 팀원들께도 감사드립니다. 여러분이 몇 달(few months)이라는 짧은 기간 동안(for a short period) 과연 해낼 수 있을까 하고 처음에는 반신반의(do not quite believe)했지만 결국(after all)은 해냈습니다. 여러분의 마음 고생에 대해 어떤 칭찬(praise), 어떤 격려(encouragement)를 한들 보답(repay)이 되겠습니까? 그래서 건배 구호(Cheers slogan)는 '말 안 해도 알지?'로 하겠습니다.

134. 우리나라 우리 회사 우리가 지킨다!
(다 함께)지킨다! 지킨다! 우리가 지킨다!

노산 이은상 선생의 '아름다운 이 강산을 노래하리라'의 시조 '겨레여 우리에겐 조국이 있나니 / 내 사랑 바칠 곳은 오직 여기뿐 / 심장의 더운 피 식을 때까지…….' – 원문 아름다운 이 강산을 노래하리라

※ 노산(鷺山) 이은상 선생(1903~1983) 현대시조(modern korean verse)의 선구자(pioneer). 경남 마산에서 출생(birth)하여 연희전문학교 문과와 일본 와세다 대학을 졸업(graduation)했으며 이화여전 교수(professor), 광복 후 호남신문 사장(CEO : Chief Executive Officer), 예술원(the Art Academy) 회원(member), 국정자문위원 역임했다. 저서(book) 로 가고파, 성불사, 고향(one s hometown) 생각, 노산 시조집, 충무공일대기 등이 있다. 본관은 전주(全州). 필명은 남천(南川). 두우성(斗牛星). 호는 노산(鷺山) · 강상유인(江上遊人) · 노산학인(鷺山學人).

135. **열심히!** (다 함께)**살자!**

live life to the full 가족의 행복(family's happiness)뿐 아니라 고객과 나라의 행복(Customers and the country's happiness)도 생각하는 우리 전력인이 되자.

136. 우리 선배님(senior)들에 대한 존경(respect)과
동고동락하는 동지들의 영원한 우정(eternal friendship)과
믿음 가득한 후배(junior)들에 대한 사랑을 위하여!
(다 함께)**위하여! 위하여! 존우사를 위하여!**

인화단결(unity and harmony)을 기원(prayer)하는 자리(place)에서…….

자랑스러운 선배님들(boastful seniors)께서 50년 유구한 세월(for long periods of time)다져온 우리나라 대표 국민기업 (the nation's representative national companies)! 앞으로(forward) 백 년, 천 년 무궁무진(infinitely)한 번성(prosperity)할 우리나라 국민기업 전력회사! 우리 회사의 핵심(core) 제1의 자산(asset)은 '사람'입니다. 훌륭한 인품(great personality)과 능력(ability)을 겸비(combine)해 존경하지 않을 수 없는 선배님(**존경**, respect) 궂은 일(ugly job)은 도맡아 솔선수범(leading by example)하고 상대에게 이해(understanding)와 배려(consideration)를 우선하는…….무엇을 양보(concession)해도 좋을 동료(**우정**, friendship) 무슨 일이든(anything) 마음 놓고 맡길 수 있는 믿음이 있어 무엇을 주어도 아깝지 않은 후배(**사랑**, love) 누가 뭐래도 아깝지 않은, 이 세분들이 많아야 앞으로 우리 회사는 영원히 발전할 것입니다.(Our company will develop forever.)

  건배사 모음 대백과

137. 몽당연필(stubby pencil)을 위하여!
(다 함께)위하여! 위하여! 최우수 사업소를 위하여!

끊임없는 학습(continual learning)의 상징(symbol of learning)! 몽당연필! 배움을 위해 자신의 몸을 깎아 가면서 희생하는(sacrificing) 몽당연필처럼 우리 회사 직원들의 높은 학습욕(high learning needs)과 강한 자기계발 욕구(strong self-development needs)를 충족(sufficiency)시키고자 오늘도 끊임없이 봉사(constantly serving)하는 인사처(Public Service Commission)가 되겠습니다. 말씀드린 몽당연필의 큰 뜻(big mean)을 이 잔에 가득 담아 건배하겠습니다. (I'd like to offer a toast)

138. 체인지! (다 함께)체인지! 체인지! 우리를 위하여 체인지!

體忍知(change) 변화를 위해서 체인지가 필요할 때, **체!** 몸소 실천(practice)되어야 하고, **인!** 인내(patience)함으로써 가능(possibility)하며, **지!** 제대로 알아야 이룰 수 있다.

139. 오늘도(today)! (다 함께)새 신발(New shoes)!

새롭게(newly) 신바람 나게(excitement) 발로 뛰자(업적, 마케팅(marketing)을 위하여~)

140. 아바타(영화제목)

아직도 늦지 않았다.(still not too late) **바**로 추진해서 상(포상금)을 **타**지.

141. 아! 바! 타!

올해 성공을 갈망(an ardent wish)하는 우리 회사 직원 여러분! 금세기(this century) 최대의 흥행영화(the largest grossing film) 아바타를 아십니까.

아!름다운 사람들이 모인 4천만 국민들이 사랑하는 백두전력, **바!**라고 소망하는 내실 성장(Profitable Growth)을 통한 새로운 도약(new leap)을 이루기 위해, **타!**고난 기(끼)를 총동원해서 BAEKDU(백두) way 정신으로 멋진 한해를!

142. **열심히!** (다 함께)**살자!**

live life to the full. 당신은 어떤 사람입니까?(What kind of people are you?) 애인(lover)이 하나 있으면 한심한 사람(dipshit)이고, 애인이 둘 있으면 양심적인 사람(conscientious men)이고, 애인이 셋 있으면 세심한 사람(meticulous person)이고, 애인이 넷 이상이면 열심히 사는 사람(GD&R : Grinning, ducking, and running)이라는 말이 있습니다. 전력인이 지녀야할 마음을 이렇게 생각해 보았습니다. 자기만 알고 고객을 모르면 한심한 전력인(electric power man), 자기(self)와 배우자(consort)만 알면 양심적인 전력인, 자기(oneself)와 배우자(spouse)와 자식(offspring)만 알면 세심한 전력인, 자기와 배우자와 자식(self and spouse and child)에 고객과 나라(customer and country)도 생각하면 열심히 사는 전력인이라고, 가족의 행복(family' s happiness)뿐 아니라 고객과 나라의 행복(Customer and the country's happiness)도 생각하는 전력인이 되시기를 바라면서, 건배를 제의하겠습니다. (I will propose a toast).

143. 내 힘들다! (다 함께)그래 다들 힘내!

경상도 사투리로 '내 힘들다!'라는 말이 있습니다. 이 말을 거꾸로 〈팰린드롬 (Palindrome)〉 하면 '다들 힘내!'라는 말이 됩니다. 요즘 모두 힘드시죠? 오늘의 건배 제의(propose a toast)는 다들 힘내자는 의미로 해보겠습니다.

※ 팰린드롬(palindrome)은 회문(回文)으로 거꾸로 읽어도 제대로 읽는 것과 같은 문장이나 낱말이다.

144. Jump! (다 함께)올 한해! Catch! (다 함께)MBO 1위!

○ ○ ○ 년 ○ ○ 해를 맞아 해외사업본부(Overseas Business Division) 직원 모두는 "파죽지세(accelerated movement)"의 기세(vigor)로 시장(market)을 리드(lead)하고, 우리에게 주어진 목표달성(achieving goals)을 위해 혼신(魂神)의 노력(flat-out effort)을 다해야 하겠습니다. 건배 구호(cheers slogan)는 해외사업본부의 올해 Catch Phrase로 하겠습니다. 잘 아시다시피(As you know well) 해외사업 본부의 올해 Catch Prase는 'Jump!올 한해! Catch! MBO 1위!'입니다.

우리나라 최고 국민기업을 위하고, 해외사업본부(Overseas Business Division) 의 원자력 발전소(Nuclear power plant) 플랜트 수출(plant export)과 MBO 1위를 위하고, 우리 회사 2만여 명 직원의 지존【至尊, the Most

Revered, his Majesty the King : 임금을 공경해서 이르는 말]이신 사장님과 부사장님, 감사님의 건강과 여기 모이신 모든 직원의 건승(健勝)을 위하여 우리 모두…….

※ 캐치프레이즈(catchphrase) : 광고(advertisement), 선전(propaganda) 따위에서 남의 주의를 끌기 위한 문구(phrase)나 표어(catchword). 본문 바로 위나 그 근처에 있고 대체로 1회만 사용된다. 주위를 집중(concentration)시켜 본문으로 유도하는 역할(role)과 설득(persuasion)하는 기능(function)을 수행(performance)하며 문장적 구성(composition)이 없어야 한다.

※ 슬로건(Slogan) : 대중의 행동(mass action)을 조작(操作)하는 선전에 쓰이는 짧은 문구(short phrases). 위치(position)는 자유로우나 대체로 가장 아래에 두며 여러 번 반복 사용되고 본문 내용이나 광고 주제(theme)를 요약(summary)하는 역할을 하며 인상강화기능이 있으며 문장구성(sentence structure)이 필요하다.

※ 플랜트 수출(plant export) : 생산설비(production facilities)나 대형기계(large machine)를 수출하는 것으로 공장 전부나 일부를 건설(construction)하고 공장(plant) 운영(operation)에 필요한 기계(necessary machinery)가 가동(operation)할 수 있게 될 때까지의 모든 것을 책임지는, 다시 말해 공장을 통째로 수출하는 것을 말한다.

※ 목표 관리제도(Management By Objective, MBO) : 참여의 과정(process)을 통해 생산 활동(production activity)의 목표(target)를 명확하고 체계 있게 설정(fixing)하여 활용함으로써 관리의 효율화(management efficiency)를 기하려는 관리방식(style of management) 또는 관리체계(management system)이다.

※ 파죽지세(破竹之勢) : 대[竹]를 쪼개는 것 같은 거침없는 기세라는 뜻으로 이 말은 진의 무제가 남방의 오나라를 치기 위해 두예를 총사령관(supreme commander)으로 임명(appointment)하여 출정(go into battle)시켰다. 두예의 대군(large force)이 무창에서 최후의 결전(final decisive battler)을 눈앞에 두고 있을 때였다. 작전회의(operations conference)를 하는 도중 한명의 참모(adviser)가 지금은 시기가 장마철(the rainy[wet] season)과 겹칠 수 있으니 잠시 퇴각(retreat)하였다가 다시 전투(battle)를 벌이자고 건의(suggestion)하였다. 그러자 두예는 전쟁은 대나무를 쪼갤 때와 같다면서 틈새(gap)를 비집고 칼을 넣어 조금만 비틀면 거침없이 쪼개지는 것처럼 승기를 탄 지금,

건배사 모음 대백과

전쟁을 끝내야 된다며 단호하게 거절(refusal)하였다. 두예는 곧바로(immediately) 휘하(under the banner)의 전군(full force)을 휘몰아 오나라의 도읍(capital) 건업【建業 : 남경(南京)】으로 쇄도(殺到,rush)하여 단숨에(at a breath) 공략(capture)했다. 이어 오왕(吳王) 손호(孫晧)가 항복(surrender)함에 따라 마침내(finally) 진나라는 삼국 시대에 종지부(full stop)를 찍고 천하(the whole country)를 통일(unity)했다.

※ 두예 : 진(晉)나라 초엽의 명장(great commander), 정치가, 학자. 자는 원개(元凱). 진나라의 초대 황제(the first emperor)인 무제(武帝)때 대장군(大將軍, imperator)이 되어 오(吳)를 정벌(conquest)하고 삼국 시대에 종지부를 찍는 무공(military achievements)을 세움. 공자가 쓴 중국 최초 역사(China the first history)를 연대 순서(regimental order)에 따라 기록(record)하는 편년체 역사서인 《춘추 Ch'un–ch'iu, 春秋》, **중국 노나라 공왕이 궁을 넓히려고 공자가 살던 옛집을 허물었을 때 벽 속에서 나온 것으로 공자가 중국 요순(堯舜) 때부터 주(周)나라 때까지의 정사(政事)에 관한 문서를 모아 지은 책 《고문상서,古文尙書》에 통달(mastery)한 학자(scholar)로도 유명함.** 저서로는 《좌전집해(左專集解)》《춘추석례(春秋釋例)》 등이 있음. (222~284).

🖋 **참고사항**

춘추좌전은 공자가 노(魯)나라의 12제후가 다스렸던 시기의 주요사건(principal event)들을 기록(record)한 중국 최초의 편년체 역사서인 춘추(春秋)≪춘추라는 이름은 '춘하추동(the four seasons)'을 줄인 것≫를 해설(commentary)한 주석서(annotation book)로 춘추시대【중국 주나라가 뤄양으로 천도한 후부터 진나라가 삼분하여 한, 위, 조가 독립할 때까지의 약 360년 동안의 시대 전 시기】에 일어난 주요 정치적 · 사회적 · 군사적 사건들(major political, social and military events)을 포괄적으로 설명(comprehensive explanation)하고 있다. 또한 **중국 최초의 담화체(conversational style) 서술방식(narrative style)으로 후세에 큰 영향을 끼쳐, 중국문학사상 독보적인 지위(unique position)를 차지하고 있다.** 주(注)로서 가장 오래된 것(the oldest ever)은 진(晉)나라 두예(杜預) 춘추좌전집해가 있다

145. **숏(shot)!** (다 함께)**골인(goal in)!**

목표달성(Achieving goals)을 기원(prayer)하며 건배할 때 '숏~ ', '골인~ '

※ 축구(soccer) 1948년 7월에 있었던 제14회 런던올림픽에 우리나라는 처음 'KOREA'라는 이름으로 태극기(the t'aegŭk flag)를 앞세워 참가(participation)했다. 한국은 올림픽에 처녀(the first time) 출전했고, 축구 대표팀(national soccer team)의 첫 상대는 남미의 강호(strong player[team]) 멕시코였다. 한국은 '멕시코의 상대가 못 된다'는 외신(foreign press)들의 압도적 평가(overwhelming appraisal)를 비웃기라도 하듯 5대3으로 멕시코를 꺾고 처음 출전한 올림픽에서 8강에 오르는 쾌거(inspiring deed)를 이뤘다. 8강 상대는 올림픽 금메달 거머쥔 8강 스웨덴으로 0-12로 참패를 당했다. 2012년 제30회 런던올림픽에서는 3위를 달성(achievement)해 동메달(bronze medal)을 땄다. 영원한 올림픽의 슬로건은 "건강한 신체에 건강한 정신이 깃든다."【"A healthy mind in a healthy body"는 그리스인들의 신념이요, "치티우스, 알티우스, 포르티우스(Citius, Altius, Fortius / 더 빨리(quicker), 더 높이(higher), 더 힘차게(stronger))"】이다. 1908년 런던올림픽 때부터 "가장 중요한 것은 승리하는 데 있는 게 아니라 참가하는 데 있다."(The Most Important Thing In The Olympic Games Is Not To Win But To Take Part)라는 올림픽 좌우명(motto)이 전해온다.

146. 우리가 (다 함께)최고다.

We are the best. 강한 자부심(strong sense of pride)을 갖고 으뜸(the first)이 되자는 의미.

147. 불통이면! (다 함께)즉통이다!

나와 사랑하는 사람(chuva), 가족(family), 조직생활 (Organization's Life) 그리고 매일 만나는 모든 사람, 우리의 삶(our lives) 그 자체는 서로서로(one another) 얼마만큼 알고 소통(communication)하는 가에 따라 건강(health)과 행복(happiness), 즐거움(pleasure)이 쌓이는 것이라 생각합니다. 허준의 동의보감에 보면 通卽不通 不通卽通(통즉불통 불통즉통)이라는 말이 있습니다. 통하면 아프지 않고 통하지 않으면 아프다는 말입니다. 그만큼 소통이 중요하다는 얘기가 아닌 듯싶습니다. 조직은 의사소통이 제일 중요하다고 생각됩니다. 그러는 의미에서 건배제의를 하겠습니다. (Cheers!)

※ 허준 : 조선 선조 때의 명의(名醫)(1539~1615). 자는 청원(淸源). 호는 구암(龜巖). 어의(御醫)로 있으면서 선조의 명(order) 으로 의서(medical book) 편찬(compilation)에 착수(start)하여 1610년에 《동의보감》25권을 완성(completion)하였으며, 각종 의서(medical book)를 국역하였다. **의학 서적으로는 처음으로 한국의 7번째 유네스코 세계기록유산**(UNESCO's Memory of the World Register)**으로 등재**(record)**되었다.**

148. 고객에 집중하고 조직에 헌신하는 우리 베테랑과 우리 회사 세계 초일류 기업 달성을 위하여.

유대인 속담(proverb)에 장사(business)라 함은 자기가 가지고 있는 것을 고객이 필요로 하는 것을 파는 것이 아니라 자기가 가지고 있지 않은 것을, 고객이 필요하지 않아도 파는 것이라 합니다. 또한, 조직(organization)의 몰입도(immersion degree)는 리더(leader)의 몰입도(immersion degree)에서 비롯된다고 합니다. 우리는 우리 회사 비전【vision : 내다보이는 미래 상황(future situation)】인 세계 초일류 기업(world top-notch company)을 달성(attainment)하기 위해 혼신(魂神)의 힘을 다하는(with all one's might[strength]) 우리 회사의 리더이자, 우리 인생의 절반(Half of life)을 우리 회사에 헌신(devotion)한 베테랑(veteran)입니다. 초일류기업 보이십니까? 고객이 필요하지 않은 것도 보이십니까? 우리가 갖추고 있지 않은 것도 보이십니까? 정도 경영(righteousness management)이라는 원칙(principle)에 따라 우리의 시장인 고객에 집중(concentration)하고 우리의 삶의 터전(place of life)인 조직에 헌신하면 우리 회사 세계 초일류 기업은 반드시 성취(accomplishment)될 것입니다.

※ 유대인은 셈어족으로 히브리어(이스라엘의 공용어)를 사용하고 유대교를 믿는 민족(race). 고
대에는 팔레스타인에 거주(residence)하였고, 로마 제국(empire)에 의하여 예루살렘이 파괴
(destruction)되자 세계 각지에 흩어져 살다가 19세기 말에 시오니즘(Zionism) 운동이 일어나 1948
년에 다시 팔레스타인에 이스라엘을 세워 살고 있습니다. 유대인들에게 있어 최고의 명절(The
best holiday)은 '유월절(Passover : 재앙이 넘어가고 건너간다)'입니다. **유월절 《유대력 1월 14
일, 양력(solar calendar) 3, 4월경》**은 BC 13세기 이스라엘 사람들의 조상(ancestor)이 이집트(애
굽)에서 탈출(escape)한 것을 기념(commemoration)하는 유대인의 축제일(gala day). **유월절 밤
이 되면 그들의 식탁(table)에는 3가지 음식(food)이 등장(advent)합니다.** 하나는 '맛소'라는 누룩
(malt)을 넣지 않은 **무교병(無酵餅,matzo)**으로 옛날 애굽의 노예 시절 때 먹었다는 딱딱한 빵입니
다. 이 딱딱한 맛소를 씹으면서 유대인들은 선조(progenitor)가 맛보았던 노예생활(slavery)의 굴
욕(humiliation)을 되새겨 본다고 합니다. 아이러니(irony)하게 현재는 다이어트(diet) 식품으로 각광
(footlights)받고 있다. 두 번째는, **쓰디쓴 잎사귀**입니다. 이 쓰디쓴 잎사귀는 지난날(the past)의 고통
(pain)과 패배(defeat)를 상징(symbol)합니다. 이것을 씹으면서 와신상담(perseverance)하듯 그날의
고통(pain)을 새기며 다시는 이와 같은 일이 반복(repeat)되어서는 안 되겠다고 다짐(oath)을 합니다.
세 번째 음식은 삶은 계란(fried egg)입니다. '이 유월절 식탁에서 삶은 계란을 먹는 의미는 교훈적이
다. 즉, 다른 음식물(other food and drink)은 대개 삶으면 삶을수록 부드러워지지만 계란만은 삶으면
삶을수록 단단해집니다. 고난(distress)이나 패배에 처할수록 인간도 달걀처럼 점점 단단해지고 강인
해지지 않으면 안 된다는 의미가 있다. 참고로(for reference) **쓴 나물(מיררם** 메로림, '메로르'의 복수
형)**은 특정 식물(certain Vegetation)로 지명(nomination)된 것이 아니다. 쓴 나물(bitter herbs)로 상추
【진정유발효과가 있는 락토신(Lactocin) 성분(ingredient)이 함유(contain)되어 있어 졸음(sleepiness)
이 온다】가 가장 많이 이용된다.** 유월절에 주로 사용하는 로만상추(Romaine lettuce) 또는 배추상추
(cabbage lettuce)는 뻣뻣하면서도 길쭉한데 약간 쓴맛과 고소한 맛이 함께 있다.

※ 상추는 본초강목에 독성(virulence)이 있어 벌레(insect)가 감히 접근(access)하지 못한다. 뱀
(snake)이 상추(lettuce)와 접촉(contact)하면 눈(eye)이 멀어 사물(things)을 보지 못한다고 함.

※ 베테랑(vétéran 프랑스어) 어떤 분야(field)에 오랫동안(for a long time) 종사(engage in)하여 기술
(technique)이 뛰어나거나 노련한 사람(expert people). '숙련가(expert)', '전문가(specialist)', '전문
인'으로 순화(refinement)하는 것이 좋다.

※ 유월절(逾越節), Passover) 유대교의 3대 축일(祝日) 중 하나. 이스라엘 백성이 이집트를 탈출
(escape)하기 전날 밤(previous night) 여호와가 이집트의 각 집 장남(the oldest[eldest, firstborn]

son)을 죽였는데, 이스라엘 백성의 집에는 어린양(무릎을 꿇고 젖을 먹는 은혜를 아는 동물)의 피를 문설주(gatepost)에 바르게 하여 그 표지(sign)가 있는 집은 그냥 지나쳤다는 데서 유래(origin)한다

149. 자전거(bicycle)

자신감(self-confidence)과 전문성(professionalism)을 갖고 거리(avenue)로 나서자.(발로 뛰는 마케팅(Foot Marketing)을 위하여)

※ 자전거는 자전차(自轉車)라는 낱말도 쓰이지만 대한민국 국어사전에서는 자전거의 잘못(error)이라고 표기(transcription)하고 있다. 중국에서는 자행차(自行車)라고 부른다. 산악자전거(MTB : mountain bike)는 미국 캘리포니아 주에서 처음 만들어졌으며, 1996년 미국 애틀란타 올림픽에서 정식 경기종목(正式 競技種目,regulation game event)이 되었다. 특수 제작된 자전거(specially designed bike)의 차체(bicycle body)는 가벼우면서도 단단한 경합금(light alloy) 및 알루미늄, 스칸듐, 티타늄, 마그네슘, 크롬몰리브덴강과 카본 파이버(carbon fiber)등을 사용하여 가볍고 강도(strength)가 높아 변형(transformation)이 되지 않으며, 보통 완충장치(shock absorber)가 달려있어 운전자(driver)가 받는 충격(impact)을 줄여주며, 제동장치(brake)도 험한 길(thorny roads)서도 잘 작동(operation)되도록 튼튼하게 만들어져 있다.

※ 알루미늄 : 고대 그리스 로마의 옛 이름인 알루멘(Alumen)에서 유래

※ 티타늄 : 대부분의 암석이나 흙속에 들어 있으며 윤이 나는 흰빛이다. 비행기 만드는 소재

※ 스칸듐 : 스웨덴의 옛 이름 스칸디아에서 유래. 야구장의 조명에도 쓰이는 메탈 할라이드 램프에 이용된다.

※ 마그네슘 : 인위적으로는 소금물(salt water)을 전기분해(electrolysis)를 하여 얻는다. 공기(air)중에서 가열(heat)하면 강렬한 흰빛(intense white light)을 내면서 타므로 사진술(photography), 발화 신호(flashlight signaling), 불놀이(playing with fire) 따위에 쓰이며, 환원성(reducing)이 강하므로 티탄(은백색의 강철과 같은 금속 원소이나 우라늄)[이탈리아계 미국 물리학자 엔리코 페르미(Enrico

Fermi)가 시카고 대학에 설치한 원자로에서 세계 최초로 우라늄 핵분열(nuclear fission) 연쇄반응(chain reaction) 실험(experiment)에 성공했다]을 만들 때 **환원제**(reducing[deoxidating] agent)로 **많이 쓰인다.**

※ 크롬몰리브덴강[강인강.强靭鋼] : 오래 담금질(temper)하여 인성(character)이 강하고 강도(intensity)가 큰 합금강(alloy(ed) steel)을 통틀어 이르는 말.

150. 본부장님 그리고 간부님들, 직원 여러분의 건강을 위하여!

NO라는 단어를 뒤집으면 ON이 됩니다. ME라는 단어를 위아래로 뒤집으면 WE가 됩니다. '긍정(affirmation)'과 '백두' 정신을 바탕으로 최우수 본부를 만들어야겠습니다.

151. 뚝심 있게!, 배짱 있게!, 기운차게! (다 함께)뚝배기!

업무를 하다 보면 업무는 업무대로 바쁘고 민원인(civil petitioner)들에게 시달리는 경우가 많습니다. 우리가 하는 일에 자부심(pride)을 갖고 힘내자는 의미로 제가 건배사(toast greetings)로 "뚝배기"를 제의하겠습니다. 제가 "뚝심 있게, **배짱** 있게, **기운차게**"를 외치면 여러분은 "뚝배기" 해주시기 바랍니다.

152. 風! 林! 火! 山! 우리 회사 파이팅! 파이팅! 파이팅!

1. 風! : 움직임은 바람처럼, 영업지원은 騎虎之勢(기호지세)
   林! : 머무름은 숲처럼, 리스크(risk)관리는 根培枝達(근배지달)

火! : 공격은 불처럼, 싸울 때는 射石爲虎(사석위호)

山! : 지킬 때는 산처럼, 천 년 영광 우리 회사

2. **풍전등화** 같은 무한 경쟁 시대(the age of limitless competition) **임**전무퇴
(knowing no retreat at a battle field)의 정신으로 **화**이팅(fighting의 화이
팅 비표준어)만이 살 길이다. **산** 자여 따르라!

※ 기호지세(騎虎之勢) : 호랑이를 타고 달리는 형세(situation)라는 뜻으로, 이미 시작한 일을 중도에
그만둘 수 없는 경우를 비유적(metaphorical)으로 이르는 말이다.

※ 근배지달(根培枝達) : 학문의 기초를 튼튼히 하면 학식이 절로 늚.(根 뿌리 근 / 培 북돋을 배 / 枝
가지 지 / 達 통달할 달)

※ 사석위호(射石爲虎) : 풀이 돌을 범인 줄 알고 쏘았더니 돌에 화살이 꽂혔다는 말로, 성심을 다하
면 아니 될 일도 이룰 수 있다는 뜻.(射쏠 사 / 石돌 석 / 爲할 위 / 虎호랑이 호)

153. 우리 회사 내실 성장을 통한 새로운 도약과
50년 융성 발전의 한해를 위하여!
(다 함께) **風雲之會** 위하여! 위하여! 위하여!

호랑이(tiger)가 바람을 일으키는 기세(spirit)와 용(dragon)이 구름(cloud)
을 얻어 승천(ascension)하는 기세 절호의 때를 風雲之會라 하는데 올해는 우
리 회사가 내실 성장(profitable growth)을 통해 새롭게 도약(new leap)할 수
있는 절호의 기회(golden opportunity)라 생각합니다.

154. 일사천리(一瀉千里)

일일이 따져보고 후보자를 선택하면 **사천만이 이롭다.**

※ 일사천리(一瀉千里, dashing flow of torrents, rapid advance) 강물(river water)이 거침없이 흘러 천 리에 다다른다는 뜻으로, 어떤 일이 거침없이 단번에 진행됨을 이르는 말.

155. 우리나라 1등 국민기업 우리 회사를 위하여!
(다 함께)위하여! 위하여! 우리 회사를 위하여!

순간적인 변칙(momentary anomaly)과 달콤함(sweetness) 보다는 정직(honesty)하고 묵묵하게 '기본과 원칙(basics and principles)'을 실천해가겠습니다. 빠른 길(fast track)보다는 '정도(the right path)'를 걸어가겠습니다. 기본과 원칙, 정도를 통해 2만여 전력가족을 행복(happiness)하게 만들겠습니다.

156. 1등 충북본부를 위하고, 1등 CEO이신 본부장님의 건승(健勝)과
여기 계신 모든 분의 건강과 행복을 위하여!

○○년 우리 본부 최우수 사업소(the best business office) 달성(achievement)을 위해 건배를 제의하겠습니다.(cheers!) 사업소를 대표하는 사업소장 여러분! 누구나 1등(the first class)을 꿈꾸지만, 모두가 1등이 될 수는 없습니다. 최고를 위해 최선을 다하는 자만이 1등 자리에 설 수 있습니다. 최우수 본부 달성을 위하여 도전(challenge)하고 10대 과제(project) 달성을 위하여 일체유심조(一切唯心造)의 정신으로 우리 모두의 뜻을 모아 기본에 충실(honesty)한다면 1등 본부의 꿈은 꼭 이루어질 것입니다.(Dreams will come

건배사 모음 대백과

true) '1등 충북본부를 만들겠다.'는 타오르는 용광로(blast furnace)의 불꽃 (flame)처럼 뜨거운 우리의 열정(our passion)과 투혼(fighting spirit)을 각자의 잔에 담아 건배(toast)하겠습니다.

※ 一體唯心造는 인도의 승려 법구가 아함경(석가모니의 언행록)에서 석가의 금언(adage)을 모아 편찬한 경전(Scriptures)인 법구경의 한 구절로서 Everything depends on my state of mind. 모든 일은 마음먹기에 달려 있다는 뜻입니다. 일체유심조(一切唯心造)와 관련해 자주 인용되는 것이 신라의 고승 元曉와 관련된 얘기입니다. **원효는 의상**≪義湘 : 통일신라시대 경상남도 양산 지역에서 활동하며 화엄경(華嚴經)을 소의 경전[Scriptures, 經典 : 종교(religion)의 교리(doctrine)를 적은 책]으로 하는 불교 종파인 화엄종을 개창한 승려≫**과 함께 당나라 유학길에 올라, 당항성**(唐項成 : 지금의 경기도 화성)**에 이르러 어느 무덤 앞에서 잠을 잤는데, 잠결에 목이 말라 물을 마셨는데, 날이 새어서 깨어 보니 잠결에 맛있게 마신 물이 해골**(skeleton)**에 괸 물이었음을 알고, 모든 것은 오로지 마음에 달렸음을 깨달아 대오**(大悟)**하고 그 길로 유학**(study abroad)**을 포기**(abandonment)**하고 돌아왔다는 일화**(anecdote)**가 있습니다.** 우리에게 주어진 환경(environment)이 아무리 어렵고 험난할지라도 긍정적인 사고(positive thinking)로 결과(result)에 앞서 최선의 노력(best effort)을 다하는 자세(posture)로 매사 임한다면 1등 충북본부가 눈앞에 있다고 생각합니다.

※ 옛 선사들은 '**일체유심조**(一切唯心造)' Your own outlook on life decides everything. 즉, 모든 현상은 다 마음의 조작(Every phenomenon is mind manipulation)이라고 했다. 기쁜 마음(glad heart)으로 세상을 보면 세상은 환희(delight)로 가득 차 있습니다. 슬픈 마음(sorrowful[wounded] heart)으로 세상을 보면 세상은 슬픔으로 가득 차 있습니다. 대상이 변한 것이 아니라 마음에 따라 다르게 보이는 것입니다. = **그리스 신화에서 따온 '피그말리온 효과**(Pygmalion effect)'

※ 화엄경『[華嚴經]』은 『대방광불화엄경(大方廣佛華嚴經)』을 줄인 말이다. '부처님이 꽃(flower)으로 장엄(sublime)하고 크고, 넓고, 평등한 것을 깨우치는 경' 또는 '크고 광대하게 부처님이 꽃(flower)으로 장엄하는 경'이란 뜻으로 화엄경은 법계연기【法界緣起 : 현상세계 그대로가 진실의 세계(the World of Truth), 즉 진여〈眞如 : 현실적이며 평등무차별한 절대의 진리(absolute truth)〉라고 보는 철학적 견해(philosophical point of view)】와 사사무애【事事無碍 : 모든 것들이 서로 영향을 미치고 있다는 뜻】의 교설을 밝힌 대승불교 경전이다

157. 우리의 목표(Our goal)는?

(다 함께)**전국최고(the best in the country!)**,

Nothing (다 함께)**Impossible!**, 진짜 그날을 (다 함께)**위하여!**,

마지막 한 방울까지(to the last drop) (다 함께)**마시자 (Let's Drink)!**

158. 영업 1등! KPI 1등 달성을 위하여!

(다 함께)**위하여! 위하여! 우리 회사를 위하여.**

산에 산신령(the god of mountain)이 하나인데, 산신령에게 복을 비는 사람들(well-wishers)은 무수히 많습니다. 산신령이 모든 사람의 욕구(desire)를 충족(sufficiency)시켜 주기 위해서는 시간과 공간(time and space)을 초월해 동에 번쩍 서에 번쩍해야 합니다. 영업도 마찬가지입니다. 시공을 초월한 산신령의 각오(preparedness)로 열심히 뛰어야 할 것입니다. 시공(時空 : 시간과 공간을 아울러 이르는 말)을 초월한 산신령의 각오로 영업활동(business activities)에 전력(all one's power) 을 다해서……

159. 책임 있는 조직 만들기

◎ 재미있고 즐거운 요금관리팀

즐거움이 없는 삶은 스트레스(stress)만 가중(weighting)되고 생산성(productivity)이 올라가지 않습니다.

◎ 실력 있는 요금관리팀

자신들의 위치를 정확히 파악, 실력(competence)을 배양(cultivation)하고 서포터즈(supporters : 후원자들) 역할을 충실히 이행(fulfillment)할 수 있습니다.

◎ **건강한 요금관리팀**

우리 회사의 소중한 재산(prized possession)인 개개인(individual)이 모두 건강할 때 요금관리팀 더 나가 우리 회사가 발전(development)할 수 있습니다.

◎ **축복받은 요금관리팀**

고객님과 요금관리팀에 헌신(devotion)하며 직원 모두가 적극적인 사고방식(aggressive mindset)을 갖고 열정(ardor)적으로 업무에 임할 때 좋은 결실(good result)을 볼 수 있습니다.

※ 해설 : 진정한 주인(true master) 되기 위해서는 권리(right)와 책임(responsibility)을 모두 주장(assertion)할 줄 아는 직원이 되어야 하고, 책임 있는 조직 만들기에 우리가 모두 도전 (challenge)하자는 의미.

160. 새로운 도전을 즐기는 용기 있는 삶을 위하여!

수없이 많은 두려움이 닥치더라도 단 한 번(only once)! 그 두려움에 맞설 수 있다면 우리는 그것을 '용기(courage)'라고 부릅니다. 글로벌(global) 경제 위기(economic crisis)를 넘어서 회사의 미래(future)에 도전(challenge)하는 용기 있는 전력인.

161. 우리의 새로운 도전(new challenge)인

S등급 달성과 지점장님의 건승(健勝)과

이 자리에 모인 우리 모두의 발전과 행복을 위하여!

(다 함께)**위하여! 위하여! 괴산지점 최우수 사업소 달성을 위하여.**

고기(meat)도 먹어본 사람이 잘 먹고, 아픔(pain)도 겪어본 사람이 잘 알고 극복(overcome)한다고 합니다. 우리는 작년(last year)에도 S등급을 달성(achievement)한 노하우(know-how : 기술적 지식)를 잘 살려 올해도 최우수 사업소(the best business office)를 만듭시다.

162. 우리나라! 우리 회사! (다 함께)영원히! 영원히! 영원히!

우! 우리들의 밝은 별(bright star), **리!** 이해(understanding)와 혜안(piercing eye)으로, **나!** 나라의 에너지를 아우르시고, **라!** 나아가고 앞길 등불(light) 밝히시며, **우!** 우리를 인도 하시는 사장님, **리!** 이렇게 세계 초일류 기업(world top-notch company)만드시고, **회!** 회사 지속성장(sustainable growth)의 혜택(benefit)을 고객(customer)과 직원(staff)과 함께 나누시고, **사!** 사랑과 행복과 행운(love and happiness and good luck)이 함께하는 우리 회사.

163. 배전운영실 총력지원을 통한 ○○지점 KPI 1등 달성을 위하여!

(다 함께)**위하여! 위하여! ○○지점을 위하여!**

새벽잠(sound sleep at dawn)에서 깰 때 갈증 해소(thirst quencher)를 위해 머리맡에 놓아두는 물(water)을 자리끼라고 합니다. 우리 지점도 필요할 때

손만 뻗으면 닿을 수 있는 배전운영실의 자리끼 역할(role)을 충실히 하겠습니다. 건배하겠습니다.(I'd like to offer a toast)

164. 괴산지점 KPI 1등을 위하여! 위하여! 위하여! 괴산지점을 위하여!

무통분만(painless delivery)은 없습니다. 힘든 산고(birth pangs)를 거친 후에야 출산(childbirth)의 기쁨(delight)을 맛볼 수가 있습니다. 그렇습니다. no pain, no gain. 고통(pain)없이는 아무것도 얻을 수 없습니다. 우리 지점 KPI 1등(first-class)이라는 옥동자 탄생(birth)을 위해 아무리 힘들고 어려워도 참고 전진(advance)해야 할 것입니다.

※ KPI(Key Performance Indicator, 핵심성과지표)란 매출(sale)이나 이익(profit)처럼 기업체(a business entity)의 과거 실적(past performance)을 나타내는 지표(index)가 아니라 미래(Future)의 성과(result)에 영향(effect)을 주는 여러 핵심지표(key indicators)를 묶은 평가기준(valuation basis)을 말합니다.

165. 일당백(一鐺百)위하여!

1등(first-class) 회사 우리 회사 당당하고, 박력(force)있게, 흑룡(Black Dragon)이 여의주(cintamani)를 물고 승천(ascension)하는 기세(vigor)로 전자시장(electronic marketplace)을 제패(conquest)하자.

※ 해실 : 우리 회사 올해 경영목표(business goals)인 내실 성장(profitable Growth)을 통한 새로운 도약(new leap)을 함축적으로(connotatively) 표현(expression) .

※ 여의주(cintamani) : 용(dragon)의 턱 아래에(under the chin) 있다고 전해지는 구슬(gem). 사람이
이를 얻으면 온갖 조화를 마음대로 부릴 수 있다고 한다.

166. 우리의, 우리에 의한, 우리를 위한, 우리 괴산지점을 (다 함께)위하여! 위하여! 위하여! 괴산지점을 위하여!

최근(the nearest) 가수(singer)이자 작곡가(composer)이며 음반 제작자(music maker)인 박진영씨가 TV에서 성공(success)의 키워드(key word)로 이런 말을 했습니다. '인생(life)의 반(half)을 투자(investment)하는 사람은 인생의 전부(all)를 투자하는 사람을 이길 수 없다.' 우리가 인생을 살면서 주어지는 기회(opportunity)는 많지 않습니다. 따라서(therefore) 단 한 번(only once)의 기회를 성공(success)으로 이끌기 위해서는 지금(this time) 이 자리에서 최선의 노력(the utmost effort)을 기울여야 한다고 생각합니다. 최우수 사업소(the best business office)를 위하여 건배를 제의합니다.(bottoms up!)

※ 키워드(key word) : 어떤 문장(sentence)을 이해(comprehension)하거나 문제(problem)를 해결
(solution)할 수 있는 실마리(clue)가 되는 말

167. 힘차게(forcefully)! (다 함께)날자(Let's fly)!

최우수 사업소(the best business office)를 향해 힘차게 날아오르기 위해서는 크고 튼튼한 날개(large and sturdy wing)를 가져야 하는 데, 요금관리팀이 그 날개를 이루는 깃털(feather)이 된다는 각오(preparedness)로 앞장서겠습니다. 최우수 사업소를 향해 새롭게 올해를 맞이한 괴산지점(the branch office

건배사 모음 대백과

in goesan)과 그 든든한 날개(solid wing)가 되고자 하는 요금관리팀의 힘찬 날개짓(strong wingbeat) 을 다짐하며 건배를 제의합니다.(Cheers! / Bottoms up!)

168. 우리는! (다 함께)챔피언(Champion)!

자산(property) 1위 이익(profit) 1위 올해 우리의 목표(target)입니다. 그런 의미(meaning)에서 흑룡(Black Dragon)은 우리 것입니다. 올해도 우리가 챔피언(champion)입니다. 진정한 업계 1위 기원(supplication).

169. 무재해(無災害)

무한한 가능성(possibility), 지닌 우리 재도약(taking-off)하여 해처럼 빛나는 성과(outcome)를 이루자.

170. 우리나라 최우량기업! 내실 성장을 통한 새로운 도약을 위하여! (다 함께)위하여! 위하여! 우리 회사를 위하여!

天下雖安 忘戰必危(천하수안 망전필위)! 하루하루 안일한 마음으로 업무(business)에 임하다 보면 치열한 국제경쟁(international competition)에서 반드시 위기(crisis)를 초래하게 됩니다. 따라서 지금(now) 이 시각(this hour) 우리는 모두 각사의 위치에서 '창조(creation)와 혁신(innovation)'이라는 무기(weapon)와 風林火山의 정신자세(mental attitude)로 백두전력의 초일류 기업

비전(top-notch company vision) 달성(achievement)을 위해 혼신(魂神)의 노력(effort)을 다해야 하겠습니다.

171. 빈틈을 (다 함께)채워주자

동료(colleague)의 단점(shortcoming)을 받쳐주고 함께 협력(cooperation)하자는 의미.

172. 우리나라 자동차 기업의 선도 회사가 되어 날자!
(다 함께)날자! 날자! 우주선!

자동차업계 대부(godfather) 회사로서 우리나라 자동차업계의 선도(guidance) 회사의 명예(honor)를 드높이고 국민(nation)이 애용(patronize)하는 자동차회사의 위치를 확고히 하자는 의미로 건배를 제의하겠습니다.(I would like to propose a toast)

173. 명품((luxury goods)을 위하여

시인이 시를 쓰지만 시는 읽는 이의 가슴(heart)에 다가가야 비로소 시가 됩니다.

많은 사람이 명품을 만들지만, 명품은 많은 이들의 사랑을 받을 때 비로소 명품이라 일컬어질 것입니다. 시를 느끼는 마음을 시심(poetic sentiment)이라 한다면 명품을 느끼는 눈높이를 안목(discerning[critical])이라 할 수 있겠습니다.

우리는 지금 지난 5년간 5.3배 매출 신장(sale growth), 국내 마켓셰어 50~60%, 글로벌(global) 마켓셰어 5%를 넘나드는 S전자, 인텔, M.S. 명품 (luxury goods)을 마주하고 있습니다.

경주에 가면 수많은 문화유적(Cultural Heritage)이 있지만 알면 국보 (national treasure)요, 모르면 돌멩이(stone)입니다. 명품을 제대로 느끼며 명품과 함께 하십시다.

오늘 최고의 골프장(golf course)에서 좋은 잔치(party)를 열어주신 주최 측 (host)에 감사드리며 꽃(flower)은 반쯤 폈을 때 더 아름답고 술(alcohol)도 반쯤 취했을 때 주흥(conviviality)도 시흥(poetic inspiration)도 나는 것이니 우리 마음껏 드시고 반쯤만 취하십시다.

논어 위령공편에 가여언이나 불여지언이면 실인이요, 불가여언이나 여지언 이면 실언이라. 말 건넬 사람에게 말을 건네지 않으면 사람을 잃는 것이요, 말 못 건넬 사람에게 말을 건네면 말을 잃는 것이라 했습니다.

술(wine)로 패러디(parody)하면 술 건넬 사람에게 술을 건네지 않으면 사람을 잃는 것이요, 술 못 건넬 사람에게 술을 건네면 술을 잃는 것이니 옆 사람에게 말도 건네고 술도 건네고 하시지요.

명품과 함께하는 우리도 명품입니다. 제가 명품을 위하여 건배(toast)제의 드리면 여러분도 명품을 위하여 해 주십시오.

※ 시장점유율(market share) : 한 회사의 특정상품 매출액(sales)이 국가 전체의 동일상품 매출액 (turnover) 가운데 차지하는 비율(ratio).

※ 패러디(parody) : 특정 작품(work)의 소재(material)나 작가, (writer)의 문체(style)를 흉내 내어 익살 스럽게 표현(expression)하는 수법(method). 또는 그런 작품(work).

174. 위하여! 위하여! 전력회사를 위하여!
우리나라 최고기업! 우리 회사의 영원한 발전을 위하여!

참으로 뜻 깊은 날에 건배(toast) 제의를 하게 되어 큰 영광(great honor)입니다.

다산 정약용 선생님은 '열흘 살다 버리는 집이 누에고치(cocoon)이고, 여섯 달을 살다 버리는 집이 제비집이며, 일 년을 살다 버리는 집이 까치둥지(magpie's nest)'라고 했습니다. 그러나 누에(silkworm)는 열흘 살 집을 짓기 위해 창자(entrails)에서 실(thread)을 뽑아내고 제비(swallow)는 입(mouth)이 마르도록 침(spit)으로 흙(earth)을 개어 집을 지으며 까치(a Korean magpie)는 나뭇가지(twigs)들을 물어 나르느라 입이 헐고 부리(bill)가 망가져도 지칠 줄 모른다고 합니다.

50년 역사의 우리 회사도 앞서 간 선배(senior)들의 뜨거운 열정(passion)으로 만들어진 참으로 귀중한 집입니다. 앞으로 또 다시 50년, 5백 년 영원히 지속될 우리 회사를 위해 이 자리에 모이신 우리 모두, 한마음(one mind)으로 굳게 뭉쳐 혼신(魂神)의 노력(effort)을 다하자는 의미(meaning)에서 건배를 제의하겠습니다.(I'd like to offer a toast)

※ 정약용(丁-若鏞) 1762(영조 38) 경기 광주~1836(헌종 2).조선 후기의 실학자. 유형원(柳馨遠) · 이익(李瀷)의 학문과 사상을 계승(succession)하여 조선 후기 실학을 집대성했다. 중농주의 실학자로 전제 개혁을 주장하며 조선 실학을 집대성(achieving a synthesis)하였고, **수원 화성 건축 당시 기기도설[竒器圖說 : 16세기까지의 서양 기술(technique)을 최초로 중국에 소개한 책]**참고하여 편찬한 기중가설(起重架說)에 따른 활차녹로(滑車轆轤 : 도르래)를 만들고 그를 이용하여 **거중기를 고안(design)하여 건축에 많은 도움을 주었다.** 또한, 유교 경전(Scriptures)에 대한 새로운 해석(interpretation)을 통해 당대 조선을 지배한 주자학적 세계관(a world view)에 대한 근본적인 반성(self-examination)을 시도(try)하였다. 신유사옥【조선 시대, 1801(순조 1)년에 일어난 천주교도에 대한 박해(persecution 사건(incident)】때 전라남도 강진으로 귀양(exile)갔다가 19년 만에 풀려났다. 저서에 지방관으로서 지켜야 할 준칙(standing rule)을 자신의 체험 (experience)과 유배 생활

의 견물을 바탕으로 서술한《牧民心書(목민심서)》, 죄수(prisoner)에 대하여 신중히 심의하는 흠휼 사상(idea)에 따라 재판(justice)하라는 내용(contents)으로, 형법 연구서이자 살인(murder) 사건 실무 지침서인《欽欽新書(흠흠신서)》, 국가 체제(Nations system) 전반을 비판(criticism)하고 부국강병(national prosperity and military power)을 논한 책인 《經世遺表(경세유표)》, 마진(麻疹 : 홍역)의 치료법(a curative means)을 다룬 의학서 《麻科會通(마과회통)》 등이 있다. **2012년 유네스코가 세계기념인물로 장 자크 루소**(탄생 250주년), **드뷔시**(탄생 150주년), **헤르만 헤세**(사망 50주기) **등과 더불어 2012년 기억할 인물로 다산 정약용**(탄생 250주기)**을 선정**(selection)**하였다.**

※ 유형원[柳馨遠] 조선 효종 때의 실학자(1622~1673). 자는 덕부(德夫)이며 호는 반계(磻溪)이다. 학행(學行)으로 두 번 천거 (recommendation)되었으나 모두 사퇴(declining)하고, 학문 연구(academic research)와 저술(writing)에 몰두(absorption) 하였다. 저서(book)로는 중농 사상(idea)에 입각하여 전반적인 제도 개편(reorganization)을 구상(conception)한 《반계수록(磻溪隨錄 : 정치(politics), 경제(economy), 군사(military affairs), 정부(government) 등 국가 전반에 대한 총체적인 개혁안(a reform bill)을 담고 있다)》이 있다.

※ 이익[李瀷 1681(숙종 7)~ 1763(영조 39). 조선 후기의 실학자. 유형원(柳馨遠)의 학문을 계승하여 조선 후기의 실학을 대성했다. 독창성(originality) 풍부(abundance)하고, 항상 세무실용(世務實用)의 학(學)에 주력했으며, 시폐(時弊 : 그 시대의 폐단)를 개혁(reformation) 기위하여 사색(meditation)과 연구(research)를 거듭했다. 그의 개혁방안(reform proposal)들은 획기적인 변혁(revolution)을 도모(planning)하기보다는 점진적인 개혁을 추구(pursuit)한 것으로 현실(actuality) 에서 실제로 시행(enforcement)될 수 있는 것을 마련하기에 힘을 기울였다. 그의 실학사상은 정약용(丁若鏞)을 비롯한 후대 실학자들의 사상 형성에 커다란 영향을 끼쳤다. 영조 때 이익의 글을 모아 엮은 성호사설[星湖僿說]이 있다.

※ 주자학은 성리학을 일컬음. 중국 남송의 주희가 집대성한 유학의 한 파. 이기설과 심성론에 입각하여 격물치지(格物致知 : 모든 사물의 이치를 끝까지 파고들어 앎에 이름)를 중시하는 실천(practice) 도덕(morals)과 인격(personality)과 학문(learning)의 성취(accomplishment)를 역설(emphasis)하였다.

※ 이기설[理氣說] 중국 송나라 정이(程頤)에서 비롯되어 주자(朱子)에 의해 계승(succession) 발전(growth)된 형이상학설. 우주(universe)의 원리(principle)를 설명(explanation)한 이론(theory)으로 우주(cosmos)속에 하는 모든 현상(phenomenon)은 원리와 이치로서 형이상(形而上)의 것인 이

(理)와 구체적 성질로서 형이하(形而下)의 것인 기(氣)로 구성(composition)되어 있으며 이 둘의 결합(combination)으로 만물(all things)이 생성(becoming)된다고 한다.

※ 신성론(心性論)은 성리학에 있어서 심(心)·성(性)·정(情)을 중심으로 인간 존재(existence)의 양상(phase)을 다룬 유학이론. 인간의 마음이 어떻게 이기(理氣)와 관련(connection)이 있는지를 밝히는 것이다

※ 장자크 루소(Jean-Jacques Rousseau, 1712년 6월 28일 ~ 1778년 7월 2일)는 스위스 제네바에서 태어난 프랑스의 사회 계약론자이자 직접민주주의자, 공화주의자, 계몽주의 철학자 (philosopher)이다. 그의 최대의 문학적 걸작(masterpiece) 《참회록》과 《루소는 장자크를 이렇게 생각한다》등은 만년 작품(work)으로 사후에(posthumously) 발표 (announcement)되었다. 그외《인간은 두 번 태어난다 한번은 존재하기 위해 또 한 번 살아가기 위해 문구가 나오는 교육저서 에밀과 명언(wise saying) "Go back to the Nature 자연으로 돌아가라."가 있다

※ 드브쉬(Claude Debussy) 1862. 8. 22 프랑스 생제르맹앙레~ 1918. 3. 25 파리. 20세기 음악(music)의 기초(groundwork)를 확립(establishment)한 프랑스의 작곡가(composer). 고도로 독창적인 화성(harmony) 체계(system)와 구조(structure)를 발전(development)시켰으며, 당대의 인상주의 미술과 상징주의 문학이념(literature ideology)을 음악으로 표현(expression)했다. **대표작으로는 〈베르가마스크 모음곡 Suite bergamasque〉(1890~1905) 가운데 〈달빛 Clair de lune〉·〈목신의 오후 전주곡 Prélude à l'après-midi d'un faune〉(1894), 오페라 〈펠레아스와 멜리장드 Pelléas et Mélisande〉(1902)·〈바다 La Mer〉(1905)가 있다.**

※ 헤르만 헤세(독일어 : Hermann Hesse, 1877년 7월 2일 – 1962년 8월 9일)는 독일계 스위스인. 시인(poet), 소설가(novelist), 화가(painter)이다. 1946년에 유리알 유희Das Glasperlenspiel, 琉璃─遊戱)로 노벨문학상(a nobel prize for literature)을 수상(be awarded)했다

175. 우리나라 최고의 기업, 백두전력 미래를 위하여!

위기(crisis)는 지난 10여 년간 우리에게 너무나 친숙한 단어(word)였습니

다. IMF(International Monetary Fund, 국제 통화기금) 외환위기(currency crisis), 글로벌(global) 경제 위기(economic crisis), 에너지 위기(energy crisis) 등 위기의 시대(Age of Crisis)라고도 부를 수 있는 지난 10여 년을 우리는 함께 잘 이겨왔습니다. 위기에는 항상(always) 위험(danger)과 함께 기회(chance)도 공존(coexistence)합니다. 곳곳에 도사리고 있는 위험 속에서 한 줄기 기회(chance)를 포착(capture)하고 이를 성공(success)의 발판(foothold)으로 삼는 것, 그것이 백두전력의 저력(potential energy)입니다. 아직 끝나지 않는 위기의 시대, 우리는 할 수 있습니다.(We can do it.)

176. 우리 회사를 위하여! (다 함께)**풍! 림! 화! 산!**

올해 우리 회사 경영목표(business goals)인 내실 성장 (Profitable Growth)을 위한 직원(the staff) 역량(capacity) 강화(strengthening)와 백두 PLUS 1 '프로젝트(project)의 성공(success)을 위해 풍림화산의 강한 정신력(will power)을 바탕(ground)으로 하는 우리나라 1등(the first grade) 회사.

177. 재치 있고 개성(individuality) 있게 발전하는 사람이 되자!
(다 함께)**재개발(redevelopment)!**

178. 재미나고 건강하게 축하받을 일을 하며 살자!
(다 함께)**재건축(reconstruction)!**

179. 머, 슴(심), 발! ^(다 함께)위하여!

이 세상(the world)에서 가장 긴 여행(travel)이 차가운 머리(cool head)에서 따스한 가슴(warm heat)까지이며, 또 다른 긴 여행(long journey)은 그 가슴(heart, 심장)에서 발(foot, 실천)까지라고 합니다. 이러한 의미(meaning)를 되새겨 우리가 모두 냉정한(cool) 이성(reason)과 논리(logic)보다는 따스한 감성(sensitivity)으로 모든 사물(things)과 타인(others)을 대하고, 더 나아가 그것을 몸소 "발"로 적극 실천(practice)하자는 결의(resolution)를 다짐(pledge)하는 의미에서 건배사(toast greetings)를 "머리(head)", "가슴", "발" 각 낱말(each word)의 첫 글자 이니셜(initials)을 모아 "머, 슴(심), 발, 위하여!"로 제안(proposal)합니다. 제가 "머슴(심)발!"하고 선창(lead)하면 모두 함께 "위하여"라고 후창하여 주시기 바랍니다.

180. 우리 회사의 네비게이터 감사실(audit office)!
　우리 회사의 무궁한 발전과 힘찬 미래를 위하여!
　^(다 함께)위하여! 위하여! 우리 회사를 위하여!

우리 회사(our company)가 자랑스러운 것은 우리 가족(our family)의 행복(happiness)을 지켜주기 때문입니다. 감사실(audit office)이 자랑스러운 것은 우리 회사의 미래(future)를 지켜주기 때문입니다. 虎視牛步 정신(spirit)으로 風林火山처럼 우리 회사의 네비게이터(navigator) 역할(role)을 위하여 건배를 제의하겠습니다.(I'd like to offer a toast.)

※ 해설 : 자랑스러운 우리 회사의 무궁한 발전(development)과 우리 회사 발전의 네비게이터 역할을 다할 감사실(audit office)의 발전을 기원(prayer)함.

※ 虎視牛步 : 호랑이(tiger)처럼 예리하게 잘 살피고 소(cattle)처럼 신중하게 업무처리.

※ 風林火山 : 센고쿠 시대의 일본의 무사(warrior)인 다케다 신겐의 전술 정신(tactic mind)을 나타내는 말이다. 움직일 때는 바람(wind)처럼, 머물 때는 숲(wood)처럼, 공격(attack)할 때는 불(fire) 처럼, 지킬 때는 산(mountain)처럼

※ 네비게이터 : 업무수행(Business conduct)시 안내자(guide) 역할을 할 수 있는 능력(ability) 배양(cultivation).

181. **바람처럼!**(like the wind) (다 함께)**빠르게!**(quickly)
　　 숲처럼(like the woods) (다 함께)**고요하게!**quiescently
　　 불길처럼!(like the flames) (다 함께)**맹렬하게!**(fiercely)
　　 산처럼!(like mountains) (다 함께)**묵직하게!**(ponderously)
　　 風! 林! 火! 山! 우리나라 최대기업, 자랑스러운 국민기업을 위하여!
　　 (다 함께)**위하여! 위하여! 우리 회사를 위하여!**

근배지달의 정신으로 깊게 뿌리(deep root)내린 금강송처럼 세계 초일류 기업(world top notch enterprise)의 자부심(pride)과, 국민기업(national companies)으로서의 사명감(a sense of duty)으로 제가 선창하면 크게 화답하여 주시기 바랍니다.

※ 근배지달(根培枝達) : 뿌리(root)를 잘 돋아야 가지가 무성해진다는 뜻이다.

※ 금강송 : 꼬불꼬불한 일반 소나무(pine)와 달리 줄기(trunk)가 곧고 향(incense)이 좋으며 나이테(growth ring)의 폭(width)이 좁고 일정하며, 심재부분은 단단하고 붉은색이나 적황색을 띠어 황장목(黃腸木)이라고 불린다.
잎(leaf)은 윤기(shine)가 나고 줄기 상단부는 유별나게 껍질(skin)이 얇고 붉은색을 띤다. 세월(years)의 연륜(years of experience)을 말해주는 밑부분 나무껍질(the bark of a tree)은 회갈색

에 6각형(hexagon)의 거북등 형태(form)로 갈라지는 특징(characteristic)을 갖고 있다. 나뭇결 (grain[texture] of wood)이 단단하고 균일해 뒤틀림이 없고 향기(scent)가 진해 **궁궐(palace) 건축 재(building timber)나 왕실 관곽재(棺槨材** : 시체를 넣는 데 쓰는 널과 덧널 용도의 목재)로 주로 사용됐다.

※ 금강송 벌채는 도편수(master builder : 집을 지을 때 책임을 지고 일을 지휘하는 우두머리 목수)가 나무의 원혼(revengeful spirit)을 달래주기 위해 '어명이요'라고 세 번 외치고 나면 벌목꾼(logger) 이 금강송의 밑둥치를 도끼(ax)로 내리치며 시작된다.

182. 배수진(a position taken up with a river behind the troops, burning the bridges)

史記(사기) 淮陰侯 列傳【회음후 열전 : 한신(韓信)의 전기biography, 傳記】에 나오는 말로, 背水陣(a position taken up with a river behind the troops, burning the bridges)이 있습니다. 한나라와 조나라의 전쟁(war)에서 승리(victory)한 한나라 한신의 전술(tactic)에서 유래(history)한 말입니다. 이는 막다른 골목 (alley)에서 몰린 것처럼 사생결단(all-or-nothing war)하는 자세로 싸움에 임 한다는 것을 의미합니다.

등 뒤에 강물이 흐르니 싸움에 져서 죽든지 강물에 빠져 죽든지 죽는 것은 마찬가지이므로, 죽기 아니면 살기로 싸움에 임한 것입니다.

요금관리팀 S등급을 달성(achievement), 하기 위한 염원으로 '배! 수! 진!'으 로 건배하겠습니다. (Bottoms up!)

※ 사기(史記) : 중국 한나라의 사마천이 상고(上古)의 황제로부터 전한(前漢) 무제까지의 역대 왕조 (dynasty,王朝)의 사적을 엮은 역사책. 중국 이십오사의 하나로, 중국 정사(正史)와 **기전체《역사적 인물의 전기(傳記)를 이어 감으로써 한 시대의 역사를 구성하는 기술 방법(method)으로, 사마천의 사기(史記)에서 비롯되었다》**의 효시이며, 사서(史書)로서 높이 평가될 뿐만 아니라 문학적인 가치

도 높다. 130권.

※ 회음후(淮陰侯) : 한신의 고향(one s hometown)인 회음 땅의 귀족(貴族, nobility)이라는 뜻이다.

※ 열전(列傳, series of biographies) 여러 사람의 전기|biography)를 차례(turn)로 벌여 기록(record)한 책.

183. 우리나라 1등 국민기업을 위하여! ^(다 함께)위하여! 위하여! 우리 회사를 위하여! 이익은? ^(다 함께)Maximum! 재해는? Zero!

올해 우리 회사 이익(profit)은 최대화(maxmization)하고, 재해(disaster)는 없애 1등(first-class) 국민기업으로 나가자! 라는 의미임.

184. 노다지(bonanza)

노(ON)는 없습니다. 다만 실행(practice)할 뿐입니다. 지금 함께 실천합시다.(Now let's practice together).

※ 노다지 : 캐내려 하는 광물(mineral)이 많이 묻혀 있는 광맥(lode)이나, 손쉽게 많은 이익(profit)을 얻을 수 있는 일감(a piece of work)을 비유적(figurative)으로 이르는 말이다.

185. 나! 너! 우리를 위하여!

우리 회사 추구(chase)하고 있는 통(通,communication,) 문화 정착(culture settlement) 고객만족경영(customer satisfaction management)을 모토

(motto : 신조, 좌우명)로 최우수 기업을 향한 전력인의 마음을 담고 있으며, 나 자신을 낮추고, 고객을 높이며, 우리가 모두 서로 소통(communication)하는 통문화와 우리 임직원(executives and employees) 모두의 결집(concentration)된 한 뜻으로 우리나라 최우수 기업(The BEST Company) 달성(achievement)을 목표(target)로 하며, ○○년 한 해 경사스러운 일들이 우리 회사가족에게 인산인해(a great crowd)처럼 밀려와 환한 웃음꽃(a cheerful laugh)이 피기를 기원(wish)하는 메시지(message)임.

186. 그런 1등 인사 누가! (다 함께)우리가! 우리가! 우리가!

뿌리(root)가 깊고 크게 자란 거목(great[large/big]tree; gigantic[towering] tree)은 그 나무 자체의 태생적인 강한 유전자(strong gene)의 영향(influence)도 있겠지만. 그들에게 빛(light)을 준 태양(sun), 깊게 뿌리(deep root) 내리게 해준 비옥한 토양(fertile soil) 지속적인 관심(sustained attention)으로 가꾸어 준 따뜻한 손길(warm hand) 등의 외부적 환경(external environment)이 미친 영향 또한, 크다고 할 수 있습니다.

사람도 마찬가지라고 생각합니다. 우리 회사에서 어떻게 인사관리(personnel management)를 하느냐 어떤 방식(method)으로 직원들의 고충(complaint)을 해결(settlement)해 주느냐에 따라 1등(first-class) 회사에 걸맞은 인재(a man of ability)를 키워 나 갈 수 있다고 생각합니다. 그런 신념(faith)을 지니고 일하겠습니다.

우리나라 최고기업(the top company)에 맞는 1등 인사관리를 통해 직원 모두가 최고의 역량(best capacity)을 발휘(display)하고 직원 모두가 행복(happiness)을 추구(pursuit)할 수 있는 인사!

187. 우리나라 최우수 국민기업을 위하여!

올해 사장님의 경영방침(management[business] policy)인 Great Company를 받들어 풍림화산(風林火山) 정신으로 우리나라 최우수 국민기업 달성(achievement)을 위한 건배를 제의하겠습니다.(I'd like to offer a toast)

풍(風)! 풍전등화(a light before the wind) 같았던 글로벌 경제위기(global economic crisis)를 극복(overcome)해 온 50년 전통(tradition)에 빛나는 우리 회사의 저력(potential energy)과!

림(林)! 임전무퇴(knowing no retreat at the battle field)의 각오(preparedness)와 불굴의 정신(indomitable spirit)으로 똘똘 뭉친 2만여 명 직원들의 뜨거운 열정(hot passion)!

화(火)! 화합(harmony)과 소통(communication), 원칙(principle)과 정도(the right path)의 가치(value)를 중시하는 사장님의 탁월한 리더십(excellent leadership)을 모아!

산(山)! 산 정상(the top of the mountain)에 우뚝 서는 그날까지 우리는 전진(advance)한다!

188. 우리나라 국민기업, 세계 초일류 기업을 위하여! (다 함께)위하여!

History flows again 역사는 다시 흐릅니다. 50여 년 전 우리나라 우리 겨레 중흥(restoration)의 큰 의지(big will)를 모아 한성 전기를 세운 그때 그 격변기(rapid change)에는 시대적 사명(mission)이 있었습니다. 다시 오늘날에도 글로벌(global) 경제위기(economic crisis)의 격변(upheaval)이 예고(notice)되고 있으며 최초의 국민기업 전력회사에는 분명한 시대적 사명이 있습니다. 이러한 시대적 요청(demands of the times)에 응해 우리나라 에너지(energy)를 뒷받침(backing)할 국민기업의 의로운 전진(rightful advance)을 위해 내실 성장(profitable growth)을 통한 새로운 도약(new leap)을 위해 우리는 혼신(魂神)의 힘을(with all one's might[strength]) 다할 것입니다.

존경하는 사장님(respectful CEO)을 중심으로 우리 회사 모든 임직원(executives and employees)은 전심전력(wholehearted) 일치단결(union)할 것을 거듭 다짐(pledge)합니다. 그러면 저희 나아갈 길을 인도하시는 사장님께 무한한 존경(infinite respect)을 가득 담아서 건배제의를 하겠습니다. (I'd like to offer a toast) Everyone raise your glasses. 잔을 높이 들어 주시기 바랍니다.

189. 소통으로(communication) ^(다 함께)새 출발 (New Start)!

사람의 몸이 막힘없이 순환(cycle)이 잘되어야 건강하듯 조직도 소통(communication)이 원활해야 건강하게 발전(development)할 수 있습니다.

우리 안의 모든 벽(wall)을 허물고 말이 통하고 생각이 통하고 마음이 통하는 조직을 만들자는 의미.

190. 소통 ^(다 함께)새 출발!

우리 안의 모든 벽(wall)을 허물고 말이 통하고 생각이 통하고 마음이 통하는 조직을 만들자는 의미로 5행시 소통(communication) 새 출발로 건배 제의합니다.(I'd like to propose a toast) 여러분이 앞 글자를 선창해주시기 바랍니다.

소 소리를 크게 내지 않아도 서로의 마음이

통 통하고 이해(understanding)하는데 전혀 어려움이 없어요.

새 새로운 눈(new eye)과 생각(thinking)과 변화(change)된 모습(figure)으로 다가선다면!

출 출렁이는 거친 파도(rough wave)와 예상치 못한 도전(unsuspected challenge)일지라도 **발** 발아래 굽어볼 수 있는 높은 기상(high sprit)과 긍지를 품고 미소(smile)와 양보(concession)와 진심(sincerity)으로 새롭게 출발(new departure)하며 우렁차게 외쳐봅니다.

"GO! Global Top Green & Smart Energy pioneer"

191. 소화제(digestive)

소통(communication)과 화합(harmony)이 제일(the best)이다.

※ 격쟁(擊錚) 조선 시대, 억울한 일이 있는 사람이 임금의 거둥길에 꽹과리를 치는 행위를 이르던 말.

※ 아고라(agora) 고대 그리스의 도시 국가에서 시민들이 모여 다양한 활동을 하는 집회장으로 쓰인 야외 공간(outdoor space)

※ 옴부즈맨 제도(ombudsman制度) 행정부(administration)가 강화되고 행정 기능(administrative function)이 전문화 (specialization)되는 자본주의 국가에서 행정부의 독주를 막기 위해 고안된 행정 통제 제도. 옴부즈맨은 스웨덴의 1809년 헌법(constitution)에서 최초로 창설된 것으로 일반적으로 대리인·대표자를 지칭하는 것이나 보통은 한정적인 개념으로서 '공공기관(행정기관·검찰·법원 등)이 법령상의 책무를 적정하게 수행하고 있는지 여부를 국민을 대신하여 감시하기 위하여 의회(parliament)에 의하여 그 대리인(representative)으로 선출된 자'를 말한다.

192. 전력의 영원한 지존 우리 회사를 위하여!

(다 함께) **위하여! 위하여! 우리 회사를 위하여!**

치열한 에너지환경(fierce energy environment)속에서 50여 년 살아온 우리 회사입니다. 우리 회사의 뿌리(root)는 깊습니다. 뿌리 깊은 나무(the deep rooted tree) 흔들림 없듯 우리 회사도 2백 년, 3백 년 무궁한 발전(eternal prosperous development)을 가져올 것입니다. 아울러(in addition), 에너지 위기를 극복(overcome)하여 영원한 전력의 지존(the most revered)이 되기 위하여 병사지야(兵死地也)의 자세(posture)로 우리나라 최고 국민기업이 되도록 전임직원(executives and employees) 모두가 '중석몰촉(中石沒鏃)하고자 건배를 제의합니다. (I'd like to propose a toast)

※ 병사지야(兵死地也)는 군사병兵, 죽을사死 땅지地 어조사야也자인데 "전쟁이란 사람이 죽는 것이라는 말로, 전쟁은 목숨(life)을 던질 각오(preparedness)를 하고 해야 한다"는 뜻이다 《사기》염파인상여전【조나라 대장군 염파(廉頗)와 상대부 인상여의 이야기】에 나오는 글이다

※ 중석몰촉(中石沒鏃) 돌에 박힌 화살촉(Stone encrusted arrowhead)이라는 뜻으로, 정신(精神)을 집중(集中, concentration)하면 때로는 믿을 수 없을 만한 큰 힘이 나올 수 있음을 이르는 말. 동의어 사석위호(射石爲虎)

193. 올해, 우리는 기업경영의 선봉(vanguard)에 힘차게 설 것을 다짐하며, 대조영 부사장님과 이 자리에 계신 임원님들의 건승(健勝) 하심과 기업고객본부의 무궁한 발전과 모든 본부장 및 괴산지점의 120% 초과달성을 위하여.

오늘 올해 상반기(the first half year) 충북본부, 충남본부, 전북본부, 전남

본부의 경영목표달성(management goals achievement)을 격려(encourage-ment)해 주시기 위해 굳은 날씨(bad weather)에도 이 자리에 함께 해주신 대조영 부사장님, 홍길동 기획본부장님께 깊은 감사(deep appreciation)의 말씀을 드립니다.

우리 기업영업본부 전 직원은 '내실 성장(profitable growth)을 통한 새로운 도약(new leap)'을 위해 이미 (already) 수차례(several times)에 걸쳐 다짐(resolution)하고 치밀한(careful) 영업연속성계획(business continuity plan)을 준비(preparation)하였습니다. 그러나 오늘 이 사리는 여러 임원(executive)님을 모시고, 4개 본부(the head office)에서 영업의 최일선(forefront)에서 매진(dash)하고 계시는 증평지점장과 함께 험난한 격전(fierce battle)이 예상(expectation)되는 올해 상반기(the first six months of this year)를 여의주(a magic stone that bestows omnipotence on him who acquires it)를 물고 승천(ascension)하는 용(dragon)의 기운(strength)과 풍림화산(風林火山)의 자세(position)로 결연한 의지(determined will)를 다시 한 번(once again) 맹세(vow)하는 뜻 깊은 시간(meaningful time)입니다.

194. 황소야! (다 함께)내가~간다!

제 등치나 뚝심 있게 밀어붙이는 추진력(propulsion)을 보고 충북본부 직원들은 '우암산 황소(bull)같다'고 합니다. 그래서 올해 저를 비롯한 여기 계신 모든 분의 힘을 모아 우보만리 우공이산(牛步萬里 愚公移山) 자세(posture)로 1등(first class) 충북본부의 숙원(long-cherished)을 반드시(infallibly) 이룰 것으로 믿습니다. 올해는 1등 충북본부라는 목표(target)를 반드시 달성(achievement)하겠다는 의미로 '황소야 내가 간다'로 건배 제의하겠습니다. (I' d like to offer a toast.)

※ 우보만리(牛步萬里) : 소걸음으로 만 리를 간다

※ 우공이산(愚公移山) : 쉬지 않고 꾸준하게 한 가지 일만 열심히 하면 마침내(at last) 큰일을 이룰 수 있음을 비유(metaphor). 중국의 우공이라는 노인은 두 산에 가로막혀 돌아가야 하는 불편함을 덜고자 온 가족(whole family)을 동원(mobilization)하여 산을 옮기고자 했는데 이를 본 친구가 만류하자 자자손손(descendants) 대를 이어 산을 옮기면 언젠가는(some time or other) 성취(accomplishment) 할 수 있다고 한 이야기에서 유래(origin)했다.

195. 눈빛만으로도 승패를 결정짓는 호랑이의 두 눈과 같이

우리 앞길을 밝혀주실 사장님 이하 전 경영진의 열정을 위하여!
칼날 같은 발톱(blade like claws)으로 먹잇감(prey)을 후려치는
호랑이의 앞발(forefoot)과 같이 경쟁자 (rival)와 세계시장을
압도할 2만여 우리 가족의 도전(Our family's challenge)을 위하여!
마지막 순간(the last moment) 적의 숨통(enemy's breather)을
끊어 놓는 호랑이의 송곳니(cuspid)와 같이
번뜩이는 창의(brilliant originality)로 무장(armament) 한
전략기획팀(Strategic Planning)의 투혼(fighting spirit)을 위하여!

올해 내실 성장(profitable growth)을 통한 새로운 도약(new leap)과 「우리나라 1등(first-class) 국민기업」의 비전(vision)을 달성(achievement)하기 위해 전략기획팀(strategic planning) 45명의 직원은 우리 회사의 정통성(legitimacy)과 지킴이(protector), 미래(future)의 비춤이가 되겠다는 각오(preparedness)를 다지고 있습니다. 동물의 왕(king of the beasts) 호랑이(tiger)같이 호랑이의 3가지 큰 무기(big weapon)인 눈(eye)과 앞발(forefoot)

과 송곳니(cuspid)로 올 한해를 거침없이 호령하겠다는 의지(will)를 담아 3번
의 '위하여'로 건배를 제의하겠습니다. (I'd like to offer a toast)

196. 반구저기(反求諸己)

to reflect and try to find fault in oneself, to seek the cause in oneself.
일이 잘못됐을 때 남을 탓하기보다는 It's my fault 자신에게서 그 원인(origin)
을 찾아 고쳐나가야 한다.

※ 반구저기(反求諸己) 反 : 돌이킬 반, 돌아올 반 求 : 구할 구 諸 : 모두 제, 어조사 저 己 : 몸 기. 본
  래 맹자의 공손추편(맹자의 제자 제나라 출신의 공손추이야기) '發而不中 不怨勝己者 反求諸己而
  己(발이부중 불원승기자 반구저기이이)'에 나오는 글귀(phrase)로서 활(arrow)을 쏘아서 적중하지
  않아도 나를 이기는 자를 원망(reproach)하지 않고 '잘못을 자신(自身)에게서 찾는다'라는 뜻.

197. 줄탁동기(啐啄同機)

혼자가 아닌 모두가 한 몸이 되어 일사불란(well-ordered, thoroughly
consistent, be in perfect[strict] order)하게 나가자.

※ 줄탁동기(啐啄同機) : 송나라 시대 벽암록(碧巖錄,중국 송(宋)나라 때의 불교에 관한 책)의 공안【公
  案 : 선종(禪宗)에서, 조사(祖師, the founder of a religious sect : 어떤 학파를 처음으로 세운 사람)
  가 수행자(disciplinant)를 인도하기 위하여 제시하는 과제】가운데 하나로서 병아리(chick)가 껍질
  (skin)을 쪼는 것을 줄이라 하고 어미닭(hen)이 쪼는 것을 탁이라 하는데 이것이 함께 이루어져야
  부화(incubation)가 가능하다는 비유(metaphor)에서 나온 고사성어. 즉 일이 성사되려면 안팎의 공
  조(mutual assistance)가 필요하다는 뜻.

198. 무신불립(無申不立)

믿음(trust)이 없으면 일어설 수 없다는 뜻으로 사람이 살아가는 데 가장 중요한 미덕(the most important virtue)은 신뢰(confidence)다.

※ 해설 : 우리 회사가 현재의 위기(present crisis)에서 떨쳐 일어날 수 있는 근본적 바탕에는 직원과의 소통(mutual understanding) 그리고 국민과의 신뢰관계(trust relationships) 구축(construction)이 선행(good conduct)되어야 한다는 의미

※ 무신불립(無申不立)《논어(論語)》'안연편(顏淵篇)'에 실린 공자(孔子)의 말에서 비롯되었다. 자공(子貢)이 정치(政治)에 관해 묻자, 공자는 "식량을 풍족하게 하고(足食), 군대를 충분히 하고(足兵), 백성의 믿음을 얻는 일이다(民信)"라고 대답하였다. 자공이 "어쩔 수 없이 한 가지를 포기(abandonment)해야 한다면 무엇을 먼저 해야 합니까?" 하고 묻자 공자는 군대(army)를 포기(renunciation)해야 한다고 답했다. 자공이 다시 나머지 두 가지 가운데 또 하나를 포기(giving up)해야 한다면 무엇을 포기(resignation)해야 하는지 묻자 공자는 식량(food)을 포기(surrender)해야 한다며, "예로부터 사람은 다 죽음(death)을 피할 수 없지만, 백성(the people)의 믿음(trust)이 없이는 (나라가) 서지 못 한다(自古皆有死 民無信不立)"고 대답(reply)했다. 여기에서 정치(politics)나 개인(an individual)의 관계(relation)에서 믿음과 의리(fidelity)의 중요성(importance)을 강조(emphasis)하는 말로 '무신불립(無信不立)'이라는 표현(expression)이 쓰이기 시작(the beginning)하였다.

《삼국지(三國志)》에도 다음과 같은 이야기가 전해진다. 중국 후한(後漢) 말기(the end)의 학자(a scholar)로 북해(北海) 태수【중국이나 우리나라에서 주, 부, 군, 현의 행정 책임을 맡았던 벼슬아치】를 지낸 공융(孔融:153~208)은 조조(曹操:155~220)의 공격(attack)을 받은 서주(徐州) 자사【중국 한나라 때, 지방의 군과 국을 감독(supervision)하기 위하여 각 주에 상주하던 감찰관(supervisor)】도겸(陶謙)을 구하기 위해 유비(劉備:161~223)에게 공손찬(公孫瓚:?~199)의 군사(soldier)를 빌려서 도겸을 도와주게 하였다. 공융은 군사를 가지면 유비의 마음이 변할지도 모른다는 생각에 유비에게 신의(faith)를 잃지 말도록 당부(request)하였다. 그러자(but) 유비는 《논어(論語)》〈안연편(顏淵篇)〉에 실린 공자(孔子:BC 552~BC 479)의 말에 따라 "성인(adult)은 '예부터 내려오면서 누구든지 죽지만 사람은 믿음(trust)이 없으면 살아갈 수 없다[自古皆有死 民無信不立]'고 하였습니다. 저는 군대 (army)를 빌릴지라도 이곳으로 꼭 돌아올 것입니다"라고 대답(reply)했다. 이처럼 '무신불립(無信不立)'은 믿음과 의리(loyalty)가 없으면 개인이나 국가가 존립(existence)하기 어려우므로 신의(faith)를 지켜 서로(each other) 믿고(trust) 의지(support)할 수 있어야 한다는 뜻(meaning)을 나타낸다.

건배사 모음 대백과

199. 일기가성(一氣呵成)

일을 단숨에 몰아쳐서 매끄럽게 이뤄내자는 의미

※ 일기가성(一氣呵成) : 중국 명나라 때 호응린(胡應麟)이 쓴 시론서(詩論書) 《시수(詩藪)》에서 유래 (origin)한 말이다. **호응린은 당나라 시인 두보(杜甫)의 시 등고(登高 : 높은 곳에 오름)에 대하여 "1편 속에 구(句)마다 다 율을 이루고, 구 가운데 자(字)마다 율을 이루어 실로 하나의 뜻으로 관철 (accomplishment)하고 일기가성하였다(一篇之中句句皆律, 一句之中字字皆律, 而實一意貫串, 一 氣呵成)"이라고 평하면서** 이 시를 고금의 7언율시 가운데 으뜸(으뜸의 바로 다음은 버금)이라고 칭송(admiration)하였다. 여기서 유래(origin)하여 일기가성은 '글의 기세가 거침없이 유창하고 처음 과 끝(beginning and end)이 빈틈없이 순리(reasonableness)에 따라 잘 짜여 있다'는 뜻으로 통용 (popular use)되며, 의미를 확장(extension)하여 '일을 단숨에(at a stretch) 매끄럽게 해낸다.'는 의 미로도 사용된다.

200. 거안사위(居安思危)

In peace prepare for war 편안할 때 위태로울 때의 일을 생각하라'는 뜻

※ 거안사위(居安思危) 유래(origin)는 춘추시대 때의 일이다. 정나라는 송나라를 비롯한 12개 연합국 (the allied powers[nations])의 공격(attack)을 받았다. 당황한(disconcerted) 정나라는 12개국 중 에서 가장 큰 진나라에 도움(aid)을 요청(request)했다. 간절한 요청(earnest[desperate] request) 을 진나라가 받아들이자 나머지 11개국이 공격을 중지(stop)했다. 이에 정나라는 진나라에 감사 를 표하기 위해 많은 예물(present)과 가녀(歌女 : 노래를 썩 잘 부르는 여자)들을 보내 주었다. 진왕은 예물을 보자 매우 기뻐하며 그의 공신인 위강에게 말했다. "그대는 수년 동안 나를 위 해 많은 계책(artifice)을 세워 주었소. 그리하여 우리의 국력(the strength of a nation)은 강해지 고 모든 일들은 순조롭게 이루어졌소. 이제 우리 둘 마음껏 함께 즐겨봅시다. 그리고 예물의 반 은 그대에게 주리다." 위강은 왕이 나누어 주는 예물을 받지 않았다. 그리고는 왕에게 한마디 충 간(loyal remonstrance)을 올렸다. "모든 일들이 순조롭게 처리된 것은 대왕의 공로(meritorious deeds[services])이고, 동료(colleague)들이 열심히 협력(cooperation)했기 때문입니다. 소인에게 는 공로(meritorious deeds[services])가 없습니다. 원하옵건데 대왕께서는 나라가 안락(comfort)할

때 국가의 위태로움(precariousness)을 생각하시고(居安思危) 열심히 정사를 돌보십시오." 이때부
터 거안사위(居安思危)는 "편안(safety)할 때 위태로움(precariousness)을 생각한다."는 뜻으로 쓰
이기 시작했다. 유사어(assonant)로는 유비무환(有備無患, In peace prepare for war)이 있다.

201. 우리 회사를 사랑해주시는 4천만 고객과
전력회사의 최강자인 충북본부의 발전 그리고
50여 년 역사의 전통국민기업의 천년만년 번영과 발전을 위하여!
(다 함께)Chung a hug! Chung a hug! Chung a hug!

항상 건배사(toast greetings)를 하고자 하면, 고민(worry)이 생깁니다. 뭔
가 상황(situation)에 맞는 메시지(message)를 전달(communication)해야 하
고, 새로워야 하고, 작년(last year) 본점 식당(the head office restaurant)에
서 있었던 어느 워크숍(workshops) 자리 말미(end)에 사장님께서 하신 'one
shot!'이라는 건배 구호(slogan)가 생각납니다. 그 이후 저는 제 영어로 하는 그
런 건배 구호(cheers slogan)가 있는지 확인을 해볼 생각으로 몇몇 자료를 찾아
보다. 월간조선(2009년 8월호~9월호)에서 우연히(by chance) 하나 발견했습
니다. 역시 'one shot'은 훌륭하고 독창적인 발명품(ingenious invention)이더
군요. 같은 의미. 같은 뉘앙스(nuance)로 영어(속어)로는 Chung a hug(단숨에 들
이키기)이라고 한답니다.

※ 뉘앙스 어떤 말의 소리(sound), 색조(tone), 감정(emotion), 음조(tune) 등에서 기본적인 의미
 (basic meaning) 이외에 문맥(context)에 따라 달리 느껴지는 섬세한 의미(delicate meaning) 차이
 (difference)

※ workshop(워크숍)
 – (참가자가 실습을 행하는) 연수회

  건배사 모음 대백과

– (일반적)연구집회, 토론회, 공동 연구회

※ **symposium(심포지움)**
  – 토론회, 좌담회, 연찬회
  – 전문가 3~6명 강연회, 청중 질의 응답
  – 전문적인 문제

※ 토론회[討論會] 어떤 문제에 대해 옳고 그름을 논의하기 위한 모임

※ 좌담회[座談會] 모여 앉아서 자유롭게 어떤 일에 대한 의견을 주고받는 모음

※ 연찬회[研鑽會] 학문 따위를 깊이 연구하는 모임.

※ **Seminar(세미나)**
  – (대학의)세미나(교수의 지도에 의한 학생 공동연구 그룹)
  – (일반적) 연구집회

※ **Forum(포럼)**
  – (여론 등의) 공개토론회, 사회자의 주제발표
  – (TV 라디오의) 토론프로

※ **panel(패널)** : 배심 토의라고 하는 것으로 특정한 문제(particular problem)를 해결(solution)하거나 해명(explanation)을 하기 위하여 이에 관해 특별히(specially) 관심(interest)이 있거나 정보(information), 경험(experience) 등을 가진 배심원(juryman)을 선출(election)하여 청중(audience) 앞에서 의견(opinion)을 발표(announcement)하고 함께(together) 생각(thinking)하는 공동 토의(joint discussion).

※ 배심원(juryman) : 배심 제도가 있는 나라의 재판(trial)에서, 일정한 수속에 따라 전문 법률가(specialty lawyer)가 아닌 일반 국민 중에서 선출(election)되어 재판(trial)의 기소(prosecution) 또는 심리(inquiry)에 입회(admission) 하고 사실 문제(matter of fact)에 대하여 평결(verdict)을 하는 사람

※ **Round-table discussion : 원탁 토의**

※ **토론**

- 대담([對談, talk, conversation, face-to-face talk) : 두 사람간의 이야기
- 정담(鼎談, dialogue between three people) : 세 사람간의 이야기
- 좌담(座談, discussion) : 넷 이상 사람간의 이야기.

※ **Omnibus식 구성** : 여러 가지 이야기(several stories) 가운데서 동일한 주제(the same theme)를 선별(sorting)하여 서로 다른 주인공(different hero)들의 이야기를 전개(unfolding)하는 구성(composition)

※ **Picaresque식 구성** : 독립된 이야기(Independent story)를 동일 주제(same theme)로 엮어 가거나 동일 주인공(same main character)이 서로 다른 이야기(different story)에 등장(appearance)하는 구성

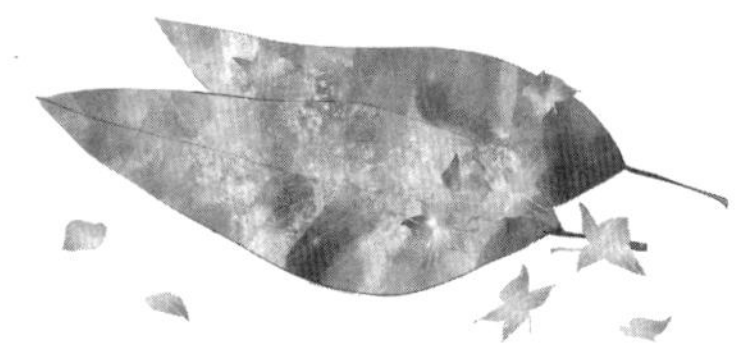

건배사 모음 대백과

04

송별, 송년
&신년 모임

001. 인연(因緣, affinity)

옷깃(collar)만 스쳐도 인연(affinity)입니다. 최소한 65억분의 1의 확률(probability)로 만난 그대와의 인연 정말 섬뜩할(horrifying) 정도의 기적(miracle) 적인 확률입니다. 세상을 살다 보면 그때는 우연(coincidence)이라 여겼는데 지나고 보니 우연이 아닌 필연(inevitability)이었음을 알게 되었습니다. 중요한 것(important factor)은 그 기적같은 인연(relation)을 끝까지 소중하게 지켜가는 것입니다. Let's make a toast 다 같이 건배합시다.

※ 옷깃(collar) : 저고리나 옷 따위의 목(neck) 둘러대어 앞에서 여밀 수 있도록 된 부분

002. 건배(toast,乾杯)!

We never meet without parting 사람은 만나면 헤어진다는 회자정리(會者定離)와 헤어지면 만난다는 거자필반(去者必返)은 동전(coin)의 양면(both faces)이라 생각합니다. 여기 따라진 술(poured wine)은 가신 분에 대한 서글픔(pathetic,애절함), 아쉬움(regret)에 대한 눈물(tear)이고 술잔(goblet)의 남은 공간(remaining space)은 새로 오신 분이 만들어가야 할 희망(desire)입니다. 다 함께 마십시다. (let's all drink together)

※ 회자정리(會者定離)는 We never meet without parting, Those who meet must part, We never meet but we part 불교용어로, 이 세상의 무상(無常,anicca)을 비유(metaphor)한다.

이 말은 부처가 열반(涅槃, Nirvana)에 드실 때 제자(disciple) 아난에게 한 말에서 유래(origin)한다. 부처께서 베사리성의 큰 숲(large forest)에 계실 때 열반에 들 것을 예고(notice)하자 아난존자가 매우 슬퍼(very sad)하였다. 그때(that time) 부처께서는 '인연(relation)으로 이루어진 이 세상 모든 것(everything)들은 빠짐없이 덧없음(無常,transience)으로 귀착(conclusion)한다. 은혜(boon)와 애정(affection)으로 모인 것일지라도 언젠가(someday)는 반드시(infallibly) 이별(farewell)하게 되어 있다. 이 세상의 모든 것(everything)들이 그러하거늘 어찌 근심(worry)하고 슬퍼(sad)하랴.'하고 말씀하셨다. 그래도(and yet) 아난이 계속 눈물(tear)을 흘리자, 부처께서는 '아난아, 근심하거나 슬퍼하지 말라.(Never concerned and grieve) 비록 내가 한 겁≪(劫 인도에서는 범천(梵天)의 하루, 곧 인간계의 4억 3200만년 말하며, **범어로 'Kalpa'로 '겁파(劫波)', '장시(長時)'라고도 말하는데, 헤아릴 수 없는 기하학적인 오랜 시간을 말한다.**≫ 동안이나 머문다 하더라도 결국(After all)은 없어지리니, 인연(affinity)으로 된 모든 것(everything)들의 본바탕(性相)이 그런 것이니라.'라고 위로(consolation)하였다.(大般涅槃經)

만남(meeting)이 있으면 이별(farewell)이 있기 마련이다. 그때마다 '회자정리'를 떠올리고, 다시 '떠난 것은 반드시 돌아온다.' if we reak up, we meet again는 거자필반(去者必反)으로 재회(reunion)를 기약한다.

※ **아난(阿難)** : 석가모니의 십대 제자(disciple) 가운데 한 사람. 십육 나한【羅漢 : 아라한[阿羅漢]의 줄인말(abbreviation). 불제자 중에서 번뇌(Anguish)를 끊어서 인간과 하늘 중생(living things)들로부터 공양(providing with food)을 받을 만한 덕(virtue)을 갖춘 사람을 이르는 말. 이미 생사(life and

death)를 초월(transcendence)하여 더 이상 배울 만한 법도가 없게 된 사람】의 한 명으로 석가모
니의 사촌동생(cousin)이다. 20여 년 간 석가모니를 모셨으며, 석가모니가 열반(nirvana)한 후 경전
【Scriptures, 經典 : 종교(religion)의 교리를 적은 책】을 결집(結集,concentration)하는 일에 중심이
되었고 **여인(woman) 출가(leaving home)의 길(way)을 열었다.**

※ 무명초(無名草) : 이름이 없거나 알려지지 않은 풀(grass). 불교에서 머리카락(hair)을 말함.

※ 불두화(佛頭花) 꽃(flower)이 다 핀 모습이 부처의 머리 모양과 비슷하다는 데에서 붙여진 이름이
며, 백당나무와 비슷하지만 꽃이 모두 무성화(無性花, neuter flower)여서 열매(fruit)를 맺지 않는다
는 점이 다르다.

※ 우담바라(優曇婆羅) : 불교 경전(Buddhist scripture)에 보이는 상상의 꽃(imaginary flower)

※ 탱화(幀畫) : 불교의 신앙 대상(faith destination)이나 내용 (contents)을 그린 그림(drawn painting)

※ 5신채(五辛菜 : 5섯가지 매운 맛나는 채소) : 불교에서 금하는 다섯 가지 채소를 일컫는다. 5훈채
(五葷菜)라고도 부른다. 마늘[大蒜, 대산] · 파[革蔥, 혁총] · 부추[蘭蔥, 난총] · 달래[慈蔥, 자총] ·
무릇[興蕖, 흥거]의 다섯 가지이다. 율장(律藏)에 따르면, 이러한 음식을 공양하면 입 주위에 귀신
이 달라붙는다고 한다.

※ **열반(涅槃)** : 타고 있는 불을 바람이 불어와 꺼 버리듯이, 타오르는 번뇌(anguish)의 불꽃(flame)
을 지혜(wisdom)로 꺼서 일체의 번뇌나 고뇌(anguish)가 소멸(extinction)된 상태(state). '니르바나
(nirvāna)'의 음역어로, 불가(佛家)에서 흔히 수행(penance)에 의해 진리(truth)를 체득(realization)
하여 미혹【迷惑, delusion : 마음이 흐려지도록 무엇에 홀림】과 집착(執着, tenacity)을 끊고 일체의
속박(restraint)에서 해탈(解脫, deliverance)한 최고의 경지(stage)를 이르는 말이다. 〈높여 이르는
말로〉세상을 떠나다.

※ 번뇌(百八煩惱) : 눈, 귀, 코, 혀, 몸, 마음의 6가지 감각기관이 어떤 대상을 만나면 좋고(好), 나쁘고
(惡), 좋음과 나쁨도 아닌 마음(平) 세 가지로 느껴 18가지의 번뇌가 일어나며 여기에 각각 더러움
(染)과 깨끗함(淨)이 있어 36가지의 번뇌(18×2)가 된다. 이를 과거와 현재, 미래 삼세를 계산하여
합하면 108가지의 번뇌가 되는 것입니다.

※ **해탈** : 속박(restraint)이나 번뇌 따위의 굴레(bridle)에서 벗어나 편안한 경지(comfortable state)에 도달(arrival)하게 된다.

※ **집착** : 어떤 일이나 사물에 마음을 쏟아, 버리지 못하고 매달림

003. 고! 감! 사!

서로(mutually) 수고(toil)를 격려(encouragement)하고 위로(solace)하는 자리(position)에서…….

그간 수고(toil)들 많이 하셨습니다.

고맙습니다. 감사합니다. 사랑합니다.

004. 고! 감! 사!

고생하셨습니다. 감사합니다. 사랑합니다.

005. 방기곡경 올 한 해를 보내고! (다 함께)강구연월 새해를 맞이하자.

※ 방기곡경(旁岐曲逕) : '샛길(byway)과 굽은 길(curved[crooked] road)'을 가리키는 말로서 바른 길(the path of righteousness)을 좇아 정당하게 일하지 않고 그릇된 수단(false means)을 써서 억지로(forcibly)하는 일을 비유(metaphor)하는 말로 잘못된 수단(wrong means)으로 일을 처리(disposal)함을 의미.

※ 강구연월(康衢煙月) : 번화한 큰 거리(bustling big street)에 저녁밥(supper) 짓는 연기(smoke)가

달빛(moonlight)을 향해 피어오른다는 뜻으로, 태평성대(peaceful reign)의 평화(平和, peace)스러운 풍경(scene)을 이르는 말. 사회 지도층(Leaders of society)이 요(堯) 임금(king)처럼 신뢰(trust)를 토대(foundation)로 태평성대(peaceful reign)를 열어갈 책임(responsibility)과 의무(duty)를 다해 달라는 뜻.

※ 요순임금 : 요(堯)는 중국의 신화(myth)속 군주(monarch)이다. 중국의 삼황오제【三皇五帝 : 중국의 고대 신화에 등장(appearance)하는 제왕(emperor)들이다】신화 가운데 오제의 하나이다. 다음 대(next generation)의 군주(monarch)인 순(舜)과 함께 성군(聖君)의 대명사(pronoun)로 일컬어지며 '요순'과 같이 함께 묶어 많이 사용한다. 이 말은 주로 뛰어난 군주(excellent monarch)를 찬양(praise)하거나 먼 옛날(In the olden days)의 이상적인 군주(ideal monarch)를 지칭(designation)하는 표현(expression)으로 쓰였다.

006. 아자! 아자! 저무는 한 해는 잊고 다시 시작하자! (다 함께)아저씨!

※ 아자 : 스스로를 혹은 다른 사람(other)을 응원하고 격려(encouragement)할 때 하는 말.

007. 고사리(bracken)

고맙습니다. 사랑합니다. 이해합니다.

※ 고사리 : 고사리과의 양치식물(Pteridium aquilnum var. latiusculum). 고사리는 '**산에서 나는 쇠고기**'(beef)라는 말이 있을 정도로 단백질 함량(protein content)이 높고 칼슘, 칼륨 등 무기질(minerals)도 풍부한 식품(enriched diet)입니다. 주의할 점은 고사리는 반드시 익혀 먹어야 한다는 점입니다. 고사리에는 비타민(vitamins) 파괴(destruction) 성분(component)과 발암물질(carcinogen)이 있다는 연구보고(a research paper)가 있습니다. 하지만 말린 고사리를 불린 뒤 삶거나 볶으면 이런 성분이 모두 제거(removal)됩니다. **제례음식의 삼색나물의 하나로 쓰이는데 뿌리채소(root vegetables)인 도라지(Chinese[broad] bellflower)는 조상(ancestor)을, 줄기채소(Stem vegetables)인 고사리(bracken)는 현세(this world)를 사는 우리(We), 녹색잎 채소(green leafy

         건배사 모음 대백과

vegetables)인 **시금치** (spinach)**는 후손**(descendant)**을 의미한다.**

※ 참고로 제상의과일진설은 조율시이(棗栗柿梨) 왼쪽부터 대추(jujube), 밤(chestnut), 감
(persimmon), 배(pear) 순서(sequence)로 놓는데, 대추(jujube)는 꽃(flower)이 피면 반드시(surely)
열매(fruit)를 맺으므로 자손(descendant)의 번창(prosperity)을 기원(wish)하며 씨(seed)가 하나라
서 왕(king)을 상징(symbol)하고 밤은 땅 속에(in[under] the ground) 심겨진 밤톨(chestnut)이 싹
(bud)을 틔워 낸 후, 자신은 썩지 않고 생밤 그대로 나무뿌리(root of a tree)에 매달려 있다가 밤나
무【신주(神主) : "조상을 잊지 않겠다." 의미로 밤나무로 만듦】가 자라나서 씨앗(seed)을 맺은 후
에야 비로소(for the first time) 본래(originally)의 밤알(chestnut)이 썩게 된다. 따라서(therefore) 조
상(ancestor)에 대한 고마움(gratitude)과 뿌리의식 (Root Consciousness)을 잊지 않기 위함이며
한 송이에 3알이 들어 있어 삼정승, 감은 감의 씨앗을 심으면 감나무(persimmon)가 나는 것이 아
니라 감나무 대신에 열매(fruit)가 작은 고욤나무(lotus-persimmon)가 자라나는 것이다. 이렇게 되
면 3 ~ 5년쯤 후에 고욤나무 줄기(stem)를 잘라 내고 감나무 가지를 고욤나무에 접목(grafting)해
야 비로소 감나무가 되는 것이다. 이렇듯이(like this) '사람의 자식으로 태어났다고 해서 반드시 모
든 사람이 다 사람 노릇을 하는 것은 아니므로, 나무의 생(生) 가지를 칼로 베어서 접을 붙이는 아
픔(pain)을 견뎌 내며, 힘써 가르치고 배워야만 비로소(at last) 올바른 인간(proper human)이 된다.'
는 뜻으로, 자녀 교육(children's education)의 중요성(importance)을 강조(emphasis)하며 씨앗이 6
개 이므로 육판서(六判書)를 의미한다고도 함. 배는 껍질(skin)이 누렇기 때문에 황인종(the yellow
race) 속이 희기 때문에 백의민족(the white-clad race) 및 풍요(richness)를 상징한다는 설(view)
이 있으며 씨가 8개라 8도 관찰사를 의미한다.

008. 껄껄껄

좀 더 사랑할**껄**, 좀 더 즐길**껄**, 좀 더 베풀**껄**.
후회(regret) 없는 우리의 미래(Future)를 위하여 "껄껄껄"

009. 저무는 한 해는 잊고 다시 시작하자 (다 함께)아싸! 좋아! 좋아!

010. 내년에도! (다 함께)행복하게!

Next year is also happy 지난 1년 동안(in the past year) 여러분과 함께 일할 수 있어서 너무 행복했습니다. 부디 내년(next year)에도, 내후년(the year after next)에도 이 행복이 지속되었으면 좋겠습니다. 제가 '내년에도'라고 하면 여러분께서 '행복하게(happily)!'를 외쳐주시기 바랍니다.

011. 파사현정([破邪顯正)

그릇된 것을 깨뜨려 없애고 바른 것을 드러낸다는 뜻

※ **파사현정은 화두선【話頭禪, 간화선 : 하나의 주제를 집중적으로 의심하여 그것을 풀어냄으로써 깨달음을 얻는 수행법】**을 체계화(systematization)한 중국 송나라 대혜선사가 당시 수행자(disciplinant)들이 자신의 스승(teacher)인 원오 극근 선사【禪師 : 선종(禪宗)에서, 참선하여 진리(truth)를 통달한 스님】가 선사들의 법거량【法擧量 : 스승(teacher)과 제자(disciple) 사이에 이루어지던 선문답】을 담아 펴낸 벽암록에만 도취(fascination) 해 "말장난(pun)"을 일삼자 그 목판(woodcut)을 모아 쪼개 불태워버렸다는 불가의 일화(anecdote)에서 나온 얘기이다.

※ 대혜선사 : 문자로서 깨달음(realization을 얻는 문자선, 앉아 있음만으로 선을 삼는 묵조사선, 아무 일 없이 안주하는 무사선의 병폐(ills)에 대응(correspondence)해 화두(topic)를 듣고 나서 좌선(Zen meditation)을 하며 깨달음(realization)을 얻으려는 참선법인 간화선(看話禪)을 주창했다.

※ 참고로 돈오돈수(頓悟頓修)란 '단박에 깨닫고 단박에 닦는 것'이다. 이를테면 단박에 도통해 일대사를 해결해 마친다는 것이다. 돈오점수(頓悟漸修)는 먼저 단박에 깨닫는다는 점에선 같으나 깨닫고 나서도 점차 닦아나간다는 점에서 돈오돈수와 다르다

012. 우리 모두의 건강과 행복과 대박을 위하여!
(다 함께)위하여! 위하여! 위하여!

먼저 올 한 해 동안 저와 함께 일하며 고생하신 여러분 모두에게 진심으로 감사드립니다.(I am really grateful to all of you) 함께 일하며 힘이 되어 준 여러분과 함께한 올 한해는 저에게 행운(luck)과 축복(blessing)이었습니다.

[酒香百里 蘭香千里 人香萬里 ; 주향백리, 난향천리, 인향만리] 술향기는 백 리 가고(酒香百里), 꽃향기는 천 리 가지만(蘭香千里), 사람의 향기(scent)는 만 리까지 간다(人香萬里)는 말처럼 우리 인연(affinity)의 향기(fragrance)도 만 리(long distance)를 갔으면 하는 것이 저의 소망(desire)입니다.

013. 신대방

신년(new year)에는 **대**박 맞고 **방**긋 웃자.

※ 설은 한자로는 신일(愼日)이라고 쓰기도 하는데 "근신하여 경거망동을 삼가한다"는 뜻이다. 조선 시대, 새해를 축하하는 뜻으로 임금이 신하들에게 그림을 나누어 주던 세화(細畵)라는 풍습이 있었 다. 또한 [동국세시기]에 의하면, 나이가 삼재【三災 : 십이지(十二支)로 따지는 불길한 운수. 세계 를 파멸하는 화재(火災), 수재(水災), 풍재(風災)의 세 가지 큰 재난.】에 드는 사람들은 3마리의 매 를 그린 부적을 문설주에 붙인다고 하였다

014. 새롭게 (다 함께)태어나자

과거의 사고(past thinking)와 언행(speech and behavior)을 모두 바꿔 새 롭게 거듭 나겠다는 의지표현(expression of will).

015. 너나 잘해(Just do well yourself!)

너와 나의 잘나가는 새해(new year)를 위하여!

※ 이스라엘의 종교 철학자 마르틴 부버(1878~1965)가 1923년 발표한 '나와 너 (Ich und Du)'라는 책
은 본질적으로 '나와 너'라는 관계 속에서 모든 것이 존재한다고 주장한다. 즉 '나'만 단독으로 있을
수 없다는 것이다. '너' 없이는 진정한 '나'도 있을 수 없고, '너' 역시 '나' 없이 존재할 수 없다.

016. 괄구마광(刮垢磨光)

'때를 벗기고 잘 닦아 빛(light)을 낸다'는 의미의

017. 하얀 마음(white heart) (다 함께)반짝반짝(brilliantly)

흰옷(white clothes)을 매일 빨지 않으면 더러워지듯 새해(new year)엔 항
상(always) 좋은 생각(good idea)으로 가득 채웠으면 하는 바람을 전하는 의미.

018. 오늘을(today)! (다 함께)추억으로(memorially)!

나이 든 사람(oldie)이 젊은 사람(young thing)보다 아름다운 이유(beautiful
reason)가 뭔지 아십니까? 추억(recollection, 追憶)의 개수(the number)가 많
기 때문입니다. 우리 모임이 아름다운 이유가 무엇인지 아십니까? 10년 이상을
만나 오면서 서로(each other) 추억(recollection)할 것이 많기 때문입니다.

오늘 신년회(New Year's party)도 이제 몇 년 후면(in the next couple of

years) 또 아름다운 추억(beautiful memories)으로 남을 것입니다. 오늘을 멋지게 보내서 아름다운 추억(beautiful memories)으로 또 남겨봅시다. 새해(new year) 새날(new day)의 기분(feeling)을 마음껏 즐기시기 바랍니다. 제가 '오늘을'이라고 외치면 여러분은 '추억으로'라고 소리쳐주세요.

※ 무드셀라 증후군(Mood Cela Syndrome) 추억은 항상 아름답다고만 하며 좋은 기억(great memory)만 남겨두려고 하는 증후군. 무드셀라 증후군이 있는 사람의 특징(human characteristics)은 과거의 일을 회상(reminiscence)할 때에는 안 좋은 기억(bad memory)은 빨리 잊고, 좋은 기억만을 남기려 한다.
참고로 조지 버나드쇼는 "무드셀라로 돌아가라"는 작품에서 인간이 지구상에 존재했던 생명체(life) 중 가장 존귀한 존재(noble being)로서 부끄러움이 없을 정도로 성숙해지려면 300년은 살아야할 것이라 했다. 인류역사상(history of mankind) 최장수(the longest living)인 969살까지 산 무드셀라는 이름에 사명(mission)이 담겨 있는 사람으로서 죽다라는 뜻의 무드와 보낸다라는 뜻의 셀라가 합쳐져 '그가 죽을 때 올 것이다'는 의미를 담고 있다. 그리고 그 온다는 것은 바로 노아의 홍수(Noah's flood)였다. 즉, 무드셀라는 홍수 심판(flood judgment)을 막고 있었던 것입니다. 이것이 그로 하여금 969세를 살게 한 의미이며 그가 죽을 때에 홍수 (inundation)가 시작되었습니다. 이것은 다시 말하면 사명(mission)이 있는 한 죽지 않는다는 뜻입니다.

019. 이 마음(this mind)! (이대로) (다 함께)영원히(forever)!

연말연시(year-end and New Year′s[the beginning of the year]) 등 모임(meeting)이 화기애애(harmonious)할 때.

020. 가는 년(年)과 (다 함께)오는 년(年)을 위하여!

speed the old year and greet the new year

021. 가는 년 오는 년 (다 함께)이런저런 년을 위하여!

this year new year this and that year

022. 새벽정신(dawn mind)

새해(new year)에는 21회의 비약적(rapid)인 발전(development) 을 위하여
벽력(霹靂=벼락(thunderbolt))같은 기상(氣像, spirit)을 떨치며
정성을 다 바쳐서
신세계(new world)를 열어갑시다!

023. 쎄쎄쎄

참으세, 베푸세, 즐기세.

※ 쎄쎄쎄는 일본어 'せっせっせ(쎄쎄쎄)' 로서 놀이, 게임 등의 준비동작'이라는 뜻이다. 두 사람이
   서로 손을 잡고 놀이를 하기 위해 위아래로 흔들며 속도조절을 하는 것이다.

024. 변 사또

변함없는 사랑(Unending Love)으로 또 만납시다.(Let's meet again)

※ 춘향전 : 남원 사또의 아들(the son of a local governor)인 이몽룡은 광한루에 산책(stroll)을 나갔
   다가 퇴기(退妓, retired king) 월매의 딸(daughter) 춘향이 그네(swing) 뛰는 모습(figure)에 반한다.
   둘은 이내 장래(future)를 약속(promise)하지만 몽룡은 한양(capital)으로 가는 아버지(father)를 따

라 춘향을 떠나며 재회(meeting again)를 약속한다. 몽룡의 아버지(father)의 뒤를 이어 남원에 사
또(governor)로 부임한(en poste) 변학도는 춘향을 자기의 첩(concubine)으로 삼기 위해 수청(bed
service)을 들것을 강요(demand)하지만, 춘향은 모진 고문(high torture)에도 불구하고 이를 거부
(rejection)한다. 이 때 과거(the civil service examination)에서 장원(passing a examination first
on the list) 급제한 몽룡이 남원에 도착(arrival)하여 변사또를 몰아내고 춘향을 구하고, 둘은 재회
(reunion)의 기쁨(delight)을 나누는 것이 작품의 줄거리다. 춘향전은 19세기 러시아에서 조선어를
공부하는 교재로 사용(used to be a textbook study)됐으며 안무가(choreographer) 미하일 포킨은
발레 '사랑과 시련(love and trials)'의 소재로 활용(material utilization)했으며 이해조의 옥중화는 이
작품을 개작한 신소설(modified new novel)이다.

025. 쾌도난마(快刀亂麻)

잘 드는 칼(harp knife)이 마구 헝클어진 삼 가닥을 자른다는 뜻으로 한해
다사다난(eventfulness)했던 일들 중 답답했던 일들 새해(the New Year)에 속
시원히 정리(arrangement)하고 해결(solution)하자는 의미.

※ 쾌도난마(快刀亂麻) : 중국 남북조시대 북제(北齊)를 세운 고양(高洋)의 일화(anecdote)에서 유래
(origin)된 고사성어다. 북제서의 '문선제기(文宣帝紀)'에 따르면 동위(東魏) 효정제 때 승상(a prime
minister)이었던 고환에게는 여러 명(several people)의 아들(son)이 있었다. 어느 날(one day) 고
환이 아들들의 능력(ability)을 시험(test)하기 위해 어지럽게 얽히고 설킨 삼실(hemp thread)을 하
나씩 나눠주고 풀어보라고 한다.
다른 아들(other son)들은 얽혀있는 삼실(hemp yarn)을 한 가닥씩 풀어내느라 안간힘을 썼는데 **둘
째 아들(second son)인 고양은 칼을 뽑아 단번에 실타래(skein)를 잘라 버리면서 "어지러운 것은
베어 버려야 한다"고 말한 데서 나온 말이다.**

026. 주일무적(主一無適)

새해에는(the New Year) 마음을 한 군데 집중(concentration)하여 잡념(idle thoughts)을 없애고 인생(life)의 큰 점(big dot)과 획(stroke)을 긋자는 의미.

※ 주일무적(主一無適) : 성리학에서, 경을 풀이한 말. 정이가 주창(advocacy)하고 주희가 이어받은 풀이로서, 정신(mind)을 집중하여 외물(外物)에 마음을 두지 않음을 뜻한다.

※ 성리학(性理學) : 중국 남송(南宋)의 주희(朱熹)가 집대성한 유학의 한 파. 이기설(理氣說)과 심성론(心性論)에 입각하여 격물치지(格物致知 : gaining knowledge by the study of things)를 중시하는 실천 도덕(practical morality)과 인격(personality)과 학문(study)의 성취(accomplishment)를 역설(paradox)하였다

※ 격물치지(格物致知) : gaining knowledge by the study of things 모든 사물의 이치(truth in all things)를 끝까지 파고들어 앎에 이름

027. 일도양단(一刀兩斷)

칼(knife)로 무엇을 단번에(at a stroke) 쳐서 두 토막(mutilation)을 낸다는 뜻으로 새해에는(in the New Year) 환골탈태(換骨奪胎, adaptation)까지는 못하더라도 술(wine), 담배(tobacco) 등 해(harm)가 되는 것을 단칼에(with one stroke) 끊어 건강(health)을 챙기자는 의미

※ 일도양단(一刀兩斷) : 서한 초, 한신(韓信)이 제왕(emperor)으로 봉해진 후, 승상(오늘날 국무총리) 소하(蕭何)는 한신의 병권(military power)이 너무 커져 왕족(royalty) 류씨의 천하(the whole country)를 위협(menace)할 것을 염려(worry)하여 번쾌(樊噲)를 찾아가서 의논(consultation)하였다. 이에 번쾌는 의기양양(triumphant)해하면서 말하기를 자기가 항우(項羽)를 물리치고 주군(one's lord) 유방(刘邦 : 중국 한나라 초대왕)을 보호(protection)해 주었다고 자랑(boast)하며 한 두 사람(one or two people)으로도 단칼에(with one stroke of the sword[knife]) 한신을 두 토막(two cuts)

을 낼 수 있다고 큰 소리(loud[big] voice) 쳤다는데서 유래(origin)되었다.

※ 환골탈태(adaptation; modification; recasting, **換骨奪胎**) 낡은 제도(outworn institutions)나 관습 (custom) 따위를 고쳐 모습(form)이나 상태(state)가 새롭게 바뀐 것을 비유적(metaphorical)으로 이르는 말, 낡은 제도(old system)나 관습(convention) 따위를 고쳐 모습(form)이나 상태state)가 새 롭게 바뀌다.

028. 아저씨(uncle)!

아자 아자! **저**무는 한 해는 잊고 다시 **시**작하자.(The year is forgotten and let's start again)

※ 아저씨는 2010년 인기(popularity)를 끌었던 동명의 영화 '아저씨' 패러디(parody)한 것으로 영 화 아저씨(uncle)의 줄거리(summary)는 한순간(as slick as nothing at all)에 모든 것(everything) 을 잃고 혼자(alone) 외롭게 살아가는 전 특수요원 (Special Agent) 태식(원빈) 전당포(pawnshop) 를 하는 그에게 옆집(next door) 소녀(girl) 소미(김새론)가 찾아와 비슷한 점(similarity)이 있는 두 사 람 간의(between two people) 사이에 태식과 소미는 마음을 여는 친구(friend)가 됩니다. 하지만 (but) 소미가 사라지고. 소미를 찾아, 위험(danger)에서 지켜내기 위해 태식은 범죄조직(criminal organization)에 홀로 추적(trace)하면서 고군분투(fight alone)하는 내용(contents)이다.

029. **뭉쳐야** (다 함께)**산다.**

United we stand, divided we fall 뭉치면 살고 흩어지면 죽는다는 뜻으 로 다음 해(the next year) 성장(growth)을 목표(target)로 새해(new year)에 대한 다짐(pledge)을 공유(joint ownership)할 수 있는 기업 모임(Corporate Meeting)에서.

※ 이승만 대통령(president)이 했던 유명한 말(popular saying) 중에 United we stand, divided we fall 뭉치면 살고 흩어지면 죽는다는 말이 있다. 이승만은 독립운동가(independence activist) · 정치가(statesman), 초대대통령(the first President /1875~1965). 호는 우남(雩南). 개화 운동(enlightenment exercise)에 투신(drown oneself)하여 독립 협회(The Independent Association)의 간부(executive)로 활약(activity)하다가 투옥(imprisonment)되었다. 이후(henceforward) 미국으로 가서 독립운동(an independence movement)을 하였으며 상하이 임시정부(an interim government) 대통령을 지냈다. 1945년 3월부터 시작된 미 · 소 공동위원회가 결렬(rupture) 되자 1946년 6월 **전라북도 정읍에서 남한 단독정부**(separate government) **수립계획**(establishment plan)**을 발표**(announcement)**한 이른바 '정읍 발언**(utterance)**'으로 국내외**(domestic and foreign) **에 큰 충격**(great shock)**을 던졌으며,** 자신의 단독정부수립(separate government establishment) 계획(plan)에 대한 미국의 지지(support)를 호소(appeal)했다. 1953년 미국의 전쟁처리(war processing) 방식(method)에 반발(backlash), **국제연합군**(the United Nations forces) **동의**(consent)**없이 반공 포로**(anticommunist prisoner of war)**를 석방**(release)**함으로써 세계를 놀라게 하기도 했다.** 1954년 초대 대통령(the first President)에 대한 연임제한(reappointment restriction)을 철폐(abolition)하는 것을 주요 내용(main contents)으로 하는 사사오입(round) 개헌(constitutional amendment)을 강행(enforcement)했고, 1956년 대통령선거(presidential election)에서 제3대 대통령에 당선(election)되었다. 1960년 3월 15일 이기붕을 부통령(vice-president)으로 당선(election)시키려는 대대적 부정선거(extensive rigged[fraudulent] election)로 그는 비록 제4대 대통령(President)에 당선(election)되었지만, 이 부정선거(a rigged[fraudulent] election)에 대한 국민적 저항(National resistance)이 원인(cause)이 되어 4 · 19혁명 (revolution)이 일어나자 대통령직(presidency)을 사임(resignation)했다. 이후(after this) 하와이로 망명(exile)했으며, 망명생활(living in exile) 중 사망(death)했다. 유해(remains)는 국립묘지(the National Cemetery)에 안장(burial)되었다. 저서(book)로 〈독립정신〉 · 〈일본내막기〉(영문) 등이 있다.

030. 소중한 인연(Precious relations)을 위하여!

우리 회사의 새로운 미래(new future)와 여기 함께 자리한 모든 분(everybody)과의 소중한(valuable) 인연【nidana(불교)】을 위하여.

031. 무화과(fig, 無花果)!

무척이나 화려했던 과거(very colourful past)를 위하여.

건배(toast) 제의자(proposer)가 무척이나 화려(splendor)했던 과거(the past)를 위하여 하면 다 함께(All together) 무화과로 화답(response).

※ 無花果(Ficus carica, 일명 은서화) 뽕나무과의 낙엽활엽관목(떨기나무). 꽃(flower)이 작고 배꼽 (navel)에 붙어 있어 눈으로 잘 보이지 않았기 때문에 중국에서 무화과(無花菓, 은서화)라 부른 데 서 연유(origin)하였고 펙틴(pectin)이라는 식물성 섬유(vegetable fiber)가 들어 있는데, 장의 작 용(function)을 활발하게(lively)하여 변비(costiveness)와 치질(hemorrhoids)의 특효약(specific remedy)이다.

동의보감에서도 매우 소중히 다뤄진 열매(fruit)다. 혈압(blood pressure) 강화, 건위(健胃 : 위를 튼튼 하게 함), 자양([滋養 : 몸의 영양을 좋게 함), 변비(constipation), 간장염(inflammation of the liver), 암(cancer), 부인병(women′s diseases), 활력(vitality) 회복(recovery)등에 좋다. 또 본초강목에 는 장의 작용(Intestinal function)을 원활smoothness)하게 해주고 인후통(sore throat)을 낫게 한 다고 쓰여 있으며 소염작용(anti-inflammatory action), 구충약(parasiticide)과 황달(jaundice)에 도 쓰였다. 특히 무화과는 재배과수(ruit-growing) 서는 세계에서(in the world) 최고의 역사(best history)를 가졌다. 무화과 열매와 다른 채소(other vegetable)를 섞어 만두(dumpling)를 만들어 수 라상(a royal table : 12첩 반상)에 올려 졌는데, 그 모양새(shape)가 꽃(flower)처럼 예뻐서 꽃 주머 니(flower bag)라는 이름이 붙여졌다. 무화과 잎(leaf)은 아담과 이브가 놀이동산(an amusement park)에서 처음 만들어 입은 옷(clothes)이기도 하다. 연암 박지원은 무화과를 처음 보고는 '열하 일기≪熱河日記 : 조선 시대, 1780년에 연암 박지원이 중국 청나라에서 온 사신(envoy)을 따라 열 하에 다녀온 감상(feelings)을 적은 기록(record), 26권 10책이다≫'에 꽃이 피지 않고도(無花) 열매 (果)를 맺는 이상한 나무 한 그루를 보았다는 기록(record)을 남겼다.

032. 다시 만나요(Let′s meet again)

(다 함께)좋아(good) 좋아(good) 좋아요(good).

헤어짐을 아쉬워하고 언젠가(someday) 좋은 모습(good figure)으로 다시 뵐 것을 기약(promise)하자는 의미.

033. 우리 모두의 뜨거운 밤(Hot night)을 위하여!
(다 함께)위하여! 위하여! 우리를 위하여!

시인 안도현님의 '너에게 묻는다 (Ask To You)'는 시가 있습니다. '연탄재 함부로 발로 차지 마라 / 너는 누구에게 / 한 번이라도 뜨거운 사람이었느냐?' 짧지만 정말 많은 의미를 부여하는 시구입니다. 올해는 저 자신이 회사에, 그리고 우리 직원들에게 뜨거운 사람(hot man)이 되고 싶습니다. 그런 뜨거운 마음(hot hearts)을 이 잔에 가득 담아 건배 제의하도록 하겠습니다.(I'd like to offer a toast)

※ 해설: 회사발전(corporate development)에 최선을 다하고(doing everything possible), 직원 상호 간에(mutually) 도움과 힘(help and strength)이 되고자 함.

※ **안도현(安度眩)** : 1961년 12월 15일 경상북도 예천에서 태어나 원광대 국문과(the Korean literature course) 입학(admission) 이후 전북에서 살고 있다. 원광대학교에서 국어국문학(the Korean literature department)을 전공(major)했으며, 1981년 대구매일신문 신춘문예(the annual spring literary contest)에 시 〈낙동강〉이 당선(election)되어 문단(literary circles)에 나왔다. 1998년 제13회 소월시문학상 대상(grand prize)과 2002년 노작문학상을 수상했다. 2007년 현재 '시힘' 동인으로 활동(activity) 하고 있으며, 우석대학교 문예창작학 교수(professor)로 재직 중(be in office)이다. **수박향(Watermelon scent)이 나는 은어(sweet fish)와 같은 회귀어(return fish)인 연어(salmon)들이 번식(propagation)을 위해서 바다(ocean)에서 강(river)으로 가는 과정(process)을 배경(background)으로 사회(society)를 비평(criticism)한 〈연어〉의 작가(writer)이기도 하다.**

034. 그랜! (다 함께)**다이져!**

그래! 이젠 다이져(다 잊어)! 한 해(과거)의 모든 나쁜 일(bad thing, 기억)들은 모두 잊어버리고 새롭게 시작하자(Let's start a new)는 의미임.

035. 이 자리에 참석한 모든 분의 행복과 건강을 기원하며 즐겁고 멋진 밤을 위하여! (다 함께)위하여! 위하여! 우리 괴산지점을 위하여!

같은 직장(the same workshop)내에서 함께 일하여 서로에게(at each other) 힘이 되어 주었던 여러분! 그 자체가 이른 아침 이슬(morning dew)처럼 내게 찾아온 인연【relation, nidana(불교)】이 아닌가 하는 생각을 해봅니다. 평범하지만 소중한 일상(dear daily), 그 안에서 무언가가 되기보다 항상(always) 고마움(gratitude)을 느끼게 하는 존재(existence)가 되고 싶습니다. 이러한 인연(affinity)이 언제까지나(for any length of time) 영원토록(forever) 함께하길 기원하면서 이 잔에 가득 담아 건배 제의를 하겠습니다.(I'd like to offer a toast)

※ 최선을 다해 사는 사람들의 중요성(importance)을 인식(realization)하고, 우리라는 일체감(sense of unity)을 통해 전력인의 사명감(sense of duty)을 돈독히 하고자 함.

036. 선배는(senior) (다 함께)끌어주고, 후배는(younger men) (다 함께)밀어주고, 스트레스(stress)는 (다 함께)날리고

모두 술잔(winecup)을 채워주시기 바랍니다. 우리 직장 내 주요 화두(main

topic) 중 하나인 조직 갈등(organizational conflict)의 문제(problem)가 있습니다. 서로 조금만(To a small extent) 이해하여 조직 갈등이 없는 직장(work place)을 만들어 가자는 의미에서 오늘의 건배사(toast greetings)는 제가 "선배(senior)는" 선창하면 선배님은 "끌어주고" 후창하시고, 제가 "후배(younger men)는" 선창하면 후배님은 "밀어주고" 후창하시고, 제가 "스트레스(stress)는" 하면 다 같이 "날리고" 하고 힘차게 후창하시기 바랍니다.

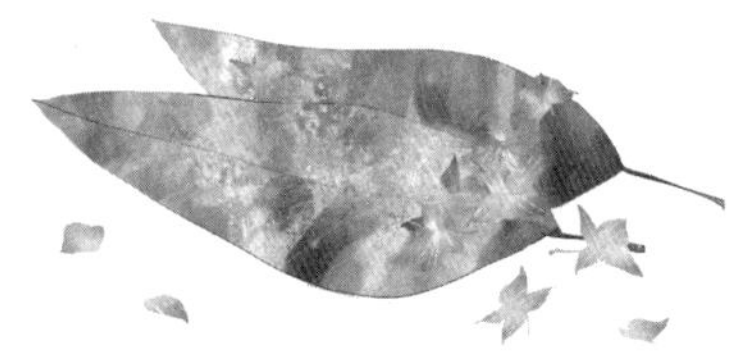

건배사 모음 대백과

05

고객감동

001. 고객은 항상(다 함께) 옳다!

The custom is always right 고객(customer)과 논쟁(dispute)하지 말고, 고객을 이기려 들지 말고, 고객을 가르치려 들지 말고, 항상(always) 고객이 승리자(winner)가 될 수 있도록 도와주는 역할(role)을 하자는 의미.

002. 마음을! (다 함께)훔치자!

'고객의 마음(customer's mind)을 알자'는 취지(purpose)로 고객이 갈망(ardent wish)하는 욕구(needs)를 찾는 것이 무엇보다(above all) 중요하며 인사(salute)하고 대화(conversation)하고 칭찬(praise)하자.

003. **마음(mind)!** (다 함께) **도둑(thief)!**

마음껏 고객의 마음(the customer's mind)을 훔치자.

004. **부자유친(父子有親)**

부드럽고 자상하고 유연하고 친절하게.

※ 三綱五倫(삼강오륜) : 유교 도덕(morals)의 기본(basis)이 되는 3가지 강령【platform : 정당(political party)이나 노동조합(labor union)과 같은 단체(Groups like)의 기본입장(basics stance), 방침(policy), 규범(model) 등을 밝히거나, 어떤 운동(get any exercise)의 순서(order)나 전략(strategy) 따위를 요약(summary)하여 널서(enumeration)한 깃】과 사람이 항상(always) 행해야 할 5가지 실천 덕목(practice virtue)【타고난 천성(be bred in the bone)으로 간주(regard)여 추구(pursuit)하고 실천(practice)해야 할 가치 항목(item)】

三綱(삼강) : 父爲子綱(부위자강) 아들(son)은 아버지(father)를 섬기는 것이 근본(root)이고, 君爲臣綱(군위신강) 신하(subject)는 임금(monarch)을 섬기는 것이 근본이고, 夫爲婦綱(부위부강) 아내(wife)는 남편(husband)을 섬기는 것이 근본이다.五倫(오륜) : 君臣有義(군신유의) 임금(king)과 신하(retainer)는 의리(loyalty)가 있어야 하고, 父子有親(부자유친) 아버지와 아들은 친함이 있어야 하며, 夫婦有別(부부유별) 남편과 아내는 분별(division)이 있어야 하며, 長幼有序(장유유서) 어른(adult)과 어린이(child)는 차례(order)가 있어야 하고, 朋友有信(붕우유신) 벗(friend)과 벗은 믿음(trust)이 있어야 한다.

005. **눈송이처럼!** (다 함께) **달려 나가자!**

'눈송이처럼 너에게 가고 싶다.(I want to go to you like a snowflake.)머뭇거리지 말고, 서성대지 말고, 숨기지 말고, 그냥 네 하얀 생애 속에 뛰어들어 따스한 겨울이 되고 싶다. 천 년 백설이 되고 싶다.(Thousand years of snow would want to be)'

　우리도 눈송이처럼 이 겨울 지친 사람들(weary people)에게 달려가 따뜻함을 나누는 사람이 됐으면 좋겠습니다. 뜻밖의 행운(dumb luck)이 되었으면 좋겠습니다. 그런 마음으로 제가 '눈송이처럼'이라고 외치면 다 함께 '달려가자(Let's run)'라고 크게 화답하여 주시기 바랍니다.

※ 문정희(文貞姬, 1947년 5월 25일~)는 대한민국의 시인 (poetress)이다. 동국대학교 국어국문학과를 졸업(graduation)했으며, 같은 대학교 대학원(a graduate school)을 졸업했다. 서울여자대학교 대학원에서 문학박사 학위(Doctorate Degree of Literature)를 받았다. 1969년에《월간문학》신인상에 당선되어 문단(literary circles)에 등단(start)했다. 현재 동국대학교 문예창작학과 겸임 교수(adjunct professor)로 재직(hold office) 중 이다.

006. 적선여경(積善餘慶)

　착한 일(good thing)을 많이 한 결과(result)로 경사스럽고 복된 일이 자손(descendant)에까지 미친다. 즉 집안에 경사가 있다는 (The family has an occasion to celebrate)의미. 〈주역〉의 〈문언전〉에 나오는 말이다.

※ 주역 : 주나라 사람이 간단하게 8괘로 점을 치는 책이라 해서 주역이라 했으며 역경〈易經〉이라고도 한다. 〈경經〉·〈전傳〉의 두 부분(two parts)을 포함(inclusion)하며 대략 2만 4,000자이다. 주(周)의 문왕이 지었다고 전해진다. 괘(卦)·효(爻)의 2가지 부호(mark)를 중첩(one above another)하여 이루어진 64괘(천지간의 변화를 나타내고 길흉을 판단하는 것)·384효(괘를 나타내는 가로로 그은 획), 괘사(卦辭 : 문왕과 주공이 역의 괘와 효의 아래에 써넣은 설명), 효사(爻辭 : 괘를 이루는 각 효에 대하여 설명한 말)로 구성되어 있는데, 괘상(卦象 : 길흉이 나타나는 모양을 이르는 말)에 따라 **길흉화복을 점쳤다**(tell fortunes)

※ 8괘 : 건곤감리 진태손간【乾坤坎離震兌巽艮】하늘(sky)과 땅(earth)·물(water)·불(fire)·바람(wind)·산 (mountain)·우뢰(thunder)·연못(pond)을 상징(symbol)하는 여덟 가지 자연현상

　　　　　　　　　　　　　　　　　　　　　　　　건배사 모음 대백과

(natural phenomenon)을 가리키는 것

※ 문언전(文言傳)은 64괘(천지간의 변화를 나타내고 길흉을 판단하는 것) 중에서 하늘 건(乾, heaven), 땅 곤(坤, earth) 두 괘에 대하여 설명(explanation)한 것이다. 공자가 건곤은 역경〈易經〉의 文이라고 말한 데에서 알 수 있다.

※ **참고로 화양구곡, 쌍곡구곡, 갈론구곡의 구곡(九曲), 통일신라시대의 구주(九州) 오소경(五小京)은 주역(周易) 구오(九五)의 원리(principle)를 적용(application)한 것이다.** 九五란 만물(all things)이 각각 그 기능(function)과 역할(role)을 원만하고 활발하게 작용하여, 천하(the world)를 으뜸(the first)으로 잘 다스려지게 하는 상황(conditions)을 표현(expression)한 괘(卦)이다. 자연에 구곡을 설정(establishment)한 것은 순리대로(in a rational manner) 원만하게 천하(the whole country)가 으뜸(the best)으로 잘 다스려지기를 기원(supplication)하는 천하관(天下觀)과 정치관(政治觀)의 자연(nature)에 의한 표현(expression)이다. **우리나라의 구곡은 주역의 구오의 원리(principle)에 근거(ground)하여 완성(completion)한 주자(**주희(朱熹, 1130~1200) : 중국 남송(南宋) 때의 유학자로 주자학을 집대성(achieving a synthesis)하여 중국 사상계(the thinking world)에 가장 큰 영향(the biggest impact)을 미쳤다. 자는 원회(元晦)·중회(仲晦), 호는 회암(晦庵)·회옹(晦翁)·운곡노인(雲谷老人)·둔옹(遯翁). 존칭(honorific title)하여 주자(朱子)라고 한다.**)의 무이구곡(武夷九曲)을 모방(imitation)한 것이다.**

007. 우리는! (다 함께)**개고생! 언제나! (다 함께)개고생!**

개인 고객(private client)을 생명(life)처럼 항상 소중히 여기고 항상(always) 고객(customer)을 생각하겠습니다.

008. **솔루션파트너** (다 함께)**봉사파트**

고객의 미래(customer's future) 남보다 '먼저(first)' 준비(preparation)하

고, 고객의 고민(customer's worry)을 남보다 '빨리(fast)' 해결(solution)하며, 고객의 필요(customer needs)를 남보다 '자주(often)' 확인(confirmation)하자는 의미

009. 쓰리(three)! (다 함께)고(go)!

고객의(of the customer), 고객에 의한(by the customer), 고객을 위한(for the customer) 배두전력이 되자.

010. 쓰리! (다 함께)고! 고! 고!

고객 증대(customer Increase), 고객 만족(customer satisfaction), 고객관계관리(customer relationship management)를 위하여.

011. 투고(Two Go)! (다 함께)투 고! 고!

고객입장(customer stance)에서 생각(think)하고 고객중심(customer centric)으로 행동(action)하자.

012. 고진감래

고객(customer)을 진심으로 대하면 감동(emotion)으로 돌아온다.

※ 고진감래(Sweet after bitter, Pleasure follows pain, 苦盡甘來)] 쓸 고/다할 진/달 감/올 래(내)쓴
것이 다하면 단 것이 온다는 말로, 고생(pains) 끝에는 그 보람으로(worth) 즐거움(pleasure)이 있
게 된다는 뜻이다. 苦盡甘來(고진감래) ⇔ 흥진비래[興盡悲來] 즐거움(pleasure)이 다하면 슬픔
(sorrow)이 닥쳐온다. **〈논어〉에서 공자가 '고진감래'라는 말을 사용했는데, 쓴 것이 다하면 단 것
이 온다는 뜻.** 옛 중국에 가난한 농부(poor farmer)가 있었는데, 이 농부는 너무 가난해 공부를 하
고 싶어도 필기구(writing instrument)조차 살 수 없는 형편(living conditions)이었다. 하지만 이 농
부(farmer)는 좌절(discouragement)하지 않고 숯(charcoal)을 연필(pencil)로, 나뭇잎(leaf)을 종이
(paper) 삼아 열심히(hard) 공부(study)했다. 그 결과(result) 농부(farmer)는 크게 성공(big success)
했다. 이 가난한 농부((poor farmer)가 바로 중국 문학사(history of literature)에 빠지지 않는 도종의
다. 고진감래는 이 이야기에서 비롯됐다.

참고사항

題畵墨梅(제화묵매)—陶從儀(도종의, 元 · 明)
明月孤山處士家(명월고산처사가),
湖光寒浸玉橫斜(호광한침옥횡사).
似將篆籀縱橫筆(사장전주종횡필),
鐵線圈成個個花(철선권성개개화).
매화 그림에 부쳐
밝은 달은 고산처사(孤山處士 − 임포) 집에 비치고
호수 물빛 시원스레 매화나무 가지 적시네.
전서로 쓴 글씨는 종횡무진 활달한 글씨
송이송이 매화꽃은 철선으로 그렸구나.

※ 고산처사(孤山處士) : 북송(北宋) 때의 시인 임포(林逋)는 서호(西湖)의 고산(孤山)에 은거
(retirement)하면서 평생(lifetime) 벼슬(government post)을 하지 않았다.

※ 옥횡사(玉橫斜) : 매화의 이칭. 구부러진 가지의 옥. 玉橫斜는 구부러진 가지(branch)에 핀 꽃
(bloomed flower)이 아름답다는 점(pretty features)에 착안(conception)한 이름(name)이다.

013. 4천만 고객님들의 건강과 행복을 (다 함께)위하여!

우리나라 민족전력의 정통성(legitimacy)을 이어받은 전력회사(electric power company)로서 역사(history)와 전통(tradition)에 빛나고 민족(nation)의 정기(spirit)를 계승(succession)한 자랑스러운 우리 회사(our company)에 몸담고 있는 2만여 명의 전력인이여.

지금(this time) 우리는 창립자(the founder) 고종황제 (emperor)의 뜻을 오늘(today)에 되살려 우리나라 전력산업(electric power industry)의 기본원칙(basic principles)에 충실(faithfulness)한 정도 영업(正道 營業, right path business)의 문화(culture)를 정착(settlement)시키고 이 사회(society)에 최후의 보루(the last bastion)는 전력인이라는 명예(honor)를 굳게 세워 지켜나가며 고객행복(customer happiness)과 국가발전(national development)에 공헌(contribution)함은 물론(of course) 우리나라 국민기업을 넘어 전력인의 자존심(pride)을 천하(the world)에 세우고 우리의 위상(status)을 전 세계(all the world)에 드높이기 위해 이 자리(position)에 모였습니다.

오늘 회사경영(company management)에 있어 풍림화산(風林火山)의 본(本)을 보여 주시며 진정 이 시대(this age)가 지녀야 할 가치관(one′s values)을 정립(establishment)하고 이 시대(this time)가 나아가야 할 방침(policy)을 제시(presentation)하며 도도히 흐르는 강물(like a lazy flowing river)처럼 소리 없이(noiselessly) 세상을 움직이고 계시는 이 시대(this era)가 낳은 진정한 Best CEO(chief executive officer 최고 경영자), 이 시대를 빛낸 위대한 큰 바위 얼굴, 홍길동 사장님과 좌청룡 우백호의 역할(part)을 충실히(faithfully) 수행(fulfill)하고 계시는 손문 부사장님(vice president)을 비롯한 임직원(executives and employees)들, 그리고 신라 화랑 관청의 기개(mettle)와 백제장군 계백의 충절(loyalty)로 무장(arms)해 죽기를 각오(preparedness)

하고 충성을 맹세(oath)하며 선발제인의 자세(posture)로 영업전선(Business front) 선봉(vanguard)에 기꺼이 선 본부장님들(division chiefs), 또한, 우리를 믿고 감싸며 사랑(love)으로 보살펴 주시는 정말 고마우신 4천만 고객님들의 건강(health)과 행복(happiness)을 위해 신의 가호(divine protection)가 영원무궁(eternity)하길.

※ 화랑((花郞) : 신라의 청소년 심신수련 조직(youth mind and body training organization)으로 진흥왕 때 미모(beautiful face)의 **두 처녀(maiden)를 우두머리(boss)로 하는 원화《源花 또는 原花, 화랑의 전신(前身)》라는 제도(system)를 두었으나 둘 사이에 질투(jealousy)로 살인(murder) 사건(affair)이 일어나자, 청년(young man)을 우두머리로 하는 화랑(花郞)제도(system)로 개편(reorganization)되었다.** 지도자(leader)는 국선(國仙) · 화랑(花郞) · 화주(花主) · 풍월주(風月主) 등으로 불리나 '화랑'(花郞)이 보편적인 칭호(title)이다. 화랑의 지침(guideline)인 원광법사(圓光法師)의 세속오계【사군이충(事君以忠) : 충성(loyalty)으로써 임금(monarch)을 섬기어야 한다. 사친이효(事親以孝) : 효(filial piety)로써 부모(parents)를 섬기어야 한다. 교우이신(交友以信) : 믿음(trust)으로써 벗(friend)을 사귀어야 한다. 임전무퇴(臨戰無退, knowing no retreat at a battlefield) : 싸움에 나가서 물러남이 없어야 한다. 살생유택(殺生有擇) : 살아있는 것을 죽일 때에는 가림이 있어야 한다.】

※ 계백 : 성충(成忠), 흥수(興首)와 더불어 백제의 3충신(loyalist)으로 꼽히는 백제 말기(the last period)의 명장(great commander)이다. 계백 장군(general)은 의자왕 20년(660)에 나 · 당 연합군(the allies)이 백제의 요충지(a strategic point)인 탄현과 백강으로 진격(advance)해오자, 5천여 명의 결사대(a suicide corps)를 이끌고 황산벌(충남 논산시 연산면 지역)에서 신라 김유신의 5만 대군(large force)에 맞서 싸웠다. **전장(battlefield)에 나가기 전에는 가족들이 적(enemy)의 노비(slaves)가 되는 부끄러움을 면하기 위해 스스로 부인(wife)과 자식(offspring)을 죽이고 떠났다고 한다.** 죽음(death)을 각오(preparedness)한 결사대(suicide corps)의 용맹스러운 활약(heroic activity)으로 4번의 싸움(warfare)에서 이겼으나, 수적인 열세(numerical inferiority)로 말미암아 마침내(finally) 장렬한 최후(the last)를 맞았다.
조선시대 유학자(confucianist)로 조선 초기까지의 명가(名家, a good family)의 시문(詩文, poetry and prose)을 찬집(纂輯 : 자료를 모아 분류하고 일정한 기준 밑에 순서를 세워 책을 엮음)한 《동문선(東文選)》의 저자(author)인 서거정(徐居正)은 백제가 망할 때 홀로 절개(integrity)를 지킨 계백의 행동(action)을 높이 평가(estimation)하여 "나라와 더불어 죽은 자"라고 칭송(praise)했다

※ **동서남북을 지키는 수신**(theriomorph.獸神 : 동물신) : **동 – 청룡**≪靑龍 : 사신의 하나로 동쪽 방위를 맡은 음양가(陰陽家)에서 길흉의 방위를 맡아보는 여덟 신의 하나인 태세신(太歲神)을 상징하는 짐승, 용 모양으로 무덤 속과 관의 왼쪽에 그렸다≫, **서 – 백호**≪白虎 : 주산에서 오른쪽으로 뻗어 나간 산줄기, 포유류 식육목갯과에 속한 짐승≫, **남 – 주작**≪朱雀 : 붉은 봉황≫, **북 – 현무**≪玄武 : 검은 거북이≫

※ 음양가(陰陽家, necromancer) : 천문(astronomy), 역수(the art of divination), 풍수지리(the theory of divination based on topography) 등을 연구(research)하여 길흉(good or ill luck)과 화복(fortune and misfortune)을 예언하는 사람(prophet)

※ 태세신(太歲神;) 음양가(陰陽家, diviner)에서, 길흉(吉凶, good or ill luck)의 방위(direction)를 맡아 보는 여덟신의 하나. 목성(木星)에 붙인 이름이다. 매년 간지【the sexagenary cycle, 干支 : 천간(天干)과 지지(地支). 또는 천간(the ten celestial stems)의 어느 것과 지지의 어느 것이 조합된 것】의 방향(direction)으로 운행(movement)하는데 이 방향(direction)을 향해 길사(吉事, a happy event)를 행(service)하면 복(blessing)을 받는다고 하며 이 방향(direction)에서 나무(tree) 베는 것을 꺼린다.

※ 선발제인(先發制人) : 남의 꾀를 사전에 알아차리고 일이 일어나기 전에 미리 막아 냄.

014. 적덕위복(積德爲福)

덕(virtue)을 쌓으면 복(good fortune)이 된다.

015. 최고다

최상의 서비스(the best service)와 **고**객감동(customer emotion)으로 정성(true heart)을 **다**하여 모시겠습니다.

016. 따스함

따뜻한 가슴(warm heart)과 스마일 표정(expression)으로 **고객**(customer)과 함께 하겠습니다.

017. 세상에! (다 함께)**빛을! 이웃에!** (다 함께)**사랑을!**

사회(society)의 어둡고 그늘진 부분(section)을 세심하게 배려(consideration)하고 챙기면서 지속해서 지역사회(community)에 따뜻함을 전하는 다양한 사회공헌(various social contribution) 활동(activity)을 하자는 의미.

018. 고객의 마음을! (다 함께)**훔치자!**

우리 모두 고객(customer)의 마음을 훔치는 도둑(thief) 이 되자.

019. 고객님! (다 함께)**곰사합니다!**

"고맙습니다."와 "감사합니다."의 합성어(compound word)로 고객에 대한 사랑(love for our customers)을 표현(expression).

020. 기억은! (다 함께)**잊는 것! 추억은!** (다 함께)**남는 것!**

Remember are lost, Memories will spare. 오늘 이 자리가 시간이 지나면

잊혀지는 기억(memory)의 자리가 아닌 영원한 추억(eternal recollection)의 자리가 되기를 기원.

021. 언제나! (다 함께)처음처럼!

Always like the first time 처음처럼 늘 한결같은 마음(equable mind)으로 고객(customer)을 사랑(love)하겠습니다.

022. 고객님을 위하여! 우리 회사를 위하여! 새해를 위하여!
(다 함께)고 · 우 · 새!

우리 회사는 항상 고객님과 동행(accompany)하며 변화(change)와 위기 (crisis)를 슬기롭게(wisely) 극복(overcome)해 왔습니다. 고객님과 함께 한 50년의 전통(tradition)을 계승(succession)하고 여기 계신 우리 모두의 건승(健勝, 탈이 없이 건강함)을 기원하며 고객님과 함께 할 새해를 위하여 건배 제의를 하도록 하겠습니다. (I'd like to offer a toast)

023. 모내기

모처럼만에(after a long time) 내가 좋아하는 고객님(favorite customer, 친구)과 함께 할 수 있어 기쁩니다.

                                      건배사 모음 대백과

024. 수확기(harvester, 收穫機)

수시로 고객님의 감사함을 **확**인(confirmation)하고 **기억**(memory)하자.

025. 우리는 (다 함께)**하나로, 고객은** (다 함께)**사랑으로**

하나로 똘똘 뭉쳐 고객(client)을 사랑(love)으로 섬기겠습니다.

026. 고구마(sweet potato)

고객(customer)을 **구**애하려면 **마음**(mind)을 주어라.

※ 고구마(학명 : Ipomoea batatas)는 메꽃과의 한해살이(an annual plant) 뿌리채소(root vegetables)로, 주로(mostly) 전분(starch)이 많고 단맛(sweetness)이 나는 덩이 뿌리(tuberous root)를 가진 재배용 작물(cultivated crops)이다. 꽃(flower)은 나팔꽃(a morning glory)과 유사한 꽃(flower)이 핀다. 씨(seed)나 줄기(stream)로 번식(breeding)하며 북아메리카가 원산지【the (original／natural) home】로 따뜻한 지방(warm region)에서 재배(cultivation)된다. 고구마(sweet potato)에는 탄수화물(carbohydrate), 식이섬유(食餌纖維, dietary fiber) 칼슘(calcium), 칼륨(kalium), 인(phosphorus), 비타민(vitamin) A의 전구체(probiont)인 **베타카로틴**(beta carotene, 녹황색 야채에 많음)**과 비타민 C등이 들어 있어서 대표적인**(representative) **알칼리성 식품**(food)**중의 하나**이며, 소량의 지방(small amount of fat), 비타민 B2등도 들어있다. 또 고구마는 항산화작용(산화를 억제하는 작용)을 나타내는 폴리페놀(polyphenol) 화합물(compound)인 클로로겐산(Chlorogenic acid, 커피속에 다량 함유)과 배변(bowel movement)에 도움을 주는 햐얀 진 수지배당체(resin glycoside)인 알라핀(Alrapin)이라는 성분(ingredient)이 들어있다. **일본 도쿄대 의과학연구소 연구 결과**(result)**에 따르면 고구마**(sweet potato)**의 발암**(cancer) **억제율은 최대 98.7%로 가지**【몸의 산성화를 막아주는 파이토케미칼(Phytochemical) 함유】, **당근**(베타카로틴 많이 함유), **셀러리 등 항암효과**(Anticancer effect)**가 있는 채소**(vegetables) **82종 중 1위였다.**

※ 파이토케미칼(Phytochemical)은 각종 미생물(microorganism), 외부의(outside) 자외선(ultraviolet rays) 이나 해충(vermin)의 독(poison), virus 등으로부터 보호하려는 방어시스템(defense system)을 총칭(generic name)하는 말이다. 토마토(tomato)나 딸기(strawberry)의 빨간색 라이코펜(Lycopene), 당근(carrot)과 오렌지(orange)의 황색 베타카로틴(betacarotene), 브로콜리(broccoli)의 녹색 설포라페인(sulforaphane), 포도(grape)의 적자색 레스베라트롤(resveratrol), 시금치(spinach)의 검푸른색 루테인(lutein), 마늘(garlic) 및 파(spring onion)의 흰색 알리신(allicin), 고추(red pepper)의 매운 성분인 캡사이신(capsaicin), 가지(egg apple) 및 고구마(sweet potato)의 안토시아닌(anthocyanin), 양파(onion)의 퀘르세틴(quercetin), 녹차(green tea)의 카테킨(catechin), 무(daikon)의 이소티오시아네이트(isothiocyanate), 사과(apple)의 폴리페놀(polyphenol), 도토리(acorn) 및 감(persimmon)의 타닌(tannin) 성분(ingredient)이 있다.

※ 우리나라에는 1763년(조선 영조 39년) 10월, 일본에 통신사(news agency)로 갔던 **조엄이 대마도(쓰시마섬)에서 씨(seed) 고구마를 구하여 부산진으로 가져온 것이다.** 그의 기행문(one's travel sketches) '해사 일기'에 '대마도(쓰시마섬)에는 감저라는 것이 있는데, 이것을 '효자마'라고도 하고 왜 음으로는 '고귀위마'라고 한다. 이것을 구하여 동래의 교리 배에게 전하고자 한다. 일행(party) 가운데 제 나름대로 이것을 구한 사람이 있다. 이것이 모두 잘 자라서 우리나라에 퍼진다면 문익점의 목면처럼 백성(the people)을 매우 이롭게 할 것이다. 동래에서 잘 자라면 제주도 및 그 밖의 여러 섬(multi-island)에도 전파(propagation)시켰으면 좋겠다.'라고 쓰여 있다.

027. 채우자(let's fill)!(다 함께)비우자(let's empty)!

웃음(smile)으로 채우고 스트레스(stress)는 비우자.

028. 당나귀(ass, donkey)

우리는 항상(always) 만나면 즐겁고, 함께 하면 좋은 사람들(good people)입니다. 우리 이런 마음을 모아 모아서 잔을 가득 채우고, 건배하겠습니다.(I'd like to offer a toast) **당신**과 **나**의 **귀**한 만남을 위하여.

※ 당나귀는 말과의 포유동물. 병(sickness)에 대한 저항력(resistance)이 강하여 부리기에 적당하다. 아프리카의 야생종(wildlife species)을 가축화(domestication)한 것으로 전 세계에(worldwide) 분포 (distribution)한다.

※ 노새(mule)는 암말(mare)과 수당나귀의 잡종(hybrid). 보다 귀한 잡종인 버새(hinny)는 노새보다 작고, 암당나귀(female donkey)와 수말(male horse)의 교배(hybridization)에서 얻어진다. 노새는 3,000년 전부터 소아시아【아시아의 서단부, 흑해와 마르마라 해, 에게 해, 지중해에 둘러싸인 반도. 터키의 대부분을 차지하며, 예로부터 아시아와 유럽을 잇는 중요한 통로】에서 짐을 나르는 동물로서 사용되어왔으며 현재도 많이 사용되고 있는데, 이는 짐을 끄는 다른 동물들(other animals)이 견딜 수 없는 조건도 잘 견디면서 일을 할 수 있기 때문이다. 노새는 새끼를 낳을 수 없다.

※ 신라 제48대 경문왕은 왕이 되고 난 뒤 갑자기(suddenly) 귀(ear)가 길어져서 당나귀(donkey) 귀 (ear)처럼 되었다. 이 사실(this fact)을 아는 사람은 왕의 두건(mourner's hempen hood)을 만드는 복두장(幞頭匠)한 사람뿐이었다. 그는 이것을 아무에게도 말하지 않다가 죽을 때가 되어 도림사【道林寺 : 전라남도 곡성군 곡성읍에 있는 사찰】대나무숲(bamboo grove)에 들어가 "우리 임금의 귀는 당나귀 귀와 같다"고 외쳤다. 그 뒤 바람(wind)이 불 때마다 대나무(bamboo)가 서로 부딪치며 그런 소리가 났다. 그러자 왕은 대나무를 베고 그 자리에 산수유【옛날 천연두마마(媽媽), 역질(疫疾)】치료제를 심게 했는데, 그 뒤로는 "우리 임금의 귀는 길다"는 소리가 났다고 한다. 이와 비슷한 설화(fable)는 우리나라뿐만 아니라 세계 여러 나라에도 있다. 기록(record)된 이야기 중에서는 소아시아 반도【半島, peninsula : 삼면이 바다로 둘러싸이고 한 면은 육지에 연결된 땅, 오늘날 터키, 돌궐족(突厥 - 트루크족 - Turk족)】의 고대도시 프리지아(Phrygia)의 왕【손을 대는 것은 모두 황금으로 변했다는 왕】마이더스가 당나귀였다는 이야기가 가장 오래된 것(the oldest)이다.

※ 복두(幞頭) : 조선시대, 과거에 급제(passing[success in] an examination)한 사람이 홍패를 받을 때 쓰던 관(冠). 사모같이 두단(段)으로 되어 있으며, 위가 모지고 뒤쪽의 좌우(right and left)에 날개(the wings)가 달려있다.

※ **익선관**(翼善冠)은 복두【幞頭 : 조선 시대, 과거에 급제한 사람이 홍패를 받을 때 쓰던 관】에서 유래(the history)한 관모의 일종으로 조선시대 왕의 평상복(casual clothes)인 **곤룡포**【용포 : 국왕이 입은 일상복(everyday clothes)으로 자수(embroidery)로 용문양(dragon design)이 원형 보(補)가

새겨졌다】를 입을 때 쓰는 관이다. 임금이 정무(state affairs)를 볼 때 쓰던 익선관(翼蟬冠)은 날개 익(翼)에 매미 선(蟬)자를 쓴다. 이는 진나라 시인 육운(陸雲)의 매미(cicada)의 오덕(五德)을 생각하며 정무를 보라는 뜻이다. 매미는 머리에 선비(scholar)의 갓끈(hat string)이 늘어졌으니 문(文)이 있고 이슬을 먹고사니 청(淸,맑음)이 있고, 농부가 지은 곡식을 먹지 않으니 염치(廉恥)가 있고, 집이 없으니 검소(儉素)하고, 철따라 오니 신의(信義)가 있다는 뜻이다. 또한 매미는 오늘날(today) 종다리(lark), 나비(butterfly), 개구리(frog), 제비(swallow), 뱀(snake), 뻐꾸기(cuckoo), 기러기(wild goose), 잠자리【dragonfly : 고추잠자리가 천둥이 치는 여름날에 무서움을 모르고 철없이 날아다니는 것을 보고 천둥벌거숭라고 부른대서 유래】등과 같이 생물계절 지정관측 대상 종목 9종 가운데 하나다. 또한 곤충 요리(Insects cook)로 영국의 개미(ant) 아이스크림과 같이 중국의 매미 요리(cicada cook)가 있다.

참고로 애매미 털매미 등 매미의 이름을 지은 곤충을 연구한 한국의 파브르, 한국 곤충학의 아버지 조복성(초대 국립과학박물관장을 지냈으며 고려대 동물학 교수이자 한국곤충연구소의 설립자)이 우리나라 최초 나비도감을 출간했다.

029. 사~~! (다 함께)당나귀!

사랑(love)하는 당신과 나(you and I[me])의 귀한 만남(precious encounter)을 위하여.

030. 거시기

거절(refusal)하지 말고 시키는 대로(jump through a hoop) 기쁘게 (delight) 고객(customer)을 모시자.

031. 변 사또

변함없는 사랑(Unending Love)으로 고객님을 **또** 모시겠습니다.

032. **고감모채!** (다 함께)**파이팅!**

고객님의 사랑(customers love)과 감사(thanks)의 마음(mind)을 우리 **모두**
채우자.(let's we all fill)

033. **사랑해요**(I LOVE YOU)! (다 함께)**고객님**(customer)!
정말로(truly)! (다 함께)**사랑해**(I Love yoU)!

I'll love customer like lover 고객님을 애인(lover)처럼 사랑하겠습니다.

06

성공&행복
기원

행복(happiness)을 뿌리면 행복이 나오고
불행(unhappiness)의 씨(seed)를 뿌리면 불행이 나온다고 합니다.
'팥(red bean) 심은 데 팥이 나오고 콩(bean) 심은 데 콩이 나온다
(An onion will not produce a rose / Don't expect the extraordinary.
/ Like father, Don't expect the extraordinary.
/ Like father, like son)'는 속담(proverb)도 있습니다.
따라서 우리는 행복의 씨앗(Seeds of happiness)을 뿌리며 살아야합니다.

001. 우리의 일류인생(our first class life)! 1등 괴산지점을 위하여!

여러분! 한 해가 시작된 지 엊그제(a couple of days ago) 같은데 벌써 석 달 (three months)이 지나가고 있습니다. "If one does not till the field in the spring, one has nothing to look forward to in the autumn. 봄(spring)에 밭 (field)을 갈지 않으면 가을(autumn)에 거둘 것이 없는 법"입니다. 그만큼 3월과 4월은 한 해 결실(fruition)을 가늠하는 중요한 달(month)입니다. 올해 (this year) 계획(plan)했던 모든 일(whole shooting match)이 성공(success) 하시기를 기원하며 건배 제의를 하겠습니다. (I'd like to offer a toast)

002. 스트레스여! (다 함께)가라! 행복이여! (다 함께)오라!

　스트레스는 몸과 마음(body and mind)의 건강(health)을 지키기 위해서뿐만 아니라, 성공(success)하기 위해서도 잘 관리해야 합니다. 또한 미국인이 제일 존경(The best respect)하는 링컨 대통령(president)은 " Men are about as happy as they make up their minds to be." "사람은 자기가 생각하는 만큼 행복해진다."고 했습니다. 매사(everything) 긍정적으로 생각하여(look on the bright side) 마음껏(all on wants) 행복(happiness)을 불러드리며 살자는 의미로 건배 제의합니다.

※ 에이브러함 링컨(1809년 2월 12일~1865년 4월 15일)은 1861년 3월부터 암살(assassination)된 1865년 4월까지 미국의 제16대 대통령(president)으로 재직(hold office)했다. 그는 남북전쟁(the Civil War)이라는 거대한(giant) 내부적 위기(Internal crisis)로부터 나라를 이끌어 벗어나게 하는 데 성공(success)하여 연방(federation)을 보존(preservation)하였고, 노예제(slavery)를 끝냈다.
　남북전쟁(the Civil War)시 게티스버그 연설(address)은 미국의 전통(tradition)인 자유주의(liberalism) 곧 자유(freedom), 평등(equality), 민주주의(democracy)에 대한 상징(symbol)이 되었으며, 역사(history)를 통틀어 가장 많이 인용(Most often an quotation)되는 연설(speech)로 손꼽다.

※ Abraham Lincoln's Gettysburg Address (Nov.19, 1863)
Four score and seven years ago our·fathers brought forth, upon this continent, a new nation, conceived in liberty, and dedicated to the proposition that "all men are created equal"
　지금으로부터 87년 전 우리의 선조들은 이 대륙에서 자유 속에 잉태되고 만인은 모두 평등하게 창조되었다는 명제에 봉헌된 한 새로운 나라를 탄생시켰습니다.
　Now we are engaged in a great civil war, testing whether that nation, or any nation so conceived, and so dedicated, can long endure.
　우리는 지금 거대한 내전에 휩싸여 있고 우리 선조들이 세운 나라가, 아니 그렇게 잉태되고 그렇게 봉헌된 어떤 나라가, 과연 이 지상에 오랫동안 존재할 수 있는지 없는지를 시험받고 있습니다.
　We are met on a great battle field of that war. We have come to dedicate a portion of it, as a final resting place for those who died here, that the nation might live.
　오늘 우리가 모인 이 자리는 남군과 북군 사이에 큰 싸움이 벌어졌던 곳입니다. 우리는 이 나라를 살리기 위해 목숨을 바친 사람들에게 마지막 안식처가 될 수 있도록 그 싸움터의 땅 한 뙈기를 헌납하고자 여기 왔습니다.

This we may, in all propriety do. But, in a larger sense, we can not dedicate – we can not consecrate – we can not hallow, this ground –

우리의 이 행위는 너무도 마땅하고 적절한 것입니다. 그러나 더 큰 의미에서, 이 땅을 봉헌하고 축성하며 신성하게 하는 자는 우리가 아닙니다.

The brave men, living and dead, who struggled here, have hallowed it, far above our poor power to add or detract. The world will little note, nor long remember what we say here; while it can never forget what they did here.

여기 목숨 바쳐 싸웠던 그 용감한 사람들, 전사자 혹은 생존자들이, 이미 이곳을 신성한 땅으로 만들었기 때문에 우리로서는 거기 더 보태고 뺄 것이 없습니다. 세계는 우리가 여기 모여 무슨 말을 했는가를 별로 주목하지도, 오래 기억하지도 않겠지만 그 용감한 사람들이 여기서 수행한 일이 어떤 것이었던가는 결코 잊지 않을 것입니다.

It is rather for us, the living, to stand here, we here be dedicated to the great task remaining before us – that, from these honored dead we take increased devotion to that cause for which they here, gave the last full measure of devotion – that we here highly resolve these dead shall not have died in vain; that the nation, shall have a new birth of freedom, and that government of the people by the people for the people, shall not perish from the earth.

그들이 싸워서 그토록 고결하게 전진시킨, 그러나 미완으로 남긴 일을 수행하는데 헌납되어야 하는 것은 오히려 우리들 살아 있는 자들입니다. 우리 앞에 남겨진 그 미완의 큰 과업을 다 하기 위해 지금 여기 이곳에 바쳐져야 하는 것은 우리들 자신입니다. 우리는 그 명예롭게 죽어간 이들로부터 더 큰 헌신의 힘을 얻어 그들이 마지막 신명을 다 바쳐 지키고자 한 대의에 우리 자신을 봉헌하고, 그들이 헛되이 죽어가지 않았다는 것을 굳게 다짐합니다. 신의 가호 아래 이 나라는 새로운 자유의 탄생을 보게 될 것이며, 인민의, 인민에 의한, 인민을 위한 정부는 이 지상에서 결코 사라지지 않을 것입니다.

003. 오바마

오직(only) **바**라는 대로(as you wish) **마**음먹은 대로(after one's (own) heart) 이루어지길.

※ 정식 이름(full name)은 버락 후세인 오바마 2세(Barack Hussein Obama, Jr.). **하와이 호놀룰루에**

서 케냐 출신(birth) 흑인 아버지(black father)와 미국인(백인) 어머니(white mother) 사이에서 태어나, 공화당 후보인 애리조나 주(state) 연방(federal) 상원의원(senator) 존 매케인을 물리치고 2008년 11월 4일 미국의 44대 대통령(president)으로 당선(winning an election)되었다. 2009년 국제외교(international diplomacy) 및 민족 간 협력(ethnic cooperation) 강화(strengthening)를 위해 크게 노력(strong effort)한 공로(meritorious deeds)로 노벨 평화상(Nobel prize for peace)을 수상(rize-giving)하였다. 저서(book)로 그의 아버지(father)와 케냐에 있는 가족들의 삶(families' lives)을 기록(record)함으로써 다인종(multiethnic)인 자신(oneself)의 정체성(identity)을 찾아가는 이야기(story)를 담은 회고록(memoirs) 〈내 아버지로부터의 꿈 Dreams From My Father〉, 미국을 위한 미래상(an image of the future)에 대한 논쟁(dispute) 담은〈담대한 희망 The Audacity of Hope〉(2006)이 있다.

※ 오바마는 아이비 그리 대학 중 콜롬비아 대학을 졸업(graduation)했다. 아이비(ivy, 담쟁이) 리그 대학은 미국 북동부 지역에 있으며 모두 역사와 전통(history and traditions)이 있다. 하버드(Harvard) 대학교(university)를 비롯해 브라운(Brown)·예일(Yale)·코넬(Cornell)·콜롬비아(Columbia)·다트머스(Dartmouth)·펜실베이니아(Pennsylvania)·프린스턴(Princeton) 대학교다. '아이비 리그(Ivy League)'라는 말은 1937년 New York Tribune의 Woodward 기자와 Adams 기자가 콜롬비아 대학과 펜실베이니아 대학의 미식축구 시합(football game)을 구경하다가 캠퍼스에 유난히 아이비(담쟁이 덩굴)로 덮인 건물(building)에서 미식축구를 한다고 기사(article)를 내면서 유래되었다.

004. 오늘이 (다 함께)행복이다

Today is a happy day 네 잎 클로버(four-leaf clover)의 꽃말(the language of flowers)은 행운(fortune)입니다. 그런데 세 잎 클로버(three-leaf clover)에도 꽃말(the language of flowers)이 있는 걸 아십니까? 바로 행복(happiness)입니다. 새해(new year)에는 가까이 있는 행복을 볼 수 있기를 바랍니다. "오늘이" 하고 외치면 "행복이다"라고 외쳐주세요.

※ 네 잎 클로버 꽃말은 '행운(luck)'이고 세 클로버 꽃말은 '행복'이다. 행운을 찾기 위해 행복을 짓밟는다는 말이 있다. 세 잎 클로버속에 네 잎 클로버가 숨어 있듯이, 행운이란 것도 일상의 행복(Happiness of Daily Life)속에 깃들어 있는 것이 아닐까?

005. 내 덩신

내가 겸손(modesty)으로 덕(virtue)을 쌓고 **덩**달아 내공(seasoned)을 쌓으면 **신**나고(exciting) 즐겁고(enjoyable) 재미있고(fun) 인생(life)이 행복(happiness)해집니다.

006. 위기(crisis)를! (다 함께)기회(chance)로!

전화위복(轉禍爲福) 다가온 위기(crisis)를 새로운 성공의 기회(chance of new success)로 바꾸자

※ 전화위복(turn a misfortune into a blessing) 전국시대(the Age of the Warring states) 합종책(合從策)으로 6국, 곧 한(韓) 위(魏) 조(趙) 연(燕) 제(齊) 초(楚)의 재상(premier)을 겸임(hold an additional post)했던 종횡가【縱橫家 : 모사 즉 중국 전국 시대 제자백가 중, 제후(feudal lords)들 사이를 오가며 여러 국가를 종횡으로 합치기를 주장했던 일파】소진(蘇秦)은 이런 말을 한 적이 있다. "옛날에 일을 잘 처리했던 사람은 '화를 바꾸어 복을 만들었고(轉禍爲福)' 실패한 것을 바꾸어 공(功)으로 만들었다(因敗爲功). **어떤 불행(unfortunate)한 일(matter)이라도 끊임없는 노력(continuing effort)과 강인한 의지(strong will)로 힘(energy)쓰면 불행을 행복으로 바꾸어 놓을 수 있다는 말이다.**

007. 우리 회사 성공을 위하여! (다 함께)위하여! 위하여 우리 회사를 위하여!

윌리엄 베넷은 '세상에서 얻을 수 있는 성공의 대부분 (most)은 망설이고(think twice), 머뭇거리고(hesitate), 주저하고(dither), 동요하는(shake) 가운데 놓치고 만다.'고 했습니다. Don't let flies stick to your heels. 우물쭈물 하지 말라. 나아가야 할 때는 바람(wind)과 불(fire)과 같이, 지켜야 할 때는 태산

(great mountain)과 같은 풍림화산의 자세(attitude)로 올해(this year) 경영 목표(business goals) 달성(achievement)은 물론(of course) 우리 회사 성공의 元年(the first year)으로 만듭시다.

※ 윌리엄 베넷(William Bennet, 1746년 3월 4일~1820년 7월 16일)은 아일랜드 클로인의 주교 (bishop)이자 골동품(antique) 연구가(antiquary)이다. 런던 탑(tower)에서 태어났고, 해로우 학교 (school)와 케임브리지의 엠마누엘 대학교(university)에서 공부(study)하였다.

008. 술잔(glass)은! (다 함께)비우고(empty)!
행복(happiness)은! (다 함께)채우자(fill)!

고민(worry) 등을 한 잔 술(a drink)로써 털어 내고 미래(future)를 행복 (happiness)으로 채우자는 의미.

※ 수작(酬酌, an exchange of cups of wine) : 갚을 수(酬), 잔질 작(酌). 원래 '술잔을 서로 주고받음' 을 뜻하는 말이다. 즉 술을 권하는 일을 의미이나 오늘날은 '남의 행동이나 행동을 업신여겨서 이 르는 말'로 쓰인다.

009. 남행! (다 함께)열차!

남다른 행동(unusual behaviour)과 열정(ardor)으로 차세대(new generation) 리더(leader)가 되자.

※ 김수희(金秀姬. 본명 : 김희수, 1953년 3월 13일~)는 대한민국의 가수(singer)이다. 부산광역 시에서 태어나 아버지(father)를 일찍 여의고 어려운 생활(hard life)을 했으며, 1972년에 작곡가 (composer)로 데뷔(début 프랑스어)함과 동시에(at the same time) 미8군 여성밴드인[블랙 캣츠]

로· 활동(activity)하며 밤무대(nighttime scene) 가수로 일하다가 1976년에 데뷔(프랑스어 début) 음반(record) 〈너무합니다〉를 발표(announcement)하면서 정식 가수가 되었다. 대표곡(title song)으로 너무합니다. 정거장, 멍에, 못 있겠어, 잃어버린 정, 남행열차, 애모, 서울여자, 아모르, 정열의 꽃(flower)이 있다. 한편(meanwhile) 저서(one's work)로 1984년 〈설 (雪)〉, 1983년 〈너무합니다〉가 있으며 영화계(the film world)에도 진출(advance)하여 영화 〈애수의 하모니카〉를 감독(supervision)했다. 가수 김수희는 다른 가수(other singer)와는 달리 허스키【husky : 쉰 듯하고 탁하다. 쉰 듯하고 탁한 목소리】하고 가창력(singing ability)있는 목소리(voice)가 특징(characteristic)이며, 트로트(trot)와 팝(pop), 트로트(trot)와 국악(national classical music)의 크로스오버【crossover : 장르가 서로 다른 음악의 형식을 혼합하여 만든 음악】를 활발히 시도(actively trying)해 왔다. 많은 노래(many songs)의 가사(the words)를 직접 작사(write words)하여 작사가(songster)로도 자질(disposition)을 보인바 있다. 그리고 음반제작자(Record producers)도 활동(activity)하면서 신신애, 편승엽을 발굴(excavation)하기도 했다. 2007년부터 가수 활동 외에 피부미용(Skin Care) 관련사업(related business)을 하고 있다.

※ 장르(genre) : 문학(literature), 예술(art)에서의 부문(category), 종류(kind), 양식(style), 형(form) 따위에 따른 갈래(part)

010. 오이지(pickled cucumbers, cucumber pickles)

오늘처럼 이렇게 행복하게 지내자.

※ 오이지(cucumber pickles)는 오이를 독(jar)이나 항아리(pot)에 담고, 끓여서 식힌 소금물(salt water)을 부은 뒤에 익힌 반찬(side dish). 숙취(hangover)나 두통(headache)을 예방(prevention)하려면 잠들기 전(before going to bed)에 오이를 몇 조각(many pieces)을 먹고 자면 된다.

011. 떠오르는 태양(Rising Sun)! 우리 회사!
커가는 꿈 (growing dreams)! 우리 회사!

밝은 내일(Bright Tomorrow)! 우리 회사를 위하여!

(다 함께)위하여! 위하여! 우리 회사를 위하여!

위하여! (다 함께)위하여! 위하여! 위! 하! 여!

위기(crisis)를 만나도, 하하 웃으며 여유롭게 살자는 의미로 끝 위하여는 스타카토≪staccato : 한 음씩 매우 짧게 끊어 연주하는 일, 음표의 위 또는 아래에 ' · '을 붙인다. ≫로 한다.

012. 너나행

To the happiness of you and I 너와 나의 행복을 위하여

※ 아리스토텔레스 (Aristoteles) 고대 그리스의 철학자(BC 384~BC 322). 플라톤으로부터 가르침을 받았으며, 페리파토스학파를 창시(creation)하였다. 고대에 있어서 최대의 학문적 체계(largest academic system)를 세웠으며, 중세의 스콜라 철학(philosophy)을 비롯하여 윤리학(ethics), 형이상학 (metaphysics), 시학(poetics), 논리학(logic), 정치학(political science), 생물학(biology) 등 후세(posterity)의 여러 학문에 큰 영향(big impact)을 주었다. 저서에 《형이상학》, 《오르가논》, 《자연학》, 《시학》, 《정치학》 등이 있다. 아리스토텔레스는 인간이 행동하는 최종 목적은 행복이라고 주장했다. Happiness depends upon ourselves. 행복은 우리 자신에게 달려 있다.

※ 모한다스 카람찬드 간디(1869년 10월 2일 ~ 1948년 1월 30일)는 인도의 정신적 · 정치적 지도자로, 마하트마 간디(Mahatma Gandhi)라는 이름으로 널리 알려져 있다. 마하트마는 '위대한 영혼(Great Soul)'이라는 뜻의 존칭(honorific title)이다. 영국 유학(study abroad)을 다녀왔으며, 인도의 영국 식민지 기간(colonial period) (1859~1948) 중 대부분을 영국으로부터의 인도 독립 운동(independence movement)을 지도(guidance)하였다. 영국의 제국주의(imperialism)에 맞서 반영 인디아 독립운동과 무료 변호, 사티아그라하 등 무저항 비폭력 운동(Non-violent resistance movement)을 전개(unfolding)해 나갔다. 인도의 작은 소공국(small principality)인 포르반다르의 총리(premier)를 지냈던 아버지 카람찬드 간디의 셋째 아들(third son)로 태어났으며, 종교(religion)는 부모의 영향(parental influence)으로 힌두교이다. 인도의 화폐(money)인 루피의 초상화(portrait)에

도 그의 그림이 그려져 있다.

마하트마 간디는 '행복은 그대가 생각하고, 말하고, 행동하는 것이 서로 조화를 이룰 때 찾아오는 것이다.' 라는 명언을 했다.

013. 열정의 불을(fire of passion) (다 함께)붙이자

Kindle Fire of passion 가장 큰 행복(happiness)은 해변가(beach)에서 안락의자(armchair)에 누워 있을 때 느껴지는 것이 아닙니다. 삶(living)의 최고의 순간(eureka moments)은 수동적(passive)이거나 긴장(tension)을 푼 상태가 아니라, 육체와 정신(flesh and the spirit)이 팽팽하게 긴장(tension)되어 있을 때 다가옵니다. 행복은 당신의 마음속에 호기심(curiosity)의 불꽃(flame)이 타오르는 것을 느끼고 그 불꽃(blaze)에서 열정(passion)이 불타오를 때 느껴집니다. 진정한 행복(true happiness)은 오래 지속되는(long-lasting) 것이 아니라 사소한 행복(trivial happiness)의 순간(moment)들이 모여서 만들어집니다. Happiness is not far away. 행복은 멀리 있지 않습니다. 행복은 자기 손 안에(in one's hand), 자기 마음 안에(in one's heart) 있습니다. 행복은 선택(choice)이며, 발견(發見, discovery)하는 것입니다. 인간은 Succeeding isn't happiness, but happiness means success. "성공하면 행복한 것이 아니라 행복해야 성공한다." 라고 합니다. 우리 모두 행복 찾아 매사 정열의 불(Fire of passion)을 붙입시다.

※ 칙센트미하이(Mihaly Csikszentmihalyi, 1934~)는 헝가리 태생(birth)으로 1965년에 시카고 대학교(university)에서 Ph.D【Doctor of Philosophy : 원래 철학 박사학위이나 일반적으로 박사 학위를 말함】를 수여(conferment)받았다. 40년 동안 교수(professor)로 재직(be in office)한 후 현재(present) 피터 드러커 경영대학 교수(economics professor) 및 '삶의 질(quality of Life) 연구소(research institute)' 소장(major general)으로 있으며, 인간의 삶(human life)을 좀 더 창의적(creative)이고 행복하게(happily)할 수 있을지에 관한 분야(field)를 연구(study)해 왔다.

칙센트미하이는 "어떤 것에 깊게 몰입(absorption)하면서 시간의 흐름(the passage[lapse] of time)

건배사 모음 대백과

이나 공간(space), 자신에 대한 생각까지 잊어버리게 되는 상태(State)"를 '흐름(Flow)'이라고 했
다.베르너 티키 퀴스텐마허 저서 단순하게 살아라(Simplelify your life)에서 발췌(extract)

014. 새해는! (다 함께)행복하자!

Happy New Year 새해에는 모두가 행복한 나날이 되기를 기원.

015. 보나성

For better success 보다 나은 성공을 위해서.

016. 당신의 성공을 위하여!(To your success)

미국의 시인 랄프 왈도 에머슨은 '무엇이 성공인가?'(What is success?)에서
'내가 태어나기 전보다 조금이라도 살기 좋은 곳(better place to live)으로 만들
어 놓고 떠나는 것 그것이 진정한 성공(real success)이다'라고 말했습니다. 여
러분! 성공하고 싶으신가요? 여러분이 푸른 꿈(blue dream)을 안고 처음 출발
(departure)했던 곳, 우리 회사를 고객(customer)과 우리(we)가 살기 좋은 곳
(salubrious spot)으로 만드는 것이 바로 성공입니다. 우리 모두의 성공을 위해
건배 제의를 하겠습니다. (I'd like to offer a toast)

※ 랠프 월도 에머슨(Ralph Waldo Emerson, 1803년 5월 3일~1882년 4월 27일)은 보스턴 출생(birth)
  의 미국 시인(poet)이자 사상가(thinker)이다. 청교도주의(Puritanism) 및 독일 이상주의(idealism)를
  고취(inspiration)하여 미국의 사상계(the world of thought)에 영향(impact)을 끼쳤다. 저서(book)에
  《자연론》,《에세이집》,《위인론(偉人論)》 따위가 있다.

017. 불광불급(不狂不及)

바둑 해설가(commentator) 한해원 프로바둑기사(a professional baduk player)가 프로기사(professional player)에 입단(join an organization)하고서 한말입니다. "입단할 때가 4월이었는데 주변 경치(surrounding scenery)를 보다가 '4월이 이렇게 싱그럽고 푸른빛(blue light)이 가득했었나?' 하는 생각이 문득 들었어요. 그전에는(in the past) 프로기사 입단만 생각하니까 마음의 여유(breadth of mind)가 없어서 연둣빛에서 초록빛으로 점차 변해 가는 계절(changing season)을 느끼지 못했어요." 그렇습니다. If you do not crazy, you can not be crazy. 미치지 않으면 미치지 못합니다. – 논어에 나오는 공자의 말

※ 바둑은 춘추시대【중국 주나라가 뤄양(洛陽)으로 천도(transfer the capital)한 후부터 진나라가 삼분하여 한, 위, 조가 독립할 때까지의 약 360년 동안의 시대】역사서인 좌전【左傳 : 지금 전해지는 것은 한나라 때에 유흠(劉歆)이 편찬한 것】에 첫 기록이 나온다. 바둑판(baduk board)은 네모꼴(quadrilateral)로 가로(horizontally) · 세로(length) 19줄 361점이며 바둑돌(baduk stone)은 흰 돌(white stone)보다 검은 돌(Black stone)의 크기(size)가 크다.

※ 대마불사(大馬不死)는 'The big horse is easy to never die. 큰 말은 쉽게 죽지 않는다.'란 말로 바둑'에서 유래(the history)

※ 국수(國手)는 바둑을 잘 두는 사람을 일컫는다. 춘추 시대 지나라의 명의 의화(醫和)가 '나라의 병을 고치는 사람이 으뜸가는 의원이요 사람의 병을 고치는 사람이 그 다음가는 의원(上醫醫國 其次疢人 상의의국 기차질인)'이라고 말한 대서 비롯된 말이다.

※ 4월은 '잔인한 달(the cruelest month)'이란 영국의 시인, 토머스 스턴스 엘리엇(Thomas Stearns Eliot)의 작품으로 노벨 문학상을 안겨준 詩 황무지(The Waste Land)의 첫 구절 April is the cruelest month 에서 유래. 4월은 가장 아름다운 달(most beautiful month), 가장 황홀한 달(the most fascinating month)을 잔인한 달'로 표현한 이유를 비평가들(Critics)은 1차 세계대전에서 찾고 있다. 삶은 곧 죽음을 의미하며 모든 것이 무의미하다는 것을 역설적으로 표현(paradoxically express)했다는 것이다.

※ 토머스 스턴스 엘리엇(영어: Thomas Sterns Eliot, 1888년 9월 26일 – 1965년 1월 4일)은 미국계 영국 시인(poet), 극작가 (dramatist), 그리고 문학 비평가(literary critic)였다. 그가 쓴 《J. 알프레드 프루프록의 연가》(The Love Song of J. Alfred Prufrock), 《황무지》(The Waste Land), 그리고 《4개의 4중주》(Four Quartets)는 20세기 모더니즘에 있어서는 아주 중요한 작품(very important works)으로 여겨지고 있다. 1948년에는 노벨 문학상을 수상하기도 했다.

018. 인사불성(人事不省, unconsciousness, loss of consciousness)

인간(human)을 사랑(love)하면 불가능(impossibility)도 성공(success)으로 만든다.

※ 인사불성 : 정신을 잃거나 혼미한 상태에(in a fuddled state) 빠져 의식(consciousness)을 잃어서 사람을 알아보지 못하는 것. 동의보감(東醫寶鑑) 〈잡병편(雜病篇)〉에 나옴.

019. 우연을! (다 함께)내 것으로!

영화 '엽기적인 그녀(My Sassy Girl)'속 대사 '운명(destiny)은 노력(effort)하는 사람에게 우연(happening)이란 다리(bridge)를 놓아 준다'에서 따온 것.

※ 《엽기적인 그녀, My Sassy Girl》는 대한민국에서 2000년 출간(publication)된 책이자 2001년 나온 영화의 제목(the film title)이다 "견우74"라는 필명(pen name)의 작가 김호식(1974년 출생)이 자신의 연애담(love story)을 1999년 8월부터 나우누리 유머(humor)란에 연재(serialization)한 것이며, 총 51회 연재 되었다. 중국, 대만, 필리핀, 홍콩과 일본에서 2001년 개봉(release)된 영화《엽기적인 그녀》는 국내에서 큰 성공(enormous success)을 거두었다. 싱가포르에 이르는 동아시아 지역에 두루 배급(ration)되며 **블록버스터**[blockbuster : 다양한 매체(various medias)를 적극 활용한 홍보 활동(publicity activities)을 통해 상업적으로 성공한 책(Commercially successful book), 영화(moving picture), 음반(disc) 따위를 통틀어 이르는 말] 시장(market)을 강타(hit hard)했으며, 일각에서는 이

를《타이타닉》에 비교(comparison)하기도 한다. 이 영화는 미국 내의 아시아계 미국인들 사이에서 가장 유명한(famous) 한국 영화의 하나가 되었다.

※ 타이타닉(Titanic, 1997년) 줄거리(plot) : 1912년 북대서양의 차가운 바닷물(cold seawater)속에서 당대 꿈의 배(dream boat)라고 불렸던 '타이타닉 호'가 탐사대(an expedition team)들에 의해 세상에 발견(discovery)되면서 오랫동안(for a long time) 감춰져 있던 비극적인 스토리(tragic story)가 세상에 알려지게 된다. 17세기 엄격한 사회 질서(rigid social order)에 숨막혀 하는 미국 상류층(high-class) 로즈(케이트 윈슬렛)는 사교계(society)의 굴레(ties)에서 벗어나지 못하는 어머니(mother)와 권위적인 재벌(authoritative plutocracy) 귀족(貴族, nobility) 약혼자(fiancé)와 함께 미국으로 향하는 '타이타닉 호' 1등실(first-class compartment)에 승선(board)한다. 배(ship)가 출발(departure)하기 전 부두(wharf)의 선술집(stand-up bar)에서 도박(gambling)으로 운 좋게(luckily) '타이타닉호'의 3등실 티켓을 얻은 가난한 화가(poor artist) 잭(레오나르도 디카프리오) 역시(too) 아슬아슬하게(narrowly) 배에 승선(board)한다. 첫 눈에(at first sight) 1등실의 로즈에게 반한 잭은 갑판(deck)에서 우연히(by chance) 바다(sea)로 몸을 던지려 하는 로즈를 발견(discovery)하고 재치(quick wit)있는 언변(speech)과 행동(action)으로 그녀의 생명(life)을 구한다. 이 사건(incident)을 계기(opportunity)로 1등실의 저녁식사(dinner)에 초대(invitation)받게 되고 서로에게 끌리는 자신들을 발견(detection)한다. 이후 그들의 금지된 사랑은 아무도(anyone) 상상하지 못했던 '타이타닉호' 침몰(sinking)조차 갈라놓을 수 없었던 세기(century)의 로맨스가 된다.

020. 우행시

Our happy time 우리들의 행복한 시간을 위하여.

※ 《우리들의 행복한 시간》Our happy time. 2011년 제6회 최고의 책(the best book) 시상식(a ceremony of awarding a prize)에서 최고의 작가상(writer's Prize)을 수상(be awarded)한 소설가(novelist) 공지영이 쓴 2005년에 발간(publication)된 소설(novel)【사실(fact)이나 허구(fiction)의 이야기를 작가의 상상력(writer's imagination)과 구성력(component power)을 가미하여 산문체(prose style)로 쓴 문학(literature)의 한 갈래(section)】이다. 이 소설은 그해 소설 베스트셀러(best seller)에 이름이 올려졌다. 세 명의 여자(woman)를 살해(killing)한 남자(man), 세 번이나 자신을 살해(murder)하려 한 여자. 다른 듯 닮아 있는 두 남녀의 만남(meeting between a man and woman)을 통해 삶과 죽음(living and death)이라는 인간(human) 본연의 문제(natural problem)를

건배사 모음 대백과

깊이 있게 묘사(description)한 소설. 누구에게도 말하지 못한 '진짜 이야기'들을 나누며, 애써 외면
해왔던 자기 안의 상처(hurt)를 들추고 치유(heal)해 나가는 둘의 모습(appearance)이 슬프고 아름
답게 그려진다. 2006년 9월 14일 영화도 개봉(release)했다.

※ 산문체(散文體) 외형적인(Ostensibly) 운율(rhythm)이 없이 자유로이 사실(fact)을 기술(description)
　하는 문체(style). 즉 일반적인(general) 보통의 문장(usually writing)을 이른다.

021. 이구동성(異口同聲, a unanimous voice, common consent)

이번이(this time) 기회(opportunity)다. 구(귀)찮다 생각하지 말고, 동행
(traveling together)하는 마음(mind)으로, 성공의 길(a road to success)로 나
아가자.

022. 꿈은! (다 함께)이루어진다!

"Dreams Come True!"오늘 이 자리에 모이신 분들은 성공의 꿈(The dream
of success), 행복의 꿈(The dream of happiness), 부자의 꿈(The rich man'
s dream)을 꾸는 사람(people)입니다. 이루겠다는 의지(will) 앞에서 그 무엇도
가로막을 수 없습니다. 모든 꿈이 이루어지기를 소원(desire)하면서 제가 꿈은
하면 이루어진다 해주시기 바랍니다.

※ Dreams Come True는 대립의 공간 DMZ(demilitarized zone) 를 화합(harmony)의 공간(space)으
　로 변화(change)시킨 2010년 영화 〈꿈은 이루어진다, Dreams Come True〉는 〈웰컴 투 동막골〉
　보다 코믹(comic)하고, 〈공동경비구역 JSA(Joint Security Area)〉보다 감동(emotion)적인 드라마
　(drama). 〈쉬리〉, 〈공동경비구역 JSA〉, 〈웰컴 투 동막골〉에서 최근 〈의형제〉까지 남북을 소재로 한
　영화(film)들은 그동안 한국영화계의 흥행(a box office) 보증수표(certified check)가 되어 왔다. 영

화 〈꿈은 이루어진다, Dreams Come TRUE〉는 그러한 영화(moving picture)들의 계보(genealogy)
를 이으면서도 '북한 병사(North Korea soldiers)들' 자체를 주인공(hero)으로 그린다는 점에서 파격
적 차별화(unconventional differentiation)를 시도한다. 기존 작품(work)들에서는 북한 인물(person)
이 주로 주인공(hero)과 대치(confrontation) 구도(composition)를 이루고 있으며 어둡고 무거운 분
위기(dark and heavy atmosphere)로 그려진 반면, 영화 〈꿈은 이루어진다, Dreams Come True〉
에서는 사상도 군사적 대치(military confrontation)도 모두 잊은 '축구에 열광하는 남자들(football
mania)', 더 나아가 '월드컵(the World Cup)의 승리를 기원하는 한민족'으로 묘사(description)한다
는 점이 신선하다. 월드컵을 매개체(medium)로 이념(ideology)과 사상(thought)의 극단 대립 지역
(extreme conflict area)인 DMZ(DeMilitarized Zone 비무장지대)를 화합의 공간(Space of Harmony)
으로 변화시킨 영화 〈꿈은 이루어진다, Dreams Come True〉라는 관객(audience)들에게 유쾌하고
인간적인 북한군 남자들을 소개(introduction)하며 훈훈한 우정(heartwarming friendship)과 화합
(harmony)의 정서(emotion)를 느끼게 해줄 것이다.

023. 상상을! ^(다 함께)현실로!

Imagination into reality! 바라는 꿈을 반드시 현실로 이루어 내자.

024. 꿈은 ^(다 함께)젊게 하는 명약이다. / 꿈은 ^(다 함께)청춘 명약

미국 자동차 산업을 이끈 헨리 포드는 "멈추는 자는 스무 살이든 여든 살이
든 상관없이 늙은 사람(old guy)이다. 반면 끊임없이 배우는 자는 누구나 젊
다. 인생(life)에서 가장 큰일은 자신의 마음을 젊게 유지하는 일이다"라고 했습
니다. 미국 35대 대통령(president) 존 F. 케네디가 처음에 "60년대 후반(the
latter half)까지 인간을 달나라(the moon)에 착륙(landing)시키겠다"고 공언
(declaration)했을 때 사람들은 믿지 않았습니다. 그런 일은 당시만 해도 21세
기에 가서야 가능(possibility)할 것이라고 믿었기 때문입니다.

그러나 케네디는 그를 믿지 않는 사람들의 여러 이야기에 아랑곳하지 않고 이 계획(plan)을 적극 밀고 나갔습니다. 그리고 마침내(finally) 성공(success) 했습니다. 1969년 7월, 유인 우주선(manned spaceship)아폴로 11호가 달에 착륙(landing)하는 장면(scene)이 텔레비전을 통해 전 세계(all the world)에 방송(broadcasting)되었습니다. 사람들은 수천 년 동안(for thousands of years)의 꿈이 이루어졌다(Dream has been come true.)며 감격해 마지않았습니다.

꿈은 행복을 만들고 역사(history)를 창조(creation)합니다. 돈이 드는 것도 아니고 일부러 시간을 내야 하는 것도 아닌 게 바로 꿈을 갖는 일입니다. 또한, 꿈은 막막해 보이지만 현실(actuality)에 존재(existence)하지 않는 것을 미리 내다볼 줄 아는 지혜(wisdom)까지 줍니다. 여기 모이신 모든 분이 꿈을 갖고 젊음을 유지하며 살자는 의미에서 '꿈은 젊게 하는 명약이다'로 건배 제의합니다.(I'd like to offer a toast.) 제가 꿈은 하면 여러분은 청춘 명약이다 로 후창하여 주시기 바랍니다.

※ **헨리 포드**(Henry Ford, 1863년 7월 30일~1947년 4월 7일)는 미국의 기술자(engineer)이자 사업가(businessman)로 포드 자동차 회사의 창설자(founder)이다. 미국 미시간 주 디트로이트 서쪽의 농촌(farm village)에서 농부(farmer)의 아들(son)로 태어났다. 1903년 세계 최초(the world's first)의 양산(mass production) 대중차(popularly-priced car) 포드 모델 T의 제작(production)을 시작(begin)하였다. 그는 특히 경영지도 원리(management guiding principle)로써 미래(future)에 대한 공포(fear)와 과거(the past)에 대한 존경(respect)을 버릴 것, 경쟁(competition)을 위주로 일하지 말 것, 봉사(service)가 이윤(profit)에 선행(precedence)할 것, 값싸게 제조(cheap manufacturing)하여 값싸게 팔 것 등 4개의 봉사원칙(service principle)을 내세웠는데 이를 포디즘(Fordism)이라 한다. 한편(meanwhile) 포드는 공장(factory)의 경영합리화(business rationalization)를 위해 제품(product)의 표준화(standardization), 부품의 단순화(simplification), 작업의 전문화(specialization)라는 3S 운동을 전개(unfolding)하면서 이 원칙(principle)을 달성(attainment)하기 위하여 누드젠콘이 창안(original idea)한 컨베이어 시스템(conveyor system,흐름작업)을 채택(adoption)하여 노동생산성(labor productivity) 향상(improvement)에 이바지하였다. 이것을 '포드 시스템'이라 하는데 특별히(especially) 경영(management)을 봉사기관(service Organizations)으로 보는 포드의 사상(thought)

은 P. H. 드락커(경영학자로 지식 노동자라는 개념을 고안)의 경영이론(management theory)에 계승(succession)되고 있다. 저서에 《오늘과 내일(1926)》, 《나의 산업철학(1929)》 등이 있다.

※ 존 F. 케네디는 1917. 5. 29 미국 매사추세츠 브루클 라인~1963. 11. 22 텍사스 댈러스. 미국의 35대 대통령(1961~63). 아일랜드 이민자(immigrant)의 후손(descendant) 조지프 패트릭 케네디와 보스턴 시장(mayor)과 의원(congressman)을 지낸 존 F. 피츠제럴드의 딸(daughter) 로즈 피츠제럴드 사이에서 9남매(brother and sister) 중 둘째(second)로 태어났다. **미국역사상 최연소(youngest)이자 20세기에 태어난 최초의 대통령(first President)이 되었다.** 재임 중 쿠바 사태, 베를린 봉쇄(blockade) 등 여러 가지 어려운 위기(difficult crisis)를 맞았으며 핵실험 금지조약(Nuclear Testing Ban Treaty)의 체결(conclusion)과 '진보동맹(progressive alliance)' 결성(organization) 등의 업적(results)을 남겼다. 댈러스에서 자동차(car)로 가두행진(parade)을 벌이던 중 암살(assassination) 당했다.

※ 치킨 게임(chicken game) 두 사람이 각각 자동차를 타고 서로에게 돌진(dash)한다. 이때 누군가가 핸들을 돌려 피하지 않으면 양쪽 모두 죽게 되지만, 누군가가 피한다면 먼저 피하는 사람이 겁쟁이(chicken)가 되어 결국(finally) 게임에서 지게 된다. 이 용어(phraseology)는 냉전 시절(the cold war era : 1950년대 -1980년대) 미국과 소비에트 연방 간의 군비경쟁(an arms race)을 빗대어 사용되기도 하는데 쿠바사태 등을 일컫는다.

※ 제로섬게임(zerosum game) 게임 이론(game theory)에서, 참가자(participator)가 제각기(each) 선택(choice)하는 행동(action)이 무엇이든지(whatever) 각 참가자(participator)의 이득(profit)과 손실(loss)의 총합(total)이 제로가 되는 게임

025. **청춘은** (다 함께)**용기다**

사무엘 울만은 "청춘(the springtime of life)이란 두려움을 물리치는 용기(courage), 안이를 향하는 마음을 떨쳐버리는 모험심(an adventurous spirit)을 의미한다. 때로는 이십 세의 청년(youth) 보다 육십 세의 사람에게 청춘(the springtime of lie)이 있다"라고 했습니다. 나이가 먹었다는 핑계(pretext)를 버

리고 자신의 전문분야(specialized field)를 파고드는 용기를 갖자는 의미.

026. **청춘은** (다 함께)**이상이다.**

사무엘 울만은 "이상(ideal)을 잊어버릴 때 비로소 늙는다. 세월은 피부 (skin)에 주름살(wrinkles)을 더하지만 정열(passion)을 잃으면 마음(mind) 이 시든다."라고 했습니다. 나의 성장(growth)을 위해 평생 배움(lifelong learning)을 실천(practice)해야 하지만, '타인의 성장(growth of other)을 위 해 어려운 이들과 함께 평생 나눔(lifetime sharing)을 실천(practice)하며 이상 (ideal)을 꿈꾸는 자가 진짜 청춘(the springtime of life)이다'라는 의미.

027. **청춘은 마음의** (다 함께)**양식이다.**

"청춘(Youth)이란 장미의 모습(rosy cheeks), 붉은 입술(rosy lips), 날렵한 손발(supple knees)이 아니라 늠름한 의지(a matter of the will), 풍부한 상상 력(quality of the imagination), 불타는 정열(vigor of the emotions)을 말한 다."라고 사무엘 울만은 말했습니다. 배움을 포기하지 않고 평생 배움(lifelong learning)에 도전(challenge)하는 의지(will), 상상력(imagination), 그리고 정 열(ardor)이, 청춘(youth)이기 때문입니다. 피터 드러커는 나이 90이 넘어서도 배움을 잊지 않았던 진정한 청춘(true manhood)입니다. 여러분은 어떠하십니 까? 우리 모두 배움의 열정(passion for learning)을 가진 청춘이 됩시다. 그런 의미에서 건배 제의 합니다.(I'd like to propose a toast.)

※ 사무엘 울만(Samuel Ullman)은 독일계 유태인으로 **미국으로 이주하여 사업가**(businessman), **시인**

(poet), **인도주의자**(humanitarian)**로 활동한 인물.**

※ Samuel Ullman – Youth(사무엘 울만 – 청춘)

Youth is not a time of life; it is a state of mind:

청춘이란 인생의 어느 기간을 말하는 것이 아니라 마음의 상태를 말한다.

It is not a matter of rosy cheeks, red lips and supple knees;

it is a matter of the will,a quality of the imagination, a vigor of the emotions;

그것은 장미 빛 용모, 앵두 같은 입술, 나긋나긋한 자태가 아니라 강인한 의지, 풍부한 상상력, 불 타는 열정(熱情)을 말한다.

it is the freshness of the deep springs of life.

Youth means a temperamental predominance of courage over imidity of the appetite,

for adventure over the love of ease.

청춘이란 인생의 깊은 샘에서 솟는 신선한 정신,

두려움을 물리치는 용기, 안이(安易)를 뿌리치는 모험심을 의미한다

청춘은 안락한 사랑보다 모험을 바라기 때문에, 소심한 욕망보다

뛰어난 기질적인 우월한 용기를 의미한다.

This often exists in a man of sixty pore than a body of twenty.

때로는 이십 세 청년보다 육십 세 된 사람에게 청춘이 있다.

Nobody grows old merely by a number of years.

나이를 먹는다고 늙는 것이 아니다.

We grow old by deserting our ideals.

이상(理想)을 잃어버릴 때 비로소 늙는 것이다.

Years may wrinkle the skin. but to give up enthusiasm wrinkles the soul.

세월은 우리의 주름살을 늘게 하지만 열정을 가진 마음을 시들게 하지는 못한다.

Worry, fear, self-distrust bows the heart and turns the spirit back to dust.

고뇌, 공포, 실망 때문에 기력(氣力)이 땅으로 기어들고 마음이 시들어 버리는 것이다.

Whether sixty or sixteen, there is in every human being's heart the lure of wonder, the unfailing child-like appetite of what's next, and the joy of the game of living.

육십 세이든 십육 세이든 모든 사람의 가슴속에는 놀라움에 끌리는 마음, 어린 아이와 같은 미지 (未知)에 대한 끝없는 탐구심, 삶에서 환희를 얻고자 하는 열망(熱望)이 있다.

In the center of your heart and my heart there is a wireless station;

그대와 나의 가슴속에는 남에게 잘 보이지 않는 무엇이 간직되어 있다.

so long as it receives messages of beauty,hope, cheer, courge and power from men and from the Infinite, so long are you young.

아름다움, 희망, 희열, 용기, 영감(靈感)의 세계에서 얻는 힘이 모든 것을 가지고 있는 한 언제까지나 그대는 젊음을 유지할 것이다.

When the aerials are down, and your spirit is covered with snows of cynicism and the ice of pessimism, then you are grown old, even at twenty,

영감이 끊어져 정신이 냉소라는 눈(雪)에 파묻히고, 비탄(悲嘆)이란 얼음에 갇힌 사람은 비록 나이가 이십 세라 할지라도 이미 늙은 이와 다름없다

but as long as your aerials are up, to catch the waves of optimism,

there is hope you may die young at eighty.

그러나 머리를 드높여 희망이란 파도를 탈 수 있는 한,

그대는 팔십 세 일지라도 영원히 청춘(靑春)으로 남을 것이다.

※ 청춘 시는 사무엘 울만(Samuel Ullman)이 78세 때 쓴 시다.

028. 샘솟는 열정 (다 함께)끝없는 도전

surging passion 샘솟는 열정, 열정이 없는 사람(People who do not have a passion)은 행동(action)으로 옮길 원칙(principle)이나 실천(practice)할 동기(motive)를 가지고 있지 못하다. 타오르는 욕망(burning desire), 그것을 성취(accomplishment)하기 위한 확고한 결심(firm determination)과 열정(ardor) 그리고 1009번이나 도전(challenge)하여 성공한 프라이드 치킨(KFC)의 설립자(founder), 커널 샌더스 같이 끝없는 도전(endless challenge)이 자신이 원하는 바를 성취(accomplishment)시킨다는 의미

※ 켄터키 프라이드 치킨(KFC)의 설립자(founder), 커널 샌더스 이야기 : 할랜이라는 63세 노인(elder)
    이 있었다. 할랜은 자기가 소유한 식당(own restaurant) 및 숙박업(lodging)을 몇 년 동안(for years)
    경영해왔다. 그는 약 200,000달러의 돈을 받고 사업(enterprise)을 넘길 것을 제의(proposal)받았

으나 아직 은퇴(retirement)할 생각은 없다는 이유로 거절(refusal)했다. 2년 후.... 정부(government)에서 그의 사업장(a place of business)을 우회하는 새로운 간선 고속도로(new trunk highway)를 건설(construction)하였다. 1년도 되지 않아 할랜은 모든 것을 잃었다. 그는 65세에 완전히 파산(bankruptcy)을 하게 되었고, 사회 보장 제도(the social security system)로 나오는 적은 금액(a little money)이외에는 수입(income)도 없었다. 사업을 망친 주 정부(state government)를 상대로 소송(suit)을 걸 수도 있었다. 그러나 그는 그렇게 하지 않았다(So did not). 다시 시작하기에는 너무 늙어 버렸으니 술을 마시며 신세(one's lot)를 한탄(lamentation)할 수도 있었다. 그러나 그는 그렇게 하지 않았다. 할랜은 피해자(victim)가 되는 대신 자신을 소중히 여기는 쪽을 택했다. 그가 자신 있게 할 수 있는 일은 치킨을 요리(cooking)하는 일이었는데, 아마 누군가(somebody)는 그 지식(knowledge)을 필요(need)로 할 것이라 생각했다. 그래서 아이디어를 팔기 위해 고물 차(clunker)에 압력 조리기(pressure cooker) 싣고 자기만의 특별한 조리법(special cookery)을 가지고 길을 떠났다. 힘든 길(tough path)이었다. 호텔에서 잘 돈이 없어서 차 안에서 자는 일도 허다했다. 모든 식당(all restaurant)들이 그의 제의(offer)를 거절(refusal)했다. 할랜은 1009번 거절 당한 후에야 그의 꿈을 믿어 주는 사람을 발견(discovery)할 수 있었다. 몇 년 후(a few years later) 할랜은 식당(restaurant)을 열었고, 이 식당은 전 세계(the whole world)에 산재한(scattered) 수 천개(thousands)의 지점(branch)의 시초(beginning)가 되었다. 그의 이름은 할랜 샌더스다. 커널 샌더스라고 하면 알기 쉬울 것이다. 바로 켄터키 프라이드 치킨을 세운 전설적인 인물(Legendary Figures)이다. 커널 샌더스는 나이나 사업의 실패(in business failure)를 이유(reason)로 포기(abandonment)하지 않았다. 그는 오늘날(these days) 세계적으로 유명한(famous) 성공자(successful man)가 되었다. 63세 노인도 이런 투지(fight)가 있었습니다. 거절당하면 다른 곳(another place)에 가서 또 요구(demand)했습니다. 할랜은 1009번 도전(challenge)한 것이 아니라 될 때까지 도전했던 것입니다. 실패하면 방법(method)을 달리해서 또 도전하는 것입니다. **될 때까지 할 때까지 이룰 때까지……**

029. 우리는 (다 함께)된다.

성공해야 할 프로젝트(project)를 앞두고

030. 무조건 (다 함께)무조건이야〜〜

It's unconditional. 아주 힘들지만 조금만 참고 미래(future)를 위해 건배하자.(Let's make a toast)

※ **박상철** : 1969년(만 42세 닭띠) 강원 삼척시 출생(birth)으로 트로트 가수(singer) 1999년 전국노래자랑(National Amateur Singing Contest)에 참가(participation)해 최우수상(grand prize)을 받으면서 가수로 데뷔(앨범 부메랑). 취미(hobby)는 인라인스케이트(inline skate), 바둑이고 특기 (one's specialty)는 트럼펫【trumpet : 금관 악기의 하나, 보통 세 개의 밸브와 피스톤이 붙어 있으며 음색이 대단히 날카롭고 높다】연주(performance)이며 **전직**(one's former post[office])**은 미용사**(beauty artist)**였다고 한다. 히트**(hit)**곡으로 '무조건'이 있다.**

031. 통통통! (다 함께)쾌쾌쾌!

의사소통(communication 意思疏通), 만사형통(all goes well, 萬事亨通), 운수대통(An Extremely Good Luck, 運數大通), 유쾌, 상쾌, 통쾌. 쾌식, 쾌면, 쾌변 건강과 곁들여 말하면 더 좋을 듯.

032. 행복이여! (다 함께)영원하라!

Happiness forever. 행복한 사람(Happy man)은 모든 것을 가진 사람이 아니라 가지고 있는 모든 것을 최고로 만드는 사람이라고 합니다. 항상 행복하자(Let us always happy)는 의미로 제가 '행복이여' 하면 '영원하라!' 하고 후창해 주시기 바랍니다.

033. 진달래(azalea)

진하고 달콤한(thick and sweet) 내일을 위하여(for tomorrow)뜻으로 미래(future)에 대한 꿈과 희망(hopes and dreams)을 강조(emphasis)할 때 사용되는 구호(slogan)다. 제창자가 진하고 달콤한 '내일을 위해'라고 외치면 참석자(attendant)들 역시 '진달래'하고 함성(shouting)을 지르면 방식(method)이다.

※ 김소월(본명은 정식(廷湜)) 시집 '진달래꽃(Azalea Flower / 잎보다 꽃이 먼저 핌)'은 우리나라 근대 시기에 출판된 문학 작품(literary work)으로는 최초로 문화재 (cultural assets)로 등록(registration) 되었다.

034. 일취월장! (다 함께)승승장구!

※ 일취월장(日就月將, rapid progress, steady advance, make rapid progress) : 학문(learning)이나 재주(talent)가 날로(day by day) 진보(advancement)한다는 뜻이다. 《시경(詩經)》〈주송(周頌)〉의 '경지(敬之)'에 나오는 말로, 끝없이 노력하면(When you working endlessly) 날마다(every day) 달마다(every month) 발전(development)해 나아간다는 뜻이다. 이 못난 소자【小子 : 아들이 부모를 대하여 자기를 낮추어 가리키는 말】는 비록 총명하지 않지만(維予小子 不聰敬止) 날로 달로 나아가 학문이 광명(光明 : 밝고 환한 빛)에 이를 것이니[日就月將 學有緝熙于光明]맡은 일을 도와 나에게 덕행(virtue)을 보여주오[佛時仔肩 示我顯德行].이 시에서 중국 주(周)나라의 제2대 성왕(成王)은 스스로 총명하지 못하나 부지런히 배워 익히면 날로 달로 발전(development)해 나아가 학문이 광명에 이를 것이므로 신하(vassal)들이 서로 도와 어질고 착한 행실을 드러내 보여 달라고 하였다. 여기의 구절(paragraph)에서 일취월장이 유래(the history)하였다. **학문**(learning)·**재주**(talent)가 **갑자기 늘어남** : 刮目相對(괄목상대), 日將月就(일장월취), 日進月步(일진월보), 日新又日新(일신우일신)

※ 승승장구(乘勝長驅, make a long march flushed with victories, follow up a victory, win victory after victory) 승리나 성공의 여세를 몰아 계속 나아감.

건배사 모음 대백과

035. 오행시

오늘도 행복한 시간 되세요. Even today have a happy time

※ 오행시 : 다섯 행(行)으로 된 시

036. 행복! (다 함께)바이러스(virus)!

우리 모두(We all) 행복을 전파(spread)하는 바이러스(virus)가 되자.

037. 9988 (다 함께)복상사(腹上死, coition death)!

99세까지 팔팔하게 살다가 사랑하며 달콤하게 죽자.

※ 복상사(腹上死, coition death) 성교(coitus) 중에 동맥 경화증(arteriosclerosis : 동맥의 벽이 두꺼워
　지고 굳어져서 탄력을 잃는 질환)이나 심장 마비(heart failure) 따위로 여자의 배 위에서 죽음

038. 9988 (다 함께)234

99세까지 팔팔하게 살다가 이틀만 아프고 삼일 째 죽자.

039. 아우성(clamor)

아름다운 우리의 성공을 위하여(To our beautiful success)

※ 아우성은 만화(cartoon)로 X세대를 겨냥한 학원 감각극화 그리고 학원 아웃사이더 ≪outsider : 일
정한 사회 집단의 틀에서 벗어나 독자적인 사상으로 행동(action)하는 사람, 카르텔, 트러스트 따
위의 특정한 협정(Specific agreements)이나 조합(association)에 참가하지 않은 기업≫들의 치열
한 삶의 방식(way of fierce life)을 그렸다. 대장은 전국 9대 천왕의 비밀 병기(secret weapon)인 부
산 천왕과 공포(Fear)의 인자술≪忍者術 : 본래 고대부터 중세에 이르기까지 일본의 비밀 청부살
인(Secret murder by contract) 조직의 구성원(man of organization)을 말한다≫을 배우고 있는 삼
색귀를 일본에서 불러들였다. 과연 삼색귀가 배운 공포(fear)의 인자술은 무엇이며 각시탈이 어떤
방법(method)으로 이들을 격파(defeating) 할지 궁금증(curiosity)을 자아내는 만화 영상(Cartoon
video).

※ 카르텔(Kartell 독일어) : 동일 업종(the same job)의 기업들이 이윤(profit)의 증대(increase)를 노
리고 자유 경쟁(free[open] competition)을 피하기 위한 협정(agreement)을 맺는 것으로 형성
(formation)되는 시장 독점(monopoly of market)의 연합 형태(union forms)

※ 트러스트(trust) : 개별 기업(individual company)의 독립성(independence)은 거의 상실된 상태로
같은 업종(same sector)의 기업끼리 시장 독점(market monopoly)위해 결합(combination)하는 일

※ 콘체른[{독일어}Konzern] 법률상(the law)으로는 독립 (independence)되어 있으나 경제적으로
(economically)는 통일 (unity)된 지배(control)를 받는 기업 집단(industrial group).

040. 오늘도! (다 함께)**찬찬찬!**

희망찬, 활기찬, 가득 찬, 꽉 찬 말처럼 오늘도 힘차게 살자.

※ 편승엽은 음력(lunar calendar) 1964년 8월 14일(경기도 시흥) 출생. 1992년 1집 앨범【album : 일
정한 길이(length)의 악곡 (musical piece)이 수록(gather)된 음반(record)이나 테이프 (tape) 따위
를 이르는 말】찬찬찬’ 으로 가수(singer) 데뷔(début 프랑스어)하였으며 취미(hobby)는 낚시≪
fishing에서 흔히 낚시코라 부르는 미늘은 ‘며느리’의 방언(dialect)이기도 하다./ 낚시추인 야광막
대(케미컬라이트)는 아폴로 우주선 보조비상조명으로 사용하시 위해서 만들어졌다.≫, 경비행기
조정(a light plane control), 수상스키(water ski), 요리(cooking), 사진촬영(photo shoot)이고 종교

(religion)는 불교이다.

041. 우생순

우리 생애 최고의 순간을 위하여.

※ '우리 생애 최고의 순간(The Best Moment of Our Lives)'은 2008년 임순례 감독(director)의 영화(movie)이다. '우생순'이라는 준말(abbreviation)로도 불린다. 2004년 아테네 올림픽에 참가(participation)했던 여자핸드볼 선수(Women handball players)들의 이야기를 바탕(basis)으로 한 영화(moving picture)이다.

042. 대나무(bamboo)

대화를 나누며 무한 성공을 위하여.

※ **대나무(bamboo)는 벼과의 풀(grass)이다.** 대나무는 세계에서 가장 빠르게 자라나는 나무류의 식물(vegetation)이기도 하다. 대나무의 성장 속도(speed of growth : 하루 최대 60cm)는 지역(area)의 토양(soil)과 기후(climate)에 따라 좌우(sway)된다. 60년 또는 150년에 한 번 일제히 꽃(flower)을 피우는데, 꽃이 피면 일대의 대나무는 모두 죽고 만다. 씨(seed)는 오동나무에서 집을 짓고 사는 봉황새의 먹이(prey)라고도 한다. 사군자〈四君子 : 매화(梅), 난초(蘭), 국화(菊), 대나무(竹)〉 중 하나로 절개(節介,節槪,切開, integrity)와 군자(君子, noble man), 장수(長壽, longevity를 상징(symbols)한다.
참고로 사군자를 벗에 비유(metaphor)하여 봄에 피는 매화를 고우(古友 : 오랜 벗), 난을 방우(芳友 : 꽃다운 벗) 국화를 일우(逸友 : 뛰어난 벗), **대나무는 청우**(淸友 : 맑은 벗)라 불렀으며 매(梅), 죽(竹), 송(松)을 세한삼우(歲寒三友)라 하였다.

※ **대나무로 만든 피리(flute)인 만파식적(萬波息笛)은** 고려 충렬왕(忠烈王) 때의 보각국사(普覺國師) 일연(一然 : 1206~89)의 신라 · 고구려 · 배제 3국 시대의 설화집인 **삼국유사(三國遺事)에 외하면**

죽어서 해룡(海龍)이 된 문무왕과 천신(天神)이 된 김유신(金庾信)이 합심(union)하여 용(dragon)을 시켜 동해(東海) 중의 한 섬(island)에 대나무를 보냈다. 왕이 이 대나무로 피리를 만들어 부니, 나라의 모든 걱정(worry)·근심(anxiety)이 해결(solution)되었다는 설화(tale)가 전해지고 있다.

※ 대나무의 효능(efficacy)은 죽순(bamboo shoot)에 많이 함유된(contain) 타이로신(tyrosine)이 체내의(in the body) 생화학적(biochemical) 대사를 촉진(promotion)하는 효과(effect)가 있어서 고혈압(hypertension)이나 중풍치료(Paralytic treatment)에 좋고 필수 불포화 지방산(essential unsaturated fatty acid)인 리놀산과 리놀렌산(linoleic acid)이 많이 함유(contain)되어 있어서 항비만 효과(antiobesity effect)가 있기 때문에 다이어트(diet)에도 권할만한 식품(food)입니다. 대나무기름(Bamboo oil), 죽력【竹瀝 : 푸른 대쪽을 불에 구워서 받은 진액(津液)】은 중풍(stroke)이나 모든 혈관계 질환(thrombus precursor protein)에 신통한 효험(effectiveness)이 있으며 비누(soap)로도 만든다.

※ 쫑즈(粽子) : 대나무잎(bamboo leaf)에 꼭꼭 싸맨 삼각형(triangle) 찹쌀(glutinous rice) 주먹밥(rice ball).

※ 중국의 단오 유래 : 초나라 충신(loyalist) 굴원이 강물(the river)에 몸을 던져 죽은 후 이 소식을 듣고 비통(grief)한 많은 사람들이 몰려와 배를 타고 시신(corpse)을 찾았지만 못 찾자 대나무통에 찹쌀 밥(boiled glutinous rice) ≪쫑즈(粽子)≫을 넣어 강물(river water)에 던지며 굴원의 넋(soul)을 기리고 용주(龍舟 : 임금이 타는 배)를 저어서 물고기(fish)들을 쫓아 굴원의 시신(corpse)을 먹지 못하도록 한데서 중국의 단오【조선시대는 단오날에 임금에게 부채(folding fan)를 선물(present)하는 단오선(端午扇)이라는 풍습(custom)이 있었음】가 유래(the history)되었다.

※ 나무(tree)와 풀(grass)의 구분(division) : 나무와 풀의 가장 큰 차이(difference)는 땅위에 살아 있는 부분이 겨울에도 살아있으면 나무이고 죽으면 풀이다. 나무는 부피생장(growth in volume)을 하고 풀은 그렇지 않다는 점이다. 또한 외떡잎식물(monocotyledon)은 부피생장(bulk growth)을 하지 않으므로 모두 풀이다. 우리가 풀인 줄 알고 있는 인동덩쿨과 칡은 나무의 나이테(growth ring)가 있고, 오래될수록 줄기(trunk)가 커지는 나무이다.

043. 올 한해 우리 모두 함께!

^(다 함께)정상에서! 정상에서! 정상에서! 만납시다!

We all meet at the top 우리 충북본부의 올해도 캐치프레이즈(catch phrase)는 '우리는 모두 함께 정상에서 만납시다!'이며 영어로는 'See You at Top!'입니다. 서브케치프레이즈(sub-catch phrase)는 '1등(first-class) 충북본부를 꿈꾸며'입니다.

꿈이 원대하지 않으면 그것은 꿈이 아니며 꿈을 갖지 않으면 희망 또한, 꿈 꿀 수 없습니다. 우리는 올해 1등(first-class) 충북본부를 꿈꾸며 이 꿈을 실현 시켜나가기 위해 정상(top)을 향한 동행(going together)을 시작합니다. 우리가 시작하는 동행은 갖자가 흩어져 각자의 길(separate ways)로 가는 여정(journey)이 아니라 손을 잡으며 마음까지 따뜻해지는 동행(going together)의 가족 여행(family travel)이 되어야 합니다.

이를 위해 우리는 모두 상하동곡자승(上下同谷者勝)이라는 글귀(phrase)를 마음에 새겨야 합니다. 이는 손자병법 모공(謀攻 : 싸우지 않고 적을 굴복시키는 것)편에 나오는 승리를 얻기 위한 다섯 가지 방법(method)의 하나로 이를 풀이하면 '상하가 한마음 한뜻(together as one)으로 정상(top)을 향해 선봉장(spearhead vanguard)에 서서 질풍노도(the storm and stress)의 기세(spirit)로 달려 나갈 때 1등 충북본부를 우리가 앞장서서 만들어 낼 수 있습니다.

탈무드에 The Winners are making a way in the snow with their steps, but Losers are just waiting for the moment that snow is melted. 승자는 눈을 밟아 길을 만들지만 패자는 눈이 녹기만을 기다린다. 라는 말이 있습니다. 가슴 깊이 새기고 눈(snow)을 밟아 길(way)을 만드는 필승(certain victory)의 각오(preparedness)와 결연한 의지(determination)를 가지고 최우수 사업소 (the best business office) 달성(achievement)을 위해 우리의 열정(ardor)과

가열 찬 의지(erupting will)를 담아 정상(top)을 향해 웅비(雄飛, great leap ： 매우 힘차고 왕성하게 활동함을 이르는 말)의 나래(wing)【날개의 강원도, 함경도의 방언(dialect)】를 펴고 달려갑시다.

※ 탈무드[Talmud] ： 교훈(lesson), 교의(tenet)라는 뜻으로, 유대인 율법학자(moolvee)들이 사회의 모든 사상에 대하여 구전(oral tradition)한 것을 집대성(summation)한 책을 이르는 말

※ 손자병법 [Suntzu pingfa, 孫子兵法] 중국 고대 군사학(military science) 명저(masterpiece)이며 현존하는 중국 최고(最古)의 병서(兵書, book on strategy).〈손자 孫子〉·〈오손자병법 吳孫子兵法〉·〈손무병법 孫武兵法〉등으로도 불린다. **춘추시대말 손무(孫武)가 지었다.** 〈한서 漢書〉예문지(藝文志)에는 82편, 도록 9권이라고 기록(record)되어 있으나, 지금 남아 있는 송본(宋本)에는 계(計, plot) · 작전(作戰, strategy) · 모공(謨攻, stratagem) · 형(形, shape) · 세(勢, power) · 허실(虛實, truth and falsehood) · 군쟁(軍爭, war) · 구변(九變 ： 아홉 가지 변칙) · 행군(行軍, march) · 지형(地形, topography) · 구지(九地 ： 땅의 가장 낮은 곳) · 화공(火攻, attacking with fire) · 용간(用間, Spy use) 등의 13편만이 전해진다. 그밖에 오문【吳問 ： 오나라 왕이 손자에게 병법(tactics)을 질문한 내용(Question content)】· 황제의 전쟁에 관한 기록인 황제벌적제(黃帝伐赤帝) 등의 중요한 유실문이 있다. 이 책은 춘추 말기의 군사학설(military theory) 및 전쟁을 모두 묶은 책이다. 그 가운데 **"적을 알고 나를 알면 100번 싸워도 위태롭지 않다"**(知彼知己百戰不殆), 우세한 병력(superior forceops)의 집중(concentration), 민첩한(agile) 기동작전(mobile operations) 등의 수많은 기본원칙(ground rule) 세계 각국(all countries of the world) 전략가(strategist)들의 높은 평판(good reputation)을 얻었다. 조조(曹操)를 포함한(include) 11명이 주(annotation)를 달았으며, 영어 · 일어 · 프랑스어 · 독일어 · 체크어 · 러시아어 · 한국어 등으로 번역(飜譯, translation])되었다.

※ 질풍노도【疾風怒濤, Sturm und Drang ： 독일어로 슈트름Sturm은 폭풍(storm)이고 드랑 Drang은 압박(pressure)이란 뜻】 ： 몹시 빠르게 부는 바람(terribly fast-blowing wind)과 무섭게 소용돌이치는 물(scary swirling wave). **질풍노도(the storm and stress)라는 말은 원래 18세기 말 독일의 극작가(dramatist) 프리드리히 폰 클링거가 발표한 희곡**【play ： 등장인물 the (characters)들의 행동(action)이나 대화(dialogue)를 기본 수단으로 하여 표현하는 예술 작품(expressive works of art)】 **의 제목(title)에서 유래되었다.** 슈투름 운트 드랑(Sturm und Drang)은 18세기 후반 독일에서 일어난 문학(literature) 혁명 운동(revolutionary movement). 합리주의(rationalism), 계몽주의(illuminism)에 대한 반동(rebound)으로 감정(feeling)의 해방(liberation), 개성(individuality)의 존중(respect) 및

건배사 모음 대백과

천재주의를 주장(insistence)하였다. 헤르더, 괴테, 실러 등이 이 문학양식(literature type)으로 잘 알려져 있다. 대표적 희곡(representative plays)으로는 괴테의 초기 작품 〈괴츠 폰 베를링겐(Gotz von Berlichingen)〉(1773), 실러의 〈음모와 사랑〉, 〈군도(群盜)〉, 클링거의 〈쌍둥이〉, 렌츠의 〈군인들〉, 〈가정교사〉 외에도 이론적 저작에 렌츠의 〈연극각서〉가 있다. 특히 렌츠가 독일 리얼리즘의 개척자 뷔흐너(1813-37)에게 미친 영향(influence)은 유명하며, 20세기 초엽(in the early 20th century)의 표현주의(expressionism)는 이 운동의 20세기적 전개(explication)라고 할 수 있다.

044. 소나무(pine)

소중한 나눔(precious sharing)의 무한한 행복(infinite happiness)을 위하여.

※ 소나무 : 소나무의 송(松)자는 나무 木자와 公(㉠공평하다 ㉡공변되다 ㉢공평 무사하다 ㉣귀인 ㉤벼슬 ㉥관청 ㉦상대를 높이는 말)이 합쳐진 글자인데, **진시황제【**최초로 황제(emperor)칭호 사용**】가 길을 가다가 소나무 아래서 비를 피하게 되자 보답(repay)의 뜻으로 木 公 이란 벼슬을 내렸는데 후에 두 글자가 합해져서 소나무 松 이 되었다고 한다.**

※ 소나무가 늘 푸른 나무일 수 있는 것은 소나무 잎의 수명(壽命, life span)이 2년이기 때문입니다. 소나무에 새잎이 돋아 1년생 잎이 되면 그 전해에 났던 2년생 잎은 떨어지게 되고 새잎은 그 이듬해까지 푸르름을 간직한 채 나무에 달려있기 때문이다.

※ 십장생【해(sun) ・산(mountain) ・물(water) ・돌(stone) ・소나무(pine) ・달(moon) 또는 구름(cloud) ・불로초(elixir plant) ・거북(turtle) ・학(crane) ・사슴(deer)】의 하나로 장수물(長壽物)의 상징(symbols)이며, 소나무가 죽은 후 4~5년 후에 그 뿌리에 기생(parasitic)하는 **레시틴**(lecithin)**과 무기질**(minerals)**이 다량 함유**(contain)**되어 있어 피부**(skin)**의 보호기능**(protective function)**이 있는 복령이라고 하는 버섯**(mushroom)**, 송진**(pine resin)**이 오래되어 만들어지는 호박이라는 보석**(jewel)**이 나오고 나무에서 발산**(emanation)**하는 살균력**(sterilizing[germicidal] power)**을 가진 방향성**(芳香性) **물질**(aromatic material)**인 피톤치드**(phytoncide)**가 편백나무, 구상나무≪엘리자베스 2세 여왕이 1999년 4월 유네스코 한국의 세계유산 10번째로 등재**(registration)**된 안동 하회마을 방문**(visit) **기념수**(memorial tree)**, Christmas tree로 인기≫, 다음으로 소나무 등 침엽수에서 많이 발산**(diffusion)**된다고 한다.**

※ 소나무(pine) 아래서 나서 소나무 관(coffin)에 묻혀죽는 다는 말이 있듯이 소나무 쓰임새는 무궁무진(infinitude)하다. 소나무는 전체가 만병(all diseases)의 영약(靈藥), wonder[miracle] drug)이다. 소변(urine)을 보기 어려워 고생(suffering)하는 경우에는 복령만두를 만들어 먹기도 한다.

045. 우리와 우리 고객 모두의 행복을 위하여

미소(smile)에는 두 가지 종류(two different kinds)가 있다고 합니다. 하나는 '뒤센 미소'입니다. 이는 마음에서 우러나오는 진짜 웃음(genuine smile)입니다. 웃을 때 양 입꼬리(mouth corner)가 위로 올라가고 눈가에는 주름(crow's foot)이 잡히게 됩니다. 다른 하나는 '팬아메리칸(Pan-American) 미소(smile)'입니다. 예전 팬아메리카(Pan-American) 항공사의 TV광고(advertisement)에 출연(appearance)한 승무원(crewman)이 짓던 형식적(formal)인, 가짜 미소(fake smile)를 말합니다. 이러한 미소(smile)가 행복(happiness)과 관련된다는 연구결과(research results)가 있습니다.

미국 캘리포니주 오클랜드에 소재(whereabouts)하고 있는 밀스대학의 1960년도 졸업생(graduate) 141명을 대상으로 장기간(long-term)에 걸쳐 연구(study)가 이루어졌습니다. 졸업(graduation) 앨범(album)에는 3명을 제외한 모든 학생(student)이 웃고 있었고 그중 절반만이 뒤센 미소를 짓고 있었습니다. 이들을 27세, 43세, 52세 될 때마다 조사(inquiry)해본 결과(result) 모두 만족(satisfaction)하고 행복한 삶(happy life)을 살고 있었답니다.

웃음은 우리를 행복하게 만듭니다.(Laughter makes us happy)우리가 행복하면 고객이 행복하고, 나아가 우리 회사가 행복(happiness)해 질 것입니다.

오늘은 어제 죽은 이들이 그토록 갈망(ardent wish)한 내일입니다.(Today, which was proved to be fruitless, is the day that the dead in the past was longing for.)지금 현재 우리의 주변에 있는 분이 가장 중요한 사람(the most important people)입니다. 같이 더 많이 웃고, 더 많이 행복해지시길 바라면서 건배 제의를 하도록 하겠습니다.(I'd like to offer a toast.)

※ 뒤센의 미소(Duchenne's smile) 뒤센은 1862년 처음으로 눈(eye) 전체를 둘러싸고 있는 괄약근(sphincter)을 연구(research)한 학자(scholar)였다. 진짜 웃음(real laughter)은 입술(lips) 끝이 위로 당겨지고. 두 눈(two eyes)이 약간 모아질 때, 그리하여 눈가에 주름(wrinkle)이 나타나고 두 뺨(two cheek)의 상반부가 들려질 때 얼굴(face)은 행복한 상태(state)를 나타낸다. 이 때 눈가(the eye rim)의 괄약근(sphincter)이라 불리는 안륜근(orbicular muscle of eye, 표정근)이 수축(shrinking)된다. 미국의 인류학자(an anthropologist) 폴 에크만(Paul Ekman)은 이것을 프랑스의 심리학자(psychologist)기욤 뒤센(Guillaume Duchenne)을 기리기 위해 '뒤센 미소(Duchenne's smile)'라고 불렀다.

046. 웃으면 (다 함께)복이 온다

If you laugh, blessings will come your way. 여러분! 오늘 하루 몇 번이나 웃으셨나요? 80평생에 웃는 시간은 겨우 20일이라고 합니다. 그 만큼 웃음(laughter)을 아끼고 절약(saving)한다는 이야기인데요. 웃음을 아끼지 마세요. 내 안에서 샘물(spring water)처럼 늘 샘솟는(surge) 것이 웃음입니다. 힘들 때일수록 더욱 웃으세요. 좌절(breakdown)의 늪(swamp)에서 끌어올려줍니다. 포기(abandonment)의 상황(situation)에서 다시 일어설 수 있는 힘을 줍니다. 웃으면 복(fortune)이옵니다.(Laugh and grow fat) 그것도 넝쿨 채로, 오늘부터 웃으며 사실 거죠? 제가 '웃으면'하고 선창하면 여러분은 '복이 온다.'라고 외쳐주세요.

※ 【속담(proverb,俗談)】Laugh and grow[be] fat. 웃고 살쪄라, 웃으면 복이 온다.

047. 너에게 즐거움을 주는 건! (다 함께)**내가!**
　　너를 재미있게 해 주는 건! (다 함께)**네가!**
　　너와 나를 행복하게 해 주는 건! (다 함께)**우리가!**

048. 언제나! (다 함께)**통통통!**

　항상(always) 의사소통(communication 意思疏通), 운수대통(An Extremely Good Luck, 運數大通), 만통(all goes well, 萬事亨通)을 기원.

049. 통통통!

　우리 人生의 통통한 미래(Future)를 위해, "통통통"

050. 인생은 (다 함께)**해피엔딩이다**

　지금 해피엔딩(Happy Ending)으로 믿으면 해피엔딩(행복한 결말)이 오게 되어 있다.

051. 술~술~! (다 함께)**풀려라!**

　술을 마시면 잘못된 일(wrong work), 어려웠던 일(difficult work)은 잊고 술 술 풀리기를 기원.

052. 무소유(無所有, non-possession)

무리하지 말고 소통(communication)하며 **유연**(pliability)하게 살자.

※ 《무소유,non-possession》는 대한민국의 불교 승려 (Buddhist monk)인 법정이 쓴 수필집(the collected essays) 이다. 초판(the first edition) 1쇄는 1976년 4월 15일이며, 범우사에서 출간 (publication)되었다. 2010년 3월 현재 3판 86쇄까지 발간되어 있다. 책에서 법정 스님(Buddhist leader Beopjeong)은 마음을 가꾸는 것이 중요하다고 말한다. 무소유(無所有, simatiga)는 가진 것 이 없이 번뇌(Anguish)의 범위(scope)를 넘어서 모든 것이 존재(Existence)하는 상태(state)를 뜻하 는 불교 용어(Buddhist terms)이다.

※ 수필(隨筆, essay) 자신(oneself)의 (experience)이나 느낌(feeling) 따위를 일정한 형식(form)에 얽 매이지 않고 자유롭게 기술(description)한 산문 형식(Prose Style)의 글(sentence)

053. 나가자

나라와 **가정**과 **자신**을 위하여 건강하자라는 의미입니다. 제창자가 나자건! 하면 참석자들은 나가자 배(배 채우자)! 하면 재미있을 듯.

054. 새해는! (다 함께)소원 성취하자!

Let the new year wishes ○ ○ ○ 년 ○ ○ 띠의 새해에 건강(health)하시고 행복(happiness)하시고 뜻한 바 다 이루시길 기원합니다.

※ **〈12지의 의미 체계〉**
쥐(mouse)가 12지간 중 맨 앞에 나오는 이유는 쥐(rat)는 앞 발가락(toe)이 음의 짝수(4개), 뒷발가 락이 양의 홀수(5개)인데 음양을 한 몸에 지닌 동물(animal)은 거의 없어 맨 앞에 두었다고 한다.

이는 조선 제14대 왕 선조대왕이 유희춘(조선 중기의 문신)에게 물었을 때 한 대답(answer)이다.

구 분	동 물	시 간	달	방 위
자	쥐	23시 ~ 01시	1월	북
축	소	01시 ~ 03시	2월	북동
인	호랑이	03시 ~ 05시	3월	동북
묘	토끼	05시 ~ 07시	4월	동
진	용	07시 ~ 09시	5월	동남
사	뱀	09시 ~ 11시	6월	남동
오	말	11시 ~ 13시	7월	남
미	양	13시 ~ 15시	8월	남서
신	원숭이	15시 ~ 17시	9월	서남
유	닭	17시 ~ 19시	10월	서
술	개	19시 ~ 21시	11월	서북
해	돼지	21시 ~ 23시	12월	북서

※ 태세(太歲) 계산법(육십갑자 계산법, 띠 세는 법)

천간(the ten celestial stems)과 지지에 의해 연도(the year)가 정해진다. 천간(天干)은 육십갑자(六十甲子)의 위 단위를 이루는 열 가지 요소로 십간(十干)이라고도 하며, 갑(甲), 을(乙), 병(丙), 정(丁), 무(戊), 기(己), 경(庚), 신(辛), 임(壬), 계(癸)를 의미합니다. 지지(地支)는 육십갑자(六十甲子)의 아래 단위를 이루는 12가지 요소로 동물을 상징하며, 십이지(Zodiac, 十二支)라고도 한다. 자(子), 축(丑), 인(寅), 묘(卯), 진(辰), 사(巳), 오(午), 미(未), 신(申), 유(酉), 술(戌), 해(亥)가 이에 해당된다. OO년에서 첫 번째 칸에 들어갈 말을 천간이라고 하며, 문자로 "A"라 칭하며, 두 번째 칸에 들어갈 말은 십이지(12가지의 띠)이라고 하며, 문자로 "B"라고 칭한다. 이것을 위의 문자로 바꾸어 보면 "AB"년이 된다. 아래의 표(table)를 통해 계산법(system of

10천간 (天干) A	12간지 (干支) B
0. 경 (庚)	0. 신 (申, 원숭이)
1. 신 (辛)	1. 유 (酉, 닭)
2. 임 (壬)	2. 술 (戌, 개)
3. 계 (癸)	3. 해 (亥, 돼지)
4. 갑 (甲)	4. 자 (子, 쥐)
5. 을 (乙)	5. 축 (丑, 소)
6. 병 (丙)	6. 인 (寅, 범)
7. 정 (丁)	7. 묘 (卯, 토끼)
8. 무 (戊)	8. 진 (辰, 용)
9. 기 (己)	9. 사 (蛇, 뱀)
	10. 오 (午, 말)
	11. 미 (未, 양)

measuring[calculation])을 알아보도록 하겠다.

2012년을 예로 들어 설명하고자 한다. "A"는 연도수의 끝자리에 따라 결정(decision)된다. 올해 2012년은 2로 끝나므로 "임(壬)"이다. "B"는 연도를 12로 나누었을 때의 나머지에 따라 결정된다. 2012÷12 = 167, 6로 나머지가 8이므로 "진(용)"이다. 공식(formula)을 쉽게 풀이해 보면 태어난 년도 2012년 − (정수167×12월 = 2004) = 8 따라서 올해는 임진년(壬辰年)이 된다. 2013년을 60갑자 표현해 보면 "A"는 2013년은 3으로 끝나므로 "계(癸)"이다. "B"는 2013÷12 = 167, 75로 **나머지가 9이므로** "**사**(뱀)"이다. 공식(formula)을 쉽게 풀이해 보면 2013 − (167×12 = 2004) = 9 따라서 계사년(癸巳年)이 된다.

※ **육십갑자**(六十甲子) : 갑자(甲子) 을축(乙丑) 병인(丙寅) 정묘(丁卯) 무진(戊辰) 기사(己巳) 경오(庚午) 신미(辛未) 임신(壬申) 계유(癸酉) 갑술(甲戌) 을해(乙亥) 병자(丙子) 정축(丁丑) 무인(戊寅) 기묘(己卯) 경진(庚辰) 신사(辛巳) 임오(壬午) 계미(癸未) 갑신(甲申) 을유(乙酉) 병술(丙戌) 정해(丁亥) 무자(戊子) 기축(己丑) 경인(庚寅) 신묘(辛卯) 임진(壬辰) 계사(癸巳) 갑오(甲午) 을미(乙未) 병신(丙申) 정유(丁酉) 무술(戊戌) 기해(己亥) 경자(庚子) 신축(辛丑) 임인(壬寅) 계묘(癸卯) 갑진(甲辰) 을사(乙巳) 병오(丙午) 정미(丁未) 무신(戊申) 기유(己酉) 경술(庚戌) 신해(辛亥) 임자(壬子) 계축(癸丑) 갑인(甲寅) 을묘(乙卯) 병진(丙辰) 정사(丁巳) 무오(戊午) 기미(己未) 경신(庚申) 신유(辛酉) 임술(壬戌) 계해(癸亥) 이처럼 육십갑자는 60년을 주기로 다시 같은 해(갑자년)가 되므로, 60년 만에 환갑(還甲, 環甲)이 되는 것이다.

055. 나가자(let's go out)! (다 함께)세계로(Global)!

'나가자'를 선창한 다음 '세계로' 후창

056. 나가자! (다 함께)나가자!, 나가자!, 나가자!

나가자 : **나라**(nation)의 발전(development)과 **가정**(home)의 발전과 **자신**(oneself)의 성공(success)을 위하여.

057. 지나가자

지구를 위하여, **나라**를 위하여, **가정**을 위하여, **자신**을 위하여.

058. 개나발

개인(private person)과 **나라**(country)의 **발전**(development)을 위하여.

※ '개나발 : 개'란 '야생의', '마구잡이의'란 뜻의 접두사로 마구 불어대는 나팔

059. 조평통! (다 함께)개나발!

조국(the fatherland)의 **평화 통일**(peaceful unification)과 **개인**과 **나라**
(Individuals and Nations)의 **발전**(development)을 위하여.

060. 조나발

조국과 **나라**의 **발전**(development)을 위하여.

061. 조통세평

조국의 **통일**(national unification)과 세계의 **평화**(world peace)를 위하여.

 건배사 모음 대백과

062. 마당발(networker)

마주 보는 당신의 발전을 위하여.

※ 마당발은 사람들과의 사귐이 많고 폭넓은 사람. 예문) He has many connections 그는 마당발이다.

063. 또나보

또 다른 나를 보자.

064. 인절미

인간미(humanity)가 절절 넘치는 미남(handsome man)【미녀(beauty)】홍길동 회장님(chairman)을 위하여.

※ 인절미 : 인절미는 충분히 불린 찹쌀(sticky rice)을 밥(boiled rice)처럼 쪄서 안반(반죽을 하거나 떡(rice cake)을 칠 때에 쓰는 두껍고 넓은 나무판)이나 절구(mortar)에 담고 떡메(a rice-cake mullet)로 쳐서 모양(shape)을 만든 뒤 고물(powdered bean[sesame/pea])을 묻힌 떡이다. 인조는 조선의 제16대 왕(재위 1623~1649). 병자호란 때 청나라에 항복(submission)하였고, 이괄이 난(1624년)을 일으켜 한양이 반란군(rebel forces)에 점령(occupation)당하자 공주의 공산성으로 피란(refuge)을 갔다. 어느 날(one day) 임씨라는 농부(peasant)가 찰떡(glutinous rice cake)을 해서 임금님께 바쳤다.그 떡 맛이 좋을 뿐만 아니라 인조가 처음 먹어 보는 떡이라 신하(vassal)들에게 그 이름(name)을 물었으나 아는 사람이 없었다. 이에 **인조께서 친히 떡 이름을 지어 내렸는데, 임 서방이 쌀을 잡아당겨 자른 떡이라 하여 '임절미(林切米)'라 한 것이 오늘날**(today) **인절미로 바뀌었다고 한다.**

065. 나가자! (다 함께)고객과 함께!

let's go out! / Customer Together!

이루자! (다 함께)내실경영을!

Let's make! / Profitable Practical Management!

해내자! (다 함께)초일류기업을 위해!

Let's accomplish / top-notch enterprise!

고객(client)과 함께하는 신뢰(trust) 받는 회사로서 정도 영업(正道營業, right path business)을 통한 확고한 내실경영(firm internal management)으로 전 세계(the whole world) 전력산업계(electric Power Industry)의 자타(oneself and others)가 공인(official recognition)하는 세계 초일류 기업(world top-notch company)으로 만들자는 의미.

066. 오늘! (다 함께)시작하자!(Let's start today)

'개천에서 용 났다'(A rags to riches story. / A great person may be born of perfectly ordinary parents)라는 말, 여러분 잘 아시죠? 반기문 유엔 사무총장(UN Secretary General)이 바로 이런 분입니다. 가난한 시골 소년(Country boy)이 온 세상(the whole world)을 가지기 위해서 늘 외쳤던 말이 있답니다. "지금 잠을 자면 꿈(dream)을 꾸지만 지금 공부하면 꿈을 이룬다." 꿈을 이루기 위해 시골 소년(farm boy)은 하루하루(every day)를 실천(practice)으로 채웠답니다. 우리도 더 이상 꿈만 꾸지 말고 오늘 바로 그 일을 시작합시다. 제가 '오늘(today)'이라고 외치면 여러분은 '시작하자(let's start)'라고 소리쳐주세요.

　　　　　　　　　　　　　　　　　　　　건배사 모음 대백과

※ 반기문(潘基文) : 44년 6월 13일 충북 음성에서 태어난 그는 초등학교(elementary school) 5학년 때 충주로 이사해 고교(high school)때까지 그곳에서 자랐다. **3남 2녀 중 장남**(the first son)**으로 부친**(father)**은 정미소**(rice mill) **종업원**(employe)**이었다.** 충주 고등학교 3학년(the third grade) 때 적십자사(the Red Cross) 주최(sponsorship)의 영어 웅변대회(an oratorical contest)에 나가 입상 (winning a prize)하여 등용문(gateway)되었다.

그 결과(result)가 케네디 대통령(president)**과의 만남**(meeting)**이다.** 영어는 고비마다 그의 힘이 됐다. 군 복무(military service) 중에는 4성 장군(four-star general)의 영어 개인교사(private teacher)로 차출(temporary transfer)됐고, 외교관(diplomat)이 된 뒤에는 줄곧(continuously) 한국 외교(外交, diplomacy)의 핵심(core)인 영어권(the English-speaking world) 업무(business)를 맡았다. 그는 아들(son) 하나와 딸(daughter) 둘을 자녀(children)로 두고 있고, 모국어(the native language)인 한국어는 물론(of course) 영어에 능통(proficiency)하며, 프랑스어, 독일어, 일본어도 구사(free use)한다.

2006년 말 아시아인으로는 2번째로 제8대 국제 연합 사무총장(the secretary-general of the United Nations)**에 당선** (winning an election)**되어 2007년부터 업무를 시작, 현재 재임 중이다. 2011년, 192개국의 만장일치**(unanimity)**로, 2012년 1월 1일부터 5년간 연임**(reappointment)**하게 되었다.**

※ 등용문(登龍門, the gateway to success) 《후한서(後漢書)》 〈이응전(李膺傳)〉을 보면 "**士有被其容接者 名爲登龍門**【선비로서 그의 용접(容接 : 찾아온 사람을 맞아서 만나 봄)을 받는 사람을 이름하여 등용문이라 하였다】."고 적혀 있다. 여기에 나오는 등용문(an opening to honors)은, 〈이응전〉의 주해(註解 : 본문의 뜻을 주로 달아 알기 쉽게 풀이함)에 따르면 **황하**(黃河) 상류(the upper stream)에 용문이라는 계곡(valley)이 있는데, 그 근처에(near) 흐름(flow)이 매우 빠른(very fast) 폭포(waterfall)가 있어 그 밑으로(under) 큰 고기(big fish)들이 수없이 모여들었으나 오르지 못하였으며, 만일 **오르기만 하면 용**(dragon)**이 된다고 하였다.** 그 후 이 말은 과거(the civil service examination)에 급제(及第, pass an examination)하는 것을 가리키게 되었고, 오늘날에는(nowadays) 어려운 관문(difficult gateway)을 통과(passage)하여 출세(success in life)의 문턱(threshold)에 서는 일을 말하게 되었다.

※ 황하(黃河) 중국 서부에서 동북부로 흐르는 강. 길이가 5,460킬로미터로 양쯔 강(揚子江) 다음가는 중국 제이의 긴 강이다. 칭하이 성(靑海省)의 야허라다허쩌 산(雅合拉達合澤山)에서 시작하여 큰 지류(tributary)를 합치면서 화베이 평야(華北平野, 화북 plain)를 흘러 발해로 흘러든다. 황토(黃土, loess)를 대량 (large quantity)으로 운반(conveyance)하여 물이 누렇게 흐리기 때문에 황허(yellow river)로 불린다. 중하류는 중국 문명(civilization)의 요람지(the cradleland)로서 유명(famous)하다. 중국어 'Hwanghe[黃河]'를 우리 한자음으로 읽은 이름(name) 이다.

067. 잘하겠습니다 (다 함께)더 잘해라

I'll be good. Do the better job next time. 자기를 낮추면서 더 잘 할 것을 다짐할 때.

068. 천리마(a fine horse, an excellent horse)

천천히 **릴**렉스(relax : 긴강 완화)하고 **마**시자.

※ 천리마(千里馬)는 하루에 천 리를 달릴 수 있을 정도로 좋은 말. **적토마(赤兎馬)는 중국 후한말 위, 촉, 오 삼국시대에 여포의 애마이었으나 여포의 죽음**(death)**으로 관우의 애마**(one's favorite horse)**가 된 명마**(an excellent[a good] steed). **한혈마【**汗血馬 : **유비**(중국 삼국 시대 촉한(蜀漢) 의 초대 왕)**의 애마】**는 하루에 천 리(약 400km)를 달린다고 전해지는 한나라 시대 서역 대완국【페 르가나(fergana) : Uzbekistan 공화국 동부(east)에 있는 이 지역의 중심 도시(Hub city)】에서 산 출(production)되던 명마(a famous horse)의 한 종류(kind)이다. 「피와 같은 땀을 흘리며 달리는 말」 이라는 의미로 「한혈마」라고 불린다.

069. 우리의 행복한 Ritual을 위하여
(다 함께)위하여! 위하여! 우리의 행복한 Ritual(의식)을 위하여!

평소 죽도록 일만 하고 놀 줄을 몰라 이혼(divorcement) 당한 남자(man) 이야기. 한국에서 대기업 사장(big-company CEO)으로 명예롭게 은퇴(step down honorably)한다는 것이 얼마나 어려운 일인가? 그는 정말 열심히 일했습니다. 해외지사(Overseas offices), 지방 공장(locality Plant) 등 정열적으로(passionately) 일하던 시절(working days) 대부분(most)은 집 밖에서 보냈습니다. 그러다가 은퇴(retirement)하는 날 불현 듯(suddenly) 아내(wife) 생각(thinking)이 났습니다.

아이들(children)이 훌륭하게 자라 각각(each) 가정(home)을 꾸리고 행복(happiness)하게 살고 있고, 자신이 이렇게 존경(esteem)받으며 은퇴할 수 있었던 것은 다 아내 덕분(the assistance of his wife)이라는 생각이 든 것입니다. 그에게도 아내가 있었던 것입니다. 이토록 당연한 생각(obvious idea)이 이처럼 늦게 떠오르다니, 뒤늦은 통찰(belated insight)에 그는 결심(determination)했습니다. '이제부터(from now on) 아내를 위해 살리라(From now on, I shall live for the wife)!' 은퇴한 후(After retiring), 그는 매일같이(every day) 아내와 함께 즐거운 시간(fun time)을 갖고자 애썼습니다. 백화점(department store)에서 아내의 손가방(portfolio)을 들고 서 있기도 했습니다. 우아한 호텔(elegant hotel)에서 저녁 식사(dinner)도 자주 했습니다. 해외 골프여행(overseas golf travel), 크루즈여행(cruise tour)을 다녀오기도 했습니다. 주말(the weekend)이면 아내가 다니는 교회(Church)에 따라 나가 구석(corner)에서 꾸벅꾸벅 졸기도 했습니다. 서서히(gradually) 아내의 존재(existence)가 즐겁고 감사해지기 시작했습니다. 그런데(by the way) 딱 3개월이 되던 날, 아침 식탁(breakfast table)에서 아내는 자못 심각한 표정(serious look)으로 이야기를 꺼냈습니다. "당신, 이젠 제발 좀 혼자 나가놀 수 없어?" (Now, please, can't have you playing outside alone?)

위의 이야기는 명지대 여가 경영학과(the department of business administration) 김정운 교수(professor)가 쓴 '나는 아내와 결혼(marriage)을 후회(regret)한다(I regret marrying wife) '라는 책에 나오는 유머(humor)

입니다. 평소 (ordinary times) '자기만의 놀이(Play you own)'를 위해 행동 (action)하지 않는 남자(man)는 결국(after all), 후회한다는 이야기인 것 같습니다. 중년(middle age)일수록 제대로 된 삶(decent life)을 살기 위해 혼자 (alone) 커피 마시고, 박물관(museum)도 찾고, 역사탐방(exploring history) 도 즐길 수 있는 자기만의 놀이 즉 자기만의 행복한 ritual(의식)이 필요한 것 같습니다.

※ 조강지처(糟糠之妻) 지게미 조, 쌀겨 강, 어조사 지, 아내 처. 후한서 송홍전에 나오는 이야기로 광무 제 유수【光武帝 劉秀 : 왕망(신나라 창시자)에게 찬탈당한 한나라를 재건한 황제】물음에 송홍은 "신 이 듣기로는 가난하고 어려울 때에 사귄 벗은 잊을 수 없고, 술지게미와 쌀겨를 먹으며 고생한 아내 는 쫓아낼 수 없다고 들었습니다(貧賤之友 不可忘 糟糠之妻 不下堂)" 라고 답한대서 유래했다.

※ 크루즈 여행(Cruise travel) 호화여객선(luxury liner)을 타고 어느 바다를 순항(巡航, cruise)하면서 여러 지역(many areas)을 도는 여행(trip). 싱가폴에서 출항(sailing)하여 말라카 해협(strait)을 순환 (cycle)하는 크루즈여행이 유명(famous).

※ 말라카 해협(trait of Malacca)은 인도양(the Indian Ocean)에 속한 안다만 해(sea)와 태평양(the Pacific)에 속한 남중국해(south china sea)를 잇는 수로(waterway). 여러 형태(many type)의 선박 (vessel)들이 다니는 수로로서의 역할(role) 외에도 중동의 유전(an oil[a petroleum] field)과 동아시 아(east asia)의 여러 항구사이(between various ports)를 항해(cruise)하는 거대한 유조선(giant oil tanker)들의 통로(passageway)이기도 하다.

건배사 모음 대백과

07

사랑&우정
기원

화촉을 밝힌다(have a wedding)'라고도 말하고 있는데
이 말은 촛불(candlelight)이 없었던 예전에는(in old[ancient] times)
자작나무(the white birch)의 나무껍질(the bark of a tree)에 불(fire)을 붙여
촛불(candlelight) 대용(substitution)으로 쓴 것으로부터 유래(the history)된 것이다.
자작나무(the white birch)는 한자로 華 또는 樺로 표기되고 있는데 '화촉을 밝힌다'하면
이는 자작나무(the white birch) 수피(bark)의 불(fire)로 어둠(darkness)을 밝혀서
행복(happiness)을 부른다는 뜻이 담겨있는 곧 결혼식(wedding)을 의미(meaning)하게 된다.
자작나무류가 많은 지방(region)에서는 이 나무로부터 기름(oil)도 얻을 수 있었는데
이들 나무는 곧 밝음(brightness)과 빛(light)의 상징(symbols)이었다.
華 : 빛날 화, 燭 : 촛불 촉

001. 5, 3, 2(5−3=2) (다 함께)2, 2, 4(2+2=4)

오해(misunderstanding)에서 세 걸음 물러나면 이해(understanding)가 되고, 이해에서 이해를 더하면 사랑이 된다.

※ 건배(toast)를 제의하는 사람이 "5, 3, 2!" 하면 다 함께 "2, 2, 4!" 하고 복창한다.

002. 사우나(sauna.)!

사랑(love)과 우정(friendship)을 나누자.

※ 핀란드식의 증기 목욕(steam bath). 가열한 돌(Heated stone)에 물(water)을 뿌려서 증기(steam)를 일으켜 그 열(heat)로 땀(sweat)을 내고 자작나무(껍질을 태울 때 자작자작 소리가 난다고 해

서 자작나무라 함) 가지(branch)로 가볍게 몸(body)을 두들겨 마사지(massage)한다. 이어서 냉수(cold water)나 눈(eye)으로 몸을 식혀 온몸(the whole body)의 혈액 순환(the circulation of the blood) 촉진(promotion)한다. 천년(millennium)이 지나도 썩지 않고, 자일리톨(xylitol, 크실리톨) 성분(ingredient) 함유(contain)로 설탕대용(sugar substitute) 및 충치예방(The prevention of tooth decay) 등 신비의 효능(The efficacy of the mysteries)이 있어서 자작나무 마사지를 한다.

※ 참고로 흔히 **우리는 결혼식**(wedding)을 **'화촉을 밝힌다**(have a wedding)'라고도 말하고 있는데 이 말은 촛불(candlelight)이 없었던 예전에는(in old[ancient] times) 자작나무의 나무껍질에 불(fire)을 붙여 촛불 대용(substitution)으로 쓴 것으로부터 유래된 것이다. 자작나무는 한자로 華 또는 樺로 표기되고 있는데 '화촉을 밝힌다'하면 이는 자작나무 수피(bark)의 불(fire)로 어둠(darkness)을 밝혀서 행복(happiness)을 부른다는 뜻이 담겨있는 곧 결혼식(wedding)을 의미(meaning)하게 된다. 자작나무류가 많은 지방(region)에서는 이 나무로부터 기름(oil)도 얻을 수 있었는데 이들 나무는 곧 밝음(brightness)과 빛(light)의 상징(symbols)이었다. 華 : 빛날 화, 燭 : 촛불 촉

※ 자작나무는 사스레나무, 박달나무(빨래방망이 많이 만듦), 황단목(黃壇木) 또는 황화수(黃樺樹)라며 **재앙**(disaster)**을 물리치는 물이 들어 있다는 데서 유래된 거제수**(去災水)**나무, 뼈에 이롭다는 뜻의 한자어 끌리수**(骨利樹)**에서 유래된 고로뢰나무**, 당단풍나무, 대나무, 다래나무등과 같이 수액(sap)을 채취(gathering)한다.

※ 자작나무 차가버섯 : 다른 버섯(mushroom)은 고사목에서 자라지만 차가버섯은 살아 있는 자작나무에서 자라는 특징(characteristic)이 있다. 인간 정상 세포의 면역기능(immune function)을 활성화시켜 암세포(cancer cells)의 증식(increase)과 재발 (recurrence)을 억제(restraint)하고 혈당(blood sugar)과 혈중(blood) 콜레스테롤을 감소(decrease)시키며 지질대사(lipid metabolism)를 개선(improvement)하여 체지방(body fat) 형성(formation)과 축적(stockpiling)을 억제하는 **베타글루칸[β -glucan] 성분**(ingredient)이 풍부하게 함유(contain)되어 있다.

003. 사우디(Saudi.)!

사랑(love)과 우정(friendship)을 디질 때까지, 사나이 우정(friendship)을 디질 때까지

※ 정식명칭(official name)은 사우디아라비아왕국(Kingdom of Saudi Arabia)이다. 사우디란 '사우드 가(家)의', '사우드 왕조(王朝, dynasty)의'라는 뜻이다. 북쪽(the north)으로 요르단 · 이라크, 동쪽(the east)으로 페르시아만(灣) 연안(the coast)의 쿠웨이트, 바레인, 카타르, 아랍에미리트, 남쪽(the south)으로 오만, 예멘에 접하고, 서쪽(the west)로 홍해(Red Sea) 사이에 두고 이집트, 수단, 에리트레아와 마주한다. 이슬람교의 발상지(cradle)로 이슬람교의 교조(he founder of a religion) **호메트의 탄생지**(one's birthplace) **이슬람교 최고의 성지**(the Holy Land)**며 순례지인**(a pilgrimage resort) **메카**(mecca)**가 있다. 세계 최대 산유국**(the world's largest oil-producing country)**이다. 국기**(the national flag)**는 초록색 바탕**(Green ground)**에 아랍어**(語)**로 오른쪽**(the right)**에서 왼쪽**(the left side)**으로 "알라 외에는 신**(神)**이 없고, 무함마드는 예언자이다."라는 《코란》의 1절이 씌어 있다.**

※ 이라크, 요르단, 쿠웨이트의 국기 색(the colors of the flag)은 이슬람의 녹색(green), 투쟁(struggle)과 용기(courage)의 빨강(red), 평화(平和, peace)의 상징(symbols)인 흰색(white)으로 구성(configuration). 일부 중동국가는 힘(power), 대지(the ground)를 뜻하는 검은색(black)도 사용한 국기를 사용한다. 국기의 형태(The form of the flag)는 세계에서 유일하게 사각형 모양(square shape)이 아닌 위아래(up and down) 양쪽 (both)으로 **삼각형**(triangle) 두 개를 놓은 형태(form)의 네팔 국기를 제외하곤 대부분 나라의 국기와 같이 직 4각형이다.

004. 바보(fool)

바라보면 바라볼수록 **보**고 싶은 당신.

※ 바보(fool)는 강풀(본명 강도영 1974.12.7출생 2010년 대한민국 국회대상 올해의 만화상 수상)이 창작한 만화(creative cartoon)와 이를 원작(the original)으로 하는 영화(film)이다. 만화는 2004년 11월 1일부터 2005년 4월 19일까지 미디어(media) 다음에(next) 연재(serialization)되었다. 2008년 2월 14일에는 〈바보 특집만화〉가 미디어 다음에 게재(insertion)되었다. 강풀의 다른 작품(other work)인 《순정만화》의 후속작(sequel)으로 제목(title) 앞에 '순정만화 시즌 2'가 붙어있다.

※ 바보의 의미 : 밥만 먹고 하릴없이 노는 사람을 가리키며, 그런 사람을 경멸(contempt)하여 어리석고 못나게 구는 사람을 얕잡거나 비난(criticism)하여 이르는 말, 지능(intelligence)이 부족하고 어리석어서 정상적으로(normally) 판단(judgment)하지 못하는 사람을 가리키게 되었다. 속된 표현

(folk · say)으로 밥통(boiled-rice container)을 쓰기도 한다.

005. 아리랑

아름다운 **이** 순간(a beautiful moment) 서로 **사**랑합시다.(Let us love one another)

※ 아리랑은 한국의 대표적인 민요(representative folk song)로 유네스코 인류무형유산(cultural heritage of humanity)에 등재(record)됐다. 지역별로(by regional groups) 각각 다른 아리랑이 전해져 온다.

※ **밀양아리랑** : 아리랑 민요(folk song)의 하나. **밀양 부사**(府使)**의 딸 아랑**(阿娘)**이 젊은 관노**(官奴)**에게 억울하게 죽은 것을 슬퍼하여 '아랑아랑' 하고 노래를 부른 데서 비롯되었다고 한다.**

※ **진도아리랑** : 남도 민요의 하나. 밀양 아리랑과 비슷한데 빠른 **자진모리장단〔**우리나라 최초로 **유**네스코 인류무형문화유산 등재된 종묘제례악에 이어 **한국의 2번째 등재된 판소리 · 산조 · 농악 · 무악**(巫樂 : 무속에서 사용하는 음악)**에서 쓰이는 장단의 하나〕 잦은몰이 · 자진머리장단이라고도 부른다.**

※ 판소리는 부채(fan)를 든 한 사람의 창자(唱者 : 소리꾼, singer)가 긴 서사적〔어떤 사건이나 상황(events or circumstances)을 시간의 연쇄(time serial)에 따라 있는 그대로 나열한〕인 이야기를 고수(drummer)의 북장단(rhythm of the drum)에 맞추어 노래(song)와 말(word) 로 엮고 몸짓(gesture)을 곁들여 부른다.

※ **동편제**는 조선말의 판소리 명창(master singer) 송흥록(宋興祿)의 법제를 따른 유파(school)로써 지리산 또는 섬진강 동쪽(the east)인 운봉 · 구례 · 순창 등 전라도 동북지역(northeast region)에 전승(transmission)되어 오는 소리제로 우조〔羽調 : 궁(宮), 상(商), 각(角), 치(緻), 우(羽)의 다섯 음계 즉 오음(五音)의 다섯째 소리인 '**우**(羽)' 음을 으뜸음으로 하는 곡조. 다른 곡조(melody)보다 맑고 씩씩하다.〕를 많이 쓰고, 발성(vocalization)이 무겁고 웅장(magnificence)한 시김새(주된 음의 앞과 뒤에서 꾸며 주는 꾸밈음)로 짜여 졌으며, 소리의 길이소리의 길이(length of the sound)가 짧

고 거칠면서도 호방한 남성적인 멋이 있다. **서편제**는 지리산 또는 섬진강 서쪽(the west)인 광주·보성 등 전라도 서남지역에 전승(transmission)되어 오는 소리제로 계면조【界面調 : 향악에만 있으며 우조와 반대(opposite)되는 소리로 슬프고 애절한 음색(Sad and poignant tones)을 낸다. 이는 감상적이고, 고독하고, 슬프고, 애절하고, 처절한 분위기(atmosphere)를 나타낸다.】를 많이 쓰고, 시김새가 정교(elaborate)하며 발성(vocalization)이 가볍고 소리의 꼬리(tail)가 길며 부드러우면서도 구성지고 정교(elaborate)하다. 〈춘향가〉의 '이별가', 〈심청가〉의 '효성가'는 서편제에 속한다.

※ 산조(散調)는 민속 악곡(musical piece)에 속하는 악기(musical instrument)를 써서 연주(performance)하는 음악(music)인 기악 독주(solo instrumental music) 형태(form)의 하나다.

※ 정선아리랑 : 강원도 지방(region)에서 전승(transmission)된 민요 중 하나이다. 모든 아리랑 가운데에서 가장 역사가 오래되었으며, 모든 아리랑의 원조(originator)로 평가(valuation)받고 있다.

※ 강원도아리랑 : 강원도의 대표적 민요(representative folk song) 가운데 하나. 엇모리에 의한 5음계[궁상각치우(宮商角徵羽)] 계면조【界面調 : 한국 전통 음악(traditional music)에서 음계(scale)를 이루는 일정한 음 조직의 하나】의 곡으로, 순진한 시골 처녀(unsuspecting rural of Virgin)가 사랑을 하소연하는 내용(contents)의 노래(song)이다.

006. **연탄처럼 뜨겁게** (다 함께)**사랑하자!**

Let's love hot like a briquette

나를 전부라도 태워,

님의 시린 손 녹여 줄 따스한 사랑이 되고 싶었습니다.

그리움으로 충혈 된 눈 파랗게 비비며,

님의 추운 겨울을 지켜 드리고 싶었습니다.

그리고 함박눈 펑펑 내리는 날,

님께서 걸어가실

가파른 길 위에 누워,

  건배사 모음 대백과

눈보다 더 하얀 사랑이 되고 싶었습니다.

- 동화작가 이철환씨의 2000년 베스트셀러 '연탄길'

007. 금상첨화(錦上添花)

금쪽같이 귀한 당신 **상**처받지 않도록, **첨**처럼 변함없이 차분하고 **화**사하게 사랑합니다. This is an additional attraction(이것은 금상첨화다.)

※ 비단(silk)위에 꽃(flower)을 더한다는 뜻으로, 좋은 일(good thing) 위에 또 좋은 일이 더하여짐을 비유적으로 이르는 말. 중국 송(宋, 960~1279) 때의 유명한 문필가(famous writer)이자 정치인(politician)으로 1069~1076년에. 나라의 재정적 파탄(financial collapse)을 타계하면서 유교주의(confucianism)적 사고방식(a way of thinking)에서 벗어나 현실적인 방안(practical way)으로 민생안정(the stabilization of the people′s livelihood)을 힘쓴 신법(新法, new law)의 개혁 정책(reform policies)을 실시한 **왕안석(王安石)의 칠언율시(詩)〈즉사(卽事)〉에 나오는 '여창잉첨 금상화(麗唱仍添錦上花)'라는 시구(詩句)에서 나온 말이다.**
"강물은 남원으로 흘러 서쪽 언덕으로 기울고(河流南苑岸西斜)/ 바람에 영롱한 이슬이 아름답구나.(風有晶光露有華)/문 앞에 버들이 있는 곳은 옛날 도연명 집이고(門柳故人陶令宅)/우물가 오동나무가 있는 곳은 옛 총지의 집이라(井桐前日總持家)/좋은 모임에서 잔 속의 술을 비우려 하는데(嘉招欲覆盃中淥)/아름다운 노래가 흐르니 비단 위에 꽃(flower)을 더하는구나(麗唱仍添錦上花)/문득 무릉도원의 술과 안주를 즐기는 손님이 되니(便作武陵樽俎客)/물이 흘러오는 곳엔 붉은 노을이 여전하구나(川源應未少紅霞)."

※ 무릉도원(an Arcadia; a Utopia; the Happy Valley) : 도연명(陶淵明)의《도화원기(桃花源記)》에 나오는 가상의(imaginary) 선경(仙境),fairyland). 중국 후난 성의 한 어부(fisherman)가 발견(discovery)하였다는 복숭아꽃(peach blossom)이 만발한 낙원(flowery paradise)이다. '별천지(別天地)'나 '이상향(理想鄕, Utopia)'을 비유(a figure of speech)하는 말로 흔히 쓰인다.
예문) 산 좋고 물 좋고 인심 좋으니 무릉도원이 따로 없구나.

※ 유의어(synonym) 도원경 (桃源境, Shangri-La , a paradise on earth, Arcadia), 도원향(桃源鄕).

유토피아【Utopia : 영국의 '토머스 모어'가 한 어부(fisherman)로부터 들었다는 섬나라 이야기를 소설(novel)로 쓴 작품(work)으로 가난(poverty)이 없고, 하루 일하는 시간도 6시간 정도이고, 군대(army)도 없으며, 전쟁(war)도 없는 곳】, 이상촌(理想村) , 이상향(理想鄕, Utopia)

※ 유의어(synonym) 예문(example sentence)
1. 무작정 떠나온 이곳이 도원향【동진(東晉) 때의 시인 도연명(이름은 도잠 陶潛)의 책 도화원기에 나오는 가상의 선경(Virtual fairyland)】인 듯, 그동안의 근심(anxiety)들이 눈 녹듯 사라졌다.
2. 허균은 홍길동이란 영웅(hero)을 통해 당대의 정치적 모순(Political contradictions)을 타파(overthrow)하고 유토피아를 건설 (construction)하려 했던 자신의 이상(one's ideal)을 내비쳤다.
3. 이상촌 건설을 꿈꾸다.
4. 지치(至治)란 잘 다스려진 인간 세계(human world)라는 말로, 이는 즉 유가의 이상향(Utopia)인 요순의 대동 사회를 가리킨다

008. 천만다행

천만 번(ever so many times)생각해도 만나야 할 운명(destiny) 다시 또다시 행복하게(happily) 사랑(love)하자.

※ 천만다행(千萬多幸, great good fortune, a stroke of good luck) : 어떤 일이 뜻밖에 잘 풀려 몹시 좋음, 뜻밖에 잘 풀려 몹시 좋다 = 만문다행(경상도 말)

009. 건배(toast,乾杯)!

우리들의 영원한 결속(eternal bondbind together)【우정(friendship), 행복(happiness), 번영(prosperity), 건강(health)】을 위하여

010. 우리의 우정(friendship)은! ^(다 함께)오래~오래(for a long long time)!

진정한 친구(true friend)들을 오래오래 곁에 두고 즐겁게 살자.

※ 관포지교(管鮑之交) 管 대롱 관 鮑 절인 물고기 포 之 갈 지 交 사귈 교. 춘추시대 초엽 제나라 환공의 대신이었던 관중과 포숙아의는 아름다운 우정의 본보기로 사마천의 '사기'라는 책에 전해오고 있다.

관중과 포숙은 제나라의 양공이라는 임금의 신하(the king's servants)였다. 관중은 제나라 왕자(prince)인 규(糾)의 스승(teacher)이었고 포숙은 규 왕자(prince)의 동생(brother)인 소백(小白)의 스승이었는데 제나라에 내란(civil war)이 일어나 망명(exile)해있던 왕자를 모시고 제나라에 돌아오게 되었습니다.

그런데 두 왕자는 제가 임금(king)이 되려고 서로 싸웠다. 그러던 중, 규 왕자의 동생 소백이 왕의 자리에 올라 환공이란 임금이 되었다. 그래서 규 왕자를 따른 관중이 그만 잡히는 몸이 죽임을 당하게 되었다. 이때 포숙아가 환공에게 진언(counsel)했습니다. "관중의 재능은 신보다 몇 갑절 낫습니다. 제나라만 다스리는 것으로 만족하신다면 신으로도 충분합니다만 천하를 다스리고자 하신다면 관중을 기용(appointment)하셔야 하옵니다."환공은 포숙아의 진언(counsel)을 받아들여 관중을 대부로 중용(promotion to a responsible post)하고 정사를 맡겼다. 재상【宰相 : 임금을 보좌(assistance)하며 모든 관원을 지휘(command)하고 감독(supervision)하는 일을 맡은 이품(오늘날 장관급) 이상의 벼슬(official rank)이나 그런 자리에 있는 사람을 통틀어 이르던 말】이 된 관중은 기대에 어긋나지 않게 마음껏 수완(ability)을 발휘해 환공으로 하여금 춘추의 패자(supreme ruler)로 군림(reigning)하게 했다. 관중은 "나를 낳아준 것은 부모요, 나를 아는 이는 포숙이다"라고 했다는 데서 관포지교가 유래되었다. 우정(friendship)을 나타내는 유사 고사사성어로 어릴 적부터 사귀어 온 죽마고우(竹馬故友, childhood friend), 물(water)과 물고기(fish)의 관계(relation)처럼 떼려야 뗄 수 없는 우정을 나타내는 수어지교(水魚之交), 서로 간과 쓸개(liver and gallbladder)를 내보이는 사이를 뜻하는 간담상조(肝膽相照:당송팔대가 가운데 두 명문(noble[distinguished] family)한유와 유종원이 자신보다 상대를 더 먼저 생각했던 우정에서 비롯된 말이다), 벗을 위해 목숨마저 기꺼이 내놓으려 하는 우정인 문경지교(刎頸之交 : 전국시대 초나라 혜문왕의 두 기둥이었던 인상여와 염파의 우정. 인상여의 승진을 질투한 염파가 나중에 그의 깊은 뜻을 알아채고 용서를 구하며 앞으로 인상여를 위해서라면 기꺼이 목숨도 내놓겠다고 한 데서 유래했다), 서로 가리고 감추는 것 없는 우정(friendship)을 나타내는 막역지우(莫逆之友)도 있다.

011. 마피아(Mafia)

마음(heart)도 나누고 피(blood)도 나누고 아름다운 우정(beautiful friendship)도 나누자.

※ 마피아 : 주로 이탈리아나 시칠리아 출신(birth)들로 이루어진 고도의(highly) 위계적(hierarchical)인 범죄 집단(criminal organization).

012. 변 사또

변치 말고 사랑하자.(Let's keep our love forever) 또 사랑하자.(Let me love again)

013. 동사무소(洞事務所)

동기(동창, 동료)를 사랑하는 것이 무엇보다 소중하다.

014. 나그! (다 함께)네!

나 그대를 사랑합니다.(I'll love you) 그대도 나를 사랑하나요? 네!

※ 나그네(traveler) / 감독(movie director) : 이규환, 주연【lead[leading, starring] role】: 문예봉, 박제행. 1937년 작. 영화는 1938년 조선일보가 주최한 영화제(film festival)에서 실시한 관객투표(audience vote)에서 발성영화(talking picture) 부문 3위를 차지했다. 줄거리(outline)는 복용은 1년에 한두 번 포항 어시장(fish market)으로 품팔이(being a wageworker)를 나가 겨울(winter)을 날

수 있는 돈(money)을 마련하는 생활을 하고 있다. 품팔이(a day laborer) 생활을 끝내고 집으로 돌아온 복용의 눈에는 의문의 죽음(a mysterious death)을 당한 아버지(father)와 사라진 아내(wife)가 있었다. 이는 복용이가 없는 사이에 그의 아내를 탐내오던 삼수가 아기 약값(price of medicine)을 꾸어준 것을 미끼(bait)로, 자신의 집으로 끌고 간 것이다. 복용은 삼수의 집으로 달려가, 겁탈(rape)당할 위기(crisis)에 놓인 아내를 구하고 삼수를 죽인다. 그리고 삼수가 자신의 아버지를 죽였음을 알아낸다. 그리고 복용은 삼수를 죽인 죄를 치르기 위해 자수(turn oneself in)를 선택한다.

015. 나그! (다 함께)네

나는 이 모임 회원(membership meeting)임을 자랑스럽게 생각합니다! 그대도 그렇게 생각하시죠! 네!

※ 나그네 시인 김삿갓은 본명은 김연병(金炳淵), 호는 난고(蘭皐), 별명은 김삿갓, 또는 김립(金笠), 자(字)는 성심(性深)이었다. 그는 1807년(순조 7년)에 경기도 양주에서 태어나 1863년(철종 14년)에 57세로 전남화순에서 생을 마감하였다. 김삿갓 기념 문학관은 강원도 영월에 있다. 부친 김안근(金安根)의 세 아들가운데 둘째로 태어난 그는 5살때 홍경래의 난(亂)이 일어났는데, 조부 김익순(金益淳)이 선천부사로 있을 때에 홍경래 民亂에 투항한 죄로 조부가 처형당하고, 조모는 관비로 축출되었다.
비극적 가족역사를 알지 못하고 자란 병연(김삿갓)은 20세 때 과거를 보았는데 조부 김익순의 죄를 통열히 맹박(猛駁)하는 글을 지어 장원에 급제하였다. 후에 모친으로 부터 가문의 내력을 듣고, 조상을 욕되게 하였음을 크게 죄스럽게 생각하여, 22세 때에 家出하여 竹杖(죽장)짚고, 芒鞋(망혜) 신고, 삿갓 쓰고 방랑길로 나서 일생을 방랑생활을 하면서 유명한 시를 많이 남겼다.

016. 우리 친구들 모두의 건강과 행복과 우정을 위하여! (다 함께)위하여!

우리의 우정(friendship)과 의리(loyalty)가 항상 변치 않기를 바라며 건배합시다. (Let's make a toast).

017. 사랑(love)은! ^(다 함께)입술(lips)로!

018. 우정(friendship)은!
(다 함께)가슴(heart)으로!(마음으로)

019. 나이키(nike)

나 이쁘, 키스해 줘.

※ 나이키(nike)는 스포츠 의류 용품 제조 회사(Sports clothing supplies manufacturing company)이다. 미국 오리건 주 포틀랜드에 본사(the head[main] office)가 위치(place) 해 있다. 나이키는 그리스 신화(mythology)에서 승리(victory)의 신(God)을 뜻하며 현재까지 사용(use)되는 로고(logo)는 디자인을 공부(study)하던 학생(student)인 캐롤린 데이비드슨이 그리스 신화에 나오는 **승리의 여신(the goddess of victory)인 니케의 날개(the wings)를 보고 고안(design)해 낸 것이다.**

※ **디자인** 실용성(utility)이 있으면서 아름다운 모습(graceful figure)을 갖추도록 의상(clothes)이나 제품(good), 작품(work), 건축물(building) 등을 설계(plan),하거나 도안(design)하는 일, 설계나 도안의 형태(form)로 만들어 진다

※ **니케** : 날개(the wings)가 있으며 야자나뭇과에 속한 상록 교목(常綠喬木 : 일 년 내내 늘 잎이 푸르고 줄기가 곧고 굵으며 높이 자란 나무)으로 가지가 없고 높이 3~7미터로 자라는 종려나무의 가지(branch)와 방패(shield) 그리고 고대 그리스에서, 월계수 잎(bay leaf)으로 만들어 경기 우승자(champion)에게 씌워 주던 월계관(月桂冠, laurel wreath)을 가지고 있는 여신(goddess)

   건배사 모음 대백과

020. 사이다(cider)

사랑을 **이** 술잔(winecup)에 담아 **다** 함께 원 샷.

※ 사이다(cider,Sayda) ① 탄산수에 당분(sugar)과 향료(spice)를 넣어 만든 청량음료(soft drink) ②
모음(vowel)이나 'ㄹ'로 끝나는 동사(verb)의 어간 뒤에 붙어, 상대에게 어떤 행동(action)을 할 것
을 정중하게 요청(respectfully request)하는 뜻(meaning)을 나타내는 말. 하십시오체로, 주로 옛 말
투(one's way of talking)에 쓰인다. 이것 좀 드사이다.

021. 사이다

사랑합니다.(I'm in love with you) **이** 생명(life) **다** 바쳐서 사랑합니다.

022. 꿈사우

꿈은 높게(Dream high) **사**랑은 깊게(Love deeply), **우**정은 넓게
(Friendship spaciously).

023. 우정을 위하여! (다 함께)의리를 위하여!

"사랑이나 지성(intellect)보다 더 귀하고 나를 행복(happiness)하게 해준
것은 우정(friendship)이다."라는 헤르만 헤세 명언(famous saying)처럼 소
중한(valuable) 우정을 나누고 친구(friend)사이 마땅히 지켜야 할 바른 도리
(reasonable)를 지키며 살아가자는 의미

※ 헤르만 헤세(독일어 : Hermann Hesse, 1877년 7월 2일 – 1962년 8월 9일)는 독일계 스위스인. 시인(poet), 소설가 (novelist), 화가(painter)이다. 1946년에 유리알 유희(Das Glasperlenspiel, 琉璃 ─遊戲)로 노벨문학상(a nobel prize for literature)을 수상(be awarded)했다. 유리알 유희는 카스탈리엔(허세가 그린 유토피아)에서 수도사(monk)들이 유사 (resemblance)와 대조(contrast)의 원리(principle)에 따라 여러 학예(arts and sciences)의 경계(boundary)를 자유로이 넘나든 놀이(play)를 했다.

이데아를 존재(existence)로서 파악하는 것을 모든 학문(all learning)에 응용(application)하여 모든 현상(all phenomena)을 음악(music)에 의해 표시하는 것이 이 유희의 주안점(the main object)으로 철학적(philosophical)으로는 후설(Husserl)의 현상학(phenomenology)을 연상(association)케 한다. 유리알 유희는 계산기(calculator)와 같이 몇 줄(few rows)인가 옆으로 평행(parallel)으로 쳐진 철사줄(wire)에 유리알(glass lens of eyeglasses)을 꿰어 만든 것으로, 철사줄은 보선(譜選)이고 유리알은 음표(note)로 이 유리구슬(glass beads)의 배열(arrangement)로 주제(主題, subject)를 표시(expression)하고 바리에이션【variation : 어떤 주제(any subject)를 설정(establishment)하고, 주제(topic)의 리듬(rhythm), 선율(melody), 화음(chord) 등을 여러 가지 방법(many ways)으로 변화시켜서 전체(the whole)를 하나의 악곡(music)으로 만든 것】으로 변화(change)t시키는 유희인데 후에 수학자(mathematician)가 이것으로 원리(principle)나 발전(development)을 나타내는 데 이용(utilization)하였다.

유희의 명인(名人,master) 크네히트는 교단(association)의 세대 교체(alternation of generations)를 꾀하다 용인(tolerance) 되지 않아 사표(resignation)를 내고 젊은 제자(young disciple)에게 헌신적 사랑(devoted love)을 가르친 후 호수(lake)에 빠져 죽는다.

※ 후설 (Edmund Husserl) 1859. 4. 8 오스트리아령(지금의 체코 프로스테요프) 모라비아 프로스니츠~ 1938. 4. 27 독일 프 라이부르크임브라이스가우. 독일의 철학자(philosopher). 의식의 분석과 기술(analysis of the technology of consciousness)을 통해 엄격한 학문(strict study)으로서 철학(philosophy)을 얻기 위한 방법(method)인 현상학(phenomenology)을 창시(found)했다. 이 방법은 체험생활(experience life)의 구조와 관심(structure and interest)속에서 모든 철학 체계(all philosophy system)와 과학 체계(scientific system)가 생겨나고 이론(theory)이 발달(advance)한다는 점을 지적(indication)함으로써, 관찰(observation)을 강조(emphasis)하는 경험론(empiricism)과 이성·이론(rational theory)을 강조하는 합리론(rationalism) 사이의 대립(antagonism)을 해소(solution)하려는 노력(effort)을 보여준다.

024. 변호사

변함없는(changeless), **호**형호제(closefriendship), **사**나이우정(man friendship)

🖋 참고사항

길드의 어원은 geld인데, 이는 '돈을 내고 기여한다(to pay and contribute)'라는 뜻을 가지고 있다. 즉, 회비(membership fee)를 내고, 공동의 목적을 위하여 기여하는 것이 길드라는 조직의 특징이다. 길드에서 유래한 변호사단체(Lawyers Association)는 자율규제기관(self regulatory organization)이다.

025. **친구야!** (다 함께)**부럽다!**

친구(friend)가 잘되길 바라는 마음(mind)을 담아.

026. 도미끌

도와주고 밀어주고 끌어주자

027. 무시로(at any time, irregularly, in an unpredictable way)

무조건, 시방부터, 로맨틱(romantic)한 사랑을 위하여.

※ 무시로(無時로, at any time, irregularly, in an unpredictable way) [부사] 특별히 정한 때가 없이 아무 때나.

※ 나훈아(羅勳兒, 본명 : 최홍기, 1947년 2월 11일~)는 대한민국의 가수(singer)이다. 1947년 부산광역시에서 무역상(trader) 아버지(father)와 전업주부(homemaker) 어머니(mother) 사이에서 2남 2녀 중 둘째로 태어났다. 1966년 오아시스 레코드(oasis record)를 통해 〈천 리 길〉이라는 곡(music)을 받아 가요계(the music scene)에 데뷔(debut)하였다. 독특한 창법(unique style of singing)이 매력적이었던 그는 1968년에 〈사랑은 눈물의 씨앗〉, 〈강촌에 살고 싶네〉라는 곡이 인기(popularity)를 얻었고 1971년에는 〈고향역〉, 〈머나먼 고향〉이라는 곡이 대중(the public)들에게 널리 알려지면서 KBS 음악 대상을 수상하고 본격적으로(officially) 가수활동(singing career)에 주력(concentrating one's efforts)하며 당시 최고의 가수(the best singer) 남진과 함께 라이벌(rival) 구도 (composition)를 이뤄 한국가요계(K-pop scene)를 주름 잡았다. 대표곡(representative songs)으로 사랑은 눈물의 씨앗, 가지 마오, 머나먼 고향, 고향, 물레방아 도는데, 애정이 꽃피던 시절, 대동강 편지, 18세 순이, 울긴 왜 울어, 잡초, 무시로가 있다.

028. 사서함(私書函, a post-office box)

Let us love and cherish with each other **사랑하고 서로 아끼고 함께하자.**

※ 사서함 : 우편 사서함과 같은 말로 우편물(postal matter)의 집배사무를 보는 우체국(post office)에 국장의 승인(commissioner's approval)을 받고 비치하는 가입자(subscriber) 전용의 우편함(private Inbox).

※ 우리나라 최초의 우체국인 우정총국 설치 1882년 미국과 수호통상조약 체결한 후 고종은 전권대신 민영익, 부대신 홍영식, 서기관 서광범 등 8명으로 구성된 보빙사란 사절단을 미국에 보냈다. 사절단(trade delegation)이 미국을 다녀와서 개화 정치의 산물로 내놓은 첫 작품이 우편사업의 시작이었습니다. 1884년 4월 22일 고종은 우정총국을 설치하라는 전교를 내리고 병조참판 홍영식을 초대 총판으로 임명했다. 오늘날 그 날을 정보통신의 날로 지정해 기념하고 있다.

029. 소취하 (다 함께)당취평

   건배사 모음 대백과

중국식 발음으로 '소취하 당취평'으로 하면 더욱 재미있다. 소주에, 취하면, 하루가 즐겁고 당신에, 취하면, 평생이 즐겁다

030. 채우자(Let's fill)

각자의 마음속에 무엇을 채울 것인가를 생각하면서 '채우자'를 3번 복창 (repeat)해주시기 바랍니다.

031. 오징어(an inkfish)

오래도록 징그럽게 어울리자.

※ 오징어(문화어 : 낙지)는 **갑오징어목(암모나이트가 조상임)**, 살오징어목에 속하는 해양(the sea) 연체동물(mollusk)의 총칭(a general term)이다. **까마귀 오(烏), 도적 적(賊), 고기 어(魚)가 합해져 까마귀(crow)를 잡아먹는 도적(thief)이라는 뜻이다.** 이 말은 오징어(cuttlefish)가 날마다 물 위에 떠 있다가 날아가던 까마귀가 이것을 보고 죽은 줄 알고 쪼아 먹으려 할 때에 발로 감아 잡아가지고 물속으로(underwater) 끌고 들어가 잡아먹는 습성(habit) 에서 유래된 말로 정약전이 지은 '자산어보'라는 책에 나온다. **오징어(inkfish) 먹물(inky water) 주성분(the main component)은 검은색의 멜라닌(melanin, 흑 색소) 색소로 우리 피부를 검게 하는 색소**와 같은 물질. 먹물로부터 추출한 물질(extracting materials)이 항암 항균 효과(Anti-cancer antibacterial effect)가 대단히 우수하다. 표피(skin) 부분에 묻어있는 **흰 가루의 성분이 바로 타우린(taurine : 바카스원료)이다.** 타우린(taurine) 성분(component)은 혈중 콜레스테롤(cholesterol) 수치(figure)를 낮춰 주며 혈압 조절(Blood pressure control), 당뇨병 예방(diabetes prevention)에 좋고 피로 회복(fatigue recovery)과 더불어, 간 기능 회복(Liver function recovery)에도 좋다고 알려져 있다. 참고적으로 우리나라에서는 비늘(scale)이 없는 생선(fish)은 제사상(ceremonial table)에 올라가지 못했지만 오징어, 문어(octopus), 낙지(small octopus) 만큼은 먹물을 가진 것이라고 해서 특별히 허락(consent)이 되었

거니와 귀한 대접(treatment)을 받았다. 그러나 유대교 영향(Judaism influence)을 받은 서양에서는 유대교의 어류 금식(fishes fasting)이 지느러미(fin)와 비늘(scale)을 가진 생선 외에는 모두 금기의 대상(The taboo of the target)이어 꺼리는 식품(food)이다.

※ 정약전(丁若銓) : 1758(영조 34) 경기 광주～1816(순조 16). 조선 후기의 학자 · 천주교인 (1758～1816). 자는 천전(天全). 호는 손암(巽庵) · 연경재(研經齋). **정약용(丁若鏞)의 둘째 형**이 다. 전적(典籍) · 병조 좌랑(佐郎)을 역임(successive service in various posts)하였고, 천주교 (Catholicism)의 전교(傳敎)에 힘쓰다가 **신유박해 때 흑산도에 귀양**(banishment) **가서 우리나라 최 초의 어류 백과사전**(cyclopedia)**인 자산어보를 집필**(writing)**했다.**

📌 참고사항

※ 낙지는 연체동물(mollusks) 문어목 문어과에 속한 한 종. 대개 8개의 다리(leg)가 서로 얽힌 물고 기라 정약전의 '자산어보'에는 **낙**(얽힐 낙(絡)) **제**(발 제(蹄)) **어**(물고기 어(魚))라 했으며 영양부족 (undernourishment)으로 일어나지 못하는 소(cow)에게 낙지를 서너 마리만 먹이면 거뜬히 일어난 다고 기록(record)되어 있다. 세발낙지는 낙지발이 '가늘다'는 의미로 가늘 細(세)자를 사용하여 붙 여진 이름이다. 낙지에는 타우린 성분이 있는데 제약회사(pharmaceutical company)에서 그리스 신화(Greek mythology)에 나오는 주신(酒神) 디오니소스【(Dionysos : 별칭 바쿠스(Bacchus : 대 지(大地,earth)의 풍요(豊饒, abundance)를 주재(主宰, supervision)하는 신(神, God)인 한편(one side), 포도 재배(vine growing)와 관련하여 술의 신(god of good wine)이기도 하다)】의 이름을 따 피로회복용(fatigue recovery) 박카스 드링크제를 만든다.

※ 신유박해 : 1801년 (순조 1년)에 발생한 조선의 천주교회 박해(persecution) 사건이다. 시파 · 벽 파의 정치 투쟁(political struggle)에서 남인 · 시파의 제거(removal)를 오랜 숙원(old grudge)으 로 한 벽파가 천주교 탄압(Roman Catholicism oppression)을 명분(justification)으로 일으킨 사건 (accident)이다

※ 신해박해(辛亥迫害)는 1791년(정조 15년) 한국에서 일어난 최초의 천주교 박해 사건(The first Roman Catholic persecution incident)이다. 신해교난(辛亥敎難) 또는 신해사옥(辛亥邪獄), 진산 사건(珍山事件)이라고도 부른다. 윤지충이 1791년(정조15)에 어머니 권(權)씨가 별세(decease)하여 장사(burial)를 지낼 때 신주(spirit tablet)를 불사르고 천주교의 의식(Catholic ceremonies)에 따라 혼백(a temporary spirit tablet)의 위패(ancestral tablet)를 만들지 않고 제사(ancestral rites)도 지내 지 않았다. 이것이 관가(local government)에 알려져 진산군수 신사원(申史源)에 의해 조정(court)

에 고발(accusation)당하고 이로 인하여 11월 23일 전주형장(全州刑場)에서 불효(不孝, unfilial behavior) 불충(不忠, disloyalty) 악덕(惡德, vice)의 죄명(the name of a crime)으로 처형(execution)당하였다. 이 사건을 역사상(historically) 진산사건(珍山事件) 또는 신해사옥(辛亥邪獄)이라 한다. 윤지충은 우리나나 천주교사상 최초 순교자(The first martyr)가 되었으니 김대건신부(1822~1846 교명="앙드레")보다 무려 55년 앞선 순교자(martyr)이다.

※ 까마귀(Carrion Crow)는 시체(corpses)를 즐겨 먹는 습성(Enjoy eating habits)이 있다. 그래서 "까마귀 밥이 되었다"고 하면 그 자체로 '죽음'을 뜻하기도 한다. 지금도 인도와 티베트에서는 조장(鳥葬, disposal of the dead by exposure)이 성행(盛行, prevalence)하고 있다. 사람이 죽으면 시체(corpses)를 내다버려 까마귀에게 뜯어먹도록 하는데 그래야만 죽은 자가 승천(昇天, ascend to heaven)할 수 있다고 믿기 때문이다. 정약전의 자산어보 보양식 편에 바다(sea)엔 해삼(cucumber), 육지(land)엔 산삼(wild ginseng), 하늘(sky)엔 '비삼' (飛蔘 : 까마귀)이 있다고 했다.

※ **반포지효**(反哺之孝) 反 : 돌이킬 반, 哺 : 먹일 포, 之 : 어조사 지, 孝 : 효도 효 明나라 이시진(李時珍)의 [本草綱目]에 의하면 까마귀(crow)는 부화(incubation)한 지 60일 동안 (for 60 days)은 어미(mother animal)가 새끼(kid)에게 먹이(feed)를 물어다 주지만, 이후 다 자라면 먹이 사냥(hunting)에 힘이 부친 어미(mother animal)를 먹여 살린다고 한다. 이름을 '자오(慈烏 : 인자한 까마귀)'라고 했다. 곧 까마귀의 되먹이는 습성(habit, 習性)에서 '反哺'라는 말이 나왔으며 이는 '지극한 효도(孝道,filial piety)'를 의미한다. '反哺之孝' 이다.

※ **삼족오[三足烏] : 고대 신화(myth)에 나오는, 해(sun) 속에 산다는 발(foot)이 셋인 까마귀(Carrion Crow). 태양에 살면서 신의 세계(God's world)와 인간 세계(human world)를 연결하는 태양의 사자(messenger)이자 신주(spirit tablet)로 봉황(鳳凰 : 수컷을 봉(鳳), 암컷을 황(凰)), 주작(朱雀 남쪽을 지키는 붉은 봉황), 가루다(Garuda), 가릉빈가(迦陵頻伽), 불새≪피닉스phoenix,불사조≫와 같이 범세계적인 태양의 신(God of Sun)과 같다.**

※ 가루다(Garuda) : 몸의 색깔(color of body)이 에메랄드빛(emerald)이고 솔개 부리(Kite beak)와 둥근 눈(round eyes), 금날개(gold wing), 4개의 팔(arm)이 있으며, 솔개(kite)처럼 생긴 가슴(breast) · 무릎(knee) · 다리(leg)가 있다고 묘사(description)되어 있다. 또한 매(hawk)같은 모습(figure)에 날개를 지닌 사람 모습(figure) 비슷한 신(like god)으로 묘사(description)되기도 하는데 두 손(two hands)은 경배(bowing respectfully)하는 모습으로 잡고 나머지 두 손(both hands)은 우산(umbrella)과 불로장생약(elixir of life) 병(bottle)을 믈고 있다. 때로 누가 그의 어깨(shoulder)에 올

라타고 있는 경우도 있다. **먹이(feed)는 용(dragon)이라 한다.**

※ 가릉빈가(迦陵頻伽) : 경전(scriptures)에 나오는데 사람의 머리(person's head)에 새의 몸(bird's body)을 한 상상의 새(Imaginary bird). 극락(paradise)에 깃들인다 하여 극락조(bird of paradise)라 부르기도 한다. 깃(feather)이 아름답고, 소리가 매우 맑다고 한다.

※ 불새(피닉스phoenix,불사조) : 고대(ancient times) 이집트의 신화(myth)에 나오는 상상의 새(imaginary bird). 빛나는 진홍(Brilliant Crimson)과 금빛 깃털(Golden feather)을 가졌고 아름다운 소리(beautiful sound)를 내는 새로, 크기(size)는 독수리(cinereous vulture, 대머리 독촌 수리)정도라 전해진다. 500년을 살고 스스로 소사(Death by Fire)하였다가 그 재(ash)에서 다시 태어난다는 전설(legend)속의 새이다. 생명(life)이 다할 무렵에는 향기(scent)가 나는 나뭇가지(the branches of a tree)로 둥우리(nest)를 틀고 거기에 불(fire)을 붙여 몸(body)을 태우며 죽는데, 그러면 거기에서 새로운 불사조(the new phoenix)가 탄생(birth)한다. 이 때문에 불멸(不滅, immortality)이나 재생(再生, revival)을 뜻한다.

032. 오뚜기(a tumbling doll)

오래도록 뚜껑(cover)이 열리지 않도록 기억에 남는 우리가 되자.

※ 표준어는 '오뚝이'이다. 넘어져도 금방 오뚝 일어난다고 해서 이러한 이름이 붙여졌으며, 옛날부터(antiquity) 어린이들(children)의 사랑을 받아온 장난감(toy)으로 늘 함께한다는 뜻을 내포(connotation)하고 있다.

033. 미인 대칭

미소(Smiling) 짓고 인사(Greeting)하고 대화(Talking)하고 칭찬(Praising)하자.

034. 미인 대칭! (다 함께)비비불!

미소(smile) 짓고, 인사(greeting)하고, 대화(dialog)하고, 칭찬(praise)하고, 비평(criticism)하지 말고, 비난(reproach)하지 말고, 불평(discontent)말자. 건배(toast) 제의 하는 사람이 '미인 대칭'하면, '비비불'하고 외치며 잔을 부딪치면 됩니다.

035. 미인 대칭! (다 함께)비비불!

미! 미소(smile)는 우리를 행복하게 합니다.

인! 인사(kowtow)는 우리의 마음을 열게 합니다.

대! 대화(dialogue)는 서로 마음을 알아줍니다.

칭! 칭찬(praise)은 무쇠(cast iron)도 녹입니다.

비! 비난(blame)하기보다는 이해(understanding)합시다.

비! 비평(criticism)하기보다는 협조(help) 합시다.

불! 불평(discontent)하기보다는 지혜(Wisdom)를 모읍시다.

– 미인 대칭 비비불 저자 : 한국카네기연구소 최염순 소장

036. 아싸~~

아낌없이 사랑하자. let's love generously.

(방법) '아낌없이 사랑하자'라고 선창하면 모두 잔을 들고 아싸~~하고 외침.

※ 아싸 : 뜻밖에 기쁜 일(pleasure)이 생겼거나 원하는 일(What you want)을 이루었을 때 내는 말

037. 우리가 남이가

경상도 사투리로 화합(harmony) 지향형(oriented) 건배사(Toast greet-ings)

038. (잔을 높게 들면서) **이상(ideal)은!** (다 함께)**높게(high)!**
(잔을 내리면서) **우정(friendship, love사랑)은!** (다 함께)**깊게(deep)!**
현실(actuality)은! (다 함께)**겸손하게(modesty)!**
(잔을 모으면서) **잔 (winecup)은!** (다 함께)**평등하게(equally)!**
우리 동지들의 성공과 행복 그리고
발전을 위하여!(Our success and happiness and development)
(다 함께)**위하여!**

039. 기쁨(joy)은! (다 함께)**더하고(+, addition)!**
슬픔(sadness)은! (다 함께)**빼고(−, subtraction)!**
사랑(LOVE)은! (다 함께)**곱하고(×, multiplication)!**
행복(happiness)은! (다 함께)**나누기(÷, division)!**

040. 술(wine)은 더하고(addition), 안주(snack)는 빼고(subtraction),
폭탄(bomb)은 곱하고(multiplication),
계산(calculation)은 나누자(division).

041. 건강(health)은 더하고(addition), 나이(age)는 빼고(subtraction),
　　　희망(hope)은 곱하고(multiplication),
　　　사랑(love)은 나누자(division).

042. 기쁨(joy)은! (다 함께)더하고(addition)!
　　　슬픔(sadness)은! (다 함께)빼고(subtraction)!
　　　희망(hope)은! (다 함께)곱하고(addition)!
　　　사랑(love)은! (다 함께)나누자(division)!

043. 한 잔하세! (다 함께)그러세!

　어려운 자리(difficult position)에서도 분위기(atmosphere)를 편안 (safety)
하게 해 주는 것은 물론 나이(age) 직급 등과 무관하게 수평적 파트너쉽
(horizóntal partnership)을 강조(emphasis)하는 의미(意味, meaning)

044. 하늘만큼! (다 함께)땅만큼! 너만을! (다 함께)사랑해

　가! 가슴이 따뜻한 너이기에
　나! 나는 너를 사랑한다.
　다! 다른 사람에게는 느낄 수 없는
　라! 라일락 꽃 같은 너의 향기(scent)에 취해
　마! 마치

바! 바보처럼 너를 대한다.

사! 사랑한다는 그 말 한마디가

아! 아주 감미롭게 들리고

자! 자장가 같은 너의 목소리에

차! 차츰차츰 눈이 감기며

카! 카세트테이프에 녹음된

타! 타인의 목소리는 사라져 간다.

파! 파릇파릇한 돋아나는 새싹 같은 마음으로

하! 하늘만큼 땅만큼 너만을 사랑해.

※ 라일락 [lilac, 서양수수꽃다리, 정향나무]물푸레나뭇과에 속한 작은 낙엽(leaves) 활엽(broad leaf) 관목【關木. shrubs : 키보다 작고 원줄기와 가지의 구별(difference)이 분명하지 않으며 밑동(the lower part)에서 가지(branch)를 많이 치는 나무 (tree)】. 높이(height)는 5미터 안팎이며 잎(leaf)은 마주나고, 늦봄(late spring)에 담자색(淡紫色 : 엷은 자주색), 적색(red), 청색(blue), 백색(white) 등의, 끝이 네 갈래(four branch)가진 작은 대롱 모양(small pipe shape)의 꽃(flower)이 5월에 핀다. 라일락의 꽃말(flower language)은 '젊은 날의 추억(Memories From Youth)' '아름다운 맹세(Beautiful vow)' '첫사랑의 감동(touches of first love)'이다. 라일락은 향기(fragrance)가 은은하고 오래가며 천연 향(natural aroma)에 이어서 서양(the west)에서 고급 향수(fine fragrance)의 재료(material)로 쓰이기도 하며 여인(woman)들이 수수꽃다리(lilac) 꽃봉오리(bud)를 따서 그늘(shade)에 말려 향낭(scent bag)이나 향갑(an incense case)에 넣어 몸에 지니고 다녔다고 한다. 꽃잎(petal)은 4조각(piece)으로 갈라지는데 꽃잎(petal)이 5장인 꽃을 찾으면 행운(luck)이 온다고 한다.

※ 정향(丁香 : 말린 정향나무의 꽃봉오리)은 후추, 계피와 함께 세계 3대 향신료 중 하나.

※ 5월 계절의 여왕은 시인 노천명이 '푸른 오월' 이라는 시에서 유래.

푸른 오월 / 노천명
청자(靑瓷)빛 하늘이
육모정[六角亭] 탑 위에 그린 듯이 곱고,

266

연못 창포잎에
여인네 맵시 위에 감미로운 첫여름이 흐른다.

라일락 숲에 내 젊은 꿈이
나비처럼 앉는 정오(正午)
계절의 여왕 오월의 푸른 여신 앞에
내가 웬 일로 무색하고 외롭구나.

밀물처럼 가슴속으로
몰려드는 향수를 어찌하는 수 없어,
눈은 먼 데 하늘을 본다.

긴 담을 끼고 외딴 길을 걸으며 걸으며,
생각이 무지개처럼 핀다.

풀 냄새가 물큰 향수보다 좋게
내 코를 스치고
청머루 순이 뻗어 나오던
길섶 어디메선가 한나절 꿩이 울고
나는 활나물, 호납나물, 젓가락나물, 참나물을 찾던
잃어버린 날이 그립지 아니한가,

나의 사람아.
아름다운 노래라도 부르자.
서러운 노래를 부르자.
보리밭 푸른 물결을 헤치며
종달새 모양 내 마음은 하늘 높이 솟는다.
오월의 창공이여! 나의 태양이여!

※ 노천명(盧天命, 1911년 9월 1일[1] ~ 1957년 6월 16일)은 일제 강점기와 한국의 기자(reporter), 시
　인(poet), 작가(writer), 소설가(novelist), 언론인(journalist)이다. 사슴을 '목이 길어서 슬픈 짐승'에
　비유한 시로 유명하다. 대학 졸업 후 조선중앙일보, 조선일부, 서울신문, 부녀신문 등에서 기자로

활동하면서 시인으로도 활동하였다. 해방 직후에는 모교인 이화여자대학교와 서라벌예술대학에 강사(lecturer)로 출강했고, 1951년부터는 공보실 중앙방송국 방송담당 직원으로도 근무했다. 황해도 장연 공보실 중앙방송국 방송담당이다. 본명(one's real name) 노기선(盧基善)이나, 어릴 때 병으로 사경을 넘긴 뒤 개명(changing one's name)하게 되었다.

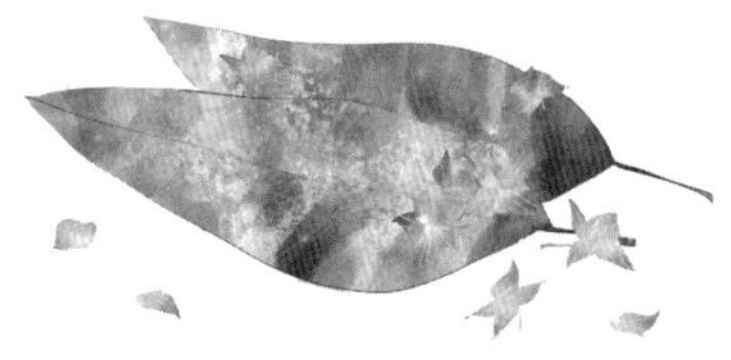

08

건강 기원

001. 일십! (다 함께)백천만!

요즘 웰빙(wellbeing, 행복)이라는 단어가 매우 친숙합니다. 그래서 저도 '일십 백천만'이라는 단어로 웰빙(wellbeing : 행복) 건배 제의를 하겠습니다.(I'd like to offer a toast) '일십 백천만'은. 하루에 한 가지 이상 선행(good conduct)을 하고, 열 번 이상 웃으며, 백 자 이상 글을 쓰고, 천 자 이상 책을 읽으며, 만 보 이상 걷자는 뜻입니다.

002. 일! (다 함께)하루에 한 번 이상 좋은 일 하고!
　　　십! (다 함께)하루에 열 번 이상 크게 웃고!
　　　백! (다 함께) 하루에 백 자 이상 쓰며!

천! ^(다 함께)**하루에 천 자 이상 읽고!**
만! ^(다 함께)**하루에 만 보 이상 걷자!**

003. 우리나라 우리 회사 1등 괴산지점을 위하여! ^(다 함께)**일십백천만!**

건강(health)하게 오래 살려면(If you want to live a long life) 다음 다섯 가지(following five)를 매일매일(every day) 행하면 된다고 합니다. 하루에 한 번 이상(more than once a day)은 좋은 일(good thing)하고, 열(10) 번 이상은 큰 소리로 웃으며(laughing out loud), 백(100)자 이상 글을 쓰고, 천(1,000)자 이상(over) 글을 읽으며, 만(10,000) 보 이상(more than) 걷자 바로 '일 · 십 · 백 · 천 · 만'입니다. 이를 인용(quotation)해서 우리 회사가 1등(first-class)하기 위해서! 우리 충북본부가 1등하기 위해서! 우리 지점이 1등 하기 위해서는…….

하루에 한 번 이상(over once a day)은 1등을 해야겠다는 마음의 다짐(pledging of the mind)을 해야 하고, 열(10) 번 이상(over) 서로(each other)에게 칭찬(praise)을 아끼지 말아야 하며, 백(100) 명 이상의 고객을 만나야 하고, 우리 회사를 사랑하시는 4천만 고객들에게 천(1000) 번, 만 번(a thousand times, a million times) 고마움(gratitude)을 잊지 말아야 하며, 만(10000) 보 이상 발(foot)로 뛰는 섭외(public relations)를 해야 1등을 할 수 있다는 다짐의 의미(意味, meaning)로…….

004. 새해는! ^(다 함께)건강하자!

Health is the best 건강이 최고입니다. 새해 마음 건강(mind health), 몸 건강(body health)하기를 기원하자는 의미(意味, meaning)

005. 우리 모두의 건승(健勝 : 탈이 없이 건강함)을 위하여!
^(다 함께)위하여! 위하여! 우리 모두를 위하여!

Let's to drink to our health! 우리 모두의 건강을 위하여(To the health of all of us)!

006. 즐겁게! ^(다 함께)즐겁게! 즐겁게! 즐겁게!

오늘은(today) 즐겁게(pleasantly), 내일(tomorrow)도 즐겁게(pleasantly), 매일매일 즐겁게(every day pleasantly)살자 – 웃음치료사 황수관

007. 스마일(smile)

스쳐도 웃고 마주쳐도 웃고 일부러 웃자.

008. 잔 대보세요! ^(다 함께)만수무강을 위하여!

이 술 한 잔 잡으시오. 이 술일랑 만년주니. 쓰나 다나 잡수시면 만수무강

(Long life to you)하오리다.(권주가) Long may you live!(만수무강 하소서)

※ 만수무강(萬壽無疆, Long life to you)은 萬 : 일만 만,壽 : 목숨 수,無 : 없을 무,疆 : 지경 강으로 만
  년의 수명(壽命, life span)은 누리고 또 다함이 없이 살라는 기원(prayer)을 담은 말로, 보통 젊은이
  들(Usually young people)이 어른(elder)들의 장수(長壽, longevity)를 빌면서 말씀 올리는 덕담(德
  談, words of blessing)이다. 이 성어(成語, idiom)는 《시경(詩經)》〈빈풍〉의 '칠월'에서 유래되
  었다.
  "2월에는 얼음(ice)을 쪼개고, 3월에는 얼음 창고(icehouse)에 넣고, 4월에는 이른 아침(morning)에
  염소(goat)를 바치고, 부추로 제사(sacrifice)를 지낸다. 9월에는 서리(frost)가 내리고, 10월에는 마
  당(yard)을 깨끗하게 하며, 두 단지(jar)의 술로 잔치(party)를 베풀어 염소와 양(sheep)을 잡아 대접
  (treatment)하고 공회당(public hall)에 올라가 쇠뿔잔의 술을 서로 권하며 만수무강(萬壽無疆)하십
  시오."Long may you live"
  중국 농민(farmer)들의 세시풍속(Annual Cyclic Rituals)과 농촌(farm village)의 정경(scene)을 읊
  은 서사시(epos)이다. 주(周)나라를 세운 문 왕(文王)의 아들(son)인 주공(周公)은 성왕(成王)의 섭
  정【攝政,regency : 군주가 직접 통치할 수 없을 때에 군주를 대신하여 나라를 다스림】이 되었는
  데, 주왕조(周王朝)의 전설(legend)적 시조(the originator)인 후직(后稷)과 공유(公劉)가 농업진흥
  정책(Agricultural promotion policy)을 펴온 내력(history)을 시(poetry)로 엮어 노래(song)하게 하였
  다. 백성(the people)들의 안락한 생활(ease[comfortable life)과 부강한 나라(a rich and powerful
  country)를 건설(construction)하려는 주공의 뜻이 담겨 있는 시(poem)이다.

009. 채근담

채식(vegetable diet)과 근력운동(muscular exercise)을 하고 **담**배
(cigarette)는 끊자.

※ 채근담(菜根譚)》: 홍자성의 책이다. 인생(life)의 처세(worldly wise)를 다룬다. 채근이란 나무 잎사
  귀(tree leaves)나 뿌리 (root)처럼 변변치 않은 음식을 말한다. **유교**≪인을 근본으로 하는 유학을
  받드는 교≫, **노교**≪道敎 : 황제(黃帝)와 노자(老子)를 교조(The founder of a religion)로 하는 중국
  고유의 토착 종교(Indigenous religion)≫, **불교**≪불타가 실파한 가로침이라는 뜻으로, 기원전(B.C

= before Christ) 5세기에 석가모니가 창시한 종교(religion)를 이르는 말≫**의 사상(thought)을 융합**
(fusion)하여 교훈(lesson)을 주는 가르침(teaching)으로 꾸며져 있다. 현재 전해 내려오는 것으로는
명나라 홍자성이 지은 것과 청나라 홍응명이 지은 두 본이다.

010. 건 ~~! (다 함께)배

건강(health)은 배려(consideration)하는 마음(mind)에서 온다.

011. 청춘을! (다 함께)돌리도!

젊은 날(younger days)이 그립지만 어쩌나 마음만은 젊게 살자.

※ 나훈아(최홍기) 곡으로 현철 등 많은 가수(singer)가 불렀다.

012. 맨발의(Barefoot)! (다 함께)청춘(youth)!

몸은 늙었지만, 마음만은 아직도 청춘.

※ 맨발의 청춘(Barefoot of youth)은 2005년 10월 3일부터 2005년 12월 30일까지 방영(telecast)
된 문화방송의 일일 드라마(drama)이다. 모든 가치(all value)가 다변화(diversification)하는 시대
(the times)임에도 여전히 우리에겐 소중한 사랑이야기(Precious love story)가 중심이다. 맨발의
청춘(Barefoot of youth)들의 엇갈린 사랑(love)과 운명(fate)을 골격(frame)으로 주변부 삶(Margins
of life)들의 곡절(details) 많은 인간사(many human affairs)를 병행(go side by side)해 각 인물
(Each person)의 캐릭터(character)에 재미(pleasure)와 개성(individuality)을 부여하고 궁극적으로
는(eventually) 디지털(digital : 고대 이집트에서 손가락을 디지트(digit)로 부른데서 유래)로 대변되
는 요즘 세대(generation)의 인스턴트(instant)식 사랑에 경종(alarm bell)이 될 만한 사랑의 진정성

(sincerity) 찾기와 따뜻한 인간애(Warm humanity)를 지향(ntention)는 휴머니즘(humanism)을 그린 드라마.

013. 무한(Infinite)! (다 함께)도전(Challenge)!

무리하지 말고 한 잔씩만 도에 넘치지 않게 전하자는 말.

※ 무한도전(無限挑戰 Infinite Challenge)은 대한민국의 지상파 방송인(Terrestrial broadcaster) 문화방송에서 토요일 저녁(saturday night) 6시 35분부터 방송(broadcast)되는 예능 프로그램(entertainment program)으로, "국내 최초(the nation's first) 리얼 버라이어티(real variety)"를 표방(profess)하고 있다. 일부 팬은 무도라고 줄여서 부르기도 한다. **미국 영화 및 TV 프로그램(Program) 제작사인 뉴라인시네마(New Line Cinema)로부터 형식 수출(export)에 대한 제안(proposition)을 받은 바 있으며, 2008년 상반기(the first half year)에는 프로그램 포맷(Program format)이 스웨덴으로 수출(export)이 예정(schedule)되어 있었으나, 형식화 문제로 무산(dispersion)되기도 했다.**

※ 리얼 버라이어티【Real Variety, 생생예능(生生藝能)】는 "짜인 각본(script)대로만 하지 않고 출연자(performer)들을 다양한 상황(variety of situations)속에 놓이게 하여 아주 자연스러운 대사(Natural dialogue)나 행동(action)이 진행(progress)되는 연예 오락 프로그램(Entertainment program)의 한 장르(genre)를 이르는 말"이다.

014. 새우살! (다 함께)파이팅(fighting)!

새해에는 우리 살 빼자.

※ 새우(shrimp)는 절지동물 십각목 장미아목을 통틀어 이르는 말. 물속의 청소부(sweeper), 바다의 어른[해로(海老)]이라고 부른다, 굽은 새우를 '해로(海老)'라 했는데 음이 '해로(偕老)'와 같아 '**장수(longevity), 백년해로(be man and wife till parted by death)'를 뜻하여 도자기(ceramics), 그림**

(picture)에 많이 그려 놓았다. 참고로 글루코사민은 새우, 게 (crab) 등 갑각류(crustacean)에서 추출한 ' 키틴 ' 또는 ' 키토산 ' 성분을 분해해 추출한 성분(extracted ingredient)이다.

015. 365

삼! 삼백 날 여유롭고, 육! 예순 날 향기롭게, 오! 다섯 날 화창(bright)하게.

※ 태양력(solar calendar, 太陽曆)은 지구(the earth)가 태양(sun)을 한 바퀴 도는 시간(time)을 일 년(a[one] year)으로 하는 달력(calendar). 태양(sun)의 운행(movement)을 기준(standard)으로 만든 역법(曆法, Calendar)으로서, 태음력(the lunar calendar)과 상대(opposite)된다. 이집트에서 BC 18세기경 1년 365일의 태양력을 만든 것이 그 기원(beginning)이다. 그 후 1년이 365.25일이란 것을 알게 되면서 율리우스력에 채택(selection)되어 4년마다 1일 더하는 윤년【leap year : 윤달(leap month) 낀 해】이 생겼다. 1582년 그레고리력(1582년에 로마 교황 그레고리우스 13세가 종래의 율리우스력을 고쳐서 만든 태양력)으로 이어져 현재(now)에 이르렀다.

🖋 참고사항

윤년(a leap year)은 윤달(a leap month)이나 윤일(a leap day)이 드는 해. 실제로(really) 지구(earth)가 태양(sun)을 일주하는 데 365일 5시간 48분 46초가 걸리므로 양력(solar calendar)에서는 4년마다 한 번씩 2월을 29일로 하고 음력(lunar calendar)에서는 5년에 두 번씩 1년을 13개월로 한다.

윤달은 손이 없는 달(귀신이 없는 달)**이라 하여 결혼**(marriage)**, 이사**(move)**, 집수선**(Home repair)**, 산소 손질**(grave repair) **및 이장**(change the burial site)**, 부모님 수의**(shroud)**를 장만**(purchase)**하는 풍습**(customs)**이 있다.**

동지(11월) **섣달**(12월)**과 정월**(1월)**에는 윤달이 없다. 그래서 "윤동짓달에 빚을 갚겠다."는 속담**(proverb,俗談)**이 생겼다.**

※ **24절기**(the 24 divisions of the year / solar term, 양력적용) 태양의 황경≪(黃經 : 춘분점으로부터 지구를 중심으로 한 천구상(天球上)의 태양 궤도인 황도를 따라 동쪽으로 잰 천체의 각거리≫에 맞추어 1년을 15일 간격(interval)으로 24등분해서 계절(season)을 구분(division)한 것.

절기(the subdivisions of the seasons)와 절기 사이는 대부분 15일이며, 경우에 따라 14일이나 16

일이 되기도 한다. 이는 지구(the earth)의 공전궤도(orbital)가 타원형(oval)이어서 태양(sun)을 15도 도는 데 걸리는 시간이 똑같지 않기 때문이다. **여기서 케플러의 법칙이 적용된다.**

※ Kepler's law(케플러의 법칙) 점술사(numerologist)이며 천문학자(astronomer)인 코페르니쿠스(원자기호 112는 코페르니슘(Copernicium)으로 코페르니쿠스 이름에서 명명)의 지동설 이론(the heliocentric theory)을 발전(development)시킨 것으로 행성(planet)은 태양(sun)을 하나의 초점(focus)으로 하는 타원궤도(elliptical orbit)를 공전(revolution)한다는 제1 법칙(law), 행성의 움직이는 반경이 덮는 면적(area) 속도(speed)는 일정하다는 제2 법칙, 각 행성의 공전주기(the cycle of revolution round the sun) T의 2제곱은 태양으로부터의 평균거리(average distance)의 3제곱에 비례(proportion)한다는 제 3 법칙으로, 케플러가 행성(planet) 관측 자료(observational data)를 토대(foundation)로 얻은 법칙(law).

※ **춘분점**(vernal equinox point) : 천구의 적도(celestial equator)와 황도(ecliptic)의 두 교점(point of intersection) 중에서 태양이 적도(the equator)의 남쪽(south)에서 북쪽(north)으로 통과(passage)할 때의 점(dot). 태양이 이 지점을 지날 때의 위치는 **적경**【천구상의 천체의 위치를 나타내는 적도 좌표에서의 본초 자오선(本初子午線)과 지구상의 한 지점을 지나는 자오선 사이의 각도로도, 분, 초로 표시된 경도】, **적위**【천구상의 천체의 위치를 나타내는 적도 좌표에서의 지구상에 있는 지점의 위치를 나타내기 위한 좌표인 위도】, **황경**【지구를 중심으로 한 천구상(天球上)의 태양 궤도】, **황위**【황도 좌표계에서 황도면과 천체가 이루는 각의 거리】**가 모두 0도이다**

※ **본초 자오선**(本初子午線, the prime meridian) : **지구의 경도**(the Earth's longitude) **측정**(measurement)**에 기준**(standard)**이 되는 경선**(the meridian), **영국의 그리니치 천문대**(Rroyal Greenwich Observatory)**를 지나는 경선**(the meridian)**을 기준**(standard)**으로 한다**

※ 〈봄의 절기,Spring season〉 **입춘**(立春) : 양력(solar calendar) 02월 4일경 봄이 시작되는 날이다. **우수**(雨水) : 2월 19일경 **눈이 비로 변하고 얼음이 녹아 물이 된다는 뜻이다.** 이때 대동강 물이 풀리고 물고기(fish)가 올라오며, 기러기(wild goose)는 다시 추운 지방(region)을 찾아 떠난다. 내리던 눈(snow)은 그치고 비(rain)가 옵니다. **경칩**(驚蟄) : 3월 6일경 겨울잠(winter sleep)을 자던 동물(animal)들이 깨어나기 시작한다. **겨울잠을 자던 개구리**(frog)**가 땅밖으로 나온다. 춘분**(春分) : **3월 21일경 태양이 적도**(the equator)**를 똑바로 비추고 있어서 낮**(day)**과 밤**(night)**의 시간이 같아진다.** 청명(淸明) : 4월 5,6일경 봄이 되어 삼라만상(all (things in) nature)이 맑고 밝으며 화창(brightness)해 나무를 심기에 적당한 시기(time)이다. 대부분(most) 한식일과 겹친다. 농사

(farming)를 준비(preparation)하기 위해 논밭둑을 손질(trimming)하기도 하고, 못자리판을 만들기도 한다. **곡우(穀雨)** : 4월 20일경 봄비가 내려 여러 가지 작물에 싹이 트고 농사가 시작 된다.

※ 〈여름의 절기, the summer season〉 **입하(立夏)** : 5월 5 · 6일경 여름(summer)이 시작된다. **소만(小滿)** : 5월 21일경 햇볕(the sun)이 충만(abundance)하고 만물(all things)이 자라서 가득차게 된다는 뜻으로 초여름(early summer) 모내기(rice planting)가 시작된다. **망종(茫種)** : 6월 6 · 7일경 씨(종자)를 **뿌려 농사(agriculture)를 시작한다. 하지(夏至)** : 6월 21일경 **여름의 한 가운데. 낮의 길이가 가장 길다.** 소서(小暑) : 7월 7 · 8일경 작은 더위. 대서(大暑) : 7월 23일경 큰 더위.

※ 〈가을의 절기, Autumn season〉 **입추(立秋)** : 08월 07일 또는 08일경 가을(autumn)이 시작되어 서늘한 바람이 분다. 처서(處署) : 8월 23일경 **더위가 멈춘다는 뜻으로 쓸쓸해지기 시작하고 논벼가 익는다.** 백로(白露) : 9월 9일경 일교차(diurnal range)가 커지면서 이슬(dew)이 맺힌다. 추분(秋分) : 9월 23일경 가을의 가운데. **밤과 낮의 길이가 같다. 한로(寒露)** : 10월 08일경 찬 이슬이 맺히기 시작하여 농촌(farming area)에서는 추수(harvest)로 바쁜 시기(busy season)이다. **상강(霜降)** : 10월 23일경 쾌청한 날씨(sunny weather)가 계속(continuation)되나, **밤(night) 기온(temperature)은 서리(frost)가 내릴 정도로 매우 낮아져서 춥다.**

※ 〈겨울의 절기, Winter season〉**입동(立冬)** : 11월 7 · 8일경 겨울이 시작되는 날이다. **소설(小雪)** : 11월 23 · 24일경 23일 땅이 얼기 시작하고 살얼음(thin ice)이 얼며 차차 눈(snow)이 내리기 시작한다. 대설(大雪) : 12월 7 · 8일경 눈이 많이 내리는 계절(season)이다. 예전부터(from old times) 이날 눈이 많이 내리면 다음해(the next year)에는 풍년(bumper harvest)이 든다고 했다. **동지(冬至)** : **12월 22일경** 북반구에서는 **1년중 밤이 가장 길고 낮이 가장 짧은 날이다.** 소한(小寒) : 1월 5일경 본격적으로 추워진다. **대한이 소한 집에 놀러 갔다가 얼어 죽었다는 옛 말이 있듯이 한국에서는 1년중 가장 춥다.** 대한(大寒) : 1월 20일경 겨울의 매듭을 짓는 절후로 추위(coldness)의 절정기(climax period)이나, 소한에 얼었던 얼음이 대한에 녹을 정도로 따뜻한 해도 있다.

016. 365! (다 함께)284!

365일 일 년 내내 **이십** 대처럼 **팔팔하게 사세요.**

017. 365! (다 함께)454!

365일 사십 대 건강(health) 유지하면서 오래오래 사에요.

018. 365! (다 함께)554!

365일 건강(health)유지하면서 오래오래 사에요.

019. 365! (다 함께)884!

365일 일 년 내내 **팔팔**하게 사세요.

020. 365! (다 함께)984!

365일 일 년 내내 **구경**(sightseeing)하면서 **팔팔하게 사세요.**

021. 9988! (다 함께)위하여!

"Nothing is more important than health 건강만큼 중요한 것은 없다" 고 생각합니다. "99세까지 팔팔하게 살자"라는 뜻으로 제가 "9988"라고 선창하면 "위하여"라고 힘차게 후창하여 주시기 바랍니다.

※ 나이
 – 해제(孩提) : (2~3세) 어린 아이(兒提).
 – 지학(志學) : (15세) 학문(study)에 뜻을 두는 나이(age) (논어).
 – **약관(弱冠)** : (20세) **남자**(man)**는 스무 살에 관례**(冠禮), the celebration of one's coming of age) **를 치뤄 성인**(grown—up)**이 된다는 뜻. 남자나이 스무 살을 뜻함**(예기).

※ **묘령(妙齡)** : 여자의 스물 안팎의 나이

※ **예기** : 유교경전(Scriptures)의 하나로 공자가 직접지은 것은 경자를 붙이나 원문에 손질을 가한 것
　　이 분명하여 경자를 뺌

※ 이립(而立) : (30세) 서른 살쯤에 가정과 사회(home and society)에 모든 기반(base)을 닦는다는
　　뜻. 모든 기초(basics)를 세우는 나이 (논어).

※ 불혹(不惑) : (40세) 공자가 40세가 되어서야 세상일에 미혹(delusion)함이 없었다고 한 데서 나온
　　말. 사물(things)의 이치(reason)를 터득하고 세상 일에 흔들리지 않을 나이 (논어).

※ 상수(桑壽) : (48세) 상(桑)자를 십(十)이 네 개와 팔(八)이 하나인 글자로 파자(破字)하여 48세로 봄

※ **지천명(知天命) : (50세) 쉰 살에 드디어 천명(God's will)을 알게 된다는 뜻. 천명을 아는 나이(논
　　어). 지명(知命)이라고도 함**

※ 이순, 육순(耳順, 六旬) : (60세) 이순은 논어에서 나온 말로 나이 예순에는 생각하는 모든 것이 원
　　만하여 무슨 일이든 들으면 곧 이해(understanding)가 된다는 뜻이다. 인생(life)에 경륜(lifetime's
　　experience)이 쌓이고 사려(思慮, consideration)와 판단(判斷, judgment)이 성숙(maturity)하여 남
　　의 말을 받아들이는 나이 (논어). 60세 때의 생신인 육순(六旬)이란 열(旬)이 여섯(六)이란 말이고,
　　육십갑자(干支六甲)를 모두 누리는 마지막 나이.

※ 환갑, 화갑, 회갑(還甲, 華甲, 回甲) : 61세 때의 생신(birthday)으로 60갑자를 다 지내고 다시 낳은
　　해의 간지가 돌아왔다는 의미(意味, meaning). 화(華)자는 십(十)이 여섯 개이고 일(一)이 하나라고
　　해석(interpretation)하여 61세를 가리키며, 1갑자 인 60년이 돌아왔다고 해서 환갑(還甲) 또는 회갑
　　(回甲)이라고도 함.

※ 진갑(陳 · 進甲) : 62세 때의 생신으로 다시 60갑자가 펼쳐져 진행(progress)한다는 의미, 환갑보다
　　한 해 더 나아간 해라는 뜻.

※ 미수(美壽) : 66세 때의 생신이다. 아직은 여력이 있으니 참으로 아름다운 나이이므로 '美壽'라 하
　　고, '美'자는 六十六을 뒤집어쓰고 바로 쓴 자이어서 그렇게 이름 붙였다.

※ **고희 · 칠순 · 종심(古稀 · 七旬 · 從心) : 70세 때의 생신이다. 두보(杜甫)의 시≪곡강, 曲江** : 당나

라수도 장안(지금의 시안[西安]) 중심지에 있는 유명한 연못(pond)으로 연못의 물이 굽이쳐 흐르기 때문에 곡강(曲江)이라 부른다≫에 「술빚은 보통 가는 곳마다 있으니 결국, 인생은 기껏 살아본들 70세는 옛날로부터 드물다.(酒債尋常行處有하니 人生七十古來稀라.)」란 승구(한시에서 절구의 둘째구)중 **예전 고(古)자와 드물 희(稀)자만을 써서 '고희(古稀)'란 단어를 만들어 70세로 대신 쓴 것이다. 뜻대로 행하여도 도리**(right)**에 어긋나지 않는 나이**(논어)

※ 청려장(명아줏대로 만든 지팡이)은 통일신라 때부터 조선 시대까지 70세가 되면 나라에서 만들어 주는 지팡이(cane)라고 해 국장(國杖)이라는 이름으로 하사(bestow).

※ **궤장 : 궤장연(几杖宴) 때에 임금**(king)**이 나라에 공이 많은 70세 이상의 늙은 대신**(minister)**에게 하사**(grant)**하던 궤**(几, chest)**와 지팡이를 아울러 이르는 말.**

※ **기로소[耆老所] : 조선시대에, 70세가 넘는 정이품**(오늘날 장관급) **이상의 문관**(a civil official)**들을 예우**(respectful treatment)**하기 위하여 설치한 기구**(organization)

※ 희수(喜壽) : 77세 때의 생신이다. 오래 살아 기쁘다는 뜻. 희(喜)자를 약자로 쓰면 七十七이 되는데서 유래. 희(喜)의 초서체가 칠(七)이 세변 겹쳤다고 해석하여 77세를 의미.

※ 팔순 · 산수(八旬 · 傘壽) : 80세 때의 생신이다. 산(傘)자의 약자(abbreviation)가 팔(八)을 위에 쓰고 십(十)을 밑에(under) 쓰는 것에서 유래. 즉 산(傘)자를 팔(八)과 십(十)의 파자(破字 : 한자의 자획을 풀어서 나눔)로 해석(interpretation)하여 80세라는 의미.

※ **청려장은 임금이 내린다고 해 조장(朝杖)이라는 이름과 함께 하사**

※ 미수(米壽) : 88세 때의 생신이다. 미(米)자를 풀면 팔십팔(八十八)이 되는 것에서 유래. 미(米)자를 팔(八)과 십(十)과 팔(八)의 파자(破字)로 보아 88세라는 의미.

※ 졸수(卒壽) : 90세 때의 생신이다. 졸(卒)의 속자(俗字)가 아홉 구(九)자 밑에 열십(十)자를 사용하는데서 유래. 졸(卒)자의 약자를 구(九)와 십(十)으로 파자(破字)하여 90세로 봄.

※ 망백(望百) : 91세가 되면 백 살까지 살 것을 바라본다 하여 망백.

※ **백수**(白壽) **: 99세 때의 생신**(birthday)**이다. 백**(百,100)**에서 일**(一)**을 빼면**(99세) **즉, 백자**(白字)**가 됨.**

※ **상수**(上壽) **: (100세) 사람의 수명**(壽命, life span)**을 상중하**(the first, the second, and the third grades)**로 나누어 볼 때 최상의 수명**(壽命, life span)**이라는 뜻**(장자). **좌전**(左傳)**에는 120살을 상수**(上壽)**로 봄.**

※ 장자 : 중국 전국시대(戰國時代) 사상가(thinker). 제자백가(諸子百家 : 중국 춘추 시대 말기부터 전국 시대에 걸친 여러 학자 및 여러 학파를 통틀어 이르는 말) 가운데 도가(道家)의 대표자(representative)이다. 노자의 도가사상을 발전(development)시킨 것으로서 자연 그대로의 삶을 강조(emphasis)

※ 좌전(左傳) 공자가 편찬(compilation)한 것으로 전해지는 역사서인 《춘추》의 대표적인 주석서 중 하나로 춘추좌씨전(春秋左氏傳),좌씨전(左氏傳)이라고 함. 춘추는 중국 노나라 은공(隱公) 원년(기원전 700년경)에서 애공(哀公) 14년에 이르는 12공(公) 242년간의 춘추시대 열국(列國)의 역사를 시대 순으로 기록(record)한 편년체(編年體, chronological form : 역사를 연대 순서에 따라 기록하는 형식)로 기술(description)된 역사책(history book)이다.

※ 천수(天壽) : 병 없이 늙어서 죽음을 맞이하면 하늘이 내려 준 나이를 다 살았다는 뜻으로 천수라 한다.

※ 학수(鶴壽) : 학이 천년수를 누린다는 데서 유래됨. 장수를 뜻함

022. **9988!** (다 함께)**231**

99세까지 팔팔하게 살다가 2,3일 앓고 벌떡 일어나자.

023. **9988!** (다 함께)**오징어(inkfish)!**

요즘 가장 많이 쓰는 '9988'이라는 건강(health) 단어(word)가 있습니다.

‘9988’이란 ‘99세까지 팔팔하게 살자’는 뜻인데요. 저는 그 뒤에 맥주 안주(snack)로 최고인 ‘오징어(inkfish)’라는 단어를 붙여 여기 모이신 모든 여러분과 함께 행복(happiness)하게 오래 살자는 의미(意味, meaning)로 ‘9988 오징어’로 건배 제의하겠습니다.(I'd like to offer a toast)

‘9988 오징어’는, ‘구십구 세까지 **팔팔**하게 **오**늘처럼 **징**하게 **어**울려 살자’라는 뜻입니다.

024. 술잔(winecup)은! (다 함께)비우고(empty)!
안주(side dish for wine)는! (다 함께)채우자(let's fill)!

건강(health)을 위해 술(alcoholic drink) 마실 때 안주(snack)는 충분히 먹으면서 술(wine)을 즐기자는 의미(意味, meaning).

025. 오다미

오십 년(fifty years)을 넘어 **다** 함께(all together) **미래**(future) 로.

※ 오다미는 남이섬에 살고 있는 타조(ostrich)에게 영감 (inspiration)을 받아 오카리나 소리에 매혹(captivation)되어 사람이 되고 싶어 하는 타조의 모습을 모에화한 오카리나 소녀 캐릭터(character : 소설이나 연극, 만화 등의 작품 속에 등장하는 인물)의 이름.

※ 모에 의인화(일본어 : 萌え擬人化 모에 기진카[*])는 만화나 애니메이션 등과 관련된 동인 용어로, 인간 이외의 동식물이나 무생물·특정 개념 등을 의인화하는 것을 지칭하는 개념이다. 모에화(萌え化 모에카[*])라고 약칭하기도 한다.
일반적인 의인화(personation)와는 다르게, 특정대상을 소년, 소녀의 모습으로 묘사하는 것이다.

즉, 인간(human being), 동식물(animals and plants), 무생물(inanimate object) 등을 많은 사람들의 호감(good feeling)을 얻을 수 있는 인간의 형태로 표현(expression)한다.

※ 오카리나(ocarina) 진흙 또는 사기로 만든 취주 악기(吹奏樂器 : 악기 관을 입으로 불어서 관 속의 공기를 진동시켜 소리를 내는 악기)의 하나. 비둘기(pigeons) 모양으로 되어 있고 구멍이 8~10개 있다. 뽀족하게 튀어나온 부분을 입으로 물고 불며 손가락(finger)으로 구멍(hole)을 막았다 열었다 하여 소리를 내는데, 소리는 부드러우며 음역은 1옥타브이다. 1860년 이탈리아의 도나티(Donati)가 만들었다.

※ 남이섬 : 경기도 가평군에서 남쪽으로 약 3.8km 지점에 있으며, 행정구역상 춘천시에 속하나 가평군 달전리와 접하므로 대부분의 관광객들(tourists)이 이곳을 거쳐 간다. 조선 세조 때 이름난 무관인 남이장군의 묘(grave)가 있다고 하여 남이섬이라 했다. 총면적(total area)은 약 0.453㎢이며, 둘레(circumference)는 약 4km이다.
청평 댐을 축조(building)하기 시작한 1939년 이전까지는 홍수 (inundation) 때만 생기는 섬이었으나, 댐의 완공(completion of the dam)으로 수위(water level)가 높아지면서 완전한 섬(complete island)이 되었다.

※ 남이장군(南怡將軍) 조선의 세조 재위 시절. 남이 장군은 나이 18세에 이시애의 란을 평정하고 또한 북방의 여진족을 물리침으로써 당세에 이름을 떨쳤다. 그러나 그는 병조판서로 활동하다 유자광(세조를 왕에 오르게 한 훈구파 중심인물(central figure)로 무오사화를 일으켜 영남지방 사림파를 제거(elimination)한 뒤 권력(power)을 장악(domination)했다. 유자광의 모함(false incrimination)으로 28세에 형장의 이슬로 사라졌다. 그가 지은 시 구절의 '남아이십말평국(男兒二十未平國)'을 '남아이십말득국(男兒二十未得國)'이라하여 장차 옥좌(throne)를 넘볼 자라고 모함(false incrimination)했다.

026. 재건축(reconstruction, 再建築)

재미나고 건강하게 축복받으며 사세요.
축복(blessing)받는 일을 하며 살자.

027. 신 난다! (다 함께)후토스!

후련하게 **토**요일에는 스트레스(stress)를 풀자.

※ 후토스(하늘을 나는 집)(Hutos−Hut on a Slope)은 KBS가 40억 원을 들여 제작(production)한 어린
이 대상(against children) 텔레비전 프로그램(television program)이다.

028. 웃자! (다 함께)웃자! 웃자짜!

일소일소 일노일노(一笑一少 一怒一老), 소문만복래(笑門萬福來) 우리가 사는
날 중에서 가장 불행한 날(most unfortunate day)은 웃지 않는 날이라고 한다.
365일 항상 웃고 살자는 의미(意味, meaning)로 제가 웃자 하면 여러분은 웃자
로 화답하세요. 다음 모두 같이 웃자짜! 합창(chorus)하여 주시기 바랍니다.

※ 소문만복래(笑門萬福來, Fortune comes to a merry home / Laugh and be fat) : 웃는 집안(화목
한 집안)에 모든 복이 들어온 다 뜻. 유래(the history)는 **노만카즌**(Norman Cousins)**이라는 사람
이 강직성**(uprightness) **척추염**(spondylitis)**에 걸려 불능진단**(Insolvency diagnostic)**을 받았다.** 그
는 웃음치료(laughter therapy)**를 통하여 희귀한 질병**(rare illness)**에서 회복**(recovery)**되었다.** 어느
날 병실(hospital room)에서 코미디 영화(Comedy movies)를 보다 너무 우스워 배꼽(navel)을 잡고
10분 정도 웃었다. 그러자 통증(pain)이 가셨다. 10분정도 폭소(explosive laugh)를 터트리면 2시간
정도 편안하게 잘 수 있었다. 그 후 슬픈 드라마(sad drama)나 폭력영화(Violence movies)보다 늘
코미디 프로그램(Comedy programs)이나 코믹영화를 보았다. 50세를 넘기지 못한다는 그가 75세
까지 건강(health)하게 살았다.

029. 우리나라 최고기업 우리 모두! ^(다 함께)재건축!

　　전년도(前年度, the last fiscal year)는 참 질기고 긴 어려운 한해였습니다. 그래도(and yet) 백두인의 저력(potential energy)이 살아있음을 8천 7백억 원의 당기순이익(net profit during the term) 달성(achievement)으로 확실하게 보여 주었습니다. 특히나 우리 해외사업본부(Overseas business division)는 지난 어려운 시기(tough times)를 슬기롭게 극복(overcome)하고, 올해에는 세계시장(global market) 제패(conquest)는 사업목표(business objectives) 전직원(every employee)이 힘찬 출발(strong start)을 하고 있습니다. 우리나라 최고기업(The best companies), 나아가 세계 최고 기업(the world's greatest corporations)으로서의 도약(leap)을 기원(祈願 wish)하며 건배 제의를 하고자 합니다. (I'd like to propose a toast)

※ 해설 : 재미나고 건강하게 축복을 주고받으며 살자 라는 의미.

030. 마돈나

　　마시고 **돈** 내고 **나**가자.^(마지막 술잔 비울 때)

※ 마돈나 루이스 치코네(Madonna Louise Ciccone, : 1958년 8월 16일~)는 마돈나(Madonna)로 잘 알려진 미국의 음악가(musician), 배우(남우actor,여우actress)이자 엔터테이너(entertainer 연예인)이다. 마돈나는 미시간 주 베이시티에서 태어나 1977년 가수(singer)가 되기 위해 뉴욕으로 이사(move)를 떠났다. 이후 음악 그룹 블랙파스트 클럽과 에미 활동(activity)을 한 후, 1983년에 데뷔(프랑스어 début) 음반(disc)을 발표(publication)했다. 마돈나는 상업적인 뮤직비디오(Commercial music video)와 성적 매력(sex appeal)으로 엄청난 인기(huge popularity)를 얻게 되고 이후에도 앨범(album)을 꾸준히 발매(sale)한다.

※ entertainment : 많은 사람을 즐겁게 하는 것을 바탕으로 하는 문화 활동(cultural activities)의 하나
이다. 코미디, 음악, 토크 쇼(talk show) 따위가 있다.

031. 나이야! (다 함께)가라!

Go Away Ages 나이는 숫자에 불과하다는 광고 카피(Advertising copy)처럼 나이가 주는 한계(limit)를 뛰어넘어 새로운 것에도 도전(challenge)하자는 의미(意味, meaning).

032. 나이야! (다 함께)가라!

Go Away Ages 젊고 건강하게 살자는 맹세(oath)로 사용.

033. 나이야! (다 함께)가라!

Go Away Ages 폭포(waterfall)하면 생각나는 곳이 어디 신가요? 저는 나이아가라 폭포가 생각납니다. 나이아가라 폭포를 생각하면 불철주야(day and night) 회사 발전(development)을 위하여 젊은 직원(young employee)보다 열정(passion)을 가진 선배(senior)님의 모습(figure)이 떠오릅니다. 그런 의미(意味, meaning)에서 '나이야가라'로 건배를 제의합니다.(I'd like to propose a toast)

제가 '나이야'하고 선창하면 '가라'하고 힘차게 후창을 하시기 바랍니다.

※ 나이아가라 폭포[Niagara Falls, 一瀑布]는 미국과 캐나다 국경(border)에 걸쳐 있는 나이아가라 폭
포는 5대호 중 하나인 이리호(Lake Erie)에서 흘러나온 나이아가라 강(river)이 온타리오호(Lake

Ontario)로 흐르는 도중에 형성(stockpiling)된 초대형 폭포(Extra large falls)로 뉴욕주에 있다. 캐나다 쪽 기슭(the bank)에 닿아 있는 호스슈 폭포는 높이(height)가 49.4m이고 굽이진 폭포 마루의 길이(length)는 약 790m이다. 아메리카 폭포는 높이(height)가 51m이고 너비가 305m이다. 폭포 위쪽의 물을 대규모(large scale)로 전력생산(electric power production)에 이용(utilization)하고 있다. **폭포의 장관(great spectacle)을 특히 더 잘 볼 수 있는 곳은 캐나다 쪽에서는 퀸빅토리아 공원**(Queen Victoria park)**이고, 미국 쪽에서는 아메리카 폭포(waterfall)의 끝에 있는 프로스펙트 포인트**(Prospect Point, 전망 포인트)**와 이곳에서 300m 하류 쪽으로(downstream) 내려간 계곡(valley)에 걸쳐 있는 레인보 다리(rainbow bridge)이다.** 방문객(visitor)들은 미국 쪽에서 고트섬까지 인도교(footbridge)를 통해 건널 수 있고, 폭포 밑까지 승강기(elevator)를 타고 내려가, 떨어지는 폭포수 뒤의 '바람의 동굴(Wind Cave)'을 찾아갈 수 있다.

034. 119

한 가지 술로만 1차하고 9시까지 집에 가자.

※ 119는 우리나라의 소방서 번호(Fire Station No)이고 911은 미국의 소방소 번호(Fire Station No)이다.

035. 112

1가지 술로 1차만 2시간 이내

※ 112는 범죄 신고 전화번호인데 '일일이 알린다'는 뜻에서 정해졌다.

036. 222를 위하여

2가지 술을 섞지 않고 2잔 이상 권하지 않고 2차는 절대 없다.

건배사 모음 **대백과**

※ 천연기념물 제222호 : 경상남도 함안군 칠원면 용산리에 있는 지질시대의 새발자국 화석

037. 892를 위하여

8시에서 9시까지 끝내고 2차 없음.

〈숫자의 의미〉

※ 1은 원초의 통일, 태초의 시작, 창조자(creator), 주동자(leader), 모든 가능성의 총합, 본질, 중심, 나눌 수 없는 불가분의 것, 배아(胚芽 : 씨의 속에 있으며, 자라서 싹이 될 부분), 고립(isolation)을 나타낸다. 또한 융기(uplift), 상승(ascension)을 나타낸다.

※ 2는 이원성, 둘의 교체, 차이, 갈등, 의존, 내가 아닌 다른 사람, 정적인 상태, 뿌리박음, 변하여 균형을 유지함, 안정, 반영, 대극, 인간의 이원성과 욕망을 나타낸다. 선물은 짝수로 하나 조의금 등 나쁜 일에는 홀수로 한다.

※ 3은 다수, 창조력, 성장, 이원성을 극복한 전진운동, 표현, 통합(unification)을 뜻한다. 3은 '모든'이라는 말이 붙을 수 있는 최초의 숫자이며, 처음과 중간과 끝을 모두 포함하기 때문에 전체를 나타내는 숫자다.삼권분립(三權分立 : 입법, 사법, 행정의 나눔), 천지인(天地人 : 하늘 ,땅, 사람), 삼위일체(三位一體 : 세 가지의 것이 하나의 목적을 위하여 연관되고 통합되는 일) 등 완벽수를 의미한다.

※ 4는 현현의 공간적 구조 또는 질서, 동적인 원에 대립하는 정적인 상태(static state)를 상징(symbol)한다. 4는 완전성, 전체성, 완성, 연대, 대지, 질서, 합리성, 측정, 상대성, 정의를 상징한다. 4에서 비롯되는 것으로는 4가지 기본 방위, 사계절, 4개의 바람, 정사각형의 4변, 십자가의 4개의 팔, 낙원에 있는 4개의 강, 지옥에 있는 4개의 강, 네 개의 성산(聖山), 낮과 밤의 네 구분, 달의 4현(弦), 4복음서 기록자, 4대강사업【한강, 낙동강(남한에서 제일 긴 강), 금강, 영산강】등이 있다..

※ 5는 소우주(microcosm)로서의 인간을 나타낸다. 사지를 뻗어 오각형(pentagon)의 별 모양을 한 사람을 나타내는 숫자다. 오각형 별에는 끝나는 점이 없기 때문에 그것은 별과 마찬가지로 완전성(completeness)과 힘의 상징(symbol of power)이다.

※ 6은 평형(equilibrium), 조화(harmony)를 상징(symbol)한다. 만사형통(all goes well)을 의미한다.

※ 7은 대우주(macrocosm)를 나타내는 숫자(number)다. 완전, 전체성의 뜻이다

※ 8은 '낙원'의 회복, 재생, 부활(revival), 지복, 완전한 리듬의 상징이다. 신의 은총에 의해서 인간이 새롭게 태어나는 것은 제8일째다. 단식과 참회의 7일간이 끝난 8일째는 풍요와 신생의 날이다. 중국에서는 **돈 많이 벌어 부자된다. 는 의미.** 속리산도 아름다움을 천왕봉(天王峯)·비로봉(毘盧峰)·길상봉(吉祥峯)·문수봉(文殊峯)·보현봉(普賢峯)·관음봉(觀音峯)·묘봉(妙峯)·수정봉(水晶峯) 등 8봉, 문장대(文藏臺)·입석대(立石臺)·경업대(慶業臺)·배석대(拜石臺)·학소대(鶴巢臺)·신선대(神仙臺)·봉황대(鳳凰臺)·산호대(珊瑚臺) 등 8대, 내석문 외석문 상환석문 상고석문 상고외석문 비로석문 금강석문 추래석문 등 8석문으로 나타냈다.

※ 9는 강력한 숫자인 3의 거듭제곱(3x3)이고 '3조의 3배'다. 9는 완성, 성취, 달성, 처음과 끝, 전체를 의미하며 천계와 천사의 숫자다.(9천계, 9천사의 위계) 또한 지상낙원(earthly paradise)을 나타낸다.

038. 신토불이(身土不二)

신선한 토종 식품(Fresh native food)을 먹어야 불로장생(eternal youth)으로 이어진다.

※ 신토불이 : the domestic farm products are the best perpetual **몸과 땅은 둘이 아니고 하나라는 뜻으로, 자기가 사는 땅에서 산출(production)한 농산물(agricultural products)이라야 체질(constitution)에 잘 맞음을 이르는 말.**
〈동의보감〉의 '약식동원론(藥食同源論)'에서 나온 말이다. 수입 농산물(Imports of agricultural products)이 범람(overflow)하자 농협 등 농수산(agriculture and fisheries) 관계기관(the organs concerned)에서 캠페인【campaign : 어떤 사회적, 정치적 목적(Social and political purpose)을 이루기 위하여 대중(masses)을 상대로 조직적이고 지속적으로(Organized and constantly) 행하는 운동】용어(term)로 사용(use)하며 유행(fashion)됐다. 최근에는(anymore) 모든 상품(All products)에서 국산품 애용(Favoring domestic products) 차원으로 이 용어(term)를 즐겨 쓰고 있다.

건배사 모음 대백과

09

분위기 UP

001. 아리아리 동동 쓰리리 동동 내 사랑만 하오리까 (다 함께) 앗싸

　우리지사는 그 어느 지사보다도 지사장님과 위원장님을 중으로 혼연일체가 되어 누구나 근무하고 싶어 하는 사업소입니다. 선배는 후배를 끌어주고 후배는 선배를 밀어주고 서로 디딤돌이 되어 주고 버팀목이 되어주고 지킴이가 되어주고 비추미가 되어 주는 사랑이 넘치는 사업소입니다. 따라서 그런 의미를 담아 Classic folk song으로 건배제의 합니다. 제가 패러디한 포크송을 내 사랑만 하오리까라고 선창을 마치고 나면 아낌없이 사랑하자는 의미를 담아 앗싸로 후창하며 잔을 부딪혀 주시기 바랍니다.

※ 아리랑 목동 / 작곡가 박춘석 / 노래 박단마
　　꽃바구니 옆에 끼고 나물 캐는 아가씨야
　　아주까리 동백꽃이 제 아무리 고와도
　　동네방네 생각나는 내 사랑만 하오리까

아리아리동동 (아리아리동동)
쓰리쓰리동동 (쓰리쓰리동동)
아리랑 콧노래를 들려 나 주오

월남치마 걷어안고 나물 캐는 아가씨야
조롱조롱 달룽개가 제아무리 고와도
야월삼경 손을비는 내정성만 하오리까
아리아리동동 (아리아리동동)
쓰리쓰리동동 (쓰리쓰리동동)
아리랑 콧노래를 들려나 주오

※ 달룽개는 달래의 사투리.

※ 야월삼경(夜月三更)는 달 밝은 밤 열한 시에서 새벽 한 시 사이.

※ 박춘석 본명은 의병(義秉)이며 춘석은 그의 아명(one's baby name)이다. 연주활동(performance action)과 함께 중학교 (junior high school) 때 이미 〈황혼의 엘레지〉·〈아리랑 목동〉등의 작곡과 편곡 활동(composer and arranger activities)을 시작했다. 대표곡으로는(representative song) 〈비 내리는 호남선〉·〈38선의 봄〉·〈섬마을 선생님〉·〈가슴 아프게〉등을 들 수 있으며, 그외 200편이 넘는 영화주제(Movie Theme Songs)가 등을 포함해(including) 총(total) 2,700여 곡의 작품(work)들을 발표(announcement)했다. 아울러 패티김·이미자·남진·나훈아·문주란 등 350여 명이 넘는 가수들(singers)을 길러내 '박춘석 사단'이라는 말을 만들어내기도 했다. 제1회 대한민국 연예예술상(1994), 옥관문화훈장(1995) 등을 수상했으며, 2009년 그의 음악적 업적(musical achievements)을 기리기 위해 박춘석 기념사업회(memorial foundation) 추진위원회(the proposed committee)가 발족(inauguration)했다

※ 박단마(朴丹馬, 본명 노명자, 1921년 ~ 1992년 1월 23일) 일제 강점기에(During the Japanese occupation) 데뷔하여 1950년대까지 활동한 대한민국의 가수이다. 대표곡 (representative song)으로는〈아이고나 요 맹꽁〉1938년5월〈나는 열일곱 살〉〈날라리 바람〉〈물레방아〉〈슈샤인 보이〉〈체리 핑크 맘보〉〈아리랑 목동〉등이 있다. 1992년 로스앤젤레스의 한 병원(hospital)에서 심장마비(heart failure)로 수술(surgical operation)을 받은 뒤 종교(religion)를 이유로 수혈(blood transfusion)을 거부(refusal)하여 사망(death)하였다.

002. 술술이

밥(boiled[cooked] rice)은 바빠서 못 먹고
죽(porridge)은 죽어도 못 먹고
떡(rice cake)은 떡떡 걸리고
술(wine)은 술술이 넘어간다.

003. 술잔(wineglass)은! (다 함께)비우고(vacate)!
마음(mind)은! (다 함께)채우고(fill)!
전통(tradition)은! (다 함께)세우자(set up)!

004. 아싸! (다 함께)좋아 좋아!

오늘(today)도 내일(tomorrow)도 신바람 나게 파이팅(fighting) 하자.

005. 굿샷(good shot)!

유사 이래로(throughout history) 여성의 미니스커트(women's miniskirt)
와 건배(toast) 구호(slogan)는 짧을수록 좋습니다. 제가 '굿' 하면 여러분은
'샷' 해주세요.

006. **정이여!** (다 함께)**넘쳐라!**

여러분! 잔(winecup)을 채워주시기 바랍니다.

직위의 높낮이는 있지만, 잔의 높낮이는 없다고 합니다. 항상 정(affection)
이 넘치는 우리 모두를 위하여 제가 "정이여" 하면 "넘쳐라"로 외쳐주시기 바랍
니다. "정이여"

007. 오바마

오늘은 바래다줄 게 **마시자.**

008. SS! (다 함께)KK!

시키면 시키는 대로, 까라면 까라는 대로, 위 사람이 SS라고 외치면 직원들
은 KK라고 합창(chorus).

009. 돈키호테(Don Quixote)

돈 많고 **키** 크고 호남이고 **테**크닉(technique) 좋은 남자(신랑감).

※ 돈키호테 : **에스파냐의 대문호 세르반테스[**Cervantes : 스페인이 낳은 가장 위대한 소설가(Great
storyteller) · 극작가(dramatist) · 시인(poet)**]의 소설**(novel)로, 에스파냐 문학(literature)뿐 아니라
세계 문학사(literary history)에서도 최고 걸작(The best masterpiece)으로 꼽힌다. 기사(rider) 전설
(legend)을 동경(yearning)해 꿈(dream)과 현실(actuality)을 혼동(confusion)하는 돈키호테와 현세

주의(secularism)적인 종자(從者, follower) 산초 판사와 함께 늙은 말(old horse) 로시난테를 타고 모험(adventure)을 찾아 여행(travel)하는 도중에(on the way) 일어나는 사건(happening)들을 사실적으로(realistic) 그린 풍자 소설(a satirical novel)이다. 풍차(windmill)에 도전(challenge)하는 싸움 이야기며 농촌(rural community) 부인(lady)에 대한 제멋대로(as one pleases)의 사랑 이야기(love story) 등을 익살스럽게(humorously) 전개(unfolding)하고 있다.

010. 참베즐

참고 베풀고 즐겁게 살자.

011. 파란만장(波瀾萬丈)

파란색 1만장이면 1억원이 된다

※ 파란만장(波瀾萬丈, eventfulness) 물결(wave)이 만 길 높이(high)로 인다는 뜻으로, 일이 진행(progress)되거나 인생(life)을 살아가는 데 기복(ups and downs)과 변화(change)가 몹시 심함을 이르는 말

012. 잔 비워! (다 함께)잔 채워!

여러분! 잔을 채워주시기 바랍니다. 건배(toast)하는 이유는 두 가지가 있습니다. 하나는 잔을 비우기 위해서이고 두 번째는 잔을 채우기 위해서입니다. 제가 "잔 비워!" 하면 "잔 채워!"하고 외쳐 주시기 바랍니다. 잔 비워!

013. 소녀시대(Girls' Generation)

소중한 **여러분 시방 잔대** 봅시다. 참석자들이 다 함께 한 자 한 자 운을 떼면 건배(toast) 제의자가 후창.

※ 소녀시대 : 2010년부터 한류열풍(Korean Wave)을 일으키고 있는 가수(singer) 걸 그룹(girl group) 이름. 우리나라의 대중가요(popular song)의 빅뱅 〈붉은 노을〉 / 동방신기 〈풍선〉 / 서태지와 아이들〈발해를 꿈꾸며〉가 교과서에 실렸는데 소녀시대의 '하하하송'도 중학교 2학년(Junior high school sophomore) 음악책(music book)에 나오며 일본 영어교과서 중 'K-POP 스타가 세계적 인기' 라는 챕터(chapter)에 실려 있다.

014. 생일~~! (다 함께)**축하해! Happy Birthday**

015. **현재를!** (다 함께)**즐기자!**

Let's enjoy the present!, Carpe diem! 세상 걱정일랑은 철학자(philosopher)에 넘겨주고 여기 모인 우리는 오늘을 즐깁시다.(We enjoy today)

016. **지금을!** (다 함께)**즐겁게!**

사는 데 꼭 필요하거나 중요한 세 가지 금이 있다고 합니다. 첫째(first)는 사는 데 필요한 황금(necessary gold), 다음은(the next) 먹는 데 필요한 소금(necessary salt), 그리고 제일 중요한 것(the most important thing)! 바로 지금(Right now)!입니다.

017. 지금을 즐기세! (다 함께)그러세(With pleasure)!

지금 아니면 기회가 없다(it's now or never) 지금 이 순간을 즐기자(The present is right now)는 의미

018. 유자차(柚子茶)

유쾌하게 자유롭게 활기차게 마시자.

※ 유자(Chinese lemon)의 원산지(the home)는 티베트 고원 (highland) 북동부(northeas)에서 발원 (the source)하여 중국 중앙부(central part)의 열두 개 성(省)과 지역(area)을 가로지르며 동중국해로 흐르는 길이(flowing length)가 약 6,300km 에 달하는 아시아에서 가장 긴 강(the longest river)인 **양쯔강**(the Yangtze River, 揚子江) **상류**(the upper reaches of a river)**이다. 참고로 메타세 쿼이아**(Meta sequoia)도 **양쯔강 상류**(the upper reaches of a river)**에서 발견**(discovery)**됐다.**
유자(Chinese lemon)는 신라시대 때 장보고【빙그레 웃을 완莞 섬도島 완도에 청해진을 설치한 海上王】가 들여와 전파(propagation)되었다. 한국에서는 유자차나 유자 화채, 일본에서는 식초(vinegar)를 만들고 나무는 태평소【날라리 : 우리나라 고유의 관악기(wind instrument), 단단한 나무(solid wood)로 만든 관(tubep)에 여덟 개의 구멍(eight holes)이 있다】의 몸통(trunk)을 만드는 데에 쓰기도 한다. 열매(fruit)는 노란색(yellow)을 띤 공(ball) 모양(shape)으로 껍질(skin)이 울퉁불퉁하고 (bumpy) 꼭지(stalk end) 부분(배꼽부분)이 불룩 튀어나온(Bulge protruding) 것이 좋으며 신맛(sour)이 나고 향기(scent)가 있다. 레몬(lemon)의 3배에 달하는 비타민 C를 함유(contain)하고 있고 피로 회복(Fatigue Recovery)을 도와주는 구연산【citric acid : 알코올이나 물에 잘 녹으며 상쾌한 신맛(refreshing sour taste)이 있다. 청량음료(soft drink), 의약(medicine), 염색(dyeing) 따위에 쓴다. 화학식(chemical formula)은 C3H4OH(COOH)3이다.】이 풍부하다. 고서(old book)에 담긴 유자(citron)의 효능(efficacy)은 본초강목에서는 '몸이 가벼워지고 수명(壽命, life span)이 길어진다'고 극찬(high praise)을 했다. 그리고 **동의보감에서는 '술독을 풀어주고 술 마신 사람의 입 냄새**(bad breath)**까지 없애준다'라고 쓰여 있다. '승정원일기**(承政院日記)**'에는 청나라에서 사신**(envoy)**이 왔을 때 접대용**(hospitality)**으로 수정과**(fruit punch)**를 준비**(preparation)**하면서 곶감** (dried persimmon)**이 아닌 유자**(citron)**로 만든다고 했다.**

※ 레몬(lemon) : 과즙에 시트르산(Citric Acid)과 비타민C가 많이 들어 있어 신맛(acerbic taste)이 있
으며 좋은 향기(scent)가 난다. 원산지(country of origin)는 인도이며 열대(subtropical regions) 각
지에서 재배(cultivation)된다.

019. 마징가

마시자! **징**하게! 갈 때까지!

※ 마징가 제트(일본어 : マジンガーZ (マジンガーゼット), 영어 : Mazinger Z)는 일본의 만화(comic)
가 나가이고(永井豪)의 장편만화(feature-length cartoon) 또는, 이를 원작(original)으로 1972년
에 제작(production)한 장편 TV 애니메이션(animation : 영화에 나오는 그림(picture)이나 무생물
(lifeless thing)을 움직이거나 살아 있는 것처럼 보이게 하는 것)제목이다. 애니메이션(animation)은
인기리에 방영(telecast)되어 총 92화로 제작(production)되었으며, 주제가(theme song)는 응원가(a
rooter's song, a fight song, a supporters' song)로 사용(sue)되기도 하였다.
원작(original)에서 '마징가 제트(Mazinger Z)'는 주인공(protagonist)이 조종하는 거대한 로봇(Gian
robot)에 붙여진 이름이다. 마징가 제트는 광자력연구소 내 pool 수영장(원래는 오수처리장이다.)
밑에 숨겨져 보관(storage)되는데, 이 격납고(a hangar)를 실제로(actually) 건축(construction)하기
위한 예산(budget)을 책정(appropriation)하는 과정(process)을 설명(explanation)하는 책(book)이
출간(publication)되어 화제(a topic)가 되기도 했다.【이 책에서도 마징가 제트(Mazinger Z)는 오수
처리장(sewage treatment plant)에 있다고 나옴.】

020. 별천지(別天地 another world)

별별일 다 겪어도 힘냅시다. **천**지가 뒤바뀌어도 사랑합시다. **지**금까지 살아
온 인생 후회(regret)하지 맙시다.

※ 別天地(another world, a different world, a fairyland)는 이태백의 〈산중문답(山中問答)〉에서 나
온 '별유천지비인간(別有天地非人間)'에서 '별천지'가 유래 되었다. 속세(the world)와는 달리 경치

(scenery)나 분위기(atmosphere)가 아주 좋은 세상을 비유적으로 이르는 말.
예문) 열대 지방(region)에서 해지는 것을 보니 별천지(別天地 another world)에 온 느낌(feeling)이
었다.

※ 山中問答 [산중문답]
　問余何事棲碧山 [문여하사서벽산]
　푸른 산에 왜 사느냐고 내게 묻기에
　笑而不答心自閑 [소이부답심자한]
　아무 대답 안하고 그저 한가로이 웃을 수밖에
　桃花流水杳然去 [도화유수묘연거]
　복사꽃 띄운 물은 아득히 흘러가는 곳
　別有天地非人間 [별유천지비인간]
　분명 여기는 인간세상이 아닌 별천지인 것을.

〈유의어(synonym)〉

※ 별세계(別世界, another world) 이 세상 밖의 다른 세계
　예문 1) 이 사실도 모르다니 저 친구는 별세계(another world)에서 온 모양이군.
　　　 2) 그곳은 우리가 지금까지 한 번도 가보지 못한 별세계(different world)였다.

※ 별건곤(別乾坤) : 특별한 세계(special world), 특별히 경치가 좋거나 분위기가 좋은 곳

※ 별유천지(別有天地), 변별천계(別天界) 별천지(別天地 another world)와 같은 뜻
　예문)기후(climate) 가 더워서 열대 식물(tropical plant)이 어디를 가나 무성하고 도처에 기화요초
　【琪花瑤草 : 옥(jade)같이 고운 풀(grass)에 핀, 구슬(marble)같이 아름다운 꽃(flower)】가 만발
　(full bloom)하여 마치 별유천지에 찾아온 감이 없지 않습니다.

021. 아싸 (다 함께) 가자

　아싸가자는 전기절약 구호를 패러디 한 것으로 **아낌**없이 **사랑**하는 여러분(친
구, 동료) **가**볍게 **자** 한 잔 합시다는 의미를 담아 족(쭉)가는 술을 마셔 보도록

건배사 모음 대백과

하겠습니다.

※ 방법(method) 건배제안자에 따라 건배구호를 외치고 나서 맨 처음 사람부터 마지막 사람까지 차례로 쪽(족)가며 마시며 어색한 분위기를 연출한 사람에게 건배제안자가 벌주 3석간을 하사하고 처음부터 다시 시작한다. 정상적으로 진행되어 마지막 잔을 마신 사람이 박수(handclap)를 치면 전원 함께 박수를 치고 크게 소리 내어 웃는다.

022. 진달래(azalea)

진짜 찍어 달라면 찍어 줄래.

※ 진달래(식물)[Rhododendron mucronulatum] : 진달래과(一科 Ericaceae)에 속하는 낙엽관목(deciduous shrub). 진달래(두견화)의 유래(the history)는 촉(蜀)나라에 별령(鱉靈)의 딸(daughter)이 심성(mind)이 곱고 자태(figure)가 아름다워 두우(왕)가 취하고 정사(political affairs)를 별령에게 맡겼는데 왕위(the throne)를 빼앗겨 화병으로 죽었다. **다른 새의 둥우리(other bird's nest)에 위탁(consignment) 산란(laying eggs)하며 '홀딱 자빠졌다' 또는 '쪽박 바꿔주우'라고 말하는 듯이 울음소리(song)가 독특한 두견새(unique cuckoo)가 되어** 밤마다 궁궐(palace)에 나타나 불여귀≪不如歸 : 촉나라 왕의 자리에 되돌아가지 못함을 한탄(deploring)하는 소리≫를 부르짖으며 목 놓아 울다가 피(blood)를 토하여 그 피(blood)로 물들인 꽃(flower)이라 하며 '이별(parting)의 한(resentment)'을 상징(symbols)한다고 해서 두견화(杜鵑花 팥배나무 두 杜, 소쩍새 견 鵑) 또는 귀촉화(歸蜀花)라고도 한다. **독(poison)이 없고 약(medicine)에도 쓸 수 있어서 참꽃이라고도 부른다.** 한방(oriental medicine)에서는 꽃잎(petal)이 조경(調經 : 월경을 고르게 함) · 활혈(活血 : 인체 내의 혈액 순환을 돋음) · 진해(鎭咳 : 기침을 그치게 함)의 효능(efficacy)이 있다 하여 혈압강하제(depressant) · 토혈(vomiting of blood) 등에 쓰며, 월경불순(menstrual irregularity) · 폐경(menopause) · 해소【목(throat)이나 기관지(bronchus)의 점막 (mucous membrane)이 자극(stimulus)을 받아 반사적으로(reflexively) 일어나는 세찬 호흡 운동(Breathing exercises)】· 고혈압(high blood pressure) 등의 증상(symptom)에 유효(valid)하다고 한다. 민간에서는 꽃잎(floral leaf)을 꿀(honey)에 재어 천식(asthma)에 먹는다.

생약(herb medicine)으로는 꽃(flower) 또는 잎(leaf)을 쓰며 산정촉(山鄭蠋)이라 한다. 플라보노이드≪flavonoid : 그리스어 로 노란색(yellow)을 의미(意味, meaning)하는 플라부스(flavus)에서 유래(the history)된 말로, 플라본(flavone)을 기본 구조(basic structure)로 갖는 식물색소(plant pigment)

≫ 화합물(compound)이 함유(contain)되어 있으며, 이뇨제(diuretic)로서 류머티즘(rheumatism), 통풍【대사 장애(metabolic disorders) 나 내분비 장애(Endocrine disorders)로 요산이 체내에(the interior of the body) 비정상적으로(abnormally) 축적(accumulation)되어 뼈마디가 붓고 아픈 병 (sickness)】등에 쓴다.

진달래로 담은 두견주도 약용(medicinal use)으로 요통【lumbago : 허리(waist)나 엉덩이(hip) 부분에 느끼는 통증 (pain)】진통(labor pains) · 해열(alleviate fever) · 각연증(脚軟症 : 다리에 힘이 없어 제대로 걸을 수 없는 증세) · 류머티즘【rheumatism : 결합 조직 (connective tissue), 특히 (especially) 근육(muscle)이나 관절(joint) 및 이와 관련된 구조에 염증(inflammation)을 일으키는 여러 질병 (many diseases)】등의 치료약(remedy)으로 쓰였다. 두견주를 만드는 법은 1800년대에 간행(publication)된 조리서인 『규합총서(閨閤叢書)』, 『술 만드는 법』, 『시의전서(是議全書)』 등에 기록 (record)되어 있다.

※ 두견새 : 일명 접동새라고 하며 옛사람들은 꾀꼬리과의 두견새를 '소쩍당이라고 지저귀는 올빼밋과에 속한 소쩍새와 같은 새(bird)'로 혼동(confusion)한 것 같다.

023. 이기자

이런 기회(opportunity) 자주 갖자.

024. 짠

귀한 술(precious drink)을 마시기 위하여 시각(optic angle), 후각(sense of smell), 미각(taste), 촉각(feeler)과 함께 청각(hearing)까지 포함해 오감(five senses)이 일체의 즐거움(joy)을 맛보게 해주기 위하여.

※ 짠 : 감탄사(an interjection)로 숨겨 두었거나 보이지 않고 있던 것을 자랑스럽게 내보일 때 하는 말. 예문) 짠! 이게 내가 어제 산 카메라야.

※ 참고어 **짜자잔** : 뜻은 짠과 같음

　예문) **오늘 저녁**(evening)**으로 찜닭을 만들어 봤어요. 기대하시라, 짜자잔.**

025. 잎새주

　모두 술잔goblet)을 채워주시고 여러분이 채우신 술 이름인 "잎새주"로 건배를 제의하도록 하겠습니다.(I'd like to offer a toast)

　잎! 입술만 대도(좋습니다)

　새! 밤새도록 마셔도(좋습니다)

　주! 이 자리의 주인공(hero)은 바로 여러분입니다.

026. 아싸! (다 함께)가오리!

　가슴속에 오래 기억되는 **리더**(leader)가 되자.

※ 가오리(tingray)는 홍어목(洪魚目 Batoidei)에 속하는 연골어들로 대부분의 가오리는 납작하고, 다소 원판 모양이며, 날개(wing)처럼 생긴 큰 가슴지느러미(large pectoral)가 있다. 일반적으로 꼬리(tail)가 가늘고, 많은 종이 하나 이상의 예리하고 가장자리(the edge)가 톱날(saw tooth) 모양(shape)인 가시(spine)를 가지는데, 그것에는 독소(a toxin)가 있어 고통스러운 상처(Painful wounds)를 줄 수 있다.

바닷물(seawater)속에서 삼투압【滲透壓, osmotic pressure : 농도가 다른 두 액체(liquid) 사이에 생기는 압력(pressure)의 차이(difference)】조절(regulation)을 위하여 근육(muscle)속에 요소(urea : 포유류의 오줌(pee)에 함유되어 있는 질소 화합물)가 많이 들어 있어 가오리는 다른 생선(other fish)과 달리 삭혀 먹을 수 있는 것이 특징(characteristic)인데, **발효**(ferment) **과정**(process)**에서 근육**(muscle)**에 함유된**(contain) **요소**(urea)**가 암모니아**(ammonia)**와 트리메틸아민**(Trimethylamine)**으로 분해**(disassembly)**된다.** 참고로(for reference) 이와 비슷하게 생긴 홍어(thornback)는 남도에서는 '잔칫상에 홍어(thornback)기 빠지면 잔치(party)를 망친다'는 이야기 있다. 정약전의 '자

산어보'에는 물속에서 움직이는 모습이 흡사 "바람에 너울대는 연잎(lotus leaf)과 같다"고 홍어(thornback)를 지칭(call)하면서 먹으면 장이 깨끗해지고 술독을 해독(detoxification)하는데 큰 효험(large efficacy)을 볼 수 있다고 전해지며, 또한, **가래**(phlegm)**를 제거**(removal)**하는 거담**(loosen phlegm) **효과**(effect)**가 뛰어나 남도창을 하는 소리꾼**(singer)**들이 즐겨 먹기도 했다 한다.**

027. 상사디야

상서롭고 흥을 돋우는 고유의 매김 소리.

※ 대표적인 농업노동요(farming songs)의 하나이다. 전국에 퍼져 있으며, 전라도 농부가(farmer's song)가 가장 많이 알려져 있다. 전라도 농부가(a farmer's song)는 대개 〈긴농부가〉 다음에 〈자진농부가〉를 부른다. 노랫말(lyrics)은 부르는 사람에 따라 다양하지만 널리 알려진 노랫말(lyrics)은 다음과 같다. "얼럴러 상사디야/어여루 상사디야/한일자로 늘어서서/입구자로 심어갈 제/이내 말을 들어보소/어에어에 에헤루 상사디야." 이것은 〈긴농부가〉로서 전라도 지방(region)의 농부가(farmer's song)는 다른 농부가(farmer's song)보다 곡조의 짜임새가 뛰어나다. 〈긴농부가〉는 중모리를, 〈자진농부가〉는 굿거리나 중중모리장단을 친다. 한 사람이 메기면 여러 사람이 받는 형식이며 후렴(refrain)이 있다. 판소리 〈춘향가〉에 들어 있는 '농부가(a farmer's song)'는 민요(folk song)가 삽입(insertion)된 것으로 보인다.

028. 마스터(master)

마음껏 스스럼없이 **터**놓고 마시자.

※ 마스터는 어떤 기술(technique)이나 내용(contents)을 충분히 배우고 익혀 그것에 숙달(mastery)함, 충분히 배우고 익혀 그것에 숙달(mastery)하다.

029. **거시기**

거절(refusal)하지 말고, **시**키는 대로, **기**쁘게.

※ 거시기는 이름이 바로 생각나지 않거나 직접 말하기 곤란한 사람을 대신(substitution)하여 가리키는 말.
　예문) 너 어렸을 때 거시기 하고 뒷동산(a hill at the back)에서 놀던 생각나니? 거 누구냐, 전주가
　　집이라던 거시기는 요즘 통 안 보인다.

030. **거시기** (다 함께)**머시기**

　거절(refusal)하지 말고 **시**키는 대로 **기**분(feeling) 좋게 **머**리 굴리지 말고
시원하게 **기**똥차게.

※ 거시기 – 황지우 詩

워매 요거시 머시다냐 / 요거시 머시여 / 응 / 머냔 마리여 / 사람 미치고 화안장하것네 / 야 / 머가 어쩌고 어째냐 / 옴메 미쳐불 것다 내가 미쳐부러 / 아니 /그것이 그것이고 / 그것은 그것이고 / 뭐 / 그것이야말로 그것이라니 / 이런 / 세상에 호랭이가 그냥 / 캭 / 무러갈 불 놈 가트니라고 / 야 / 너는 에비 에미도 없냐 / 넌 새끼도 없어 / 요런 / 호로자식을 / 그냥 갓다가 / 그냥 / 캭 / 위매 내 가시미야 / 오날날 가튼 대멩천지에 / 요거시 머시다냐 / 응 / 머시여 / 아니 / 저거시 저거시고 / 저거슨 저거시고 / 저거시야말로 저거시라니 / 옛끼 순 / 어떠께 뒷깜시 가미 그런 마를 니가 할 수 잇다냐 / 응 / 그 마리 니 입구녁에서 어떠께 나올 수 잇스까 / 낫짝 한번 철판니구나 / 철판니여 / 그래도 거시기 머냐 / 우리는 / 거시기가 거시기해도 거시기하로 미더부럿게 / 그런디 이 / 머시냐 / 머시기가 머시기힝께 머시기히어부럿는디 / 그러믄 / 조타 / 조아 / 머시기는 그러타치고 / 요거슬어째야 쓰것냐 / 어째야 쓰것서어 / 응 / 요오거어스으을

031. 세우자(let's set up)

男! 세우자 세우자 우리 모두 빳빳하게(stiffly)!

女! 세우자 세우자 우리 모두(We all)

오래오래(for a long long time)!

세계 초일류 기업(world top-notch company), 우리나라의 최고의 기업(Best Companies), 자신의 건강(oneself health)과 우리 모두의 건강을 위하여(To the health of all of us)!

032. 조배죽

조직(organizatio)을 배신(betrayal)하면 죽는다.

033. 니나노

니랑 나랑 노래하고 춤추자.

※ 니나노는 흔히 술집(drinking house)에서 젓가락(chopsticks) 장단(beat)을 치면서 부르는 노랫가락(Beautifully Colored World)이나 대중가요(a popular song).

034. 소세지(sausage)

소심하지 않게 세심하게 지금처럼 살자.

※ 소시지(sausage)는 가공(processing)하지 않은 상태(state)나, 훈연(wood smoke) 가공
(processing) 또는 소금에 절인 상태(salted condition)로 케이싱(casing)에 채워 넣으며 어육
(fish and meat)이나 가금육(Poultry)으로도 만든다. 소시지의 어원(etymology)은 라틴어인 살수스
(salsus : '소금에 절이다'라는 뜻)에서 왔다. **소세지(sausage) 등을 넣은 부대찌개는 우리나라 음
식으로 미군 부대에서 먹다 버린 찌꺼기들을 모아다가 찌개를 끓여 먹은 것이 부대찌개의 시초
(beginning)가 되었다.**

※ 살라미 전술(Salami tactics) : 딱딱한 이탈리아식 소시지 살라미를 잘게 썰어 먹는 것과 같이 단번
에(at a stroke) 목표(target)를 관철(accomplishment)시키는 것이 아니라, 시나브로(bit by bit) 순차
적으로(sequential) 목표(target)를 성취(accomplishment)해 나가는 방법(method)을 말한다.

035. 오이지(pickled cucumbers; cucumber pickles)

오지랖 떨지 말고 **이**기적(selfish)이지 않게 **지**금처럼 살자.

036. 포도주(wine)

포용력(capacity)있게 도량(generosity)있게 주량(one's drinking capacity)
대로.

※ 포도주(wine)는 잘 익은 포도(ripening grape)의 당분(sugar)을 발효(ferment)시켜 만든 알코올
(alcohol) 음료(drink) 영어로는 와인(Wine), 프랑스어로는 Vin(뱅), 이탈리아어로는 Vino(비노), 독
일어로 Wein(바인)이라고 한다.
백포도주(white wine), 적포도주(red wine), 로제와인(Rose wine)등 스틸와인(Still Wine, 비발포
성와인)이 세계 포도주 생산량 (output) 3,600만KL(1982)의 약 94%를 차지하고 나머지 6%는 스
파클링 와인(발포성 와인, Sparkling wine) 샴페인(champagne), 포트(port), 셰리(Wherry), 마데
이라(Madeira) 등 상품(commodlty)이 다양하다. 백포도용으로서는 리스링(Riesling), 샤르도네

(Chardonnay) 등이 적포도주용으로 까베르네 소비뇽(Cabernet Sauvignon), 삐노 느와(Pinot noir), 머스캣 베일리 에이(Muscat Bailey A, 머루포도주) 등이 주로 쓰인다.

※ 로제와인(Rose wine) : 포도 껍질(skin)채 발효(ferment)하다 어느 정도 우러나오면 껍질(skin)을 제거(removal)하고 과즙(fruit juice)만으로 와인을 만듦. 색깔(color)은 화이트와인 레드와인의 중간, 맛(taste)은 화인트와인에 가깝다

※ 화이트와인(엷은 황색 혹은 황갈색의 포도주, 청포도를 주성분(component)으로 하여 빚는다.

※ 적포도주(red wine)는 포도(grape)의 씨(seed)와 껍질(skin)을 포도(grape) 원액(an undiluted solution)과 함께 참나무통(Oak barrel)에서 숙성(aging)시켜 만든 술로 맛(taste)은 떫고 붉은 색이 난다. 각종 비타민(various vitamin)을 비롯하여 구리(copper), 타우린(taurine), 리놀렌산(Linolenic acid) 등 무기질(minerals), 비타민(vitamins) 성분(component)이 많이 들어 있어 알코올(alcohol) 과 화학적(chemical) 조화(harmony)를 이루며 각종 성인병 예방(various geriatric prevention) 효과(effect)를 더욱 높여 준다. **화이트 와인**≪white wine : **엷은 황색 혹은 황갈색의 포도주, 청포도를 주성분으로 하여 빚는다, 맛이 순하고 상큼하며 황금색을 띤다**≫에는 **칼륨【**K, 전기분해 (electrolytic analysis)로 분리(separation)해 얻은 최초의 금속(the first metal)**】, 칼슘【**Ca, 인체에 가장 풍부한 금속 원소(abundant metal element)이며, 지각(crust)에서는 5번째로(the fifth) 풍부한 원소(abundant element)**】, 마그네슘【**Mg, 이산화탄소에 의한 부식(corrosion)이 적고 600℃에서도 우라늄과 반응(reaction)하지 않아서 합금(alloy)여 핵연료의 피복재(nuclear fuel cladding)로 사용되는 물질】등의 미네랄(mineral, 광물질)이 다량(a lot) 함유(contain)되어 있어 이뇨(diuresis) 작용(function)이 좋다. 또 약 0.5%의 유기산(organic acid)이 함유(include)되어 있어 식욕 증진 (improvement[promotion] of appetite) 효과(effect) 및 장내 세균(enterobacteria) 군의 밸런스 (balance)를 조정(adjustment)하는 작용(function)을 한다.

포도(grape)는 일반적으로 껍질(skin)을 벗겨서 먹고 씨(seed)도 뱉는데 항암효과(anticancer effect)가 있는 리스베라트롤(resveratrol) 성분(ingredient)이 바로 껍질(skin)과 씨(seed)에 있으며 안토시아닌(Anthocyanin)이 다량(a lot) 함유(include)되어 있어 항방사능(−Radioactivity) 활성 (vitality)을 가지고 있다.

식초(vinegar)를 항생제(antibiotic drug)로 사용한 의학의 아버지(Father of medicine) 히포크라테스는 "알맞은 시간(the right time)에 적당량(reasonable amount)의 와인을 마시면 인류의 질병 (human disease)을 예방(prevention)하고 건강(health)을 유지(maintenance)할 수 있다"라고 했으며, 프랑스의 생화학자(biochemist)이며 로베르트 코흐【독일의 의사, 미생물학자이다. 탄저균(1877

년), 결핵균(1882년), 콜레라균(1885년) 등을 발견한 것으로 유명하다**】와 함께 세균학**(bacteriology) **의 아버지**(father)**로 분자**(molecule)**의 광학**(optics) **이성질체**(isomer)**를 발견**(discovery)**했으며, 저 온 살균법**(pasteurization), **광견병**(rabies), **콜레라**(cholera)**의 백신**(vaccine)**을 발명**(invention)**한 파 스퇴르는 "와인은 모든 술 가운데 가장 유익한 술**(beneficial drink)**이다"라고 했다.**

037. 소주

소중한 만남(precious meeting)은 술(酒)로 시작하자.

※ 소주는 노주(露酒) · 화주(火酒) · 한주(汗酒)라고도 한다. 약제사 (druggist)들이 포도주(wine) · 장미수(薔薇水) · 시럽(syrup) 등 만을 사용하던 아랍에서 명의(名醫)인 아비센나가 최초로 알코 올(alcohol)의 증류(蒸溜, distillation)를 발견(discovery)했다고 한다. 이후 중국인이 아랍인으로부 터 알코올(alcohol) 증류방법(distillation method)을 배워서 원나라 때 소주의 증제법(蒸製法)을 창 안(an original idea)했다. **소주라는 말은 태워서 만든 술이라는 뜻이다.** 소주의 원명(the original name)은 알코올(alcohol)을 가리키는 아랍어인 '아라그'(Arag)를 한역(漢譯)한 '아자길'(阿剌吉) · ' 아리걸'(阿里乞)이라고 중국 문헌(literature)에 나오며, 한국 문헌(documents)에서도 소주 이외 에 이 2가지 이름이 모두 보인다. 제조법(manufacturing technique)은 증류식과 희석식으로 구분 (section)되는데, 현재 대규모 공장(massive factory)에서 제조(manufacture)되는 것은 모두 희석식 이다.

🌶 참고사항

증류주(white distilled liquor)는 만들어진 술(발효주)을 다시 증류(액체를 가열하여 기체로 만들었 다가 그것을 냉각시켜 다시 액체로 만드는 일)하여 알코올 성분의 비율을 높인 술. 단식 증류기로 증류(蒸溜, distillation)하기 때문에(because of) 알코올 성분(component) 이외에(Aside from) 알데 히드(aldehyde), 퓨젤유(fusel oil), 폴푸랄 등 향미성분(flavor component)이 많고 원료(materials)에 따라 독특한 방향을 갖는다. **알코올의 끓는 점은 78.15℃이고, 물의 끓는 점은 100℃이므로 물과 알코올이 섞여 있는 담근 술을 78.15℃로 가열**(heating)**하면 알코올만 빠져 나온다.**

희석주(distilled liquor)연속식 증류기로 95%이상의 고농도(High concentration) 알코올을 얻어 물 을 타 농도 (concentration)를 낮춰는 것으로 완전히 정제(refine)돼 불순물(impurities)이 없는 대신 원료(materials)나 발효산물(fermentation product)의 풍미(flavor)도 없어 무취(dorless), 담백한 감

미(lightly sweet)을 갖는다.

※ 세계적으로(cosmopolitanly) 유명한 증류주(famous white distilled liquor)로 프랑스의 코냑(cognac), 중국의 고량주(aoliang wine), 영국의 스카치위스키(Scotch whisky), 러시아의 보드카(vodka), **우리나라의 화요(火堯 : 불로써 다스려진 존귀한 술).** 광주화요는 일반적인 희석식 소주가 아닌 누룩(yeast)으로 발효(ferment)한 술을 증류(蒸溜, distillation)시켜 제조(production)하는 증류식(evaporating) 소주이다. 17도, 25도, 41도 세 가지 종류(sort)가 있으며 향(incense)이 매우 진하고 여운이 길게 남는 **특징(characteristic)이 있다.**

※ 아랍인(민족)은 이슬람교의 전파(propagation)를 전후하여 '아랍(Arab)'이라는 말은 아라비아 반도(peninsula)에 사는 유목민(nomad) 셈족 전체를 가리키게 되었다. 오늘날에는 아프리카 대서양(the Atlantic) 연안(the coast)의 모리타니에서 북아프리카의 마그리브 모든 지역, 이집트, 수단, 아라비아 반도, 시리아, 이라크 등을 지나 이란남서부에 이르는 광대한 지역(large area)에 사는 아랍어 사용 민족들을 포괄(inclusion)하는 말로 쓰이게 되었다. 알라신을 섬기는 이슬람교신자로 코란 2장 173절에는 '죽은 고기(dead meat)와 피(blood)와 돼지고기(pork)를 먹지 말아라', 5장 4절에는 '너희에게 허락되지 아니한 것이 있으니 죽은 고기(dead meat)와 피(blood)와 돼지고기(pork), 하나님의 이름으로 잡은 고기가 아닌 것'이라고 기록(record)되어 있어 **돼지고기**(pork : 족발은 운동량이 많은 앞 족이 맛있다.)**를 먹지 않는다.** 이슬람 국가들의 국기엔 공통적인(jointly) 초승달(new moon)과 별 무늬(star design)가 그려져 있는데, 이는 서기 610년, 무하마드가 메카 외곽(outwall)의 어느 동굴(cave)에서 장기간 명상(meditation)을 거듭하고 있던 중 천사장(the Archangel) 가브리엘(Gabriel)로부터 '알라의 이름으로 읽으라. 그분이 인간을 창조(creation)했느니라'는 신의 계시(a revelation of God)를 받고 동굴(cave)밖으로 나오니 하늘에는 초승달(crescent)과 샛별(a star)이 떠있었다. 이후로 이슬람권에서 '초승달(the sickle moon)과 별(star)'은 '진리의 시작(Start of the truth)'을 의미(意味, meaning)하게 되었고, 1400여년이 지난 오늘날에 이르기까지 터키, 튀니지, 리비아, 말레이시아 등의 국기(the national flag)를 장식(decoration)하게 되었습니다. '

※ 이란(페르시아) : 마라톤(marathon)이 없는 나라. 기원전(B.C = before Christ) 490년 아테네 북동쪽에(northeastwards) 있는 마라톤 광야(extensive[wild] plain)에서 그리스의 군대(army가 침략(invasion)해온 페르시아군을 격파(defeating)했을 때 그리스군의 병사(soldier) '페리디피데스'가 승리(victory)를 알리기 위해 약 40km를 달려 "우리가 이겼노라."고 아테네 시민(a citizen)들에게 알리고 그 자리(place)에서 숨졌다고 한다. 이 고사(Old story)에서 마라톤이 유래(the history)되었는데 '이란'은 조상(ancestor)들의 패전(lost battle)이라는 슬픈 역사(The sad history)가 얽혀 있는 마

라톤경기(marathon race)를 금지(prohibition)하고 있다. 또한 고대 이란계 파르티아(Parthia)왕조에서 말을 탄 기수(horseman)가 이동 중 몸을 뒤로 돌려 뒤에서 추격해 오는 적에게 활을 쏘는 기술인 파르티안 샷(Parthian shot, 배사법(背射法))이 시작되었다.

038. 오늘은! (다 함께)막걸리!

막힘없이 걸쭉하게 리드미컬(rhythmical, 율동이나 음률이 느껴지는 것)하게 먹자는 의미(意味, meaning).

※ 막걸리(술)는 마시면 정신이 오락가락한다고 해서 도깨비(goblin) 뜨물이란 별칭(another name)이 있고 오덕(五德)과 삼반(三反)있다.

취하되 인사불성(oblivion)일 만큼 취하지 않음이 일덕(一德)이요, 새참에 마시면 요기되는 것이 이덕(二德)이며, 힘 빠졌을 때 기운 돋우는 것이 삼덕(三德)이다. 안 되던 일도 마시고 넌지시 웃으면 되는 것이 사덕(四德)이며, 더불어 마시면 응어리 풀리는 것이 오덕(五德)이다.

놀고 먹는 사람이 막걸리를 마시면 속이 끓고 트림(burp, belch)만 나며 숙취(hangover)를 부른다 해서 근로지향(勤勞志向)의 반유한적(反有閑的)이요, 서민(ordinary person)으로 살다가 임금이 된 철종이 궁안의 그 미주(美酒)를 마다하고 토막의 토방에서 멍석 옷 입힌 오지 항아리(pot)에서 빚은 막걸리만을 찾아 마셨던 것처럼 서민지향의 반귀족적(反貴族的)이며 군관민(軍官民)이 참여하는 제사나 대사 때에 합심 주로 막걸리를 돌려마셨으니 평등지향의 반계급적(反階 級的)으로 삼반주의(三反主義)다.

막걸리 한 병에는 요구르트 500병 정도의 유산균(lactic acid bacteria)이 들어있고, **주로 허브에 함유된(contain) 향기(scent) 성분(component)으로 향을 내기 위해 향수**(perfume) · **스킨케어 제품**(product) · **담배 등에 첨가**(addition)**되는 항암물질**(Anti-cancer substance)**인 파네졸**(Farnesol) **함량**(content)**이 포도주나 맥주**(15~20ppb)**보다 10~25배**(150~500ppb) **더 많이 함유**(contain)**되어 있다.** 남성(the male)에게 좋은 비타민(vitamins) B가 풍부하고, 다이어트(diet) 효과(effect)까지 있다. 하루 2잔 정도(400mL)가 적당하다고 본다.

039. 참이슬

참 오랜만인데 **이제**부터 슬슬 마셔봅시다.

040. **참이슬로!** (다 함께)**맺은 사랑! 처음처럼!** (다 함께)**영원하자!**

041. **참이슬**

참되고 이롭고 슬기롭게 이겨내자.

042. **참이슬**

참 좋은 이 세상 슬기롭게 살자.

043. **더~!** (다 함께)**불어!**

여기 불어 하시는 분 있나요? 그럼 오늘은 불어로 건배 제의하겠습니다.(I'd like to offer a toast) 제가 선창하면 '불어'로 화답해 주세요! 더~(불어)

044. **이제는!** (다 함께)**때가 왔다! 술로 뛰는!** (다 함께)**마케팅!**

마케팅(marketing)의 필요성(necessity)을 술로 재미있게 표현(represen-
tation).

045. 노총각(old bachelor)

노(No)하지 말고 **총**대(gun stock) 메고 **각** 세우지 말고……!(비굴 버전으로)

※ 노총각(old bachelor)·노처녀(old maid)를 구분하는 나이는 정약용의 저서 〈경세유표 : 국가 체제
  전반을 비판하고 부국강병을 논한 책〉에 나오는 '애민(愛民)의 여섯조목'은 "30살이 되도록 장가
  못간 남자와 25살이 되도록 시집 못간 여자는 관(官)에서 성혼(wedding)시켜야 한다"고 했다. 그
  러니까 남자 30살, 여자 25살 이상을 노총각(old bachelor)·노처녀(spinster)로 본 것이다. 〈예기〉
  에는 "여자 나이 20살이 되면 시집보낸다"고 했다.

046. 토사구팽

토끼(hare)를 잘 **사**역(employment)해서 **개**(狗, dog)도 **팽**팽해지는 잘 사는
○○년을 위하여!(토끼(hare)도 살고 개(dog)도 살고)

※ 토사구팽(兎死狗烹) 토끼(hare)가 죽고 나면 사냥개(hound)도 필요 없게 되어 삶아 먹힌다. 필요할
  때는 쓰고 필요 없을 때는 버리는 야박한 인심(humaneness)을 뜻한다. 유의어(synonym)로 감탄
  고토(甘呑苦吐, If it's sweet, you swallow it, if it's bitter , you spit it out 달면 삼키고 쓰면 뱉는다.),
  교토사양구팽(狡兎死良狗烹.)이 있다.

※ 토사구팽 유래(the history) 범려(范蠡)는 중국 춘추시대 월나라가 패권(supremacy)을 차지할 수
  있도록 구천(句踐)을 보좌(aid)한 명신(名臣, a great statesman)이다. 월나라 왕 구천(句踐)은 가
  장 큰 공(largest distinguished[meritorious] service)을 세운 범려(范蠡)와 문종(文種)을 각각 상장
  군(오늘날 국방부 장관)과 승상(국무총리)으로 임명(commission)하였다. 그러나 범려(范蠡)는 구
  천(句踐)을 믿을 수는 없는 인물(person)이라 판단(judgment)하여 월나라를 탈출(extrication)하

였다. 제(齊)나라에 은거(secluded life) 한 범려(范蠡)는 문종(文種)을 염려(anxiety)하여 "새 사냥 (hunting)이 끝나면 좋은 활(good bow)도 감추어지고, 교활한 토끼(cunning hare)를 다 잡고 나면 사냥개(hound)를 삶아 먹는다."라는 내용(contents)의 편지(letter)를 보내 피신(refuge)하도록 충고 (advice)하였다. 문종(文種)은 월나라를 떠나기를 주저하다가 구천(句踐)에게 반역(revolt)의 의심 (doubt)을 받은 끝에 자결(suicide)하고 말았다. 이 고사(故事,ancient event)에서 토사구팽(兎死狗 烹)이 유래(the history)되었다. 이 고사성어는 유방(劉邦 : 중국 한나라 초대 황제)을 도와 한(漢)나 라를 세운 한신(韓信)의 이야기로 더 잘 알려져 있다. 중국을 통일(unification)한 유방은 일등공신 (a first meritorious retainer)은 한신을 초왕(楚王)으로 봉하였으나, 그의 세력(influence)이 언젠가 (sometime)는 자신에게 도전(challenge)하지 않을까 염려(worry)하였다. 그러던 차에 유방과 패권 (supremacy)을 다투었던 항우(項羽)의 부하(subordinate) 종리매(鐘離昧)가 옛 친구(an old friend) 인 한신에게 몸을 의탁(trust)하였다. 일찍이 전투(combat)에서 종리매에게 괴로움(suffering)을 당 하였던 유방은 종리매가 초나라에 있다는 사실(truth)을 알고 그를 체포(arrest)하라는 명령(order) 을 내렸으나, 한신은 옛 친구(an old friend)를 배반(Betrayal)할 수 없어 명령(command)을 따르 지 않았다. 이 사실(fact)을 상소한 자가 있어 유방은 진평(陳平 반간계로 유명한 한나라 정치가) 과 상의(consultation)한 뒤 그의 책략(stratagem)에 따라 초나라의 운몽(雲夢)에 순행(patrol)한다 는 구실(excuse)로 제후(feudal lords)들을 초나라 서쪽 경계(western boundary)인 진(陳)나라에 모이게 하였다. 한신은 자신에게 아무런 잘못(fault)이 없다고 생각(thought)하여 자진(voluntary) 해서 배알(audience)하려고 하였는데, 부하(underling)들이 종리매의 목을 베어 가지고 가면 황제 (emperor)가 기뻐할 것이라는 계책(artifice)을 진언(advice)하였다. 한신이 종리매에게 이 일을 전 하자 종리매는 "유방이 초(楚)를 침범(invasion)하지 못하는 것은 자네 밑에 내가 있기 때문이네. 그런데 자네가 나를 죽여 유방에게 바친다면 자네도 얼마 안 가서 당할 것일세. 자네의 생각이 그 정도라니 내가 정말 잘못 보았네. 자네는(suicide) 남의 장(長)이 될 그릇은 아니군. 좋아, 내가 죽 어주지"하고는 스스로 목을 베어 자결(suicide)하였다. 한신은 종리매의 목을 가지고 가서 유방에 게 바쳤으나 유방은 한신을 포박(arrest)하였으며, 모반(rebellion)의 진상(reality)을 조사(inquiry)한 뒤 혐의(suspicion)가 없자 초왕에서 회음후(淮陰侯)로 강등(degradation)하였다. 이에 **한신은 "과 연 사람들의 말과 같도다. 교활한 토끼(hare)를 다 잡고 나면 사냥개(hound)를 삶아 먹고, 새 사냥 (hunting)이 끝나면 좋은 활(bow)도 감추어지며, 적국(enemy country)이 타파(overthrow)되면 모 신(謀臣, tactician)도 망한다. 천하가 평정(suppress)되고 나니 나도 마땅히 '팽' 당하는구나(果若人 言. 狡兎死良狗烹(교토사양구팽), 飛鳥盡良弓藏. 敵國破謀臣亡. 天下已定, 我固當烹)"라고** 한탄 (regret)하며 유방을 원망(reproach)하였다고 한다. 이 고사는《사기(史記)》의〈회음후열전(淮陰侯列 傳)〉에 나온다. 兎 토끼 토. 死 죽을 사. 狗 개 구. 烹 삶을 팽. [동] 狡兎死 良狗烹(교토사 양구팽) 의 준말. 狡兎已死(교토이사) : 교활한 토끼(hare)가 이미 죽었다. **[유] 得魚忘筌**(득어망전) : **고기**

건배사 모음 대백과

(fish)를 잡고 나서 통발(fish trap)을 잊는다.

※ 항우(項羽) : 중국 진(秦)나라 말기에(the end) 유방【劉邦 중국 한나라(오늘날에 중국인들을 부를 때 사용하는 한족은 이 왕조의 이름에서 유래) 초대 황제】과 천하(the whole country)를 놓고 다툰 무장. 진나라가 혼란(chaos)에 빠지자 봉기(uprising)하여 진군을 도처에서(on all sides) 무찌르고 관중으로 들어갔다. 진을 멸망(fall)시킨 뒤 서초 패왕이라 칭했으나 해하에서 유방에게 포위(siege) 되어 자살(suicide)했다.

047. 얼씨구 (다 함께)좋다 절씨구 (다 함께)좋다 지화자 (다 함께)좋다.

※ 얼씨구절씨구(감탄사, interjection)는 흥겨울 때에 장단(beat)을 맞추며 변화(change)있게 내는 소리(sound).

※ 추임새는 장단(rhythm)을 짚는 고수(鼓手, drummer)가 창(唱, Korean traditional narrative song) 의 군데군데에서 소리의 끝 부분에 창자(singer)의 흥을 돋우기 위하여 '좋다' '좋지' '으이' '얼씨구' '흥' 등의 조흥사(助興詞)나 감탄사(感嘆詞, exclamation)를 넣어 주는 것을 말한다.

048. 언제든! (다 함께)불러다오! 술은! (다 함께)내가 쏜다!

항상(constantly) 같이 하고 싶은 마음을 개콘의 유행어(fad words) 패러디(parody)함.

049. 아싸! (다 함께)끈! 끈! 끈!

업무(business)는 매끈하게(slick), 술(liquor)은 화끈하게(hard), 우정

(friendship)은 따끈하게(hot).

050. 얼씨구! (다 함께)좋다!, 지화자! (다 함께)좋다!

신바람 나는 분위기(excitement atmosphere, a highly elated atmos-phere) 조성(creation)을 위해.

051. 너에게 즐거움을 주는 건! (다 함께)내가!
나를 재미있게 해주는 건 (다 함께)네가!
너와 나를 행복하게 해 주는 건! (다 함께)우리가!

052. 1차도 (다 함께)call 2차도 (다 함께)ok 3차는 (다 함께)thank

술자리(drinking party) 분위기(atmosphere)를 UP 시킬 때 재미있는 구호(funny slogan).

053. 건배(toast)는 (다 함께)내가한다, 계산은 (다 함께)니가해라

054. 아리(RE)께 니가 헌 말 뱉어(배터 : BT, 배레 : BETTER로 해석하면 더 좋음)

'예전에 네가 한 말 좋더라' 설명 후 '니(리:RE) 베러(배터:BT)'를 선창하면 '아래(RE) 배터(BT)'와 'REBT' 중 선택하여 후창.

※ REBT(Rational Emotive Behavior Terapy) : 합리적(rational), 정서적(emotional) 행동치료(behavior therapy)는 로버트A.하퍼와 앨버트 엘리스 두 저자(writer)가 공동집필(Coauthor)한 창조적인 삶(the creative life)을 위한 자기 진단 치료노트(Self diagnostic treatment notes) '마음(mind)을 변화(change)시키는 긍정(affirmation)의 심리학(psychology)'에 나오는 용어(term)이다. 대중적인(popular) 자기 정신치료(Mental therapy)관련 도서(book)인데, 생각(thought)을 바꾸도록 도와주는 책이다.

어떤 믿음(trust)이나 생각(thinking)을 바꾸면 정서(emotion)와 행동(action)도 크게 바뀐다는 사실(fact)을 입증(proof)하는 이론(theory)이다. 쉬운 예로 환자(a patient)가 "전 무능 하기 때문에 사회(society)에 적응(adaptation)하지 못합니다."라고 말하면, 무능한 행동(incompetent action)을 보인 건 대단히 잘못된 일이지만, 그렇다고 '내가 열등(inferiority)한 것은 아니다'라고 생각(thinking)하도록 돕는다는 이론(theory)으로 올바로 생각(thought)하면 기분(feeling)이 좋아진다는 것이다. 이를 응용하여 사투리 버전 건배사(Toast greetings)로 허심탄회(frankness)하게 생각(thinking)을 열어 놓자는 의미(意味, meaning)로 글로벌시대(Global era)에 맞게 개작(adapt)했다.

※ **앨버트 엘리스** 박사(Doctor of Philosophy, 略 Ph.D., D.Phil) 미국 피츠버그에서 태어나 뉴욕에서 자라서 컬럼비아대학에서 심리학(psychology)을 공부(study)하여 석사학위(a master's degree)와 박사학위(a doctorate)를 받았다. 그는 합리적(rational) · 정서적(emotional) 행동치료(REBT)와 **현대적 인지행동치료**(CBT)**의 창시자**(originator)로 미국 심리학협회(Psychological Association)와 미국 상담연합(Consult Union), 행동치료 진흥협회(Behaviour therapy Association), 미국 정신병리학협회(psychopathology association) 등 여러 전문 단체(Several professional organizations)로부터 최고상(the highest prize)을 받았다.

※ 로버트 A. 하퍼 박사(Doctor of Philosophy, 略 Ph.D., D.Phil) 오하이오 주립대학에서 심리학(psychology)과 인류학(anthropology), 사회학(sociology)을 공부했으며 디트로이트와 뉴욕, 워싱턴에서 심리치료(psychotherapy) 박사과정(the doctor's course) 이수(completion) 연구훈련(research discipline)을 받았다. 그는 여러 주요 대학(Several major universities)에서 강의(lecture)하고 오하이오 주립대학과 디트로이트의 메릴 팔머 협회(society)에서 상담 훈련(counseling training) 프로그램을 관리(administration)하고 있다.

※ 플라세보 효과(placebo效果)는 약리학적으로(pharmacological) 의약성분(medicinal ingredient)이 들어있지 않은 위조 약(counterfeit medicine)을 환자(patient)에게 투약(medication) 했을 경우, 심리적인 영향(psychological effect)으로 인해 실제로 환자의 병세(patient's disease) 좋아지는 현상.

055. 김미화

김새지 말고, **미**리 가지 말고, **화**끈하게 마시자(놀)자!

※ 김미화(1964년 9월 22일~)는 대한민국의 희극(comedy) 배우【연극(play)이나 영화(film)에 출연(appearance)하여 연기(performance)하는 사람】겸 텔레비전(television), 라디오 프로그램(radio program) 진행자(master of ceremonies)이다. 서울특별시 출신(birth)으로 고교 졸업(high school graduation) 후 1983년 KBS 개그 콘테스트(gag contest)를 통해 데뷔(프랑스어 début)했으며 《쇼 비디오자키》에서 김한국과 콤비(combination)를 이뤄 연기한 〈쓰리랑 부부〉, 일명 "순악질 여사"라는 캐릭터(character)로 인기(popularity)를 끌었다. 2001년에 늦깎이 대학생(niversity student)로 성균관대학교 사회과학부에 입학, 2005년에 졸업(graduation)했다. 현재 MBC 라디오 《세계는 그리고 우리는》프로그램진행자(program host)로 활동했다.

※ **비디오자키**(video jockey) : **유선(cable)이나 무선(wireless)의 텔레비전 방송에서, 뮤직비디오**(music video) **방송 프로그램을 진행하는 사람, 비디오 영상물을 능숙하게 조작하여 일반인에게 소개하는 사람**

056. 어명이요! (다 함께)완샷(one shot)!

※ 임금님 명령은 어명(御命), 임금이 신하(vassal)에게 내리는 술을 어주 [御酒], **임금님이 문무과에 급제한 사람에게 하사하던 무궁화 종이꽃(paper flowers)은 어사화**(御賜花), 임금님 얼굴은 용안(龍顔), 임금님 옷(관복)은 용포(龍袍, 일명 곤룡포), 임금에게 올리는 밥상은 수라상(12첩 반상), 임금님 오줌은 용수, 임금님 변은 매화, 임금의 노여움은 한비자(韓非子)【한비(韓非)를 높여 부르는 이름으로 전국시대 저명한 철학가이며 법가학설을 집대성한 학자이며 산문가】의 세난편(說難

編)에서 용의 턱 아래에 거꾸로 난 비늘을 건드리면 용이 크게 노하여 건드린 사람을 죽인다고 한다.라고 표현했다.

※ 곤룡포(袞龍袍)【일명 용포(龍袍), 망포(蟒袍)】 황제(emperor)는 세계의 중심(the Hub of the Universe)을 나타내 황색(yellow),자수(embroidery)로 용(dragon)의 발톱(nail)이 5개(숫자 오는 소우주의 인간으로서 완전성과 힘의 상징)인 **오조룡(五爪龍)**무늬, 제후국(the sovereign Princely States)은 태양을 상징(symbols)하는 홍색(red), 발톱(toenail) 4개인 용무늬를 수놓았다. 조선 개국 (the opening of a country) 태조(the first King) 이성계는 4방위 중 동쪽(the east)을 상징(symbols)하며 태양이 떠오르는 것과 시작을 의미(意味, meaning)하는 청색(blue), 자수(embroidery)로 용의 발톱(claw) 4개(四爪龍補), 최초로(the first) 고종. 순종 임금은 황색, 발톱 5개의 용무늬(dragon design)가 새겨진 곤룡포(오조룡포, 五爪龍袍)를 입었다. 이는 음양오행설과 깊은 관련(relation)이 있다. 만상(all kinds of phenomena)을 음과 양으로 파악하고 그 변화양상(aspect of change)을 목(木), 화(火), 토(土), 금(金), 수(水)의 5행상으로 설명하고 상생(win—win)의 원리(principle)는 목생화(木生火), 화생토(火生土,), 토생금(土生金,), 금생수(金生水), 水生木(수생목)의 관계(relation) 속에 성립(conclusion)된다. 이를 색(color)으로 배열(Arrange)하면 **靑**(푸를 청), **紅**(붉을 홍), **黃**(누를 황), **白**(흰 백). **黑**(검을 흑)의 오행색이다. 단청(painting)의 채색(colors), 색동저고리, 오색실, 금줄 등 생활에 적용(application)했다.

※ 만인지상(萬人之上 : 모든 사람 중에서 가장 높다는 뜻)인 임금님을 용(dragon)에 비유(a figure of speech)했는데 용은 황제(emperor)나 천제(the Heavenly King)의 상징, 봉황(phoenix)은 왕의 상징(symbols)이다. 우리나라 대통령문양의 상징으로 봉황(鳳凰, phoenix)을 사용하고 있는데 재고 (reconsideration)할 필요 (need)가 있지 않나 생각(thought)한다.

※ **봉황(鳳凰)은** 예로부터 중국의 전설(legend)에 나오는, 상서로움을 상징(symbols)하는 상상의 새 (imaginary bird). 기린 (giraffe), 거북(turtle), 용(dragon)과 함께 사령(四靈) 또는 사서(四瑞)로 불린다. **수컷(male)은 '봉', 암컷(female)은 '황'**이라고 하는데, 성천자(聖天子 : 덕이 높은 하늘의 아들) 하강의 징조(omen)로 나타난다고 한다. 전 반신은 기린(giraffe), 후 반신은 사슴 (deer), 목(neck)은 뱀(snake), 꼬리(tail)는 물고기(fish), 등 (back)은 거북(turtle), 턱(chin)은 제비(swallow), 부리 (beak)는 닭(chicken)의 동물(animal)을 부분 조합 (compounding)한 모습(figure)을 하고 있다. 깃털(feather)에는 오색(청색, 백색, 적색, 흑색, 황색의 다섯 가지 빛깔) 무늬(A colorful pattern)가 있고 소리는 오음(궁, 상, 각, 치, 우의 다섯 음계를 이르는 말)에 맞고 우렁차며, **오동나무 (empress tree)에 깃들이어 대나무 열매(Bamboo fruit)를 먹고 영천(靈泉**, magical fountain : 신비한 약효가

있는 샘)의 물을 마시며 산다고 한다.

※ 용(龍, dragon)은 상상의 동물(imaginary animals) 가운데 하나. 몸(the body)은 거대한 뱀(huge snake)과 비슷한데 비늘(scale)과 네 개의 발(foot)을 가지며 뿔(horn)은 사슴(deer)에, 귀(hearing)는 소(cattle)에, 머리(the head)는 낙타(camel)에, 눈(eye)은 토끼(hare)에, 비늘(scale)은 물고기(fish)에, 발톱(toenai)은 매(hawk)에, 발(foot)은 호랑이(tiger)에 가깝다고 한다. 깊은 못(deep pond)이나 늪(marsh), 호수(lake), 바다(the sea) 등 물속에서(unde water) 사는데 때로는(sometimes) 하늘(the sky)로 올라가 풍운(winds and clouds)을 일으킨다고 한다. 중국에서는 상서로운 동물(auspicious animal)로 기린(giraffe) · 봉황(phoenix) · 거북(tortoise)과 함께 사령(四靈)의 하나로서 천자(emperor)에 견주며, 인도에서는 불법(unlawfulness)을 수호(protection)하는 사천왕의 하나로 생각(thought)하고 있다.

※ 사천왕(四天王) 동서남북(north, south, east and west) 사방(all directions)에서 부처의 법(The Buddha's law)을 지키는 네 수호신(guardian deity). 수미산의 중턱 (the mountain's breast)에 있는 사왕천(四王天)의 주신(主神)으로 동의 지국천왕(持國天王), 서의 광목천왕(廣目天王), 남의 증장천왕(增長天王), 북의 다문천왕(多聞天王)을 이른다.

057. 지화자! (다 함께)좋다!

지금부터 화끈한 자리(situation)를 위하여.

058. 지화자

지금부터 화합(harmony) 하자.

※ 지화자는 ① 나라가 태평(peace)하고 국민(people)이 평안(pea한 시대(peace time)에 부르는 노래(song). 또는 그 노랫소리(singing voice). ② 윷놀이【도(돼지) 개(개) 걸(양) 윷(소) 모(말)】에서 모를 치거나 활쏘기(archery)에서 과녁(mark)을 맞혔을 때 잘한다는 뜻으로 외치는 소리(sound)

059. 위하야 _(다 함께)위하고 위하자

060. 지금부터! (다 함께)단무지!

단순 무식(simple ignorance)하게 지금부터 즐기자. 무지 행복하게(happily) 살자.

※ 단무지는 일본식 김치로 무(radish)를 시들시들하게 말려 소금(salt)에 절여서, 쌀(rice)의 속겨(inner chaff[bran])로 격지【any hulled grain : 볏과에 속하는 곡식의 껍질을 벗진 알맹이를 통틀어 이르는 말】를 지어 담가 만든 것. 단무지를 다꾸앙이라 하는데, 이 말은 **일본 스님**(Buddhist leade)**의 이름에서 유래**(the history)**되었다.** 일본의 이른 바(so—called) 전국시대 때 각 지방(each region)의 영주(lord)들이 반목(enmity)하여 싸움(fight)이 끝날 날이 없었고, 이 때문에 영내(territory)의 주민(resident)들은 전쟁(war)에 끌려 다니느라고 주먹밥(a rice ball)으로 식사(dinner)를 때울 수밖에 없었다. 병사(soldier)들은 맨 주먹밥(a rice ball)과 무짠지를 만들어 허리춤(inside the waist of one's trousers)에 차고 다니면서 먹었다. **이 무 짠지를 만들어준 사람이 다꾸앙 스님이라 다꾸앙라 했다.** 단무지란 '단맛이 나는 무 짠지'의 줄임말이다.

061. 쿵 따리! _(다 함께)샤바라!

희망(hope)을 품고 신바람 나게 일하자.

※ 쿵따리 샤바라는 구준엽, 강원래의 댄스듀오 '클론'이 1997년 여름 대한민국 국민의 어깨(the shoulder)를 들썩이게 하던 노래(sing).

062. 그래! (다 함께)괜찮아!

다운된 분위기(atmosphere)를 살리기 위한 격려(encouragement) 멘트(ment).

063. 고객의 사랑을, 안아보자! 직원의 사랑을, 안아보자! 가족의 사랑을, 안아보자!

회사(company)는 무엇으로 사는가? 고객(customer)의 사랑(love)을 먹고 삽니다. 지점(branch)은 무엇으로 사는가? 직원(the staff)의 사랑(love)을 먹고 삽니다. 직원(employee) 여러분은 무엇으로 사는가? 그것은 바로 가족(family)의 사랑(love)을 먹고 삽니다. 자! 건배(toast)가 끝났으니 옆에 계신 분을 꼭 안아주시기 바랍니다.

064. 우리 모두! (다 함께)불끈불끈!

불법(illegitimacy) 도전을 근절(eradication)하자.

065. 자 ～ ! (다 함께)쭉!

우리말 원샷(One shot) 버전(version).

066. 노틀카

놓지도 말고 트림(belch)도 하지 말고 (다 마신 후)카 하지도 말고.

067. 눈물이 나면! (다 함께)기차를 타고!
   술이 고프면! (다 함께)폭탄을 타라!

시인(poet) 정호승님의 시집(collected poems) 제목(title)을 이용하여 문학적 감정(literary feeling)을 살려 폭탄주(Boilermaker, beer cocktail) 건배(toast)에 적용(aplication)

※ 정호승 시인(poet)은 1950년 경상남도 하동에서 출생(birth), 대구에서 성장(growth) 대구 계성중학교와 대륜고등학교 졸업(graduation) 경희대학교 국어국문학과와 경희대학교 대학원(graduate school)을 졸업(graduation). 지난 1973년 한국일보 신춘문예(a literary contest in spring)로 등단(literary debut)해 시집 '별들은 따뜻하다', '사랑하다가 죽어버려라', '외로우니까 사람이다', '눈물(tear)이 나면 기차(train)를 타라', '이 짧은 시간 동안' 등을 출간(publication)했다.

068. 올 한해 가정과 직장(work place)에
   웃음꽃(cheerful laugh)이 가득하길 바라며,
   싱글! (다 함께)벙글!,
   싱글싱글! (다 함께)벙글 벙글!,
   싱글싱글 싱글! (다 함께)벙글 벙글 벙글!

들판(field)의 곡식(cereals)들은 농부(farmer)의 발걸음(a step) 소리(sound)로 자라고 우리 회사는 4천만 고객의 발걸음(step) 소리(sound)로 성장

(growth)합니다. 올해(this year) 고객행복(Customer happiness)과 풍림화산 (風林火山)의 영업 자세(Sales positions)로 직원들(employees)의 모든 역량(all capacity)을 모아 내실 성장(Profitable Growth)을 통한 새로운 도약(The new leap)을 이룩해야 합니다.

백두인의 가는 길에는 아침 이슬(morning dew)처럼 영롱(bright)하신 CEO! 아침 햇살(morning sun)처럼 따스한 마음(a warm[kindly] heart)으로 2만여 명 직원 가슴을 품은 CEO! 우리의 영원한 Best CEO(chief executive officer 최고 경영자)! 홍길동 사장님이 있습니다. 회사의 새로운 도약(the new leap)과 미래(Future)의 100년을 위하여! 웃으면 복이 온다(Laughter brings happiness)고 합니다.

069. 으아~! (다 함께)들이대!(김흥국 버전)

술잔(goblet)을 들고 이판사판(all or nothing) 대보자.

※ 김흥국(서울특별시. 1959년 4월 11일 ~)은 대한민국의 트로트 가수이자 라디오 방송 진행자 (presenter)이다. 별명 (nickname)은 코털(vibrissa) 가수 월드컵 가수이다. 〈레게파티〉라는 곡 으로 우리나라 최초로 레게 장르를 선보인 가수로 레게의 대부(godfather)이기도 하다. 대표곡 (representative Song) 으로 호랑나비가 있다

※ 레게(Reggae)는 1960년대 후반(the latter half) 자메이카[Jamaica : 남북아메리카 대륙(continent), 서인도 제도(the West Indies), 대서양(the Atlantic) 따위에 둘러싸인 바다인 카리브 해(sea) 북부 (the north)에 있는, 영국 연방(federation)의 독립국(sovereign nation)]에서 발전(development) 한 음악 장르이다. 자메이카 음악(music)의 한 장르인 스카(Ska : 빠르고 흥겨운 댄스 리듬이 특징 (characteristic)와 록스테디(Rock Steady)에서 출발하여 여러 음악(several music) 장르의 영향을 받아 발전(development)하였다. 레게의 음악적 특성은 오프 비트(Off Beat)라 불리는 독특한 약박 (unique arsis) 리듬에 기반 (foundation)한다. 레게의 리듬(rhythm)은 4분의 4박자로 보통 스카(Ska

     건배사 모음 대백과

: 빠르고 흥겨운 댄스 리듬이 특징(characteristic))보다는 느리게 연주(performance)되며 한 마디의 **세 번째 박이 강박이다.**

※ 록스테디(rock steady)는 스카보다 좀 더 느리고, 가스펠 풍의 주고 받기(call-and-response) 보컬이 도입(introduction)되며, 무엇보다도(above all things) 베이스가 스카처럼 덜컹거리지 않고 장중(solemnity)하게 연주(performance)된다. 보컬 그룹 패러건스(the Paragons)의 대표적 록스테디 넘버 "운 좋은 소녀가 즐겁게 가네(Happy go lucky girl)"는 감미로운 보컬(vocal : 악기 연주에 상대하여, 노래 부르는 일을 이르는 말)과 흐느적거리는 듯한 리듬 파트를 잘 보여준다.

※ 이판사판(all or nothing) : 이판은 수행(penance)하는 승(僧 bonze, priest)을 이르는 말이고 사판은 절에서 사무(office work)를 보는 승(僧 bonze, priest)이르는 말로 막다른 데 이르러 어찌할 수 없게 된 지경(situation)을 말한다. 조선시대 억불숭유(抑佛崇儒) 정책(policy)으로 천민(lowly people) 계급(class)이 되어버린 승려(Buddhist monk)들은 사찰(Buddhist temple)에서 종이(paper)를 만들거나 사고(史庫)를 관리하고, 산성(mountain fortress) 축조(building)와 그 성(castle)의 수비(defense)를 맡았다. 사찰(Buddhist temple)의 행정(administration)이나 사무(office work)를 처리하는 사판승의 유래(the history)다. 반면(on the other hand) 깊은 산속(the heart of a mountain)에 은둔(retirement)하여 참선(meditation in Zen Buddhism) 등을 통한 수행(self-discipline)으로 불법(佛法, the law[teaching] of Buddha)을 잇는 승려(priest)들이 있었다. 이를 두고 이판승(理判僧)이라고 했다. 이 두 부류의 승려(Buddhist monk)인 이판과 사판이 합쳐서 이판사판(all or nothing)이 되었다.

✒ **참고사항**(불교 유래 용어)

※ 건달(scamp) : 원어는 음악의 신(god of music), 거리의 악사(street musicians)나 배우(actor) 등의 의미(meaning)가 있는 산스크리트어 '간다르바(gandharva)'로 소리에 따라 불경(the Buddhist scriptures)에서 '건달바'로 번역(translation)됐다. 건달바는 일연 스님의 삼국유사[신라, 고구려, 백제의 역사 외에도 단군(檀君)의 사적(史蹟, historical site), 신화(myth), 전설(legend), 설화(tale), 향가(鄕歌, native songs) 등이 풍부히 수록(include)된 귀중한 자료(data)]5권에 실린 향가 '혜성가'에도 등장(appearance)한다.

※ 노파심 : 다른 사람(other people)의 일을 지나치게 걱정(overanxiety)할 때 사용되는 단어(word)'노파심'은 불교의 신중에서 나온 말

※ 야단법석(wild merrymaking) : 원래 야외(the fields)에서 설법(Buddhist sermon)하는 자리(place)를 의미했는데 이 자리에 모인 많은 사람(many people)을 겨냥한 상인(dealer)들도 모이면서 자연스럽게 시끌벅적한 상태(noisy condition)되자 나중에 이런 소란스러운 상황(situation)을 가리키는 말

※ 통섭 : 자연과학(natural science)과 인문학(humanities)을 연결(connection)하는 지식의 통합(integration of knowledge)으로 사용하는 단어(word)는 길장(吉藏 : 불교의 한 종파인 수나라의 삼론종(三論宗) 승려)이 605년께 쓴 것으로 추정되는 '삼론현의(三論玄義)'에 '구류통섭(九流統攝)'이라는 표현에서 유래(the history)

※ 가명(alias) : 가짜 이름(fake name)을 뜻하는 가명(pseudonym)은 불교 용어 중 '임시적인 이름 짓기에 의한 지시'라는 불교적인 의미가 있는 '프라즈냐프티'에서 왔다

070. 가~! (다 함께)족같이!

남이 아닌 가족(family)같이 지내자는 의미(意味, meaning).

071. 찡떼오

찡그리지 말고 떼지 말고 오래 걸리지 말고 원샷(one shot)

072. (잔을 머리 위로 올리며 외친다) 이상은 높게, (잔을 눈앞으로 내리며) 사랑은 깊게, (잔을 내밀면서 외친다) 술잔은 평등하게, 지화자!(선창) (다 같이)조~오타!

누구나 행복한 삶(happy life)을 꿈꿉니다. 누군가가 이야기하더군요. 행복한 삶(happy life)을 위해서는 이상(ideal)은 높게 하여 그 이상(ideal)을 실현

(realization)하기 위해 노력(effort)하고 나 자신과 내 가족, 내 주위 사람을 사랑하는 것이 필요하다고! 저는 그것과 함께할 수 있는 여러분이 필요하다고 생각합니다. 우리의 행복한 삶(happy life)을 위해 건배 제의하겠습니다.(I'd like to offer a toast) 지금부터 저를 따라 해 주시기 바라며, 마지막에(the last) 제가 지화자 선창하면 여러분은 조~타로 후창하여 주시기 바랍니다.

073. 오늘은! (다 함께)기분이 조~~오타!

친구(friend)들 모임(meeting)에 분위기(atmosphere)가 좋을 때.

074. 노털카. 사물코. 찡떼오. 흘리버리씹 (다 함께)원샷

건배주를 원샷(one shot)에 마시기 위해서는 반드시 지켜야 할 12가지 법칙(rule)이 있습니다.

1. 놓지도 말고
2. 털지도 말고
3. 카~하지도 말고
4. 사이다 타지 말고
5. 물 타지도 말고
6. 코카콜라 타지 말고
7. 찡그리지 말고
8. 떼지(잔) 말고
9. 오래 걸리지 말고
10. 흘리지 말고
11. 버리지 말고
12. 씹지 말아야 합니다.

075. 돈(money)은 잘 버냐?! (다 함께)네!~ 형님(big brother)!
　　　건강(health)은 좋으냐? (다 함께)네!~형님(big brother)!
　　　그럼 술(liquor) 마시자! (다 함께)네~형님! (조폭 버전)

076. 아그들아 마이무라 (다 함께)예 형님!(조폭 version)

　　막내(the lastborn)가 선창(lead)하고 전체(whole)가 복창(repetition)하면 한바탕 웃게 된다.

077. 개나리(forsythia)

　　계급장(badge of rank) 떼고 나이는 잊고 릴렉스(relax)하라. 권위(authority)나 위엄(dignity)을 버리고 위아래(up and down)가 하나가 돼, 편하게 즐겁게 기분(feeling)을 전환(conversion)하자는 의미(意味, meaning)이다.

※ 개나리(forsythia)는 물푸레나무과에 속하는 낙엽성(deciduousness) 관목【shrub, 떨기나무 : 일반적으로 사람의 키(stature)보다 작고 원줄기와 가지의 구별(distinction)이 분명하지 않으며 밑동(lower part)에서 가지(branch)를 많이 치는 나무】이다. 지방(region)에 따라서는 어리자나무 또는 어라리나무라고 하며 신리화란 이름도 있다. **서양에서는 개나리를 두고 골든 벨(Golden bell), 즉 황금 종이라는 예쁜 이름으로 부른다.** 개나리의 학명은 포시티아 코레아나(Forsythia koreana)이다. 한방에서 쓰는 연교【종기(tumor)의 고름(pus)을 빼는 용도(use) 또는 진통제(anodyne)나 이뇨제(hydragogue) 로 복용(taking medicine)】는 개나리 종류(kind)의 열매(fruit)를 말린 것인데, 한열(寒熱 : 춥고 열나는 것)·발열·화농성【化膿性 : 상처(wound)나 종기(tumor) 따위가 곪아서 고름(pus)이 생길 성질】 질환·림프선염【lymph 腺炎 : 가래톳 같은 것】·소변불리·종기(tumor)·신장염(콩팥에 생기는 염증)·습진(eczema) 등에 처방(prescription)한다. 뿌리(root)를 연교근, 줄기(trunk)와 잎(leaf)을 연교지엽이라 하여 모두 약용(medicinal use)으로 쓴다. 개나리 열매껍질(fruit

　　　　　　　　　　　　　　　　　　　　건배사 모음 대백과

bark)에서 추출(abstraction)한 물질(matter)에는 항균 성분(Antibacterial ingredient)이 있다. 개나리 꽃(golden bell)으로 담근 술을 개나리주라 하고, **햇볕(the sun)에 말린 열매(dried fruit)를 술(liquor)에 담가 저장(storage)한 것을 연교주라 한다.** 한국(함경남도 · 함경북도를 제외한 전국) · 중국에 분포(distribution)한다.

또한 개나리는 매화, 진달래【두견화(杜鵑花) : 두견새가 밤낮(night and day)으로 피(blood)를 토하면서 울어 그 피(blood)로 물들인 꽃(flower)】, 벚나무(원산지 한국), 복숭아(회화나무와 같이 귀신(ghost)을 쫓는 나무), 배나무, 아카시아(가시가 없는 붉은 꽃(flower) 아카시아도 있다), 코스모스(꽃잎 8개로 우주의 질서 상징), 은행나무(히로시마 원폭 투하 속에서도 살아남은 나무), 단풍나무(고로쇠나무와 차이점은 고로쇠나무의 잎은 손바닥처럼 5개로 갈라져 있다) 등과 같이 식물계절 관측지정(Plant season survey appointment) 종목(item) 10종 가운데 하나다

078. 비둘기(dove)

비장(秘藏, treasure)하게 둘러 모여 기차게 즐기자.

※ 비둘기(pigeons)는 비둘기과를 이루는 308종의 새(bird)들의 총칭(general term)이다 · 비둘기는 먼 곳에서도 자기 둥지(nest)로 돌아오는 귀소성(歸巢性, homing)이 잘 발달한 새(bird)입니다. 그래서 옛날에는 통신전달용(Communication transfer)으로 이용(utilization)하였습니다. 그리고 **비둘기(pigeon)는 1분 동안에 1km나 날 수 있답니다. 물을 마실 때 뾰족한 부리(pointy beak)를 빨대(straw)처럼 사용하여 물속에(underwater) 부리(bill)를 담그고 물을 마십니다. 다른 새들은 대부분 물 한 번 먹고 하늘을 쳐다본 답니다.** 또한 비둘기 새끼(fledgling pigeon)는 피존밀크(뇌하수체 호르몬인 프로락틴 분비로 수컷과 암컷 모두 생산)라는 젖을 부리를 통해 공급 받는다. 비둘기(dove)는 구약성서〈창세기〉에 나오는 대홍수(cataclysm) 사건(event)의 주인공(hero), 라멕의 아들(son)이며 아담의 십 대 손인 노아 방주【네모(square)반듯한 모양(shape)으로 만든 배】 이야기에서 "저녁 때(evening)가 되어 비둘기(dove)가 그에게 돌아왔는데, 싱싱한 올리브(Fresh olive) 잎(leaf)을 부리(beak)에 물고 있었다"(창세 8,11)에서 평화(平和, peace)의 상징(symbols)으로 되었으며 신약(the New Testament)에서 예수님께서는 제자(disciple)들에게 뱀(snake)같이 슬기롭고(skillfully) 비둘기(dove)같이 순박(simplicity)하라고 당부하신다.(마태 10,16)라고 하신데서 순결(purity)의 상징(Symbol of purity)되었다. 또한 찰스 다윈의 진화론(the theory of evolution) 종의 기원(The Origin of Species)은 사육 비둘기(breeding dove) 교배(cross-fertilization)에 시작되었다.

※ 예수(Jesus) : 기독교(基督敎)의 창시자(?BC4~AD30). 인류(mankind)를 죄악(crime)에서 구원(relief)하기 위해 세상에 온 구세주(救世主, Savior)로, 목수요셉의 약혼녀(fiancee)인 동정녀(virgin) 마리아에게 성령(聖靈, the Holy Spirit[Ghost])으로 잉태(pregnancy)되어, 베들레헴의 마구간(stall)에서 태어났다고 전해진다. 30세 때, 세례 요한으로부터 세례(baptism)를 받은 후, 많은 기적(miracle)을 행하면서 사람들에게 여호와의 심판(judgment)이 임박하였음을 알리며 회개(repentance)할 것을 촉구(pressing)하고 복음(Gospel)을 전파(propagation)하였다. 그러나 신(God)의 아들을 자처하는 그의 활동에 반감(hostility)을 가진 유대교 지도자들에 의해 로마총독에게 고발(prosecution)되어 골고다언덕(hill of golgotha)에서 십자가에 못 박혀 사형에 처해졌다.

※ 서력기원(西曆紀元, common era) 약칭 서기(西紀)는 예수 탄생(birth)을 기원(紀元)으로 한 서양 기독교 문화(Christian culture)에서 사용해 온 기년법【dionysius exiguus : 그리스도 탄생에서 시작되는 기년법을 처음으로 도입】의 책력【册曆 , almanac : 천체(eavenly body) 관측(bservation)하여 해(sun)와 달(moon)의 운행(movement)이나 월식(lunar eclipse), 일식(solar eclipse), 절기(the subdivisions of the seasons) 따위를 적어 놓은 책】으로, 현재(now) 전 세계적으로(all over the world) 통용(popular use)되고 있다

※ 최근(the nearest) 종교(religion)에 대해 중립적인 입장 (neutral stance)의 기년법(BCE, CE)은 BCE(before Common Era 공통 시대 이전) = 기원전 = 선사시대, CE(Common Era 공통 시대) = 기원후 = 역사시대로 나누고 있다

※ 세기(century) : 서력기원(예수그리스도 탄생의 해를 원년으로 함)에서 100년을 1기로 하여 연대를 세는 것

※ 서양(Europe) 기독교 문화권(Christian cultural area)의 기년법 즉 예수탄생(the birth of Jesus)을 기점(the starting point)으로 한 방식(BC, AD)권

※ BC(before Christ 예수그리스도의 탄생이전) = 기원전 = 선사 시대

※ AD(anno Domini 라틴어로 예수그리스도의 해(年)) = 기원후 =역 사시대

※ 단기(短期) : 고조선(古朝鮮)의 시조(the founder)인 단군왕검(檀君王儉)의 즉위년(卽位年)을 기원(紀元, the origin)으로 한 연호(年號). 단군 원년(元年, the first year)은 서력(西歷) 기원전 2333년에

해당한다.

※ 불기(佛紀) : 불가(佛家)에서 쓰는 연기(年紀). 기원전　565년부터 시작하여, 백 년씩을 한 기(紀)로 셈한다.

※ 공기(孔紀) : 공자가 태어난 해(birth year)를 기원(the　beginning)으로 하는 것

※ 주체표기 : 북한의 김일성 주석 태어난 해를 기원

※ 서기(西紀), 단기(檀紀), 불기(佛紀), 공기, 주체표기 계산법
　　- 단기는 서기 + 2333　　　　예) 2011년은 2011+ 2333 = 4344년
　　- 공기는 서기 + 551　　　　예) 2011년은 2011+ 551 = 2562년
　　- 불기는 서기 + 554　　　　예) 2011년은 2011+ 554 = 2565년
　　- 주체표기는 서기 -1911　　예) 2011년은 2011 - 1911 = 100년

079. 지구는! (다 함께)슈퍼맨이! 사회는! (다 함께)전력맨이!

※ 지구(earth)는 365.25일에 태양 주위(around the Sun)를 한 번(once) 공전(revolution)하므로 항성일(하루에 한 바퀴씩 자전 23시간 56분 4.091초)은 365일이 1년인 평균(average) 태양일보다 짧다. **우주공간(space)에서 원추모양(Cone shape)의 표면(the surface)을 따라 움직이는 자전축(movement of rotational axis)의 운동을 세차(precession)라고 한다. 세차운동은 BC 120년에 천문학자(astronomer) 히파르코스에 의해 발견(discovery)되었으며, 17세기에 최초로 뉴턴에 의해 이론적으로 설명(explanation) 되었다.**

〈태양계의 행성(planet)〉

※ 수성(Mercury) : 헤르메스(Hermes)는 전령의 신(messenger god) 헤르메스(Hermes)다

※ 금성(Venus) : 로마인들은 베누스(영어로 비너스)라고 불렀으며 사랑과 풍요의 여신(goddess of love and abundance)으로 그리스어로 거품(bubble)을 뜻하는 아프로디테(Aphrodite)이다. 샛별, 계명성, 태백성, 개밥바라기 별라고도 함, 가장 밝은 행성(brightest planet), 다른 행성(another planet)과 다르게 동쪽(the east)에서 서쪽(the west)으로 돈다

※ 지구(Earth) : 혼돈인 카오스로부터 스스로 태어나 하늘과 바다와 산들을 낳은 기아아가 바로 지구
이다

※ 화성(Mars) : 전쟁의 신. 화산활동이 발견된 행성(planet)으로 태양계 최대의 화산 올림푸스 산이
있다. 화성탐사선 큐리오시티(curiosity)가 사진(photograph)을 전송(electrical transmission) 해오고
있다.

※ 목성(Jupiter) : 제우스의 로마식 이름. 태양계(the solar system) 행성(planet) 중 가장 큰 행성
(the biggest planet). 목성위성 갈릴레이가 발견한 이오【지진(earthquake) 화산 폭팔(volcanic
explosion)이 끊이지 않은 위성】,우로파, 가니메데,칼리스토 위성도 있다.

※ **토성(Saturn) : 그리스신화에 등장(appearance)하는 시간의 신(God of time)으로 크로노스의 로마
식 이름. 밀도(density)가 낮아 물 위에 뜨는 행성(planet).**

※ 야누스(Janus) 토성의 내위성으로 로마 신화(myth)에 나오는, 성(castle)이나 집(house) 따위의 문
(gate)을 수호하는 신(patron god), 앞뒤로(front and rear) 두 개의 얼굴(two faces)을 가지고 있으
며, 전쟁과 평화(War and peace)를 나타내기도 한다. **Saturn X라고도 알려져 있다.** 후에 로마 신
화(myth)의 야누스(Janus)로 명명되었다. 1월(January)은 그의 이름을 따서 붙여졌다.

※ 타이탄[Titan] 토성의 위성 중에 가장 크며 그리스 신화에 나오는 신족(神族)으로, 우라노스
(Uranos)와 가이아(Gaea) 사이에서 태어난 6명의 남신(男神)과 6명의 여신으로 이루어졌다. 제우
스에 의해 멸망(extinction)되었다. '티탄2(Titan)'의 영어 이름이다.

※ **천왕성(Uranus) : 우라늄은 가이아【gaea, 땅의 여신 : 하늘의 신 Uranus를 낳고 그를 남편으로 삼
아 Titans, Gigantes, Erinyes, Cyclopes를 낳음】로 부터 태어나 가이아와 결혼한 하늘의 신인 우
라노스에서 유래(the history) 10번째 고리는 1986년 이 행성(planet)을 지나간 미국의 우주탐사선
(space probe) 보이저 2호에 의해 발견(discovery)되었다.**

※ 천왕성의 줄리엣, 오필리아, 데스데모나 위성(satellite)들은 세익스피어 작품(work)속 인물들의 이
름을 따왔다. 참고로 멘델스존의 A Midsummer Night's Dream(한 여름밤의 꿈)도 세익스피어 작

품을 바탕으로 작곡한 것이다.

※ **명왕성**(Pluto) : 그리스로마 신화에 나오는 '저승의 제왕(the king of the underworld) 플루토(Pluto)에서 명명한 것으로 **프로토늄의 유래**(the history), 2006년 8월 24일 국제 천문 연맹(International Astronomical Union , 國際天文聯盟) 총회(General Assembly)에서 **태양계**(the solar system) **행성**(planet)**의 지위**(position)**가 탈퇴**(secession)**되었으며** 공식명칭(official name)은 134340 플루토이다. 명왕성 궤도(orbit) 가까이에 있는 카이퍼 띠【Kuiper Belt : 해왕성 바깥쪽에서 태양의 주위를 도는 얼음덩어리(ice sheet)와 미행성체(planetesimal)들의 집합체(aggregate)】를 끌어들일 만큼 충분한 중력(ravitation)을 지고 있지 않기 때문으로 보고 있다.

※ 위성(衛星, satellite) 행성의 인력(planet's workforce)에 의하여 그 행성 주위를 도는 천체(heavenly body)를 말하는데 지구에는 달이 있으며, 8개의 태양계 행성 중 수성과 금성을 제외한 6개의 행성은 위성을 거느리고 있다.

※ 참고사항으로 블랙홀(black hole)은 질량이 아주 큰 별(the biggest star)이 진화(volution)의 마지막 단계(the last phase)에서 자체 중력(Self-gravity)에 의해 스스로 붕괴(collapse)되어 강력하게 수축(Strongly contraction)함으로써 엄청난 밀도(Tremendous density)와 중력(gravity)을 갖게 된 천체. 블랙홀의 크기는 일반상대론으로 블랙홀의 존재(existence) 처음으로(for the first time) 유도한 천체물리학자(astrophysicist) 카를 슈바르츠실트의 이름을 따 슈바르츠실트 반지름(semidiameter)이라 부른다. 어원은 영어로 "검은 구멍(black hole)" 이라는 뜻으로 어느 것도 빠져 나오지 못해 검게 보일 것이라는 추측에서 비롯되었다.

※ 카를 슈바르츠실트(Karl Schwarzschild, 1873년 10월 9일 ~ 1916년 5월 11일) 는 독일의 천문학자(astronomer)이다. 관측천문학 분야(Observational astronomy field)에서는 사진을 이용한 별의 광도측정법을 표준화(standardization)하는 데 노력(effort)했다. 이론천문학 분야(Theoretical astronomy field)에서는 별의 흡수선 형성이론(Stellar absorption line formation theory)과 항성집단(star cloud)의 타원체적인 속도분포이론 등이 유명(famous)하다. 또한 우주론(cosmism)에서도 아인슈타인의 중력방정식(gravitational equation)에 대한 완전해로 슈바르츠실트의 해를 구했고, 별(star)이 중력붕괴(gravitational collapse)를 일으키는 임계반지름이론(critical radius theory) 등 일반상대성이론(theory of general relativity)에 대한 연구(research)가 높은 평가(high esteem)를 받았다.

※ 알베르트 아인슈타인(독일어: Albert Einstein, 영어: Albert Einstein 앨버트 아인스타인, 1879년 3월 14일 ~ 1955년 4월 18일)은 독일 태생의 이론물리학자이다. 그의 일반 상대성이론은 현대 물리학에 혁명적인 지대한 영향을 끼쳤다. 또한 1921년 광전효과에 관한 기여로 노벨 물리학상을 수상하였다. 바이올린을 배운지 7년 만에 모차르트의 음악에서 수학적 구조를 깨달았다.

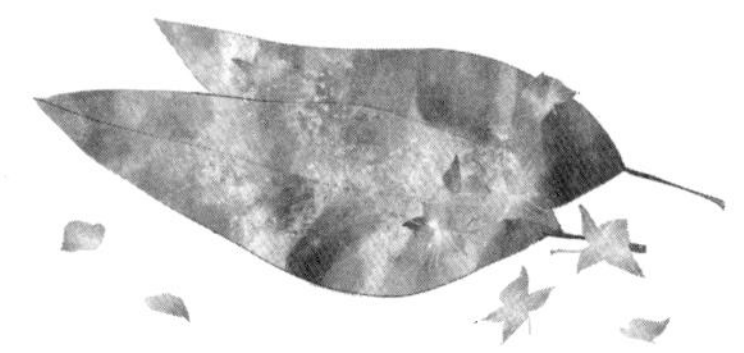

10

골프&등산
모임

골프&
등산모임

001. 드라이버는 멀리(far), 퍼터는 정확하게(accurately),

　　　아이언은 부드럽게(softly) 우리의 좋은 만남(Good meeting)과

　　　좋은 추억(good memories)을 위하여!

※ 골프클럽(golf club, 채)은 **드라이버**(driver : 장거리용 골프채), **우드**(wood : 헤드가 목제인 클럽),
아이언【iron : 금속제 헤드가 붙은 채 1번부터 9번까지 있음**】, 퍼터【**putter : 그린(green)에서 볼을
굴릴 수 있는 골프채**】** 4가지이며, 골프채 헤드(공을 치는 부분)의 재질(the quality of the material)
에 따라 크게 우드와 아이언으로 나뉜다.

002. 골프(golf)는! (다 함께)**굿샷(good shot)!**

　　　술잔(wineglass)은! (다 함께)**원샷(One Shot)!**

003. 나이스(nice)! (다 함께)버디(Birdie)!

버디(Birdie)는 80대를 지키는 버팀목(prop)이요, 싱글(single)로 가는 디딤돌(stepping stone)이다.

※ 버디(Birdie) : 파 3인 홀을 파보다 1타 적은 2타로 쳐서 홀인 하는 것. 어떤 홀이든 규정타수(Regulations-bats)보다 1타가 적은 타수로 홀인 시키면 버디다.

004. 나이스(nice)! (다 함께)버디(Birdie)!

우리 모두 조직(organization)의 버팀목(prop), 디딤돌(stepping stone)이 되자

005. 나이스(nice)! (다 함께)파(par)!

우리 모두 파이팅(fighting) 하자.

※ 파(par) 규정타수(Regulations-bats). 티잉 라운드(teeing ground 출발점)에서 공을 몇 번 쳐서 홀에 넣으면 좋을지를 정해놓은 것을 말한다. 파3홀(숏홀) 4개(아웃코스 2, 인코스 2), 파4홀(미들홀) 10개(아웃코스 5, 인코스 5), 파5홀(롱홀) 4개(아웃코스 2, 인코스 2), 코스(course)의 표준타수(Standard-bats)는 18홀 전체의 파를 모두 더해 계산(calculate) 한다. **우리나라의 정규 18홀은 모두 파 72다.**

※ **언더파(Under Par) : 18홀을 규정타수(Regulations-bats) 보다 적은 타수로 도는 것. 대부분의 코스(플레이가 허용된 전지역을 말한다)는 파 72이기 때문에 70타수로 돌게 되면 2언더파가 된다.**

※ 홀(Hole) : 지름은 108mm(4.25inch)이고 그 깊이 100mm(4.0inch) 이상 이어야 한다. 원통(cylinder)은 토질(soil)이 허용 (permission)하는 한 퍼팅 그린【putting green : 골프에서, 구멍 둘레에 퍼트하기 좋도록 잔디를 잘 가꾸어 놓은 지역】면에서 적어도 25mm(1inch)는 아래로 묻어야 한

다. 원통(cylinder)의 바깥 지름(outside diameter)은 108mm(4.25inch) 이내여야 한다.

※ 퍼트【putt, PERT(program evaluation and review technique)】골프에서, 그린 위에서 공을 컵에 넣으려고 퍼터로 공을 치는 일, 그린 위에서 컵에 넣으려고 퍼터(putter)로 치다.

※ 골프공(golf ball) : 미국 사이즈(size)는 직경(diameter) 1.68인치 보다 작지 않고 무게(weight)는 1.62온스 보다 무겁지 않은 것. 영국 사이즈(size)는 1.62인치 보다 작지 않고 무게(weight)는 1.62온스 보다 무겁지 않은 것. 이 2종이 공식 볼(Official Ball)로 인정(recognition)되어 있다. 프로공식 경기는 라지 사이즈(large size)를 쓰며 공의 색깔은 정해져 있지 않다.

🖊 참고사항

※ 길이단위(Length units)

인치는 비법정계량 단위로 센티미터로 사용해야 한다.

1 in(inch) = 25.4 mm

1 ft(feet) = 12 in = 30.48 cm

1 yd(yard) = 3 ft = 91.4 cm

1 mi(mile) = 1760 yd = 1.6 Km

※ 무게단위(heavy gauge unit)

1 oz(ounce) = 28.35 g

1 lb(pound) = 16 oz = 453.6 g

1 ton = 2000 lb = 907.185 Kg

※ 넓이단위(Width unit)

1 sq ft(square feet) = 929 sq Cm = 약 1/36 평

1 sq yd(square yard) = 9 sq ft = 약 1/4 평

1 acre = 4047 sq m = 약 1227 평

– 부동산 사무소에서 평단위를 사용하면 벌과금 부과된다.

※ 부피단위(bulk unit)

부피 : 체적體積,1m3 = 세제곱미터, 입방미터, 큐빅(cubic)미터 : 가로, 세로, 높이가 각 1미터인 정육면체(cube)의 부피((bulk)를 일컬으며 루베라고 잘못 사용하는 경우도 있다.

1 gal(gallon) = 3.8 liter

006. 올보기

올해(this year)에도 **보**람 있고 **기**쁘게 지내자.

※ 보기(Bogey) : 그 홀의 규정타수(파)보다 1타를 더 쳐서 홀인(hole in) 시키는 것.

※ 이글(Eagle) : 홀의 기준타수보다 2타가 적은 타수로 홀인(hole in) 하는 것.

※ 이븐(Even) : 스트로크플레이(stroke play) 타수(打數) 경기인 경우에는 상대선수(opponent)와 타수가 같은 것. 또는 매치플레이(match play 득점경기)에서는 이긴 홀의 수가 상대와 같은 것.

※ **홀인원**(Hole in-one) : **파3의 쇼트 홀에 서티샷**(제1타)**한 볼 이 그대로 홀에 들어가는 것. 「에이스」라고 한다.**

※ 서든데든(Sudden Death) : 정규 홀수를 소화(digestion)했는데도 타수가 같아서 승부(victory or defeat)가 나지 않았을 때에는 연장전 (overtime)이 되어 그 홀마다 승부(victory or defeat)를 겨루게 되는 데 그런 방법(method)을 서든데드라고 한다.

※ 엣지(Edge) : 가장자리라는 의미(意味, meaning)로 아이언의 페이스 아랫부분의 가장자리를 리딩 엣지(Leading edge)라고 부르며 그린 주위에 있는 그린 면보다 잔디(lawn)가 약간 더 자라있는 지점을 그린 엣지라(green edge)고 부른다.

※ 슬라이스(slice) : 오른쪽(the right)으로 구부러지는 구질. 슬라이스는 크게 나누어 3종류가 있다. 왼쪽(the left side)으로 날아가다가 속도(speed)가 떨어지면서 오른쪽(the right side)으로 구부러지는 것 등

※ 훅(Hook) : 시계 반대방향(counterclockwise)으로 도는 볼의 회전(revolution)으로 오른쪽(the right side)에서 왼쪽(the left side)으로 휘어지는 구질을 말함

※ 스핀(spin) : 볼(ball)을 때렸을 때 볼에 발생하는 회전(revolution). 아웃사이드 인 스윙(Outside In Swing)을 하면 볼에 우회전(slice spin)이 발생(occurrence)하고, 인사이드 아웃 스윙(Inside out swing)을 하면 볼(ball)에 좌회전(hook spin)이 발생(occurrence)한다.

007. 올버디

올해에도 마음속으로 욕심(greed)을 **버**리고 비워서 **디**~이기 오래 건강하게 삽시다(경상도 사투리 : 매우 많이)

008. 다타호신(多打好身)! (다 함께)소타호심(小打好心)!

타수(at bat)를 많이 치면 몸(body)에 좋고, 타수(at bat)를 적게 치면 마음 mind)에 좋다는 의미(meaning)로 골프로 스트레스(stress)받지 말고 언제나 즐기면서 치자.

009. 올 파파

올해도 **파**이팅(fighting)하고 **파**이팅(fighting) 합시다.

※ 파이팅(fighting) : 운동 경기(athletics)에서, 선수(player)들끼리 잘 싸우자는 뜻으로 외치는 소리. 또는 응원하는 사람이 선수에게 잘 싸우라는 뜻으로 외치는 소리. '힘내자'로 순화. 유의어(synonym)로 「자, 해봐!」「어서!」「잘한다!」의 뜻으로 Go for it!, Go get'em!(getthem의 줄임 말), Come on!, Go!, Way to go!, Stick it out!이라고 함. 우울해 보이는 사람에게 격려(encouragement)할 때 「힘내!」라는 뜻으로 Cheer up!, Snap out of it!, Perk up!. 또한 실망하여 풀이 죽어 있는 사람에게 「자신을 추슬러서 기운 내라」는 뜻으로 Pull yourself together!를 씀.

건배사 모음 대백과

010. 일파만파

한 사람이 **파**이팅(fighting)! 하면 **모든** 사람이 **파**이팅(fighting)! 한다.

※ 일파만파(一波萬波)는 하나의 물결(wave)이 연쇄적으로(a series of) 많은 물결(many waves)을 일으킨다는 뜻으로, 금나라 대학자(great scholar) 원호문【元好問이 제시한 독서법 "사문자경"이란 저서에 수록된 독서십법 중 일부가 조선 윤춘년이 간행한 〈문단〉에 소개됨】의 「논시(論詩)」에 나오는 일파재동만파수(一波纔動萬波隨)에서 일파만파라는 성어(an idiom)가 만들어졌다. 또한 당나라의 고승 선자화상의 시에도 나오는 구절(line)이다.
『선자화상발도가(船子和尙撥棹歌)』가운데 다음의 절구는 따로 「선거우의(船居寓意)」라는 제목으로 널리 애송(love of reciting)된다.

千尺絲綸直下垂(천척사륜직하수)
一波纔動萬波隨(일파재동만파수)
夜靜水寒魚不食(야정수한어불식)
滿船空載月明歸(만선공재월명귀)
길고 긴 낚싯줄을 곧게 드리우니
한 물결 겨우 일어나매 잇따라 많은 물결이 인다.
밤은 고요하고 물은 차서 고기는 물지 않고
배에 허공만 가득 싣고 밝은 달 속에 돌아온다.

011. 오바마

OK 바라지 말고 마크(mark)해 어서~

012. O~B

Oh!Beautiful!(오~ 아름다워)

※ OB(Out of Bounds) : 홀 이외의 경기(game)가 허용(permission)되지 않는 지역(area). 골프장(golf course)에는 빨간색 말뚝(Red stakes), 흰색 말뚝【White stakes : OB(OUT OF BOUND)】, 파란색 말뚝【Blue stakes : 수리지(Ground under repair)란 위원회(committee)의 지시(instructions)로 혹은 대행자(proxy)에 의하여 수리지(Ground under repair)로 선언(declaration)된 코스내의 구역이다.】, 노란색 말뚝(1벌타 지역) 등이 있는데 모두 인공의 구축물(artificial construct)이다. **흰색 말뚝**(White stakes) **이외의 말뚝**(stake)**은 방해**(disturbance)**되면 잡아 빼도 좋으며 다 친 후 본디대로 해 놓는 다.** 말뚝(pile)이 빠지지 않으면 해저드(hazard) 내에 또는 드루 더 그린(through the green)내에 드롭(drop)해서 친다.

※ 드루 더 그린 (through the green) 티잉 그라운드(teeing ground : 플레이할 홀의 출발 장소), 해저드(Water hazard) 및 그린(green)을 제외한 코스【course : 플레이가 허용 (permission)된 전지역을 말한다】내의 모든 지역을 말한다.

※ 해저드(Water hazard) : 코스(플레이가 허용된 전 지역을 말한다)안에 있는 바다(sea), 연못(pond), 호수(lake) 따위의 장애물(obstacle) 또는 bunker(모래로 된 장애구역)

※ 그린(green) : 퍼팅그린이라고 하며 퍼팅하기 위해 잔디(lawn)를 짧게 다듬은 구역(zone)

※ 퍼팅(Putting) : 골프에서, 그린 위에서 공을 홀에 넣으려고 퍼터로 공을 치는 일

013. 올파

올 한해에도 **파**이팅(fighting) 합시다.

014. 원 샷

원하는 방향(direction)과 거리(distance)만큼 **샷**은 정확하게.

※ 샷(shot) : 공(ball)을 쳐 내는 것을 의미(意味, meaning)하며 좋은 샷을 만드는 프리 샷 루틴(Pre-shot routin)은 시간 오래 보내지 않기, 긍정적으로 생각하기(think positively), 타킷(target)에 집중(concentration)하기라고 할 수 있다.

015. 천고(天高)! (다 함께)마비(馬肥)!

'in autumn, when the sky is high and clear, and horses grow fat and sturdy 가을 하늘이 높으니 말이 살찐다'는 뜻으로, 기후(climate)가 좋으니 활동(activity)하기 좋은 계절(season)을 이르는 말인데 여기서

천(천천히),

고(고개 들지 말고),

마(마음을),

비(비우라)의미(意味, meaning).

※ 천고마비는 한서(漢書) 흉노전(匈奴傳)에 나오는 말로, 중국에서는 '가을이 깊어 가니 변방의 말(馬)이 살찐다'는 뜻으로 원형은 '추고새마비(秋高塞馬肥)다. 흉노족【BC 3세기 말부터 AD 1세기 말까지 몽골고원·만리장성 지대를 중심으로 활약한 유목기마민족(遊牧騎馬民族) 및 그들이 형성한 북몽고와 중앙아시아 일대의 국가를 일컫는 말】넓은 초원(grassland)에서 여름(summer)까지 말(horse)에게 풀(grass)을 먹여 살찌고 날랜 말(horse)을 이끌고 추운 겨울(winter)을 지내기 위해 가을(autumn)이면 이 말(horse)을 타고 중국 변방(the outer area)으로 쳐들어와 가축(domestic animal)과 곡식(cereals)을 약탈(plunder)해 가기 쉬우니 미리 대비(preparation)해야 한다는 경고(warning)의 의미를 담고 있는 것이었다.

016. (잔을 높이 들면서) **산(mountain)은** (다 함께)**정상(top)까지,**

(잔을 내리면서) **하산(climb down a mountain)은** (다 함께)**안전하게(safely),**

(잔을 모으면서) **등산(mountaineering)은** (다 함께)**수준대로(level)**

그리고 등산모임의 발전(Climbing meeting development)과

회원 모두의 건강을 위하여!(to all members's health)

✎ 참고사항(등산용어)

※ **등산**(登山, mountain climbing)은 심장(heart)으로 오르고 무릎(knee)으로 내려온다' 는 말이 있다. 쉽게 말해 올라갈 땐 심장(heart)에, 내려갈 땐 무릎(knee) 관절(joint)에 많은 부담(burden)이 따른다는 것이다.

※ **머메리즘**(mummerism) 영국의 등산 A.F. 머메리가 주창(advocacy)한 등반(climbing) 사상(thought)으로 등정(reaching the summit)을 목표(target)로 하기보다는 등정(reaching the summit)을 이루는 코스(course)와 난이도(the degree of difficulty) 등 등반과정(climbing course)을 더 중요시 하는 사상(thought).

※ **알피니즘**(alpinism) : 근대(recent times) 등반의 정신(the spirit of climbing). 새롭고 어려운 미지의 (unknown) 산(mountain)과 루트를 찾아 오르려는 등반(Climbing) 사조(the trend of thought)

※ **온도**(temperature) : 100m 오를 때마다 온도(temperature)가 0.5~0.6℃씩 떨어진다.

※ **휴식**(rest) : 30분 걷고 5분 휴식(rest), 1시간 걷고 10분 정도 휴식(rest)을 취하면 좋다.

※ **하이포서미아**(hypothermia) : 저체온증(hypothermia), 눈(snow)이나 비(rain), 바람(wind)에 의해 점차적으로(gradually) 체온(temperature)이 떨어지는 것. 28℃이하로 떨어질 경우, 목숨(life)을 잃을 수 있다.

※ **설피** : 강원도 산간 지대(mountain areas)에서 겨울철(winter) 눈에 빠지지 않고 걷기 위해 신발(footwear) 밑에 신는 도구(instrument).

※ **케른**(cairn) : 산(mountain)이나 등산(mountain climbing)로 상에 길(way)을 표시하기 위해 돌
(stone)을 쌓아 놓은 것.

※ **행동식** : 산행(hiking) 중 먹는 식량(food). 단시간에 간단히 먹을 수 있는 고칼로리 제품(product)이
좋다.

※ **블리자드**(blizzard) : 강풍(strong wind)에 눈(snow)이 날려 눈보라(snowstorm)가 이는 현상
(phenomenon). 길을 잃기 쉽다.

※ **설맹**(雪盲) : 눈 표면(Snow surface)에서 반사된 자외선(ultraviolet rays)으로 인해 시력(eyesight)을
잃고, 앞을 볼 수 없는 현상(phenomenon).

※ **트레킹**(trekking) : 심신 수련(training the mind and body)을 위해 산(mountain)이나 계곡(valley)
따위를 다니는 도보 여행(a walking tour), 등반(climbing)과 하이킹의 중간 형태(middle form)로, 하
루에 15~20킬로미터 정도 걸으며 야영(camping)생활을 한다.

※ **링반데룽**[{독일어}Ringwanderung] : 등산(mountain climbing)에서, 짙은 안개(thick mist) 및 폭풍
우(a rainstorm)를 만났을 때나 밤중(midnight)에 방향(direction) 감각(sense)을 잃고 같은 지점을
계속 맴도는 일. ‘환상 방황’ 이라고도 한다.

※ **고글**(goggles) : 먼지(dust)나 강한 빛(light) 따위로부터 눈(eye)을 보호하는(protecting) 안경
(glasses), 오토바이나 스키를 탈 때나 등산(mountain climbing) 등을 할 때 쓴다.

※ **예티**(yeti) : 히말라야의 깊은 산중에 사는 것으로 알려진 눈사람

※ **돌비알** : 깎아 세운 듯한 벼랑(cliff)을 이르는 순우리말

※ **바라클라바**(Balaclava) : 얼굴(face)과 목(throat)을 보호 (protection)해 주는 등산장비(climbing
equipment)

※ **스패치**(spats) : 눈(snow)이나 비(rain)가 등산화(mountaineer’s shoes) 안쪽으로(inside) 들어가
는 것을 막기 위해 작용(function)하는 것. 각빈(spats)

※ **베이스 캠프**(base camp) : 히말라야의 고산(alp)을 등반 (climbing)할 때 등반의 거점(stronghold)
이 되는 곳.

※ **반트**(wand) : 거대한 벽을 뜻하는 독일어

※ **아웃도어**(outdoor) : 야외에서(in the open air) 행에지는 모든 야외 활동(outdoor activities)을 의미

※ **우모복** : 겨울철(winter) 보온 효과(Insulating effect)를 높이기 위해 입는 방한복(winter clothes). 보
통 오리털(goose down)을 이용.

※ **크레바스**(crevasse) : 빙하(glacier) 위에 갈라진 틈(crack). 이중 눈(snow)에 덮여 보이지 않게 된
틈(crevice)을 이용 히든 크레바스라고 한다.

※ **트레일**(trail) : 숲(woods) 속에 난 좁은 오솔길(narrow trail)을 따라가며 숲 (forest)과 대화(dialogue)
하는 것

※ **테라스**(terrace) : 암벽(rockwall)에서 선반(shelf)처럼 튀어나온 비교적 넓은 곳(relatively large
place).

※ **자일** : 암벽(rockwall)이나 빙벽(ice wall) 등반(climbing)시 등반자(climber)의 확보(security)를 위해
사용(use)하거나 하강(decline)할 때 사용(use)하는 밧줄(rope).

※ **리지**(ridge) : 산등성이를 뜻하나 바위능선(암봉)을 말한다.

※ **칸테**(kante) **등반** : 두 개의 바위면이 만나 마치 말등(horse back)처럼 생긴 암벽(rock face)의 모
서리(corner)를 말(horse)을 타고 오르는 행위(behavior)

※ **포터**(porter) : 히말라야 지역을 등반(climbing)할 때 카라반 【{프랑스어}caravane : 사막(desert)
이나 초원(grassland) 등지에서, 낙타(camel)나 말(horse)에 상품(commodity)을 싣고 떼를 지어 먼
곳으로 다니면서 장사(business)하는 상인(merchant)이나 그 무리】 기간 중 식량(foodstuff)과 짐
(load)을 운반(transportation)하기 위해 고용(employment)하는 짐꾼(porter).

※ **걸리**(gully) : 산 사면이 움푹 패어 들어가 가파른(steep) 곳으로 돌(stone)이나 낙석(falling rock), 눈 사태(snowslide) 등의 통로 (passage)가 되기도 한다. 불어로는 꿀르와르(couloir)

※ **포타레지**(portaledge) : 요세미터와 같은 거벽(giant wall)을 등반(climbing) 할 때 바위(rock)에 매달려 수면(sleep)을 취하기 위해 이용 (utilization)하는 간이침대(camp bed).

※ **베리에이션**(variation)**루트** ; 일반적인 등산 코스에 비해 난이도 (the degree of difficulty)있는 코스를 지칭(call)하는 말

※ **비박**(bivouac) : 텐트나 대피소(shelter) 등을 이용하지 않고 야외에서 침낭만(leeping bag)을 이용해 노숙(camping)하는 것

11

남녀
동반 모임

001. 구시화(口是禍) (다 함께) 지문(之門)

　　Out of the mouth comes evil. 화는 입으로부터 나온다.【화종구출(禍從口出)】는 말이 있습니다. 이솝 우화(Aesop's Fables)에 숲(forest)의 임금(king)인 사자(lion)가 병(sickness)이나 모든 동물(all animals)이 병문안을 왔는데 여우(fox)만 문안을 하지 않았습니다. 화(anger)가 난 사자(lion)가 늑대(wolf)에게 물었습니다. 늑대(wolf)가 "여우(fox)는 사자(lion)님을 임금(king)으로 생각하지 않기 때문에 문안을 오지 않는 것입니다." 이 말을 들은 여우(wolf)가 말하길 "저는 임금(lion)님의 병을 치료는 방법(How to treat sickness)을 알아 오느라 늦은 것입니다. 지금 당장 늑대(wolf)의 더운 가죽(skin)을 부치시면 병(sickness)은 깨끗이 날 수 있습니다. 어떻게 되었을까? The tongue is boneless but it breaks bones. 혀는 뼈는 없지만, 뼈(bone)를 부술 수 있다.라는 속담(proverb)이 있습니다. Praise makes dancing even elephant 칭찬(praise)은 코끼리(elephant / 쓸개가 없음)도 춤(dance)을 추게 한다는 말이 있습니다. 그렇습니다. 말 한마디(A single word)가 극과 극을 달립니다. 서로의(mutually) 장벽(fence)을 만들고 불신(mistrust)을 만들고 가슴(one's heart)을 아프게 하는 말을 하지 말아야겠습니다. 그런 의미에서 건배제의 합니다.

※ 구화지문(口禍之門)은 입(mouth)이란 재앙(disaster)의 문(door)이라는 뜻. 이 말은 당(唐)나라가 망하고 송(宋)나라가 건국(found a country)되는 53년 동안 후당(後唐), 후량(後梁), 후주(後周), 후진(後晉),후한(後漢) 등 오대(五代)의 난세(亂世, troublous times)에 벼슬(government service)을 하면서 '다섯 왕조(dynasty,王朝) 에 걸쳐 여덟 개의 성을 가진 열 명의 임금(五朝八姓十一君)'을 섬겼다는 평을 받는 풍도(馮道)의 '설시(舌詩)'에서 유래(the history)한다. "입(mouth)은 재앙(disaster)을 불러들이는 문이요(구시화지문, 口是禍之門), 혀는 몸을 자르는 칼이다(설시참신도, 舌是斬身刀). 입(mouth)을 닫고 혀(tongue)를 깊이 감추면(폐구심장설, 閉口深藏舌), 가는 곳마다 몸이 편안하리라(안신처처우, 安身處處宇)"라고 하였다. '구화지문'은 여기서 나온 것이고, 입(mouth)이 재앙(disaster)이 나오는 근원(source)이므로 말조심(care in speaking)하라는 뜻이다. 흔히 우리가 말하는 "화(misfortune)는 입(mouth)으로부터 나오고 병(disease)은 입(mouth)으로부터 들어간다."(화종구출 병종구입, 禍從口出, 病從口入)도 말을 할 때 각별히 신중해야 할 것을 일깨우는 말이다.

002. 세상사 (다 함께)맘대로

Your own outlook on life decides everything 모든 것은 마음먹기에 따라 일순간(an instant)에 달라지는 것입니다. '자살(suicide)'이라는 글자(letter)를 반대(reverse)로 하면 '살자'가 되며, 영어의 스트레스(stress)를 반대(opposition)로 하면 디저트(dessert : '치우다'라는 프랑스어에서 유래)가 됩니다. 탐착(貪着 : 만족할 줄 모르고 사물에 더욱 집착함)과 집착(obsession)을 끊은 그 자리가 바로 극락정토(the Land of Happiness)라고 합니다. 마음먹기에 따라 한 순간에(as slick as nothing) 천국과 지옥(heaven and hell)을 오르락내리락

(rise and fall) 합니다. 나폴레옹은 유럽을 제패한 황제(conquered emperor)
였지만 "내 생애(my life) 행복한 날(happy day)은 6일 밖에 없었다고"고백
(confession)하였습니다.

그러나 헬렌켈러 여사는 눈(eye)멀고 귀(ear)먹고 벙어리(mute)라는 삼중
고(triple handicap)를 겪으면서도 '내 생애(my life) 행복하지 않은 날은 단 하
루(one[a single] day)도 없었다"는 고백(confession)을 남겼습니다. 세상사
(worldly affairs) 마음먹기에 나름입니다.

※ 헬렌 애덤스 켈러(Helen Adams Keller, 1880년6월 27일 ~ 1968년6월 1일)는 미국의 작가(author),
정치 활동가 (political activist) 및 교육자(educator)이다. 그녀는 인문계 학사(bachelor)를 받은 최
초의 시각, 청각(hearing) 중복(overlap) 장애인(disabled person)이다. 헬렌 켈러의 장애로 인해 가
지고 있던 언어적 문제(language barrier)를 가정교사(private teacher) 앤 설리번 선생(teacher)과
자신의 노력(effort)으로 극복(overcome)한 유년시절(childhood)을 다룬 영화 《미라클 워커》로 인해
그녀의 이야기는 전 세계적으로(globally) 널리 알려지게 되었다.

※ 탐착[貪着] 만족(satisfaction)할 줄 모르고 사물(things)에 더욱 집착(tenacity)함

※ 극락정토[極樂淨土, Land of Happiness, the Elysian fields) 아미타불이 살고 있는 아주 깨끗한
세상(very clean world). 괴로움(troubles)과 걱정(worry)이 없는, 지극히 안락하고 자유로운 세상
(extremely comfortable and the free world)이다.

※ 아미타불[阿彌陀佛] 서방 정토【淨土 : 부처와 보살이 사는 곳으로, 번뇌(Anguish)의 구속(binding)
에서 벗어난 아주 깨끗한 세상(very clean world)】의 극락세계【極樂世界,paradise : 괴로움
(distress)과 걱정이 없는(Worry-free) 지극히 안락하고 자유로운 세상(Extremely comfortable and
the free world)이다.】에 머물면서 불법(the law[teaching] of Buddha)을 설(opinion)한다는 대승 불
교의 부처, 산스크리트 어 amitabha Buddha의 음역어이다

※ 산스크리트 어[Sanskrit語] 인도 · 유럽 어족 가운데 인도 · 이란 어파에 속한 인도 · 아리아 어 계
통(system)으로 고대 인도의 표준 문장어(standard literary language). 전 인도의 고급 문장어로 오
늘날까지 지속되는데, 불경이나 고대 인도 문학(literature)은 이것으로 기록(record)되었으며 오늘

건배사 모음 대백과

날까지도 힌두교 학자들 사이에 사용되는 문어(文語, written language)이다. 문법(grammar)은 라틴 어나 그리스 어 같은 더 오래된 인도유럽 어의 문법(grammar)과 비슷한데, 복잡하고 어형 변화가 심하다 [비슷한 말] 범어2(梵語)·산스크리트·천축어(天竺語).

※ 음역어[音譯語] ① 한자의 음으로 외국어의 음을 나타낸 말 ② 예를 들면, 프랑스를 '佛蘭西'로, 스페인을 '西班牙'로 나타내는 따위이다

003. 당신 (다 함께)멋져

당당하게 **신**나게 **멋**지게 **져**주면서 살자.

004. 첫 사랑 (다 함께)회복

Let us restore our first love 살아가는 내 자신을 돌아보고 살펴보면 첫 사랑(first love)의 감동(emotion)을 잃어버리고 삽니다. 아내(wife)와 남편(husband)이 처음 만났을 때(when they met the first time) 마음과 목숨과 힘과 뜻(mind, life, power and meaning)을 다하여 사랑했던 것처럼 여생(the rest of one's life)을 다시 처음처럼 사랑하며 살아가자. 부부동반 모임(couple companion meeting)

005. 아내의 바가지는 (다 함께)순정이다.

아내의 잔소리(Wife's nagging)가 바가지로 들리면 여러분은 아직도 철이 덜 든 것이고 순정(naivety)으로 들리면 드디어 철이 든 것입니다.

※ 아내의 어원은 '안'과 '해'가 결합돼 '집 안의 해'라고 풀이하기도 한다. 이는 남한에서는 아내, 북한
에서는 '안해'라고 부르는 것에 기인한다.

006. 당나귀(donkey)

당신과 **나**(you and me)의 **귀**한 만남(precious encounter)을 위하여.

007. 까불지 마!(Don't mess with me) (다 함께)**안 까불게.**

※ 까불다는 예부터 농촌(farm village)에서 가을(autumn)에 추수 (harvest)하는 것을 '가실'이라고 말
했는데 가실에서 필수적인 작업(essential task)은 거둬들인 곡식(crop)을 방아(mill)나 절구(mortar)
에 넣고 찧고, 또 이를 키에 담아 까부는 일이었다. 키는 곡식(cereals)을 골라내기 위해 편평하
게 만든 그릇을 일컫는 말이며, 곡식(grain)을 위로 살짝 튀게끔 흔들어 불필요한 쭉정이(empty
heads of grain)나 티끌(dust)을 골라내는 일을 '키질'이라 한다. 즉, '까불다'는 본래 키질을 일컫는
말이었는데, 그 행동이 가벼워 보이므로 철없이 가벼운 행위를 이르는 말로 바뀌었다. 행동이 가벼
운 사람을 일러 흔히 '까불이'라고 말하는 이유가 바로 여기에 있다.

008. 까불지 마!(Don't mess with me)
(다 함께)**웃기지 마!(don't make me laugh)**

아내(wife)가 여행(tour)을 가면서 냉장고(refrigerator)에 나 없는 동안 명
심(bear in mind)할 것 '까불지 마'라고 메모(memo)를 붙여 놓았다.

까! 까스 조심(care)하고

불! 불조심(precautions against fire)하고

지! 지퍼(zipper) 함부로 내리지 말고

마! 마누라(one's wife)만 생각하라(마누라에게 전화하지 말고)

이를 본 남편(husband)이 그 메모(memo)를 떼어 내고 대 '웃기지 마'라고 써 붙였다.(마누라 없으니)

웃! 웃을 일 많고

기! 기분 좋은 일 많고(기분이 아주 좋고)

지! 지퍼 마음대로 내릴 수 있고(지퍼 내릴 일 많고)

마! 마누라 생각할 일 없다(마누라에게 전화할 시간도 없네)

※ '마누라'는 '마노라'로 쓰이었는데, '노비(slaves)가 상전(one's master)을 부르는 칭호(appellation)'로, 또는 '임금(king)이나 왕후(queen)에게 대한 가장 높이는 칭호(the most honorary term)'로 사용되었던 것이다.

009. 내자지덕(내~자지덕)

직장(work place)에서 해고(dismissal)당한 사람이 있었습니다. 절망(despair)하며 집(home)에 돌아가 아내(wife)에게 이야기했을 때 아내는 반색(rejoice)하며 말했습니다. '드디어 당신이 문학(literature)을 본격적으로(in earnest) 할 수 있게 되었군요. 해고(dismissal)당한 일이 얼마나 좋은 기회(good opportunity)라는 걸 알기나 하세요?' 아내는 남편(husband)을 격려(encouragement)한 뒤 돈을 꺼내 놓았습니다. "이럴 줄 알고 당신 봉급(salary)에서 따로 마련해 둔 돈이에요. 당신이 명작(masterpiece)을 쓸 동안 이 돈으로 살아요." 나다니엘 호손의 명작(masterpiece) 주홍글씨(Scarlet Letter)는 이렇게 '내조【the wife's help[assistance/aid]】의 힘'으로 탄생(birth)했습니다.

오늘 건배 제의((Propose a Toast)를 내조(wife's help)의 여왕(queen)

편으로 하겠습니다. 최근(the latest) TV에서 인기 (popularity)리에 방영 (telecast)된 오지호, 김남주 주연의 내조【the wife's help[assistance/aid]】의 여왕 (queen)이라는 드라마(drama)가 있었습니다. 많은 조연(supporting[assisting] performance)의 다양한 내조법이 시청자(viewer)들의 관심(interest)을 끌어 시청률(program rating)이 가장 높았다고 하는데, 특히 (pecially) 남편 (husband)의 성공을 위해 늘 애쓰는 우리 안사람들의 관심(interest)이 많았다고 합니다. 이렇듯 안사람들의 남편(husband) 성공을 위한 헌신적인 사랑 (devoted love) 또는 지고(supremacy)의 노력(effort)을 우리말로는 '안사람의 덕'이라고 하고 한문 사자성어로는 '안사람'의 뜻인 '내자'를 이용하여 '內子支德'이라고 합니다. 우리 남편(husband)들의 성공(success)을 위해 불철주야 (around the clock) 헌신적(devoted)으로 고생(hardship)하는 우리 안사람들의 건강(health)과 행운(luck)을 위하여.

※ 나다니얼 호손(영어 : Nathaniel Hawthorne, 원래 이름(original name)은 Nathaniel Hathorne, 1804년 7월 4일~1864년 5월 19일)은 미국의 대표적소설가(representative novelist). 매사추세츠주 세일럼 출생. 선장(船長, captain)의 아들(son)로 태어났다. 17세기 청교도(淸敎徒)를 선조(ancestor)로 모신 가정(family)이었으므로 청교도(Puritan)의 사상(idea)·생활태도(practical attitudes for living)에 깊은 관심(keen interest)을 가지고 많은 작품(many works)을 썼다.

※ 청교도(淸敎徒, Puritan) : 16세기 후반에 영국 국교회, 즉 성공회(the Anglican church)의 종교 (religion) 개혁(reformation)을 더욱 철저하게 실천(practice)하려고 한 성공회 안의 일파 및 그 흐름 (flowing)에 동조(agreement)한 각 파를 통틀어 이르는 말

※ 프로테스탄트(Protestant) : 16세기 루터, 츠빙글리, 칼뱅 등에 의한 종교 개혁(religious reformation)의 결과(result)로 로마 가톨릭에서 떨어져 나와 성립된 종교(established religion) 단체(party) 및 그 분파(sect), 루터파, 개혁파(the reformists), 성공회(the Protestant Episcopal Church) 등이 있다
1850년에 간행(publication)된 '주홍글씨(scarlet letter)'는 17세기 청교도(Puritan)의 식민지(colony) 였던 보스턴에서 실제(practice) 일어났던 간통사건(Adultery case)을 다룬 작품(work)이다. 죄

건배사 모음 대백과

(crime)지은 자와 그를 손가락질(point)하는 사회(society)의 심리(psychology)를 탁월(excellence)하게 묘사(description)했다. 큰 바위 얼굴은 단편소설(short story)로 어니스트가 어머니(mother)의 영향(influence)으로 어린 시절(childhood)부터 큰 바위 얼굴을 닮은 사람(dead ringer) 동경(longing) 하는 이야기이다.

※ 소설

《팬쇼》(Fanshawe, 1828년) 익명 출판

《주홍글씨》 (The Scarlet Letter, 1850)

《일곱박공의 집》 (The House of the Seven Gables, 1851)

《블라이드데일 로맨스》(The Blithedale Romance, 1852)

《모반》(The Birthmark)

※ 단편소설

《두 번 해준 이야기》(Twice-Told Tales, 1837)

《할아버지의 의자》(Grandfather's Chair, 1840)

《낡은 목사관의 이끼》(Mosses from an Old Manse, 1846)

《눈의 이미지와 다른 두 번 해 준 이야기》(The Snow-Image, and Other Twice-Told Tales, 1852)

《소녀와 소년들을 위한 놀라운 책》(A Wonder-Book for Girls and Boys, 1852)

《탱글우드 이야기》(Tanglewood Tales, 1853)

《달리버 로맨스와 단편》(The Dolliver Romance and Other Pieces, 1876)

《큰 바위 얼굴과 다른 흰 산 이야기》(The Great Stone Face and Other Tales of the White Mountains, 1889)

《하늘 철도와 단편》(The Celestial Railroad and Other   Short Stories)

010. 남존(男尊)! (다 함께)여비(女卑)!

남자(man)의 존재(existence) 이유는 여자(woman)의 비용(expense)을 대는 데 있다는 의미.

011. 남존(男尊)!

(다 함께)**여비(女卑)!(predominance of men over women)**

남자(man)의 **존재**(existence) 이유는 **여자**(woman)가 **비명**(scream)을 지르도록 하는 데 있다는 의미.

012. 남존여비(男尊女卑)! (다 함께)남존여비(男尊女卑)!

어느 술좌석에서 상사(superior)가 건배(toast)를 제의하면 '남존여비'라고 하자 여자들 자리에서 야유가 터져 나왔습니다. 그런데 그 상사(superior)가 말하길, '남존여비란? 남자가 존재(Existence)하는 이유(reason)는 여자의 비위(Temper)를 맞추기 위해 있다고'라고 하니 박수(handclap)가 터져 나왔습니다.

다른 사람(other people)이, "저도 남존여비(predominance of men over women)입니다." "그건 뭔데?" "예, 남자의 존재 이유(프랑스어 raison d'etre)는 여자를 밤새도록 비명(shriek)을 지르게 하는 겁니다."

"그거 말 되네" 또 다른 사람(other people)이 말했습니다.

"남존여비!(predominance of men over women) 남자 (men)의 존재(Existence) 이유(프랑스어 raison d'etre)는 여자(women)의 비밀(secrecy)을 지켜주기 위해서입니다."라고 하여 여자들(women)의 우레와 같은 박수(thunderous applause)를 받았습니다. 그런데 요즈음(nowadays) 세상이 바뀌어서 남자(men)가 대우받는 '남존여비' 시대가 아니라 '남자(men) 구실 제대로 하려면 여자(women) 앞에서 비실비실(totteringly)해야 합니다. 여전남비(女前男卑)' 우리 모두 '남존여비' 하시기 바랍니다.

013. 남존여비(男尊女卑)! (다 함께)여필종부(女必從夫)!
(predominance of men over women! /
A wife should follow her husband!)

남자(men)의 존재(Existence) 의미는 여자(women)의 비위(humor)를 맞추기 위해서이고 여자(women)는 필히 종부세를 내는 남자(women)를 만나야 한다.

※ 종부세(종합부동산세, Comprehensive Real Estate Holding Tax)는 지방자치단체(provincial governments)가 부과하는 재산세(a property tax)외에 일정기준을 초과하는 토지(land)와 주택(house) 소유자(owner)에 대해서 국세청(the Office of National Tax Administration)이 별도로 누진 세율(progressive tax rates)을 적용해 국세(national tax)를 부과(levy)하는 제도(system).

014. 남존(男尊)! (다 함께)여비(女卑)!
(predominance of men over women)

술(liquor)마시는 자리에는 유부남(married man)들이 대부분입니다. 술(wine)을 엄청나게 먹고 들어가면 집에서 항상 집사람의 구박(maltreatment)이 따르기 마련이다. 그래서 요즘 (these days) 건배사(Toast greetings)도 그런 세태(social conditions)를 따라가는 것 같습니다. 남자(men)의 존재(Existence) 이유(프랑스어 raison d'etre)는 여자(women)의 비위(stomach)를 맞추는 데 있습니다! 제가 "남존"하고 선창하면 "여비"하고 힘차게 후창하시기 바랍니다.

015. 당신! (다 함께)덕분에!

Thanks to you. 세상을 아름답게 바라보는 선한 눈망울(eyeball)을 가진 당신이 나를 행복하게 합니다(You make me happy) 내 기쁨(pleasure)에 진심으로 기뻐해주고 함께 나눌 수 없는 고통(agony)에는 안타까움 전해 주는 당신 덕분에 늘 행복한 사람(Happy man)입니다

016. 잘살자

눈(eye)과 귀(hearing)를 열고 열린 마음(open mind)으로 매일 매일(every day) 배우는 자세로 새롭게 살자.

017. 이대로 쭉 (다 함께)계속 잘하자 / 잘 지내자

018. 빠삐용! (다 함께)아사!

빠지지 말고, 삐지지도 말고, 용서(pardon)하고, 아끼고 사랑하자!

019. 빠삐따또

각종 모임(Various meetings)에 빠지지 말고, 삐지지 말고, 따지지 말고, 또 만나자.

020. 우거지

우아(elegance)하고 거룩하고(holy), 지성(intellect) 있게.

※ 우거지는 김장이나 젓갈 따위의 맨 위에 덮여 있는 품질(quality)이 낮은 부분. 주로 배추(Chinese cabbage)나 잎(leaf), 토란대 등을 말렸다가 사용하는 **우거지는 섬유소**(cellulose)**와 펙틴**(pectin) **의 덩어리**(lump)**로 장내에서 정장작용**(intestinal regulation)**을 하며, 식이성 섬유**(dietary fiber)**가 풍부해 당뇨병 환자**(diabetic)**의 혈당치**(the blood-sugar level)**를 안정**(stability)**시키고 콜레스테롤 수치**(figure)**를 낮추는 데 큰 역할**(large role)**을 담당**(charge)**합니다.** 이 외에 변비(costiveness)를 예방(prevention), 치료(remedy)하고 변비(constipation) 때문에 생길 수 있는 직장암(rectal cancer)이나 담석증(cholelithiasis) 등의 예방(prevention)에도 효과(effect)가 있습니다.

021. 어머나

어디든 머문 곳에는 나만의 발자취(track, 추억을) 남기자.

※ 장윤정은 1988년, 〈전국노래자랑 경기도 평택 편〉 예선에 참가(participation)하였지만 탈락하였다. 그 뒤 1999년 19세에 〈내 안에 넌〉이라는 곡(music)으로 강변가요제(riverside song festival)에 출전 (participation), 대상(grand prize)을 받으면서 가요계(the world of singers)에 데뷔(début 프랑스어) 하였다. 신비한 TV 서프라이즈(surprise)의 재연배우(reenactment actress)로 활약(activity)하다가 2004년, 작곡가(composer) 윤명선으로부터 〈어머나!〉라는 곡을 받아 트로트 가수로 데뷔(début 프랑스어)하였다. 대표곡으로 '어머나, 짠짜라, 첫사랑, 장윤정 트위스트, 애가 타, 올래'가 있다.

※ **트로트**(Trot)**는 세 박자**(time) **또는 다섯 박자**(3+2)**를 기본으로 하는 것으로 구미 춤곡**(dance music)**의 하나인 폭스트롯**(foxtrot)**에서 유래**(the history)**한 것이며,** 일본 토속 음악에 접목돼 엔카 음악이 되었고, 일제 강점기(colonial) 한국에 전해졌다.

※ 팝 음악(Pop Music)은 대중음악(popular music)의 가장 기본이 되는(initial basis), 보편적인 universal) 장르【genre : 프랑스어로 종류(kind), 유형(type), 양식(mode)을 말함】로서 보통 5분 이하의 길이(length)로, 쓰이는 익기(musical instrument)는 오케스트라에서 가수의 목소리(voice)까지

다양(variety)하다. 팝 음악은 반복적이고 외우기 쉬운 리듬【rhythm : 율동, 일정한 간격(interval)을 두고 규칙적으로 반복되는 현상(phenomenon)】요소(element)와 메인스트림(Main Stream,주류) 스타일(style), 전통적인 노래 구조 (traditional song structure)를 특징(characteristic)으로 한다.

🖋 참고사항

※ 관악기(管樂器, wind instrument) 관(pipe)을 입으로 불어서 관pipe) 속의 공기(air)를 진동(vibration)시켜 소리를 내는 악기(musical instrument) 관의 재질(quality of the material)에 따라 목관악기(woodwind), 금관 악기(brass)로 나누어진다.

※ 현악기(絃樂器, stringed instrument) 줄을 타거나 켜서 소리를 내는 악기를 통틀어서 이르는 말. 가야금【오동나무(empress tree)로 된 긴 공명관 위에 열두 줄(the twelfth line)의 명주실(silk thread)을 매어, 각 줄마다 안족을 받쳐 놓고 손가락(finger)으로 뜯어서 소리를 낸다】, 거문고, 첼로, 바이올린, 하프 따위가 이에 속한다.

※ 타악기(打樂器, percussion instrument) 두드려서 소리를 내는 악기를 통틀어 이르는 말. 팀파니나 실로폰처럼 음높이를 분명히 낼 수 있는 악기와 북이나 심벌즈처럼 음높이(sound high)를 분명하게 내기 어려운 악기(difficult instrument)로 나뉜다.

022. 맛소금

맛있는 하루(delicious day) 소중한 하루(precious day)

※ 맛소금(seasoned salt)은 화학조미료(a synthetic seasoning)를 첨가한 조리용 소금(Added cooking salt). 흔히들 맛조개(a razor clam) 잡을 때에 모래땅 30~50cm 수직(verticality)으로 파고 사는 맛조개(razor clam)의 구멍(hole)에 맛소금(seasoned salt)을 뿌려 잡기도 하는데 환경오염(environmental pollution)이 되므로 소금(salt)을 사용하는 것이 좋다.

※ 소금은 北戶錄(북호록) 본초(本草)에서 "뼈를 굳게 하고 독충(venomous insect)을 제거(removal)시키며 눈(eye)을 밝게 하고 기운(strength)을 돕는다고 하였다. 노폐물(effete matter) 배출(emission), 살균(sterilization), 방부(preservative), 생신작용(파괴된 세포의 회복), 체질개선(constitutional

improvement) 작용(action)을 하며 소금(salt)을 섭취(intake)하지 않을 때에는 무력증(asthenia)
이 나타나 활동할 수 없고 소화흡수(digestion-absorption) 배설(excretion) 기능(function)의 약화
(weakening)를 가져온다.

023. 탱!탱!탱!

탱탱한 피부(skin) 탱탱한 삶 탱탱한 내일을 위하여!

024. 송아지(calf)~! (다 함께)음매!

꽃송이(blossom)처럼 **아름다운 젊음(beautiful youth)**을 **지탱(prop)**하자.

※ 동물의 새끼를 일컫는 말 : 소- 송아지, 말-망아지, 개-강아지, 닭- 병아리, 호랑이- 개호주, 곰-
능소니, 꿩- 꺼병이, 매- 초고리, 가오리- 간자미, 명태- 노가리, 갈치- 풀치, 잉어- 발강이, 돌고
기- 가사리, 숭어- 모쟁이, 고등어- 고도리

025. 멋진! (다 함께)인생(人生)!

멋지게, 진실하게, 인간적으로 생각하며 살자.

※ 멋진 인생(Good Life)은 오픈 첫날부터 예매율(reservation rate) 1위를 기록(record)한 화제(topic)
의 뮤지컬(musical) '스토리 오브 마이 라이프(The story off my life)'의 생생한 제작과정(Production
process)을 담은 영화이다. '스토리 오브 마이 라이프'는 베스트셀러(best seller) 작가 토마스와
그의 고향(one's hometown) 친구(friend) 엘빈과의 우정 (friendship)과 인생(life)을 그린 뮤지컬
(musical)로 최근 대형화된 거대 뮤지컬(huge musical)과는 달리 **단 두 명의 배우와 하나의 무대
(stage)로 구성된 2인 극이다.** 영화 〈멋진 인생〉 또한, 화려한 영상미로 무장(armament)한 기존

의(existing) 뮤지컬 영화와는 차별화(differentiation)된, 무대(stage) 뒤에서 벌어지는 뮤지컬 스타(musical star)들의 열정적인 연습과정(passionate practice process)과 인생(life)에 대한 진솔한 이야기(intimate story)를 그린다. 팽팽한 긴장감(heightened tension)이 감도는 첫 대본(first script) 연습(practice) 현장(site)부터 막이 오르기 직전 리허설(rehearsal, 총 예행연습)까지의 실제(practice) 준비(preparation) 과정(process)을 통해 관계의 의미. 우정(friendship)과 인생(life)에 대한 작품(work)의 주제의식(Subject consciousness)을 무대(the stage)밖에서 재현(reappearance)다. 또한, 작품해석(work interpretation) 단계(stage)에서 일어나는 마찰(friction), 배우(performer)이기에 찾아올 수밖에 없는 슬럼프(slump) 등 실제 배우들(real actors)r)에게 일어날법한 사건들이 이어지며, 실제인지 극인지 분간하기 어려운 생생함(freshness)으로 관객(audience)들의 호기심(curiosity)을 자극(stimulation)할 것이다.

🖋 참고사항

※ 토마스 : 영국 웨일스의 시인(poet) · 산문작가(prosaist). 그의 작품(work)은 풍부한 희극성, 랩소디 풍의 경쾌하고 활발한 운율(vigorous rhythm), 비애감(pathos)으로 유명(famous)하다.

※ 랩소디는 즉흥성(improvisation)을 중시한 악곡(musical piece)의 한 형식(form)으로, 서사적【敍事的 : 어떤 사건이나 상황을 시간의 연쇄에 따라 있는 그대로 나열한】, 영웅적(heroic), 민족적(ethnic)인 색채(color)를 지니는 환상곡풍의 기악곡【악기를 써서 연주(performance)하는 음악을 위하여 작곡한 곡】이다.

※ 슬럼프[slump] 심신(mind and body)의 상태(condition) 또는 작업(work)이나 사업(business) 따위가 일시적으로 부진한 상태(situation), 주식(stocks)의 폭락(nosedive)이나 경제 불황(economic depression), 불경기(recession) 등의 경제 현상(economic phenomena)

026. 저절로(naturally)

저축(saving)하고 절약(economy)하고 노력(effort)하자.

027. 빠삐따

모임(meeting)에 **빠**지지 말고, **삐**딱하게 삐치지 말고, **따**지지 말자.

028. 변 사또

변치 마라 사내놈아 **또** 만날 때까지

029. 상창난기(上蒼難欺)

위에 있는 푸른 하늘은 속이기 어렵다.

※ 상창난기(上蒼難欺) : 明心寶鑑 治政篇에 나오는 말

※ 명심보감(明心寶鑑) 고려 시대, 어린이들(children)의 인격 수양(character training)을 위해 중국 고전(classics)에서 선현(ancient sage)들의 금언(金言, wise saying)과 명구(名句, famous phrase)를 편집(compilation)하여 만든 책. 주로 한문을 배우기 시작할 때 《천자문(千字文)》을 익힌 다음《동몽선습(童蒙先習 : 서당에서 가르쳤던 어린이들(children)의 한문교재 1책. 조선 중종조에 박세무(朴世茂 : 1487~1554)가 저술)》과 함께 기초(foundation)과정(process)의 교재(teaching material)로 사용되었다. 2권 1책이다.

030. 소나기(shower)

소중한 **나**와 너(I and you)의 **기**념일(anniversary)을 축하(celebration)하며!

※ 황순원(黃順元)의 단편소설(short story). 1953년〈신문학〉5월호에 발표(announcement)되었고,

1956년 중앙문화사에서 펴낸 단편집(collection of short stories)〈학鶴〉에 실려 있다. 유의상이 번역(translation)하여 영국의〈인카운터 Encounter〉의 단편 콩쿠르(con · cours)에서 상을 받았다. 서울에서 온 윤초시네 손녀(granddaughter)에 대한 시골 소년(country boy)의 천진난만(artlessness)한 우정(friendship)과 애정(affection)을 그렸다. 대화(conversation) · 묘사(description)만으로 장면전환(transformation scene)이 이루어진 뛰어난 작품(remarkable work)이다.

031. 우아미(優雅美)

우아(elegance)하고 아름다운 미래(Beautiful Future)를 위하여.

※ 우아미(優雅美) : 고상(nobleness)하고 기품(dignity)이 있으며 아름답다는 뜻

🖋 참고사항

※ 골계미(滑稽美) 익살스러움이나 풍자≪satire : 문학 작품 따위에서, 사회의 부정적(negative) 현상(phenomenon)이나 인간들의 결점(fault), 모순(inconsistency) 등을 빗대어 비웃으면서 비판(criticism)함, 은밀하게 비판(criticism)한다.≫가 주는 아름다움.
예문) 우리나라의 탈춤(mask dance)에서는 골계미가 많이 나타난다.

※ 해학미(諧謔美, a spice of humor) 세상사나 인간의 결함(defect)에 대한 익살스럽고 우스꽝스러운 말(Humorous and funny words)이나 행동(action)어서 나오는 아름다움(beauty).
예문) 저는 미적 범주(aesthetic category)를 우아미, 숭고미, 비장미, 해학미로 나누어 보았습니다.

※ **골계미와 해학미의 차이점 해학미는 우스운 말이나 행동(action)을 통하여 다루려는 대상의 결함**(defect)**과 비리**(irrationality)**를 드러내지만 골계미는 대상을 익살스럽게 표현할뿐 대상의 결함**(defect)**과 비리**(irrationality)**를 드러내지는 않습니다. 그리고 해학미는 대상을 한층 넓고 깊게 통찰**(discernment)**하면서 동정적**(compassionate)**으로 감싸 주는 방법**(method)**을 사용합니다.**

※ 숭고미(崇高美) 숭고한 느낌(sublime feeling)을 주는 아름다움(beauty).
예문) 이 작품은 크고 위대한 것 앞에서 압도(overwhelm)당하는 인간의 모습(human form)을 통해 숭고미를 드러내고 있다.

※ 비장미(悲壯美) 미적 범주(aesthetic category)의 하나. 슬픈 감정(sad emotions)과 함께 일어나 는 아름다움(beauty)을 이른다.

예문) 소설(novel)의 결말(end)에서 사랑하는 두 남녀(strep and Chloe)가 결국(after all) 함께 죽음(death)에 이르는 장면(scene)은 읽는 사람(reader)으로 하여금 비장미를 느끼게 한다.

032. 보나성

보다 나은 성생활(sex life)을 위해서.

※ 보나성 : 우리나라 산성(walls on a hill)은 입지조건(conditions of location)과 지형선택(topography choice)의 기준(standard) 에 따라 테뫼식(또는 머리띠식)과 포곡식(包谷式)으로 구분(section)하는 것이 통례(common practice)이다. 전자는 산봉우리(mountain peak)를 중심(center)으로 하여 그 주위에 성벽(castle wall)을 두른 모습(figure)이 마치 머리에 수건을 동여맨 것 같아 붙여진 이름이 며, 대개 규모(scale)가 작은 산성(mountain fortress wall–Little)에 적용(Adoption)되었다.

한편 포곡식은 성(castle) 내부에 넓은 계곡(wide valley)을 포용(包容)한 산성(mountain fortress wall)으로, 계곡(valley)을 둘러싼 주위의 산릉(山陵, mountains and hills)에 따라 성벽을 축조(building)한 것이다. 한편 평야(plain)에 가까운 구릉(丘陵, hill) 위에 축성(construction of a castle)한 것도 있으며 경주 월성 · 대구 달성(達城) 등은 평지(level land)에 있는 독립구릉(獨立丘陵)을 이용한 특이한 예(unusual example)이다.

우리나라는 산성(mountain fortress)이 많아 임진왜란을 체험(experience)한 영의정 서애 **유성룡【선조 25년(1592)부터 31년(1598)까지 7년 동안에 걸친 임진왜란에 대하여 적은 책. 16권 7책의 목판본 징비록(懲毖錄) 저자】**은 여진은 말(horse)을 잘 타고, 일본은 단병(칼을 잘 씀)이며, 우리나라는 산성(mountain fortress)에서 활(bow)을 잘 쏜다고 말하였다.

033. 더왕성

더욱 왕성한 성생활(more voracious sex life sex life)을 위하여.

034. 바로 지금 ^(다 함께)바로 당신

Right now, Just you 이 세상에서 가장 중요한 때 (most important when) 와 가장 중요한 사람(the most important person).

035. 해당화(a sweet brier)

해가 갈수록 **당**당하고 **화**려하게(year by year proudly and lavishly)

※ 해당화는 두 가지 버전(version)이 있다. 하나는 해가 갈수록 당당히고 회려하게 또는 '해가 갈수록 당신만 보면 화가 나!'라는 뜻. 첫 번째 버전으로 하겠다고 설명(explanation)하고 '둘째 해당화가 되지 않기 위해 노력합시다.'라고 말하며 건배(toast) 제안자(proposer)가 '해가 갈수록 당당하고 화려하게' 하고 선창하면 다 함께 '해당화'라고 외치며 건배(toast).

※ 해당화 : 장미과의 낙엽 활엽 관목. 매괴화나무라고도 하며 5~8월에 붉은 자주색 꽃(red-purple flower)이 가지 끝(branch tip)에 피고 열매(비타민C 많이 함유)는 가장과로 8월에 붉게 익는다. 꽃(flower)은 향수(perfume) 원료(materials)로 쓰고 열매(fruit)는 약용(medicinal use)하거나 식용 (edibility)한다. **폴리페놀(polyphenol)이 함유(contain)되어 있어 고혈압**(hypertension), **복부비만** (abdominal obesity), **당뇨(glycosuria), 뇌졸중**(apoplexy), **심근경색**(myocardial infarction) 등 **각종 성인병(geriatric diseases)인 대사증후군[代謝症候群 / Metabolic syndrome]을 억제**(control)**하는 의약품(medical supplies)의 3대 성분(component)을 해당화 열매**(fruit)**에서 추출**(extraction)**한다.** 해당화 술[매괴주(玫瑰酒)]은 피로회복(recovery of fatigue), 식욕증진(improvement[promotion] of appetite), 강장(coelenteron)의 효험(effect)이 있는 것으로 알려져 있다.

※ 중국 당나라의 현종 황제(emperor)가 어느 날 심향정에 올라 뜰에 가득한 봄기운(feel of spring)을 즐기고 있었다. 날씨(weather)가 더없이 화창(brightness)했다. '나 혼자서 즐기기 아까운 날씨로 구나. 가서 나의 사랑스러운 양귀비를 불러 오너라.' 현종은 사랑하는 양귀비를 불렀다. 술에 취해 낮잠(nap)을 한숨 자려고 누워 있던 양귀비는 자리에서 벌떡 일어나 황제(emperor) 앞에 나아갔 다. '아직도 술에 취해 있느냐?' 양귀비는 얼른 대답했다. '해당미수각(海棠未睡覺)' '잠을 덜 깬 해

당화'라는 소리다. 현종은 양귀비의 재치 있는 대답에 껄껄 웃었다고 한다. 이때부터 해당화는 수화(睡花), 즉 잠자는 꽃(sleeping flower)이라는 별명(nickname)을 얻었고, 양귀비가 한 말이 널리 유행(fashion)되었다고 한다.

※ 버전(version) : 기존의(existing) 프로그램이나 시스템을 수정(modification)하거나 개선(improvement)하여 완성(completion)한 것, 새로워질 때마다 번호(number)를 늘려 나간다.

※ 양귀비(poppy) : 열매(fruit)가 항아리(pot) 같이 생기고 그 속에 좁쌀(millet) 같은 씨(seed)가 들어 있어 항아리 앵 罌 좁쌀속 粟해서 **앵속(罌粟)**, 쌀(rice)이 든 주머니(pocket)같다고 해서 **미낭화(米囊花)**라고도 불림. 꽃(flower)이 아름답고 하루살이라 미인단명, 아편(opium)이 있어 경국지색傾國之色, 팜므파탈(femme fatale)에 비유(a figure of speech)된다. 미인을 다른 말로 절대가인(絕代佳人) 단순호치(丹脣皓齒)라고도 한다.

036. **여보!** (다 함께)**당신!**

여유롭게 살면서, **보**람차고, **당**당하고, **신**나게 놀자.

※ 여보는 같을 여(如)자와 보배 보(寶)자로 보배와 같이 소중하고 귀중한 사람이라는 의미를 가진 호칭으로 남자가 여자를 부를 때 쓰는 말이다.
당신은 마땅할 당(當)자와 몸 신(身)자로 따로 떨어져 있는 것 같지만 바로 내 몸과 같다는 말로 여자가 남자를 부를 때 사용하는 말이다.
한자인 여보, 당신은 우리의 조상인 동이(東夷)족이 만들었다.

037. **성중형외(誠中形外)**

마음속에 진실함이 있으면 겉으로 자연스럽게 드러난다.

※ 성중형외(誠中形外) : 《대학(大學)》〈성의장(誠意章 : 진실되고 정성스러운 뜻의 글)〉에 나오는 다

음 구절(phrase)에서 유래(the history)한 성어【成語, phrase : 관용적으로 둘 이상의 단어가 결합하여 특정한 뜻을 나타내는 언어 형태】이다. "소인(小人)이 한가하게 지내면 착하지 않은 일을 하는 것이 이르지 않는 곳이 없다. 그런데 군자(君子, man of virtue)를 보면 그의 착하지 않은 것을 숨기고 그 착한 것만 나타내려고 한다. 사람들이 자기를 보는 것이 그 폐(lung)와 간(liver)을 보는 것 같은데 어찌 이롭겠는가? 이로써 마음속에 참된 생각이 있으면 겉으로 드러난다고 하는 것이다[此謂誠於中 形於外]. 그러므로 군자(noble man)는 반드시 그 홀로 있는 것을 삼가야 한다[故君子必愼其獨也]." 나쁜 마음을 지닌 소인은 겉으로 애써 선한 것처럼 행동(action)을 해도 본마음이 나타나 다른 사람들이 자기 속 들여다보듯이 곧 알아차리게 되는데, 착한 마음을 지니는 일이 참된 인간(human being)의 도리(duty)이다. 속마음에 담겨 있는 진실(truth)은 숨기려 할지라도 자연히 밖으로 나타난다.

038. 얼레리! ^(다 함께)꼴레리!

50대 이상의 건배사(Toast greetings)로 어린 시절(youth) 여자아이(young girl)와 어울리면 놀렸던 추억(remembrance)을 더듬어 보자는 의미.

※ 얼레리 꼴레리는 알나리깔나리(아이들이 남을 놀릴 때 하는 말)가 변한 말. '알나리'는 옛날(old days)에 나이(age)가 어린 사람(young people)이 벼슬([official] post)을 했을 때 장난삼(toy)아 부르던 말로 '아이 나리'라는 뜻이라고 합니다.

039. 얼씨구

얼싸안구 씨뿌리자 구석구석(every nook and corner)

※ 얼씨구 : 흥에 겨워 떠들며 장단(tempo)을 맞출 때 내는 말, 상대방(opposite party)의 하는 짓(act)이나 말이 아니꼬워 조롱(mockery)할 때 내는 말

※ 얼씨구나 : '얼씨구'를 강조(emphasis)하여 내는 말

※ 추임새 : 판소리꾼이 창을 할 때, 흥을 돋우기 위해 고수(drummer)가 장단(beat)을 치면서 '좋다', '좋지', '얼씨구', '으이' 따위의 삽입(insertion)하는 소리. 조흥사 (助興詞)라고도 부른다

※ 보비유 : 판소리에서 광대【판소리, 가면극, 곡예 따위를 업으로 하는 사람을 통틀어 이르던 말. 한자로는 '廣大'라고 쓴다.】가 창을 할 때 흥을 돋우기 위해 고수(drummer)가 장단(time)을 치면서 '좋다', '좋지', '얼씨구' 따위의 소리를 내는 것

※ 불림소리 : 허튼춤【일정한 형식에 구애됨이 없이 자유롭고 즉흥적으로 추는 춤.】등에서, 흥을 돋우기 위하여 외치는 '좋지', '좋아', '얼씨구' 따위의 소리

040. 사이다

사랑합니다, 이 생명(life) 다 바쳐서 사랑합니다. 다시 태어나도 당신만을 사랑합니다.

041. 사랑과 존경, 감사가 항상 함께 하시기를, 위하여!

'새해 마당에 내리는 눈 / 차마 밟지 못하고 / 저 순한 마음의 파스 한 장 / 당신의 등짝에 붙이려오 40자' 황지우의 '가슴 따뜻한 핸드폰'이란 시입니다. 그러면 올해 한 해 여기 계신 모든 분께…….

※ 황지우(黃芝雨) 1952년 1월 25일 전남 해남 출생(birth) 본명(one's real name) 황재우 대한민국의 시인(poct)이자 미술평론가(an art critic)이다. '2005 독일 프랑크푸르트 도서전 한국의 책 100' 선정위원회 위원장 및 주빈국(the Guest of Honor Natlor) 조직위원회(organization committee) 총감

독(general manager)을 맡기도 했다. 2006년 한국예술종합학교(the Korea National University of Arts) 총장(the president)에 취임(inauguration)했으나 이명박 정부(government)가 들어선 이후 4년의 임기(one's term of office)를 채우지 못하고 2009년 사퇴(resign)했다.

저서(book)로는〈겨울-나무로부터 봄-나무에로〉(1984),〈나는 너다〉(1987),〈게눈 속의 연꽃〉(1990),〈저물면서 빛나는 바다〉(1995), 백석문학상 수상작인〈어느날 나는 흐린 주점에 앉아 있을 거다〉(1998)가 있으며 역서(translation)로는〈예술사의 철학〉,〈큐비즘〉등이 있다. 창작희곡(creative play)으로〈101번지의 3만일〉,〈오월의 신부〉,〈물질적 남자〉가 있다. 김수영문학상, 백석문학상 외에도 현대문학상(1991), 소월시문학상(1993), 대산문학상(1999) 등을 수상하였고 2006년 옥관문화훈장을 받았다.

042. 원더(Wonder)! (다 함께)걸스(Girls)!

원하는 만큼 더도 말고 걸러서 스스로 마시자.(술 강요하는 것을 싫어하는 분위기)

※ 원더걸스 (Wonder Girls) 2007년 한 해를 달군 텔미(원더 걸스의 인기곡) 열풍(fever)의 가수그룹 이름.

043. 러브샷은! (다 함께)니가 하고(내 한다)
흑기사는! (다 함께)내가하냐(니가 하라)

개그콘서트의 한 코너(corner)를 패러디(parody)한 구호(slogan)로 '좋은 것은 다른 사람이 하고 궂은 것은 자신이 해야' 하는 현실(actuality)을 빗대어 풍자(satire).

※ 흑기사(黑騎士, black knight) 흑기사의 기원은 영국의 작가 월터 스콧이 1819년에 발표한 역사소설(novel) "아이반호"라는 작품이 우리나라에 흑기사라는 제목으로 출판(publication)된데 있다. 중세 십자군(medieval crusader)에서 소재(material)를 따왔으며, 중세 영국의 색슨족(게르만 민족의

한 부족)과 노르만족【스칸디나비아 지방(덴마크 · 노르웨이 · 스웨덴 등 북유럽 3개국을 통칭)을
원주지로 하는 북방 게르만 족)】의 대립(confrontation)을 배경 (background)으로 한 사랑과 무용
(武勇)의 이야기이다. 노르만족의 점령(occupation) 후 노르만족 지배계급(the governing classes)
에 대한 앵글로색슨계 백성들의 저항(people's resistance), 씩씩한 기상(a brave sprit)과 진취성
(progressive spirit, 進取性)이 있는 정신을 묘사(description)한 작품이다. 소설의 중심에 있는 이야
기가 바로 "귀부인(로위너 공주)"에게 빛나는 승리 (brilliant victory)에 관을 받은 일과 "레베카"라
는 여성을 위기에서 구원해 주는 일, 또한 여성을 구출(rescue)하는 일에 어떠한 대가(price)를 바
라는 경우도 없었다는 것이다. 오늘날 흑기사(black knight)란 기사도(chivalry)정신(spirit)을 발휘
(display)하여 어려운 일(hard work)을 대신 해 주는 사람을 비유적(metaphorical)으로 이르는 말로
쓰인다.

044. 있을 때! (다 함께)잘해!

Do me well while you can 있을 때 잘해 서로서로 함께 있을 때 잘하자.

※ 《있을 때 잘해!!》는 문화방송을 통해 2006년 7월 17일부터 2007년 3월 9일까지 방영(telecast)된
아침 드라마이다.
외도(affair)한 남편(husband)에게 버림받은 주인공(castaway protagonist) 주부 캐릭터(character)
가 어려움(difficulty) 속에서도 씩씩하게 새 사랑(kove)과 자아(ego)를 찾는 과정(process)을 그려
여성(woman) 시청자(viewer)들과 공감대(bond of sympathy)를 형성(formation)하였고, 김윤석, 지
수원의 악역(villain) 연기(performance)도 호평【favorable[good] comment[review]】을 받으며 높
은 시청률(high ratings)을 기록(record)했다. 그러나(but) 후반부(latter half)에서는 연장(extension)
방영의 여파(aftermath)로 설득력【persuasive[reasoning] power】없는 **에피소드**【episode : 어
떤 이야기(story)나 사건(incident)의 줄거리(summary)에 끼인 짤막한 토막 이야기(scraps of
conversation)】가 이어지면서 전개(development)가 산만(distraction)해져 시청자(viewer)들의 불만
(dissatisfaction)을 사기도 했다.

045. 미치도록! ^(다 함께)보고 싶다!

I am crazy to see you 오랜만에(after a long time) 만난 연인(lover)이나 친구(friend)에게 보고 싶었던 마음(mind)을 간절히 표현(eagerly expression)할 때.

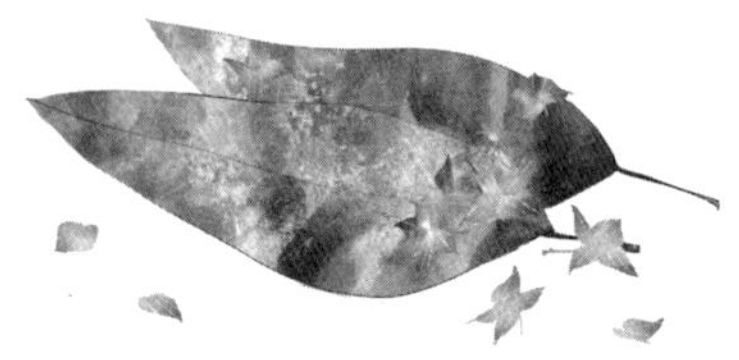

12

하나님을 믿는
사람들의 **모임**

001. **가시를** (다 함께)**뽑아내자**

성경 막4:1에나오는 말로 let's picked up the thorn 우리가 살아가면서 지속적으로 관계(relation)를 맺고 있는 한 갈등(conflict)과 분열(division)은 일어나게 마련입니다. 그 자체는 너무나도 자연스런 일입니다. 문제는 모두 자신에게는 문제가 없다고 생각(thinking)하는 것입니다. 본인은 바르고 정당하게 행동(action)하는데 나 외의 다른 사람들이 불합리하고 비도덕적이고 (illogicaland immoral) 상식(common sense)에 벗어난 행동(action)을 하며, 난 절대 타인(others)에게 상처(wound)를 준 적 없는데 타인(other people)이 가만히 있는 내게 씻을 수 없는 상처(indelible wound)들을 준다고 생각 (thought)하는 것입니다.

서로(mutually) 함부로(thoughtlessly) 화(anger)내고 불평(complaint)하고 비방하고 의심(doubt)하고 시기(jealousy)하고 미워하지 말고(Don't hate) 서로 돕고

(help each other) 칭찬(praise)하고 격려(encouragement)하고 협력(cooperation)하 며 상생발전(Mutual development)을 도모(devising)해야 합니다.

002. 모든 일에는 (다 함께)때가 있다.

성경 전도서3:1~4에 지혜의 왕[King of Wisdom] 솔로몬은 There is a time for everything. 모든 것은 때가 있다고 말합니다.

울 때만 있다고 했습니까?

웃을 때도 있다고 했습니다.

춤출 때만 있다고 했습니까?

슬퍼할 때도 있다고 했습니다.

지금 어렵다고 목표(target)를 포기(abandonment)하거나 절망(despair)하지 맙시다.

우리가 힘을 합하여 고난(hardships)을 견디며 노력(effort)하면 반드시 (surely) 목표(target)를 달성 (achievement)할 것입니다.

003. 미용사(beauty artist)

미워말고, 용서하고, 사랑하자

※ 이발소(미용실)의 삼색등 : 이발소(barbershop)의 위치(place)가 눈에 잘 띄도록 세 가지 색 (three colors)을 가진 간판(signboard)을 내 걸었던 것이 삼색등의 시초(beginning)다. 그 의미는 빨간색 (red)은 동맥(artery,) 파란색(blue)은 정맥(vein), 흰색(white)은 붕대(bandage), 기둥(pillar)은 막대 (stick), 기둥의 위아래 있는 둥근모양은 사혈(bloodletting) 때 피를 받아 모으는 대야(basin)를 상 징한다. 현재와 같이 원통형(cylinder)의 삼색등은 1540년, 파리에 살던이발사(barber) 겸 외과의

사(surgeon)였던 "메야나킬"이란사람이 고안(design)해냈다. 고대 그리스 로마 시대 때부터는 이발소(barbershop)에서 면도(shaving) 뿐만 아니라 외과수술(surgical operation)까지 했다. 이발(haircut)을 하는데쓰는 칼(knife)이 수술도구(surgical instruments)로 쓰였던 것이다. 프랑스왕 Charles 5세는 1372년에 이발소(짧은 가운)와 외과의사(긴 가운)를 분리했다.

004. **믿음대로** (다 함께)**될찌어다.**

성경(히 11:1-3)나오는 말로 we become what we think about 사람은 생각대로 됩니다. 어떤 학자가 수십 명을 놓고 퍼즐 맞추기 시험(test)을 했습니다. 부정적(negative) 단어(word) 퍼즐(puzzle, 수수께끼)인 슬픔(sorrow), 우울(melancholy), 실패(failure), 낙심(disappointment), 어려움(difficulty), 고난(hardship), 아픔(pain) 등의 시험결과(Exam results) 참가자들(participants)은 힘이 있는 사람 (powerful people)들이었지만 맥이 풀려서 우울한 얼굴(melancholy feature)로 나왔습니다.

반대로(the other way) 힘없는 사람들(powerless people)에게 는 긍정적(positive) 단어퍼즐(word puzzle)인 사랑(love), 기쁨(delight), 소망(desire), 믿음(trust), 환희(jubilation) 등으로 시험(test) 결과(result) 그들의 얼굴(face)은 빛(light)이 났습니다. 걸음걸이(gait)에 힘(power)이 있었습니다. 나쁜 생각(bad idea) 부정적인 생각(negative thought)을 하면 그 사람은 반드시(surely) 그렇게 됩니다. 그러므로 We always have positive thoughts 우리는 항상 긍정적인 생각을 가져야한다 는 의미를 담아 건배를 제의 합니다.(I'd like to propose a toast) 제가 '믿음대로' 선창하면 여러분들은 '될찌어다'로 합창(chorus)하여 주시기 바랍니다.

🖋 참고사항

※ 세로토닌(serotonin) 뇌(cerebrum)에서 분비(secretion)되 는 신경전달물질(neurotransmitter) 중 하나로 우리 마음을 편안(peace)하게 만들어주는 '행복씨앗(happy seed)'호르몬이다.

※ 아드레날린(adrenaline) 긴급한 사태(case of emergency) 등 스트레스를 경험(experience)하게 되는 상황(situation)에서 분비(secretion)되며, 신장(kidney)의 윗부분에(upper) 있는 부신샘에서 분비(secretion)되는 호르몬.

※ 엔돌핀(endorphin) 포유류(mammal)의 뇌(cerebrum)와 뇌하수체(pituitary gland)에서 자연적으로 생성 (formation)되며 통증(pain) 완화(relax) 효과(effect)를 지닌 단백질(protein)을 통틀어(in all) 이르는 말

※ 도파민(dopamine) 동식물(animals and plants)에 존재(existence)하는 아미노산의 하나. 뇌신경 세포(brain cell)의 흥분(excitement) 전달(transmission)에 중요한 구실(important function)을 한다. 부족하게 되면 파킨슨병 (Parkinson's disease)이 생긴다.

※ 멜라토닌[melatonin] 수면(sleep) 주기(cycle)를 조절(control)하고 성적성숙(sexual maturity)을 조절(adjustment)하는 역할(role)을 한다. 멜라토닌은 밤(night)에 훨씬 많이 생성(creation)되고 낮(day)에는 덜 생성(formation)된다. 불임증(sterility)의 치료(treatment)와 닭(chicken)의 산란율(egg production)을 높이는 데 쓴다.

※ 옥시토신(oxytocin) 뇌하수체 후엽(posterior pituitary)에서 분비(secretion)되는 호르몬. 자궁벽(the walls of the womb)의 민무늬근(smooth muscle : 가로줄 무늬가 없는 근육)을 수축(contraction)시키고 젖(milk)의 분비(secretion)를 촉진(promotion)하는 역할(part)을 한다. 자궁(womb) 수축(contraction) 호르몬; [약학] 진통(陣痛) 촉진제(oxytocin)

※ 테스토스테론(testosterone) 정소에서 만들어지는 남성 호르몬. 얼굴의 수염(beard), 굵은 목소리(deep[full] voice)와 같은 남성적 특징(masculine features) 및 남성의 성기관 발달(development of the male sex organs)에 필수적이다

※ 에스트로겐(Estrogen) 여성 생식관의 발달, 성숙, 기능 등에 영향을 주는 호르몬을 통틀어 이르는 말.

005. 빠삐용

Do not waste your precious life!(성경 마태 25:14-30) 인생을 낭비하지 말자는 주제의 영화 빠삐용(프랑스어 papillon 나비)

빠 - (모임에)빠지지 말고,

삐 - 삐치지 말고,

용 - 용서하며 살자.

'빠삐, 빠삐, 빠삐 세 번 하면 모두 용, 용, 용하고 마신다'

※ 살인(murder)의 누명(false charge)을 쓰고 감옥(prison)으로 보내진 빠삐용 : 〈본명 앙리 샤리에르 Henri Charriere(1906-1973)〉이 자신의 억울함을 하소연하자(complain of an injustice) 재판관(judge)이 이렇게 언도(sentence)했다. "인생을 낭비한 죄가 가장 큰 죄이니라."

※ 빠삐용 영화 줄거리(plot)는 프랑스령인 적도 부근(equator vicinity) 기아나로 향하던 죄수(prisoner) 수송선(transport)에서 빠삐용(Henri 'Papillon' Charriere : 스티브 맥퀸 분)과 드가(Louis Dega : 더스틴 호프만 분)는 서로 만난다. 빠삐용은 무죄(innocence)지만 살인죄(homicide)로 그리고 드가는 위조(forgery) 지폐범으로, 죄수(prisoner)들이 겪는 끔찍한 일(terrible thing)들을 겪게 된다. 시간이 지나면서 빠삐용과 드가 사이에는 짙은 우정(Deep friendship)이 오가고 둘은 탈주 계획(escape plan)을 세우기 시작한다. 빠비용은 자신을 범인(culprit)으로 몰아붙인 검사(audit)에 대한 복수(revenge) 때문에 드가는 아내(wife)에게 당한 배신(betrayal) 때문에 탈주(escape)하기로 한다. 그러나 첫 번째 탈주(escape)에서 이들은 실패(fail)하여 무시무시한 독방(fearsome solitary)에서 2년을 보내게 되며 빠삐용은 다시 탈주(escape)를 시도하여 겨우 콜롬비아에 도착(arrival)하여 지내다가 수도원의 원장(director of abbey)에게 속아 다시 세인트 조셉의 독방(room to oneself)에서 5년을 보내게 된다. 이런 중에도 드가의 우정(friendship)만이 빠삐용에게 용기(courage)를 준다. 이들은 또 다시 탈출(extrication)을 시도(attempt)하다 붙잡혀 상어떼(A group of sharks)가 득실거리는 악마(Satan)의 섬(island)으로 보내어진다. 인간(human being)에 의해 만들어진 감옥(prison)중 가장 끔찍한 감옥(the most terrible prison)이지만 빠삐용은 또다시(for the second time) 탈주(escape)를 계획하나 드가는 빠삐용과 함께 떠날 수 없는 처지다. 끝까지 자유(freedom)에의 꿈을 버리지 않은 빠삐용은 수 십 미터의 벼랑(cliff)으로부터 야자열매를 채운 자루(pouch)와 함께 바닷속(ocean bed)으로 뛰어드는데……

※ 야자는 주로 열대(tropical regions)·아열대(subtropics) 지역에서 자라는 교목【forest tree : 줄기가 곧고 굵으며 높이 자란 나무】·관목【shrub,떨기나무 : 키가 작고 원줄기와 가지의 구별이 분명하지 않으며 밑동에서 가지를 많이 치는 나무. 무궁화, 진달래, 앵두나무 따위이다. '떨기나무'로 순화.】·덩굴성식물 (liana)로 높이(high)는 30m까지 자란다. 사람에게 의식주(food, clothing and shelter)를 제공(offer)하고 목재(wood)·연료(fuel)·건축재(building timber)·섬유(textiles)·녹말(star)·기름(oil)·밀랍(beeswax)·술(liquor) 및 열대 원주민(tropical natives)에게 필요한 많은 소장품(collection)을 얻게 해준다. 야자나무류는 주로 열대(the torrid zone)와 아열대 지방 (subtropics)에서 자라는 교목·관목·덩굴식물로, 대개 키가 크고 가지를 치지 않으며 원통형의 줄기(cylindrical stem)가 있다. 줄기(stem)는 부채(fan) 또는 깃털(feather) 모양의 크고 주름 (wrinkles)이진 잎(leaf)들이 무리지어 달려 수관【樹冠 : 나무의 몸통 위에 나뭇가지나 잎이 무성한 부분을 이르는 말】을 이룬다.

006. 범사에 (다 함께)감사하라

Give thanks in all circumstances. 성경(살전 5:16-18)에 나오는 말로 한국 최초의 여자 우주비행사(first woman astronaut) 이소연 박사(Doctor of Philosophy, 略 Ph.D., D.Phil)가 우주(universe)를 다녀와서 한 말입니다.

모든 임무(duty)를 마치고 지구(the earth)로 내려올 때쯤 '과연 내 가 지구(the earth)에 살 자격(qualification)이 있는 사람인가? 지구에 무임 승차(A free ride)하며 살면서 오히려 해(injury)를 끼친 존재(Existence)이진 않았나?' 라는 생각을 하였습니다. 우주(universe)에서는 숨 한 번 들이 쉬는 데도 장비 (equipment)며 인력(man power)이며 돈(money)이며 엄청나게 큰 대가(mega cost)를 지불(payment)해야만 해요. 하지만(but) 지구(the earth)는 아무것도 (nothing) 원하지 않아요. 어떤 대가(at any price)를 지불(payment)하지 않아도 마음껏 숨 쉬며 살 수 있는 거예요. 그런데도(and yet) 감사함(thanks)을 모르고 살았던 거죠. 저는 그 감사함(thanks)을 잊지 않기 위해 노력(effort)하고 있습니다."고 했습니다.

그렇습니다. 늘 곁에서 음으로 양으로(directly and indirectly) 내조(wife's help)하는 사랑하는 아내(beloved wife), 버팀목(prop)이 되어 주는 남편(husband), 울타리(fence)가 되어주는 가족(family), 우정(friendship)이 넘치는 친구(friend)가 있어 우린 행복(happiness)합니다. 오늘 이 자리를 빌어 소중한 이들에 대한 감사함(thanks)을 새삼 느껴보며 행복한 시간(happy time)을 가져 보시기 바랍니다.

필요 없는 말, 도움이 안 되는 말을 잘라내고 감동(emotion)을 주는 말만 하며 감사하는 삶(A Life of Thankfulness)을 살아야 합니다. 여러분들의 삶(your life) 가운데 항상 감사(gratitude)가 넘치기를 진심으로 축복(blessing)하며 건배구호는 Give thanks in all circumstances 범사에 감사하라 로 하겠습니다.

※ 이소연(李素妍, 1978년 6월 2일/음력(lunar calendar) 4월 27일 ~)은 대한민국의 연구자(Researchers)로, 2008년 4월, 대한민국 최초로 우주 비행 참가자(Space Flight Participant)로서 국제 우주 정거장(the International Space Station)에서 11일간 체류(stay)하였다. 전 세계적으로(globally)는 475번째, 여성(woman)으로서는 49번째 우주인(astronaut)이며, 역대(successive generations) 3번째로 나이가 적은 여성우주인(Female Astronaut)이다.(그녀보다 나이가 어린 여성 우주비행사(spacewoman)는 세계 최초의 여성 우주비행사(The world's first spacewoman)인 발렌티나 테레시코바와 최초의 영국인 우주비행사(spacewoman)인 헬렌셔먼 뿐이다) 그녀는 2명의 아시아계 미국인(asian american)을 포함(inclusion)하여 4번째 아시아 여성우주인(Female Astronaut)이기도 하다. 대한민국은 이로써 세계 35번째 우주인 보유국(Spaceman power)이 되었다.

007. 복받을 (다 함께)짓을 하자

성경(구약929장, 신약260장, 합계 1,189장) 신명기 28 : 6절에 you will be blessed when you come in and blessed when you go out 들어가도 복(fortune)을 받

고 나가도 복을 받는다"라는 구절(phrase)이 있습니다. 농부(peasant)가 가을(autumn)에 좋은 결실(good fruition)을 얻기 위하여, 좋은 씨앗(Good seed)을 뿌리고, 거름(manure)을 주고, 땀(sweat) 흘려 열심히 일해야 하듯이, 복(fortune)받을 일을 해야 합니다. 가정의 가장 큰 복(largest fortune)은 부부(couple)의 좋은 금슬(good conjugal harmony)입니다. 남편(husband)은 아내(wife)를 아내wife)는 남편(husband)을 떠받들고 사는 것이 바로 복(fortune)받을 짓을 하고 사는 삶입니다. 그런 의미에서 제가 복(fortune) 받을 이라고 선창하면 짓을 하자로 후창하여 주시기 바랍니다.

※ 금슬[琴瑟] : 거문고와 비파(a Korean harp and a lute)가 서로(mutually) 어울리는 모양(matching appearance)처럼 잘 어울리는 부부(a well-matched couple) 사이의 두터운 정(thick affection)과 사랑(love)을 비유적(metaphorical)으로 이르는 말

※ 거문고 : 밤나무(chestnut tree)와 오동나무(empress tree)를 붙인 통 위에 여섯 개의 줄(six cord)을 걸어 만든다.

※ 비파 : 현악기(stringed instrument)의 하나. 타원형(oval)의 몸통(trunk)에 짧은 자루(Brief bag)가 달려 있으며, 4줄로 된 당비파와 5줄의 향비파가 있다.

008. 뿌린대로 (다 함께)거두리라

you reap what you sow / As one sows, so shall he reap 성경시편 126장 1~6절에 나오는 말로 '행복(happiness)을 뿌리면 행복(happiness)이 나오고 불행(unhappiness)의 씨(seed)를 뿌리면 불행(unhappiness)이 나온다고 합니다. 팥(red bean) 심은 데 팥(red bean)이 나오고 콩(bean) 심은 데 콩(bean)이 나온다(An onion will not produce a rose / Don't expect the extraordinary. / Like father, Don't expect the extraordinary. / Like father, like son)'는 속담(proverb)도 있습니다. 따라서 우리는 행복의 씨앗(Seeds of happiness)을 뿌리며 살아야 합니다.

009. 성공이 (다 함께)가까이 있다

성경(창 21:14~21) There are close to success 모든 문제(problem)의 해결방법(solving method)은 그 문제(problem)로부터 멀리 떨어져 있지 않고 아주 가까운 곳(heartbeat away from something)에 문제 해결(problem settlement)의 열쇠(key)가 있습니다. 따라서 아무리(however) 타격(blow)을 받아도 끝까지 분투(struggle)하여 뜻한 바를 이루자.

010. 새 술(new wine)은 (다 함께)새 부대에(new bottle)

성경 마가 2:10~22에 나오는 말로 Don't put new wine into old bottle. New wine in the old bottles. 새 술은 새 부대에 담으라는 말과 같이 겉모습(appearance)만 바뀌는 것이 아니라 겉(surface)과 속(inside)이 바뀌는 것입니다. 이건희 회장(the chairman)은 간부(executive)들을 향하여 늘 이렇게 말하고 다닌답니다. '마누라 말고는 다 바꾸어라!' 발상의 전환(Paradigm Shift), 사고(thought)의 획기적인 변화(breakthrough change)를 주문(request)하는 의미일 것입니다. 새해(new year)에는 새로운 생각(new idea), 새로운 결단(new final decision), 새로운 삶(new life)으로 거듭나야 할 것입니다. 그런 의미에서 건배사(Toast greetings)는 새 술(new wine)은 새 부대(new bottle)로 하겠습니다.

                                                 건배사 모음 대백과

011. 시미나! (다 함께)창!

시작(beginning)은 **미약**(humble)하나 **나**중은 **창**대(prosperous) 하리라.(개
업식)

※ 성경에 Your beginnings will seem humble, so prosperous will your future be.네 시작은 미약하였
으나 네 나중은 심히 창대하리라"(욥기 8장 7절) 라는 말이 있습니다. 흔히 인생은 네 박자라고 합
니다. 첫째가 시작은 미미하나 나중은 창대한 형, 둘째가 시작도 미미하나 나중도 미미한 형, 셋째
가 시작은 창대하나, 나중은 미미한 형, 넷째가 시작은 창대하나 나중도 창대한 형입니다.

012. 열심히! (다 함께)살자!

live life to the full 이해인 수녀님께서 하셨던 말씀이 있습니다. 'Today
that you wasted is the tomorrow that a dying person wished to live. 그
대가 헛되이 보낸 오늘은 어제 죽어간 이들이 그토록 살고 싶어 하던 내일입
니다' 매순간 최선을 다해("Always do my best")우리 최우수 사업소(the best
business office)를 달성(achievement)하겠다는 결연한 의지(unbounding
determination)를 갖고 실행(practice)합시다.

013. 이사우

이상(ideal)은 **높**게(high), **사**랑(Love)은 **넓**게(spaciously), **우**정(Friend-
ship)은 **깊**게(deeply)

※ 해설 : 마음을 모아 모임 분위기(atmosphere)를 고조시킬 때.

※ 이사우 : 성경(출 14:15-20) 히브리어, 장막(tent)을 뽑아 챙긴 후 앞으로 가다의 뜻 신앙(faith)은 동
사(動詞)다. 움직이지 않으면 신앙(faith)이 아니다 부르짖는 모세에게 말씀하시기를 "너는 어찌하
여 내게 부르짖느냐 이스라엘 자손 (descendant)에게 명령하여 앞으로 나아가게 하고(출14:15)" 머
뭇거리지 말고 빨리 나아가라고 재촉(pressing)하는 하나님의 모습을 볼 수 있다. 신앙(faith)은 단
순한 것이다. "이제 나아가면 되는 것이다. 더 이상 물을 것도 따질 것도 없다. 이것이 아브라함의
신앙(faith)이다. 가라고 하면 갔다. 거기가 어딘지 알 수 없지만, 그냥 간 것이다.(창12장)"

014. 위하여

이해인 수녀님께서 Today that you wasted is the tomorrow that a dying
person wished to live. 그대가 헛되이 보낸 오늘은 어제 죽어간 이들이 그토
록 살고 싶어 하던 내일입니다. 매 순간(every moment) 최선을 다해 최우수 사
업소(the best business office)를 달성(achievement)하겠다는 필승(certain
victory)의 각오(覺悟, preparedness)를 새기자는 의미로 건배제의를 하겠습니
다.("Bottoms up!")

※ **이해인**(본명 이명숙)은 천주교(Catholicism) 수녀(nun)이자 시인(poet)이다. 1945년 6월 7일에 강
원도 양구군에서 태어났다. 1958년에는 풍문여자중학교에 입학(admission)하였고, 이 무렵에 시
(poem) 〈들국화〉 가 쓰여졌다. 1976년에 첫 시집(first volume of poetry)인 《민들레의 영토》 를
발간(publication)하였다. 부산 가톨릭대학교 지산 교정(campus)에서 '생활 속의 시와 영성' 강
의(lecture)를 하였다. 그녀의 작품(work) 중 하나인 **《말의 빛》은 초등학교**(elementary school) **5학
년 2학기 언어 영역**(language region) **읽기 교과서**(textbook)**에 실려 있다.**

015. 정도 영업을 통한 고객행복의 실현과 우리 2만 임직원의 건강과
축복(health and blessing)을 위하여!

(다 함께)위하여! 위하여! 정도 영업을 위하여!

회장님께서 기회(opportunity)가 있을 때마다 기본과 원칙(basic and principle)에 '정도 영업(正道 營業, right path business)'을 말씀하셨는데 성경(the Bible)에도 '기본과 원칙(basic and principle)'에 따라 생활해야 한다는 말씀이 많습니다.

두 가지만 예를 들면(For example)

'Food gained by fraud tastes sweet to a man, but he ends up with a mouth full of gravel' 속이고 취한 음식물은 사람에게 맛이 좋은 듯하나 후에 그의 입이 모래(sand)가 가득하게 되리라'(잠20:17)

'But many who are first will be last, and the last will be first.' 그러나 먼저 된 자로서 나중 되고 나중 된 자로서 먼저 될 자가 많으니라'(마19:30)

성경(Bible)의 말씀대로 우리가 우직(simple honesty)하지만, 진실(truth)하게 살아야 '앞서 가는 자'가 될 수 있을 것 같습니다. 또한, 회장님 말씀대로 우리가 정도 영업(正道 營業, right path business)을 통해 정정당당(fair and square)하게 영업(business)을 해야 회사(company)의 지속 가능한 성장(Sustainable growth)은 물론이요, 고객 행복(Customer happiness)이라는 우리의 핵심가치(core value)를 실현(realization)할 수 있다고 생각합니다. 전 직원(All personnel)이 하나같이(as one) 단결(unity)해 정도 영업(正道 營業, right path business)을 하겠다는 의지(volition)를 다시 한 번(once more) 다져보겠습니다.

016. 형통(亨通)하게 (다 함께)될찌어다

○○○년 모든 일이 뜻한 바와 같이 잘되라는 의미. 복합어로 만통(all goes well, 萬事亨通)이 있다.

017. 해와 같이 _(다 함께)빛나리

  성경 마태복음 13:36~13:43절에 shine like the sun 해와 같이 빛나리라는 말이 있습니다. 여러분들은 이 조직에 가장 적합한 사람(the most suitable man)으로 맡은바 소임(duties)을 정성껏 열심히 최선을 다한다면 우리가 추구(pursuit)하는 목표달성(the attainment of one's goal)을 넘어 풍성한 열매(abundant fruit)를 맺어 해와 같이 빛나리라 확신합니다. 그런 의미에서 건배 구호는 해와 같이 빛나리로 하겠습니다. 제가 "해와 같이" 하고 선창하면 "빛나리"로 후창하여 주시기 바랍니다.

※ 빛나리 : '대머리'를 놀림조로 이르는 말로 쓰이기도 한다.

018. 회개하라 _(다 함께)구원을 얻으리라! 감사합니다!

  Repent, you will be saved '회개하라(Repent)'는 성경 마가 1절 15장에 나오는 말로 지금까지 잘못된 의식(false consciousness)과 관행(custom)을 타파(overthrow)하고 변화(change)와 혁신(innovation)을 통해 동반자적 관계(mutually beneficial relationship)로 새롭게 거듭나는 삶을 살자는 의미(부부 동반 모임)

※ 회개(悔改r, repentance) ① 잘못을 뉘우치고 고침. ② 삶 속에서 저지른 죄(sin)를 깨달아 반성(reflection)하고 그로부터 벗어나 하느님의 뜻(God's will)에 따르는 새로운 삶(new life)을 시작하는 것. 예문) 죽은 놈만 억울하다는 식으로, 서양이 저지른 악(evil)에 대해서는 어느 누구의 입(mouth)에서도 회개(repentance)의 말이 나오지 않았다.
[속담(proverb,俗談)] It is never too late to mend. 회개(repentance)하는 데 너무 늦다는 법은 없다. 잘못(mistake)을 저질렀으면 서슴없이 고쳐라.

※ 구원(salvation,救援) 어려움(difficulty)이나 위험(danger)에 빠진 사람을 돕거나 구하여 줌, 어려움
(difficulty)이나 위험(danger)에서 벗어나도록 돕거나 구하다.
예문) 구원(salvation)이 우환(anxiety)이라.
남을 구원(salvation)하여 준 것이 오히려 큰 우환(anxiety)거리가 되었다는 뜻으로, 남이 잘되도록
해 준다는 것이 그만 좋지 않은 결과(result)를 낳은 경우에 이르는 말.

019. 나 · 가 · 재(Let's go out)

'하나님 나라를 위하여, 우리의 가정을 위하여, 자신을 위하여'라는 의미.

020. 통통통

'신통(神通)하면 인통(人通)하고', '인통하면 물통(物通)'한다

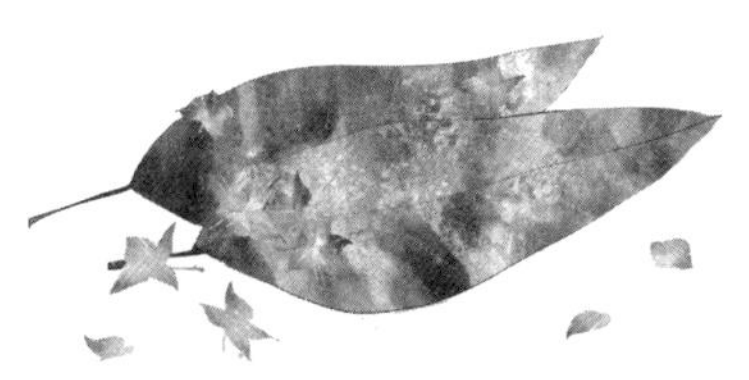

1863
MARTINI
BIANCO
MARTINI

13

외국어 버전
foreign language version

001. All Together (다 함께)Create Future

임직원(executives and staff members) 및 국가(nation), 사회(society)의 동반성장(accompanying growth)과 인류(mankind)의 행복(happiness)을 위해 끊임없는 창조(constant creation)를 바탕(poundation)으로 미래가치(future value)를 창출(creation)하여 사랑받는 기업(loved corporation)으로 변신(transformation)하고 지속성장(Sustainable Growth)을 추구(pursuit)하자는 의미.

002. 아브라카다브라(habracadabrah)

우리는 살아가면서 항상 희망을 주는 말을 해야 합니다. 죽겠다는 말을 하면

건배사 모음 대백과

정말 죽을 일이 생기기 때문입니다. 모든 것이 말한 대로 이루어진다는 의미

※ '아브라카다브라'는 베르베르의 저서《상대적이며 대적인 지식의 백과사전》에 실린 192번째 이야기
로 It shall be done as said '말한 대로 될지어다'라는 뜻을 가진 히브리어다. 한국어의 수리수리마
수리와 같은 말이다

※ 베르나르 베르베르(프랑스어 : Bernard Werber, 1961년9월 18일툴루즈 ~)는 프랑스의 과학 소설작
가(science fiction writer)로, 그의 대표작《개미》로 널리 알려져 있다. 곤충(insect)에 대한 해박한 지
식(wide knowledge)이 특징(characteristic)인《개미》는 그의 데뷔작이자 발간(publication)되자마자 프
랑스의 여러 매스컴에서 격찬(high praise)을 받은 작품(work)이다. 또한 최근에는(These days)《타
나토노트》와《천사들의 제국》의 후속작(sequel)인《신》이 프랑스에서만 100만부 이상 팔렸다.

003. go! to!world! (다 함께)go!to! future!

partnership으로 더 큰 목표(bigger goals), 더 큰 성과(greater out-come)
를 만들기 위해 서로(mutually)를 존중하고(respect), 배려하고(consider-
ation), 신뢰하는 마음 (heart of faith)을 갖자는 의미 담아 건배제의합니다.
제가 스타카토 음률을 넣어 "세계로! 선창하면 다함께 미래로!"를 외치며 잔을
부딪쳐 주시기 바랍니다

004. 케 세라 (다 함께)세라(Qus Sers Sers)

Time will heal it. 시간이 약이다 라는 말이 있습니다. 고민(worry)해도 아
무리 노력(effort)해도 안 될 때 안 되는 일에 대해 너무 많은 에너지를 쏟지 말
고 명곡(musical classics) 비틀즈의 레잇비(let it be, 순리에 맡겨라) 가사처럼
순리대로 풀어 가면 풀립니다.

※ 케 세라 세라(Qus Sers Sers)는 라틴어로 닥치는 대로/ 될대로 되라 / 난 겁내지 않는다. / 이것도
운명(fate)이다라는 4가지 뜻

※ 비틀즈[The Beatles] : 1962년 영국의 리버풀(Liverpool)에서 결성(formation)되고 1970년에 해산
(dispersion)된 전설(legend)적인 록 그룹(rock group). 존 레논(리드 보컬, 기타), 폴 매카트니【리
드 보컬, 베이스/ 폴매카트니는 꿈에서 아름다운 선율(beautiful melody)을 듣고 Yesterday를 작
곡(composition)했다고 알려짐】, 조지 해리슨(하모니 보컬, 기타), 링고스타(하모니 보컬, 드럼) 이
렇게 4명의 멤버. 1963년 1집 앨범 [Please Please Me]로 데뷔(debut) 당시부터 강렬한 록 비
트(intense rock beat)와 머슈룸 커트(mushroom cut : 긴 머리 스타일의 하나)인, 가느다란 깃
(slim collar)의 신사복(men's clothing)등의 독특한 패션(unique fashion)으로 전 세계 젊은이들
(young people)의 우상(idol)이 되었다. 1964년 2월 7일 비틀즈를 태운 비행기(airplane)가 런던공
항(airport)을 출발(departure)하자, 미국 WMCA 방송은 마라톤 중계하듯이 세기(century)의 밴드
가 자국(one's own country)에 도착(arrival)하는 모습(figure)을 생중계(live broadcast)했고 이것은'
리티쉬 인베이젼(British Invasion, 영국의 침략)'의 시작이었다. 다양한 음악 (arious musical) 모든
에센스(essence, 진수)를 흡수(absorption)하고 기존의 음악에는 없는 독자적인 사운드(sound)를
완성(completion)하며 음악계(musical circles)의 모든 기록(record)을 갈아치웠고 전 세계적인 비
틀즈 열풍(fever)을 선도(pioneer)했다. 그들이 음악뿐만 아니라 패션(fashion) · 라이프 스타일(life
style) · 문화(culture) 전반에(every aspect) 이르기까지 당시의 젊은이 들(youthhood)에게 준 영향
(nfluence)은 현재까지(up to now)도 이어진다.

※ 보컬(vocal) : 노래 부르는 일을 악기(instrument) 연주(performance)에 상대하여 이르는 말

※ 록비트(rock beat) : 로큰롤 음악의 주조(main[major] trend)를 이루는 리듬(rhythm). 주로 8비트이다.

※ 록(rock) : 전기음과 강한 비트【'박자'를 이르는 말. 특히 대중음악(popular music)에서 강한 악센트
의 리듬을 이른다.】로 1960~1970년대의 젊은이(young adult)를 사로잡은 음악(Captured music).
젊은이(young adult)들의 사회적인 반항자세(resistance posture)와 결부(relation)되어 록이란 명칭
(name)이 생겨났다. 1950년대의 중기, 흑인의 리듬 앤드 블루스와 백인의 지방음악 컨트리 앤드
웨스턴의 피가 섞여 형성(formation)된 애프터 비트를 강조 한 댄스 뮤직을 로큰롤이라고 불렀는
데, 이 장르에서 히트 (hit)곡이 나오게 되자 다 같이 줄여서 록이라고 부르게 되었다.

〈비틀즈의 let it be〉

When I find myself in times of trouble

내가 근심의 시기에 처해 있을 때Mother Mary comes to me

성모님께서 다가와Speaking words of wisdom

지혜의 말씀을 해주셨어요.Let it be

"순리에 맡기거라"And in my hour of darkness

내가 암흑의 시간 속에서 헤매이고 있을 때에도She is standing right in front of me

성모님께서 내 앞에 똑바로 서서Speaking words of wisdom

지혜의 말씀을 해주셨어요Let It be

"순리에 맡기거라."

Let it be, Let it be, Let it be, Let it be

"그냥 그대로 둬요.", "순리에 맡기자구요."Whisper words of wisdom

지혜의 말씀을 속삭여 봐요.Let it be

"순리에 맡기거라."And when the broken hearted people

세상을 살아가며Living in the world agree

상심을 겪게 되는 사람들이 좌절을 할 때에도There will be an answer

현명한 대답이 있어요.Let it be

"순리에 맡기거라."

For though they may be parted

왜냐하면 비록 헤어짐을 겪게 될지라도there is still a chance that they will see

다시 만날 수 있는 기회는 아직 남아있기 때문이죠.There will be an answer,

현명한 대답이 있어요.Let it be

"순리에 맡기거라."

Let it be, Let it be, Let it be, Let it be.

"그냥 그대로 둬요.", "순리에 맡기자구요."Yeah, there will be an answer.

맞아요, 현명한 대답이 있어요.Let it be

"순리에 맡기거라."Let it be, Let it be, Let it be, Let it be

"그냥 그대로 둬요.", "순리에 맡기자구요."Whisper words of wisdom

지혜의 말씀을 속삭여 봐요.Let it be

"순리에 맡기거라."간주Let it be, Let it be, Let it be, Let it be

"그냥 그대로 둬요.", "순리에 맡기자구요."Whisper words of wisdom

지혜의 말씀을 속삭여 봐요.Let it be

"순리에 맡기거라."And when the night is cloudy

구름 덮인 밤일지라도There is still a light that shines on me

다음 날이 밝을 때까지Shine on until tomorrow

나를 밝혀줄 등불은 여전히 있어요.Let it be

"(그러니) 순리에 맡기세요."I wake up to the sound of music

음악소리에 잠을 깨어 보니Mother Mary comes to me

성모님께서 내게 다가와Speaking words of wisdom,

지혜의 말씀을 해주셨어요.Let it be

 순리에 맡기세요."Let it be, Let it be, Let it be, oh, Let it be

"그냥 그대로 둬요.", "순리에 맡기자구요."There will be an answer

현명한 대답이 있어요.Let it be

"순리에 맡기거라."Let it be, Let it be, Let it be, oh, Let it be

"그냥 그대로 둬요.", "순리에 맡기자구요."Whisper words of wisdom

지혜의 말씀을 속삭여 봐요.Let it be

"순리에 맡기거라."

005. (영어) **오늘은 글로벌(global)시대를 맞이하여**

영어로 건배 제의를 하겠습니다.(I'd like to propose a toast)

잠시 후, Ladies and Gentlemen…… One Shot!

006. (불어) **오늘은 글로벌(global)시대를 맞이하여**

불어 건배(toast) 제의를 하겠습니다.

잠시 후……. 드숑 (다 함께)**마숑 또는 더불**

(불어+독어) **마셔부렁!** (다 함께)**마신당께!**

007. 마셔부러! (다 함께)멋지당케!

모두 술잔(goblet)을 채워주시기 바랍니다. 제가 작년(last year)에 프랑스와 독일을 다녀왔습니다. 그런데(anyway) 거기도 우리나라처럼 술(iquor)마실 때 건배사(Toast greetings)가 있었는데 매우 마음에 들어 배워왔습니다. 오늘 제가 먼저 불어로 건배(toast)를 제의할 테니 여러분께서는 독일어로 화답(response)하여 주시기 바랍니다. 건배사(Toast greetings)는 "마셔부러, 멋지당케입니다." 자! 마셔부러(불어) (다 함께)멋지당케(독일어)

008. (라틴어) 카르페! (다 함께)디엠!(Carpe/diem)

현재를 즐기자(Let's enjoy the present! / Carpe diem!)는 뜻으로 역경(adversity)에 굴하지 않고 긍정적(affirmative)로 살자는 삶의 자세(basic positions in life)를 강조(emphasis)하는 말. 영화 '죽은 시인의 사회(Dead Poets Society)'에서 주인공(protagonist) 키팅 선생이 학생(student)들 앞에서 사용하면서 유명(famous)해 짐.

※ 죽은 시인의 사회(Dead Poets Society)는 피터 위어(Peter Weir) 감독(director), 로빈 윌리엄스(Robin Williams)주연의 1989년 영화이다. 1959년을 배경(background)으로 보수적인 남자사립학교(Conservative men's private school)인 웰튼 아카데미(Welton Academy)에 영어 선생님(English teacher)께서 부임(assignment)하는데, 시(poem)와 문학(literature)을 가르치면서 틀에 박힌 삶(stuck in a rut)을 강요(coercion)받는 학생(student)들에게 영감(inspiration)을 준다는 이야기이다. 영화줄거리(film's plot)는 빽파이프 연주(performance)를 앞세우고 교기(school banner)를 든 학생(student)들이 강당(hall)에 들어서면서 1859년에 창립(founding)된 명문(prestigious school) 웰튼 고등학교(high school)의 새 학기(new school term) 개강식(opening ceremony)이 시작된다. 이 학교에 새로 전학(transfer to another school) 온 토드(Todd Anderson : 에단 호크 분)는 어린 신입생(young freshman)들과 마찬가지로(sameness) 두근거리는 가슴(pounding heart)을 숨길 수 없다.

이 학교 출신인 키팅 선생(John Keating : 로빈 윌리암스 분)이 영어 교사(teacher of English)로 부임한다. 그는 첫 시간(first time)부터 파격적인 수업 방식(innovative class Style)으로 학생(student)들에게 '오늘을 살라(Live for today)'고 역설(assertion)하며 참다운 인생(true life)의 눈을 뜨게 한다. 닐(Neil Perry : 로버트 숀 레오나드 분), 녹스(Knox Overstreet : 조쉬 찰스 분), 토드 등 7명은, 키팅으로부터 '죽은 시인의 사회(Dead Poets Society)' 라는 서클【circle : 이해관계(interests)나 직업(work), 취미(hobby) 따위를 같이하는 사람들】에 관한 이야기를 듣고 자신들이 그 서클을 이어가기로 한다. 학교(school) 뒷산(the mountain at the back of one's house) 동굴(cave)에서 모임을 하고, 짓눌렸던 젊은 패기(young and ambitious)를 누린다. 그러면서 닐은 정말로 하고 싶었던 연극(drama)에의 동경(yearning)을 실행(practice)하고, 녹스는 크리스(Chris Noel : 엘렉산드라 파워스 분)라는 소녀(girl)와의 사랑을 이루어 간다. 그러나 닐의 아버지(Mr. Perry : 커트우드 스미스 분)는 의사(doctor)의 꿈을 이루어 주리라 믿었던 닐의 연극(play)을 보자 군사학교(military school)로의 전학(change schools)을 선언(declaration)한다. 꿈이 꺾인 닐은 그날 밤 권총 자살(killing oneself with a pistol)을 하고 만다. 이 사건의 원인 규명(Cause investigation)에 나선 학교 측은 죽은 시인의 사회(the Dead Poets Society)라는 서클을 권유(advice)한 키팅 선생에게 책임(responsibility)을 돌리고 웰튼에서 그를 추방(deportation)하는데……

009. (아프리카 스와힐리어) 하쿠나! (다 함께)마타타!

'괜찮아 걱정하지 마(That's all right. Don't worry)'라는 뜻으로 영화(라이언 킹)에서 나와 유명해 짐.

※ 라이언킹(The Lion King) 영화 : 어린 사자(young lion) 심바는 친구(friend)인 날라와 놀며 정글의 왕(king of the jungle)인 아버지 무파사에게서 자연의 법칙(law of nature)을 배우고, "빨리 왕이 되고 싶어(Oh, I just can't wait to be king!)"를 노래한다. 그러나 평화(平和, peace)로운 왕국(kingdom)에 어두운 그림자(dark shadow)가 깔리고, 왕의 동생(King's brother) 스카가 "대비하라(Be prepared)""는 노래를 부르며 반역(insurrection)을 꾀한다. 그는 하이에나≪hyaena : 개와 비슷하며 발가락(toe)이 4개이고, 비교적 앞발(forepaw)이 긴 편이며, 발톱(claw)은 오므릴 수 없고, 큰 뼈(big bone)를 부술 수 있는 튼튼한 이빨(strong tooth)과 턱(chin)을 가졌다≫들과 먼저 결탁(collusion)한 뒤 심바를 이용하여 왕을 살해(murder)하고, 그 죄(crime)를 심바에게 뒤집어 씌운다. 심바는 하이에나들의 추격(pursuit)과 자신이 저지를 죄(offense)를 피해 달아난다. 사막(desert)에

서 죽을 뻔한 심바는 자신을 구해준 티몬, 품바와 함께 살며, 자신의 과거(one's past)와 고향(one's hometown)을 잊으려 한다. 어느덧 성장(growth)한 심바는 옛 친구(old friend)날라를 만난다. can you feel the love tonight? "오늘 밤 사랑을 느낄 수 있나요"의 감미로운 노래(mellow song)속에서 둘은 사랑을 느끼고, 날라는 고향(one's hometown)의 사정(circumstances)을 설명(explanation)한 다. 고향(one s hometown)은 스카의 폭정(tyranny)과 하이에나들의 횡포(oppression)로 삭막한 황 무지(desolate wasteland)로 변해가고 있었다. 날라는 귀향(歸鄉, homecoming)을 권하지만, 심바 는 옛날(the old days) 자신이 저지른 실수(mistake)를 생각하며 돌아가지 않으려 한다. 그런 심바 에게 라피키라는 도사 원숭이(monkey)가 나타나는데, 그 덕분에 심바는 자신의 내면(inner)에 있 는 아버지(father)의 모습(look of one's father)을 발견(detection)하고 잊었던 가르침 (teaching)을 생각해낸다. 다시 고향(one s hometown)에 돌아온 심바는 스카와 하이에나들에 맞서 싸운다. 최 후의(last) 대결(fight)에서 심바는 그 옛날(the old times) 아버지(dad)를 죽인 것이 스카라는 사실 (fact)을 밝혀내고 아버지의 원수(怨讐, Enemy)를 갚는다. 심바는 왕의 자리를 되찾고, 다시 질서 (order)와 평화(平和, peace)를 회복(restoration)한 그의 왕국(empire)에는 생명(life)의 힘(power)이 넘친다.

010. (그리스어) **코이!** (다 함께)**노니아!(Koinonia)**

가진 것을 서로에게 아낌없이 나눠주며 죽을 때까지 함께 하는 관계를 뜻하 는 그리스어로 결코 떨어질 수 없는 돈독한 사이란 의미.

011. everybody IS (다 함께)same boat

'다 같이 한 배를 탔다' 단합(unity)하자는 의미.

012. God people(갓 피플, 하나님의 사람들)

갓 : 갓 구워낸 찐빵(steamed bread)처럼
　　　따끈따끈한 사랑(hot love)이 있는 사람들에게
피 : 피 속에 하나님의 사랑이 언제나 흐르는 사람들에게
풀 : 풀고 맺고 이어주는 삶의 기적(miracle)이
　　　매일매일(day after day) 넘쳐나기를.

013. (북한) 쭉~~! (다 함께)냅시다!

014. See you! (다 함께)again!

다시 만나자 '씨유' ~~ '어게인'

015. 오 마이! (Oh My) (다 함께)갓!(god)

오늘도 마시더라도 이해해 주세요, 하나님.

016. Kiss

"Keep it simple and short" 술을 깔끔하고 짧게 마시자.

017. not! (다 함께)towmorrow! just! (다 함께)now!

미래(Future)가 아닌 지금 함께 하고 있는 고객님을 위하여

018. One for All! (다 함께)All for One!

우리 충북본부의 중심은 증평지점장입니다. 증평지점장은 개개인(individual) 하나하나(one by one)가 우리 회사 경영전문가(management professional)임을 자타(one self and others)가 인정(recognition)하는 바이고, 독립적(independnet)으로 영업하다 보니 각자(each)의 개성(individuality)이 강하게 부각(emboss)됩니다. 물론 신속한 의사결정(decision-making) 등 장점(merit)이 있겠지만. 전체를 포용(comprehension)하는 면에서는 조금 부족하다는 평을 듣기도 하는 것 같습니다. 그래서 작년(last year)에는 아름다운 동행(Beautiful Accompany) 추진(propulsion)으로 이미지(image) 개선(improvement)과 전사 시너지(synergy)에 이바지한 바 있습니다.

제가 좋아하는 말(favorite speech) 중에 삼총사 모토인 One for All, All for One이라는 말이 있습니다.

'하나(개인)는 모두(조직)를 위해 희생(sacrifice)하고, 모두(조직)는 하나(개인)를 위하여 몸을 던져라'란 의미입니다. 고객이 없으면 회사가 있을 수 없고, 회사가 없으면 내가 있을 수 없습니다.

마찬가지로(alike) 내가 없다면 회사가 무슨 의미가 있고, 고객이 무슨 소용이 있겠습니까? 나의 행복이 최고 회사를 만들고, 고객의 행복을 만듭니다. 또한(also), 고객의 행복이 나의 행복을 만들어 줍니다.

※ 시너지(oynorgy) 한 집단(group)이 목표(target)를 달성(achievement)하기 위하여 소모

(consumption)하는 에너지의 총체(whole).

019. IBM

이미 버린 몸, 마시자(대리 운전하기로 결심했을 때)

※ IBM(International Business Machines Corporation, 애칭 Big Blue)은 미국의 세계적인 소프트웨어 (software) 회사다.(IBM-PC 부분은 레노버가 인수했다.) 본사는 뉴욕주 아몬크에 있다.

020. 원더풀(Wonderful)

원하는 것보다 더 잘 풀리길.

021. 원샷(one shot)

영어 본토 표현은 Bottoms up!이랍니다.

022. My! (다 함께)Way!

목표(target)를 향해 쉬지 말고 나의 길을 가자.

023. 스페로! (다 함께)스페라!

스페로 스페라(spero spera)는 숨을 쉬는 한 희망은 있다는 라틴어 하늘이 무너져도 솟아날 구멍이 있다(There is a way out of every situation, however bad. or If it were not for hope, the heart would break. or If the sky falls, we shall catch larks.)는 말과 같은 의미의 건배사(Toast greetings)

024. 파워(Power) ^(다 함께)풀(ful) 원더(wonder) ^(다 함께)풀(ful) 석세스(success) ^(다 함께)풀(ful)

영어 풀(ful)의 가득 채움을 활용 힘차고 멋지고 신명 나게 일하는 사람이 성공한다는 의미.

025. Make! ^(다 함께)My day~! ^(길게)

'오늘을 나의 날로 만들자'는 뜻으로 열정(ardor)적이고 도전(challenge)적인 삶을 강조(emphasis)할 때 사용.

026. Make your day

오늘을 너의 날로 만들어라. make today the best day of your life

027. CEO

시원하게 이끌어 주는 오너.

※ CEO : 최고경영자(最高經營者, Chief Executive Officer)

028. Change를! (다 함께)Chance로!

change의 g를 c로 바꾸면 chance가 된다. 변화(change)를 기회(chance)로 만들자. 변화하면 기회가 온다(With Change Comes Opportunity)는 뜻.

029. 메아 쿨파(Mea Culpa)

'I'm my own worst enemy 내탓이오' 란 뜻

030. 메아 쿨파(Mea culpa) 메아쿨파! (다 함께)메아 맥시마 쿨파.

저는 세상 일 모든 것이 나 자신으로부터 비롯된다는 말에 공감(sympathy) 하고 있습니다. 직원들(staff members)로부터 '우리 지점(branch)은 영업환경 (business environment)이 어렵고 힘들다'라는 말을 자주 듣고 있습니다. 그러나 스스로 어떻게 마음먹느냐에 따라 일의 성패(success or failure)가 바뀌게 된다는 말에 100% 동감(sympathy)합니다. 그래서(therefore) 저는 '모든 것은 마음에서 나온다'(everything comes from the heart)는 '일체유심조(一切唯心造)'라는 말과, '어떤 일을 이루고자 간절히 원하면 이루어진다.'(You can get it

건배사 모음 대백과

if you really want)는 심상사성(心想事成)이라는 말을 좋아합니다.

카톨릭 신자들은 고백 기도(Confession prayer)를 하면서 '내 탓이오(It's my fault), 내 탓이오, 내 큰 탓이오'라고 하면서 자기의 허물(mistake)을 반성(反省, self-reflection)하고, 남을 탓하기보다는 먼저 나를 돌아보며 자신을 더욱 성장(growth)시키고자 기도(prayer) 한다고 하더군요. 라틴말로는 '메아 쿨파, 메아 쿨파, 메아 맥시마 쿨파'라고 합니다.

031. We are! (다 함께)famaily!(one)

우리와 고객은 남이 아닌 가족, 둘이 아닌 하나라는 뜻.

032. 올스톱(All Stop)

올(All) 전 직원이 함께 참여하는 혁신 스마일(Smile) 고객(customer)과 직원(employee)이 미소 짓는 혁신 톱(Top) 세계 최고가 되기 위한 혁신(innovation).

※ 지금까지의 구태(old conditions)와 관행(custom)을 멈추고 모두 바꿔보자는 의미.

033. Happy (다 함께)Call Happy (다 함께)Day

행복한 소식(happy news)을 전하고 날마다(daily) 행복(bliss)을 기원(祈願 wish)하는 우리기 되자.

034. I Love! (다 함께)You! 사랑합니다! (다 함께)고객님!

고객(customer)에게 늘(always) 감사하는 마음(gratitude)을 표현(expression).

035. 오!~ (다 함께)예!

Oh! yes의 준말로 강한 긍정(strong positive)의 대답 (reply). No 맨이 아닌 항상 긍정적(affirmative)인 Yes 맨이 되자!

036. Small Change! (다 함께)Big Difference!

작은 변화 큰 차이 내가 조직(organization)에 미치는 영향(influence)은 극히 작으나(extremely small) 우리가 모두 하나(We are all one)되면 최우수 사업소(the best business office)가 될 것이라 확신 (assurance)합니다. 이런 의미를 담아 다 같이 건배하겠습니다.(I'd like to offer a toast)

037. Small Change! (다 함께)Big Difference!

올 한해 내실성장(Profitable Growth)을 통한 새로운 도약(new leap)을 위해'전력 Plus 1'의 Catch Phrase로 건배 제의하겠습니다.(I'd like to offer a toast)

038. Small Change! (다 함께)Big Difference!

지금 우리가 들고 있는 이 한 잔의 술은 아주 적은 양에 지나지 않습니다. 그러나 이 한 잔의 술이 우리의 심장(heart)을 뛰게 하고 우리의 체온(temperature)을 높이며 우리의 마음을 열게 해서 여기 모인 모두를 하나로 만들 수 있습니다.

40cc에 불과한 소주 한 잔이(맥주는 200cc, 양주는 30cc)

우리 모두를 하나 되게 하는 것처럼 나 하나는 2만분의 1에 불과하나 우리가 모두 하나(We are all one)가 되면 우리 회사가 세계 초일류 기업(world top-notch company)이 될 것이라 확신(conviction) 합니다. 이러한 의미를 담아 다 같이 건배하겠습니다. (I'd like to offer a toast)

039. 스위트(sweet)

스스로 혁신(innovation)이 어렵고, 피곤하다고 느끼십니까? **위풍당당하**게(majestically) 능동적(active)으로 **트라이**(try)해 보세요. 쉽고 달콤한 혁신(easy sweet innovation)이 이루어집니다.

040. 아이러브유!(I love you) (다 함께)유러브미!(you love me)

041. 아티스~ ! (다 함께)롱(Art is long)! 라이프~! (다 함께)숏(life is short)!

짧은 인생(a short life)에서 하루하루(day by day)를 예술(art)같이 귀한 삶(precious life)을 살자.

042. We are the (다 함께)**champion 우리가!** (다 함께)**해낸다!**

지친 일상을 이겨내고 목표(target)를 힘을 합쳐 반드시 이루자.

043. BHA(봐)

Breast(가슴)은 뜨겁게 도전하고(Challeng), Head(머리)는 차갑게 창조(Creative)해서, Action(행동)은 민첩하게 변화 (Chang)의 Geat Company.

044. TO DO! (다 함께)**ONE MORE!**

do I more(TO DO ONE MORE)

※ 같은 일이라도 새롭게 바라보고 늘 해오던 생각도 바꾸어 보면 그것에서 새로운 기쁨(new pleasure)이 일어납니다.
고객에게 한 발 더 나아가 서비스를, 동료(colleague)에게 한 번 더(once more) 칭찬(compliment)과 격려(encouragement)를, 자신에게는 더욱 더 노력(effort)과 희망(hope)을 품는다면, 매일(daily) 새로운 기쁨(new joy) 을 느끼는 하루가 될 것입니다.
모든 일(everything)에 하나 더(One More), 한 번 더(one more time)하는 자세(position)로 작은 실천(small practice)을 한다면 기쁨(delight)과 설렘(thrill)이 있는 아름다운 미래(Beautiful Future)가 펼쳐진다는 의미.

045. Happy! (다 함께)**New Year! 새로운 해에 행복하세요.**

046. Merry! _(다 함께)Christmas! 크리스마스를 축하합니다!

047. 아모르 _(다 함께)파티(Amor Fati)

운명을 사랑하라. 필연적인 운명을 긍정하고 자기 것으로 받아드릴 때에 인간의 위대함이 발현된다는 뜻.

048. _(라틴어) 실위스테쿰(Sit Vis Tecum) _(다 함께)루케테(Lucete)

Sit Vis Tecum는 포스(생명의 원천이 되는 힘)가 너와 함께 하기를(May the Force be with you) / Lucete는 밝게 빛나라 뜻.

※ 해설 라티어를 영어로 해석하면 sit = may be, vis = force, te = you, cum = with로 영화 스타워즈에 등장.

※ 《스타 워즈》(Star Wars)는 영화 각본가(film dramatist), 영화 제작자(film producer), 영화 감독(film director)인 조지 루커스의 6부작 스페이스 오페라(Space Opera : 우주를 무대로 한 모험담을 다룬 공상 과학 소설. 또는 그런 영화) 영화 시리즈(series : 같은 종류의 연속 기획물)이자, 각종 매체(medium)로 많은 파생작(derivative work)을 양산한 미디어 프랜차이즈(ranchise : 영업권을 주는 대가로 로열티를 징수)이다. 처음에는 시리즈 중 첫 편인 《새로운 희망》만을 "스타 워즈"라고 불렀으나, 《제국의 역습》, 《제다이의 귀환》등의 후속작들이 큰 성공을 거두고, 영화를 벗어나 다양한 메체로 세계관이 확장되면서 미국 대중문화(pop culture)의 한 줄기로 자리잡게 되었다.

※ 라틴어(Latin—語) 고대 로마 제국의 공통어(common language). 인도유럽 어족(語族)의 이탤릭 어파(語派)에 속하는 것으로, 현대의 프랑스 어, 이탈리아 어, 에스파냐 어, 포르투갈 어, 루마니아 어 등 로맨스 어의 바탕이 되었다. 중세 서구 사회의 공용어였으며, 오늘날에도 학술어로 사용된다.

※ 오페라(opera) 대사(dialogue)에 음악을 붙인 것을 가수가 독창(solo) 또는 합창(chorus)을 하면서
이루어지는 극. 종합적인 예술(comprehensive arts)로 음악(music), 문학(literature), 미술(art), 무용
(dance) 이 두루 나온다. 배역(cast)은 목소리(voice)의 높이와 종류에 따라 정해지는데, 보통 극의
중심적인 역은 소프라노와 테너인 경우가 많다.

049. Stay! (다 함께)hungry!, Stay! (다 함께)foolish!

배고픈 사람처럼 끊임없이 갈망(ardent wish)하고 그 갈망을 이룰 때까지
남들이 보기에 바보(fool) 같지만 우직하게 **자신이 바라는 꿈을 위해 끊임없이
도전(constantly challenge)**하라는 의미로 스티븐 잡의 명언.

※ 스티브 잡스(1955년 2월 24일 ~ 2011년 10월 5일)는 미국의 기업인으로, 애플컴퓨터사의 공동 창
립자 (co-founder)이자 개인용 컴퓨터 시대(personal computer era)를 이끈 카리스마 넘치는 선구
자(pioneer)

14

알아 두면 좋은
외국의 건배사

알아 두면 좋은 외국의 건배사

001. 일본 **간빠이(乾杯)** : 술잔(wineglass)을 비우라는 의미다.

002. 중국 **깐베이(干杯)**

술잔(goblet)을 비우라는 의미다. '干'은 '乾'의 간체자이다.

003. 중국 **얌센(飮盡)** : 다 마셔 버리자.

004. 영국 **치어리오(Cheerio)** : 즐겁게 마시자.

005. 미국, 영국, 호주 **치어스(Cheers)** : 즐겁게 마시자.

006. 미국, 영국, 호주 **치어 업(Cheer Up)** : 즐겁게 마시자.

007. 미국 **바텀스 업(Bottoms Up)** : 잔 바닥을 위로.

008. 영국, 캐나다 **토스트(Toast)**

'토스트(toast)'는 친숙한 자리에서 건배(toast)를 제의하면서 선창으로 쓴다.

※ 토스트 : 영국에서 찰스 2세 때 술맛을 내려고 유리잔 속에 토스트 조각을 넣은 데서 유래(the history).

009. 이탈리아 cin cin(찐찐), alla salute(알라 살루떼)

010. 프랑스 **아 보트르 상태(Votre Sante)** : 당신의 건강을 위하여.

011. 이태리 **알라 살루테(Alla Salute)** : 당신의 건강을 위하여.

012. 스페인 **살루드, 아모르, 이페세스타스(Salud, Amor, Ypesestas)**

건강과 사랑과 돈을 위하여.

013. **살루드, 아모르, 에우로(Salud, Amor, Euro)**

건강과 사랑과 EU를 위하여.

014. 스페인, 멕시코 **살루드**

015. 스칸디나비아 **스콜(Skal)**

'건강을 위해서'옛 바이킹들이 적의 두개골(enemy's skull)을 술잔
(wineglass)으로 사용한 풍습에서 유래(the history)됐다고 함.

016. 독일, 네덜란드 **프로스트(Prost)** : 당신을 축복한다(Bless You).

017. 독일 **부 호스트 알라프**

018. 러시아 **스하로쇼네, 즈다로비에.**

019. 브라질, 멕시코 **Saude(사우지)** : 건강을!

020. 하와이 **오케레 마루우마(Okole Maluma)**

021. 그리스 **이스이지안 스텐휘게이아.**

022. 에스키모 **이히히히히.**

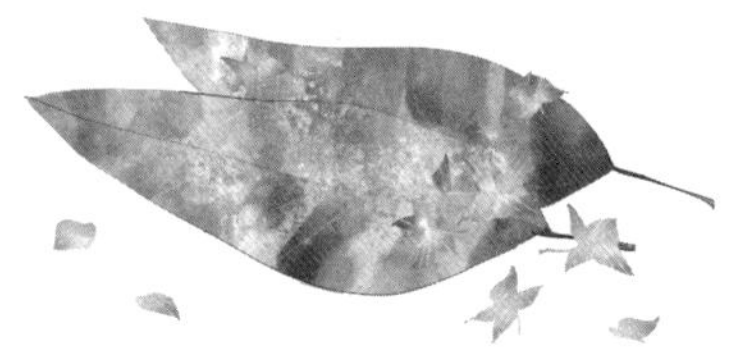

건배사 모음 대백과

15

건배하기 좋은
특별한 날

001. 매월 14일 기념일(memorial day, commemoration day)

월	기념일 명칭	내 용
1	다이어리 데이(Diary's day)	수첩을 선물하는 날
2	발렌타인데이(Valentine's day)	여자가 남자에게 초코렛 주는 날
3	화이트데이(White's day)	보답으로 남자가 여자에게 사탕을 주는 날
4	블랙데이(Black's day)	애인이 없는 사람들이 검은 옷을 입고 짜장면 먹는 날
5	엘로우데이(Yellow's day)	아직도 짝 못찾은 사람들끼리 카레라이스 먹는 날
5	로즈데이(Rose's day)	장미꽃을 주는 날
6	레드데이(Red's day)	엘로데이에도 카레를 먹지 못한 사람들끼리 홍당무 음식 먹는날
6	키스데이(Kiss's day)	서로의 사랑을 확인하는 키스를 주고받는 날
7	그린데이(Green's day)	짝 없는 사람들의 마지막 눈물의 파티. 이때까지 짝을 못 구한 사람들이 어울려 (다 같이 죽자)는 기분으로 (그린소주)를 폭음하는 날
7	실버데이(Silver' day)	서로 은반지를 선물하여 장래를 약속하는 날

8		뮤직데이(Muss's day)	연인끼리 나이트클럽에서 춤을 추는 날
9		포토데이(Photo's day)	추억에 남을 만한 둘만의 사진을 찍는 날
10		와인데이(Wine's day)	포도주잔을 기울이며 사랑을 속삭이는 날
11	14일	무비데이(Movine's day)	함께 야한 영화를 보는 날
	11일	가래떡데이(Garaetteok day)	탱탱하고 윤기 나는 몸매를 가진 사람들이 건강과 행복과 대박을 기원하며 사랑을 속삭이는 날 (농업인의 날에서 유래)
		빼빼로데이	11월 11일(숫자 모양에서 유래)
12		머니데이(Money's day)	남자가 여자에게 돈을 팍팍 쓰며 봉사하는 날

002. 결혼기념일(Wedding anniversary, 結婚記念日)

주년	기 념 식	선 물
1	지혼식(紙婚式 paper wedding)	그림, 책 따위의 종이 제품
2	고혼식(藁婚式 straw wedding)	밀짚, 무명제품
3	당과혼식(糖菓婚式 candy wedding)	사탕, 과일
4	혁혼식(革婚式 leather wedding)	가죽제품, 가방, 허리띠
5	목혼식(木婚式 wooden wedding)	나무제품
6	철혼식(鐵婚式, metal wedding)	철제품
7	화혼식(花婚式 floral wedding)	꽃
8	전기기구혼식(電氣器具婚式, electric appliance wedding)	전기 제품
9	도기혼식(陶器婚式, Potterywedding)	사기그릇, 꽃병
10	석혼식(錫婚式 tin wedding)	주석 제품
11	강철혼식(鋼鐵婚式, steel wedding)	강철 제품
12	아마혼식(亞麻婚式 linen wedding)	삼베 제품
14	상아혼식(象牙婚式 ivory wedding)	상아 제품
15	수정혼식(水晶婚式 crystal wedding) 농혼식(銅婚式 copper wedding)	수정, 구리 제품

20	자기혼식(磁器婚式 china wedding), 도혼식(陶婚式)	도자기
25	은혼식(銀婚式 silver wedding)	은 제품
30	진주혼식(眞珠婚式 pearl wedding)	진주 제품
35	산호혼식(珊瑚婚式 coral wedding)	산호, 비취 제품
40	홍옥혼식(紅玉婚式 ruby wedding), 모직혼식(毛織婚式)	모직제품, 에머랄드, 루비제품 (홍옥혼식 45주년, 서양 루비혼식 40주년을 뜻하나 서양풍습으로 기념일 정리)
45	청옥혼식(靑玉婚式 사파이어혼식(sapphire wedding)	사파이어 제품
50	금혼식(金婚式 golden wedding)	금 제품
55	에메랄드혼식(emerald wedding)	에메랄드 제품
60	회혼식(回婚式)	가장 소중한 것
65	블루사파이어혼식(Blue Sapphire wedding)	블루사파이어 제품(영국왕실에서 유래)
75	금강혼식(金剛婚式. 다이아몬드혼식 diamond wedding)	다이아몬드

003. 생일, 서로 기억하고 싶은 날

16

권주가

001. 송강정철의 권주가인 장진주사(將進酒辭)

한 잔 먹새 그려. 또 한잔 먹새 그려.

곳 것거 算(산) 노코 無盡無盡(무진무진) 먹새그려.

이 몸 주근 후면 지게 우해 거적 더퍼 주리혀 매여가나,

流蘇寶帳(유소보장)의 만인이 우러녜나,

어욱새 속새 덥가나무 白楊(백양)수페 가기곳 가면

누른 해, 흰 달, 굴근 눈, 쇼쇼리 바람 불 제, 뉘 한잔 먹쟈할고.

하믈며 무덤 우희 잔나비 휘파람 불제, 뉘우친달 엇더리.

※ 해설

술 한 잔 먹세그려 또 한 잔 먹세그려

꽃나무 가지 꺽어서 잔 수를 헤아리며 끊임없이 먹세그려

이 몸 죽은 후면 지게 위에 거적으로 덮어서 졸라매고 가는

아름답게 꾸민 상여 뒤를 많은 사람이 울며 따르든

억새, 속새, 떡갈나무, 백양숲(무덤을 말함)에 가기만 하면

누런 해, 흰 달, 굵은 눈, 소슬바람 불 때. 누가 한잔 먹자할까?

하물며 원숭이가 무덤위에서 휘파람 불 때, 뉘우치면 무슨 소용이 있겠는가?

※ 유소보장(流蘇寶帳) : 술이 달려 있는 비단(silk) 장막. 주로 상여 위에 친다.

※ 속새 : 수많은 곁가지가 상자처럼 서로 겹쳐져 속새의 줄기를 이루고 있기 때문에 상자풀이라고도
하며, 속새에 규산이 많이 함유되어 있어 주석으로 된 그릇을 닦거나 광을 내는 데 사용되었기 때
문에 주석초라고도 한다. 흔히 호랑이가 죽은 자리에서 돋아난 풀이라고 한다.

※ 우리나라 최초의 사설시조 2002년도 수능 언어영역 기출문제이기도 합니다.

※ 정철[鄭澈] : 조선 명종 · 선조 때의 문신 · 시인(1536~1593). 자는 계함(季涵). 호는 송강(松江). 당
대 시조문학 가사문학(4악보의 3 · 4조나 4 · 4조를 기조로 한 노래의 내용(contents)이 되는 글의
문체인 가사체[歌辭體]로 이루어진 문학)의 대가로서 시조의 고산 윤선도와 함께 한국 시가사상
쌍벽으로 일컬어진다. 저서에 송강집과 송강가사【관동별곡, 사미인곡(선조임금을 사모해서 부른
노래), 속미인곡(사미인곡 후속편), 성산별곡】가 있다.

※ 관동별곡 1580년(선조 13) 1월 강원도관찰사로 제수(除授 : 임금이 직접 관리를 임명하는 일)되어
원주에 부임했는데 3월에 관동팔경(강원도 동해안에 있는 여덟 군데의 명승지)과 내금강 · 외금
강 · 해금강을 유람(sightseeing)하고 이 작품을 지었다. 구법과 감탄사(interjection)를 적절히 구
사했으며 효과적으로 생략법을 사용, 박력있고 화려한 문체로써 작가의 풍류(elegance)와 애국심
(patriotic sentiment)을 유감없이 발휘(display)했다. 능란하고 화려하게 읊은 국토예찬(The cult of
the homeland)으로 김만중이 '동방의 이소(離騷 : 초나라 굴원의 작품으로 근심을 만난다는 뜻)'라
고 한 것을 비롯하여 후세에 두고두고 칭송(laudation)되었다.

※ 성산별곡 : 전라남도 담양군에 있는 성산의 풍경과, 풍류객 김성원이 세운 서하당과 식영정을 중심
으로 계절(season)에 따라 변하는 경치(scenery)를 읊고 김성원의 풍류(taste)를 예찬한 노래이다

※ 서포김만중 1037(인조 15) 한성~1692(숙종 18) 남해. 조선 중기의 문신. 본관은 광산. 자는 중숙(重
叔), 호는 서포(西浦). 예학의 대가인 김장생(金長生)의 증손자이자 김집(金集)의 손자이다. 대표작
(masterpiece)으로 〈구운몽(九雲夢) : 불도를 닦던 성진(性眞)이 여덟 선녀와 희롱한 죄로 인간 세

상에 양소유(楊少遊)로 태어나 여덟 여인과 인연을 맺고 입신양명하여 온갖 부귀영화를 다 누렸으나 깨어 보니 모두 꿈이었다는 내용이다. 인생의 부귀영화가 한갓 꿈에 지나지 않는다는 불교적 인생관을 주제로 보여 준다〉·〈사씨남정기(謝氏南征記) : 숙종이 인현 왕후(仁顯王后)를 폐위시키고 장희빈(張嬉嬪)을 왕비로 맞아들인 것을 풍자한 것으로, 흐트러진 임금의 마음을 깨우치고자 썼다고 한다〉 등 의 소설 있다. **〈서포만필〉에서는 한시보다 우리말로 씌어진 작품의 가치를 높이 인정하여, 정철의 〈관동별곡〉·〈사미인곡〉·〈속미인곡〉을 들면서 우리나라의 참된 글은 오직 이 것이 있을 뿐이라고 했다.** 김만중이 '동방의 이소(離騷 : 조정에서 쫓겨난 후의 시름과 연군(戀君)의 정을 노래한 서정적인 초나라 굴원의 장편 서사시敍事詩로 중국인들이 영원한 애국시라고 격찬한다)'라고 한 것을 비롯하여 후세에 두고두고 칭송되었다.

※ 호(號) : 유교 문화권(cultural area), 특히 중국이나 한국에서 본명이나 자 이외에 따로 지어 부르는 이름으로, 사람의 별칭이나 **필명(筆名** : 글을 쓸 때 사용하는 이름) 또는 **당호(堂號** : 제자가 법맥을 이어받을 때 스승에게서 받는 법호)·**아호(雅號** : 문인, 학자, 예술가 등의 본이름 외에 따로 지어 부르는 이름)·**별호(別號** : 본이름 이외에 그 사람의 외모나 성격의 특징(characteristic)을 따서 부르는 다른 이름)등을 가리킨다. **본래 옛날에는 아무나 호를 함부로 사용하는 게 아니라 학자나 군인, 예술가 등 능력이 출중하거나 큰 명성을 날린 사람이어야만 호를 가질 수가 있었다.**

※ 시호(諡號/Posthumous name) : 죽은 인물에게 국가에서 내려주거나 죽은 군주에게 다음 군주가 올리는 특별한 이름으로, 동양의 봉건 왕조(dynasty,王朝) 국가에서 시행되었다

※ 아명(兒名) : 아이 때의 이름

※ **자 : 우리나라와 중국에서 관례(冠禮 : 성인식)를 거행하고 실명(實名 : 家名) 외에 붙여주던 별명(別名). 호(號 : 본이름이나 자 외에 허물없이 부를 수 있도록 지은 이름)·휘(諱 : 남을 존중해서 부르는 이름)·시(諡 : 죽은 다음에 부르는 이름)와 함께 2가지 이상의 이름을 갖는 복명속(複名俗)과 실제 이름 을 피하는 실명경피속(實名敬避俗)의 하나였다.**
※ 묘호(廟號) : 임금이 죽은 뒤에 그 공덕을 기리어 붙인 이름

※ 참고로 이름의 호적등재는 가족관계등록예규에 따라 성을 제외한 5자 이내이다.

※ 윤선도 조선 중기의 문신·시조 작가(1587~1671). 자는 약이(約而), 호는 고산(孤山), 해옹(海翁)이다. **송강 정철과 노계 박인노 등과 더불어 조선시대 3대 작가로 손꼽히지만 노계, 송강 등과는 달**

 건배사 모음 대백과

리 가사는 짓지 않고 시조와 단가만을 지은 것이 특이하다. 저서에 《고산유고(孤山遺稿)》가 있다. 의사로 민간요법에 관련된 저서인 약화제(藥和劑)를 남기기도 했고, 오우가와 유배지(전남 완도군 보길면 보길도)에서 지은 시인 어부사시사로 유명하다. 화가 공재 윤두서의 증조부이며 다산 정약용의 외5대조부이다. 윤선도는 생전에 타던 자신의 거문고를 아양 이라 이름 붙였다.

002. 오우가[五友歌]

내 버디 몃치나 하니 水石(수석)과 松竹(송죽)이라
東山(동산)의 달 오르니 긔 더옥 반갑고야
두어라 이 다삿 밧긔 또 더하야 머엇하리

구룸빗치 조타 하나 검기랄 자로 한다 〈水〉
바람 소래 맑다 하나 그칠 적이 하노매라
조코도 그츨 뉘 업기난 믈뿐인가 하노라

고즌 므스 일로 픠며셔 쉬이 디고 〈石〉
플은 어이 하야 프르난 닷 누르나니
아마도 변티 아닐산 바회뿐인가 하노라

더우면 곳 피고 치우면 닙 디거 〈松〉
솔아 너난 얻디 눈서리랄 모라난다
九泉(구천)의 불희 고단 줄을 글로 하야 아노라

나모도 아닌 거시 플도 아닌 거시 〈竹〉
곳기난 뉘 시기며 속은 어이 뷔연난다

뎌러코 四時(사시)예 프르니 그를 됴하 하노라

쟈근 거시 노피 떠서 만물을 다 비취니 〈月〉
밤듕의 光明(공명)이 너만하니 또 잇나냐
보고도 말 아니 하니 내 벗인가 하노라

※ 시조풀이
나의 벗이 몇이나 있느냐 헤아려 보니 물과 돌과 소나무, 대나무다.
게다가 동쪽 산에 달이 밝게 떠오르니 그것은 더욱 반가 운 일이로구나.
그만 두자, 이 다섯 가지면 그만이지 이 밖에 다른 것이 더 있은들 무엇하겠는가?

구름의 빛깔이 아름답다고는 하지만, 검기를 자주 한다.
바람 소리가 맑게 들려 좋기는 하나, 그칠 때가 많도다.
깨끗하고도 끊어질 적이 없는 것은 물뿐인가 하노라.

꽃은 무슨 까닭에 피자마자 곧 져 버리고,
풀은 또 어찌하여 푸르러지자 곧 누른 빛을 띠는가?
아무리 생각해 봐도 영원히 변하지 않는 것은 바위뿐인가 하노라.

따뜻해지면 꽃이 피고, 날씨가 추우면 나무의 잎은 떨어지는데,
소나무여, 너는 어찌하여 눈이 오나 서리가 내리나 변함이 없는가?
그것으로 미루어 깊은 땅 속까지 뿌리가 곧게 뻗쳐 있음을 알겠노라.

나무도 아니고 풀도 아닌 것이, 곧게 자라기는 누가 그리 시켰으며,
또 속은 어이하여 비어 있는가?
저리하고도 네 계절에 늘 푸르니, 나는 그것을 좋아하노라.
작은 것이 높이 떠서 온 세상을 다 바추니
한밤중에 광명이 너보다 더한 것이 또 있겠느냐?(없다)
보고도 말을 하지 않으니 나의 벗인가 하노라

※ 온 세상에서 "온"은 숫자 100을 일컫는 순우리말

※ 작품해제(作品解題)

　　지은이가 56세 때 전라도 해남 금쇄동(金鎖洞 : 전남 완도군 보길도 부용동의 동천석실 한 칸짜리 집) 은거할 무렵에 지은 〈산중신곡(山中新曲)〉속에 들어 있는 6수의 시조로, 수(水-물)·석(石-돌)·송(松-솔)·죽(竹-대)·월(月-달)을 다섯 벗으로 삼아 서시(序詩) 다음에 각각 그 자연물들의 특질을 들어 자신의 자연애(自然愛)와 관조【觀照 : 고요한 마음으로 사물이나 현상을 관찰하거나 비추어 봄】를 담아 고산 윤선도 문학(literature)의 대표작이라 할만한 것으로서, 우리말의 아름다움을 잘 나타내어 시조를 절묘한 경지로 이끈 작품이다.

　　첫 수는 뒤에 나올 다섯 수에 대한 소개를 하며 서시이고, 둘째 수는 물, 셋째 수는 바위, 넷째 수는 소나무, 다섯째 수는 대나무, 여섯째 수는 달을 각각 친근한 벗으로 표현함으로써 사물에 대한 작가의 짙은 애정을 드러내고 있다. 이 작품은 우리말의 어휘와 어미, 문장 등을 잘 다듬는 시인의 언어적 감각에 의해 완벽하게 구현이 되고 있으며, 자연에 대한 우리 선조들의 사상과정신이 잘 응축되어 있는 작품으로 볼 수 있다. 특히, 자연과 인간이 하나로 어우러진 물아일체(物我一體)의 경지를 잘 그려내고 있다.

　　제1수는 이 작품의 서시(序詩)로서 초, 중장은 문답식으로 다섯 벗을 나열하였다. 자연과 벗이 된 청초하고순결한 자연관을 순우리말의 조탁(彫琢)으로 잘 표현하였다.

　　제2수는 물의 영원성을 기린 노래이다. 구름과 바람은 가변적(可變的)이요 순간적(瞬間的)이라 한다면, 물은 영구적(永久的)이다. 물은 구름이나 바람과 달리 깨끗하고 항시 그치지 않는다는 점에서 고산이 좋아하는 자연이 되고 있다.

　　제3수는 바위의 변하지 않는 생명성을 찬양한 노래이다. 꽃이나 풀이 가변적이고 세속적이라 한다면, 바위는 영구적이요 철학적이다. 꽃이나 풀이 부귀 영화의 상징이라면, 바위는 초연(超然)하고 달관(達觀)한 군자의 모습이다.

　　제4수는 소나무의 변함없는 푸름에서 꿋꿋한 절개를 느껴 찬양한 노래이다. 소나무는 역경에서도 불변하는 충신(忠臣)과 열사(烈士 : 자신의 뜻을 이루지 못하고 안타깝게 돌아가신 분)의 상징으로 여긴다. 여기에서도 절의(節義)의 모습으로서의 소나무를 기리면서, 자신의 강직한 고절(高節)을 나타내었다.

제5수는 중 대나무의 푸름을 찬양하여, 아울러 그가 상징하는 절개를 나타낸 것이다. 대나무는 사군자(四君子)의 하나로 옛 선비들의 굳은 절개를 상징하는 상징물로서 사랑을 받아온 것이다.제6수는 달(竹)을 노래한 것인데, 달이란 작은 존재로 장공(長空)에 홀로 떠서 세상만 비출 뿐 인간의 미, 추, 선, 악을 꼬집지도 헐뜯지도 않아 좋다고 했다. 이는 병자호란 때 왕을 호종(扈從)치 않았다고 해서 반대파들로 부터 논척(論斥)을 받고 영덕에 유배되기까지 한 고산(孤山)으로서는 말 없이 장공에 떠서 보고도 말 아니하고 오직 세상만 골고루 비춰 주는 달만이 벗이라고 할만하다.

003.어부사시사(漁父四時詞)

:: 봄노래(春詞)

봄노래는 봄날 바닷가의 꿈결같은 서정이 깨끗하고 단아하게 펼쳐진다. 처음 도입부는 남창, 여창이 같은 선율 진행을 보여 안정된 을 준다. 이어 남창과 여창이 노래를 주고 받는 중간부분에서는 흥이 고조되어 절정을 이루다가 다시 후미에 이르러서 고조된 을 가라앉히려는 듯 두 노래가 조촐하게 서로를 감싸듯 마무리된다.

동풍이 건듯부니 물결이 고이 인다
돛 달아라 돛 달아라 돛을 달아라
동호를 돌아보며 서호로 가자스라
지국총 어사와 지국총 어사와
앞뫼는 지나고 뒷뫼는 나아온다
앞뫼는 지나고 뒷뫼는 나아온다 뒷뫼는 나아온다

:: 여름노래(夏詞)

여름노래 도입부의 허밍부분은 여름 아침 바다에 차 오르는 물안개를 연상시켜 주는듯 몽상적이다. 그러나 남창의 힘찬 노래는 물안개를 거두려는 햇살처럼 밝다. 노래의 끝 부분에서는 또 한 번의 어울림이 이루어진다.

건배사 모음 대백과

연잎에 밥싸두고 반찬을랑 장만 마라

닻 들어라 닻 들어라 닻 들어라

청약립(靑?笠)은 써있노라 녹사의(綠蓑衣) 가져오느냐

지국총지국총 어사와 어사와

무심한 백구는 내 좇는가 제 좇는가.

:: 가을노래(秋詞)

가을노래에서는 따사로운 가을아침 햇살아래 배를 띄우며 만선을 기원하는 어부의 안정된 선율진행으로 표현되고 있다. 특히 이 노래에서는 임시표의 사용으로 다양한 음향 표현이 돋보인다.

수국의 가을이 오니 고기마다 살쪄있다

닻 들어라 닻 들어라 닻 들어라

만경징파(萬頃澄波 : 만 번의 맑은 파도) 슬카지 용여(容與 : 한가롭고 편안함)하라

지국총 지국총 어야디야 어야디야

인간을 돌아보니 멀도록 더욱 좋다

:: 겨울노래(冬詞)

겨울노래에서는 인간사의 고통과, 고통 속에서도 무심한 마음으로 자연과 합일하려는 삶의 의지가 여창과 남창으로 대비되면서 전개된다. 전체적으로 반주부의 안정된 움직임을 바탕으로 선율의 움직임이 유려하게 펼쳐진다.

간밤에 눈갠후에 경물(景物)이 달랐고야

이어라 이어라 이어라 이어라

앞에는 만경유리 뒤에는 천첩옥산

지국총 지국총 어사와 어사와

선계(仙界)인가 불계(佛界)인가 인간이 아니로다

선계인가 불계인가 인간이 아니로다

※ 전남 완도군 보길도의 자연에서 보고 체험했던 것들을 자신이 가진 시적 정서와 연결시켜 노래한
시조

004. 이태백의 권주가 - 1

그대는 못 보았는고 君不見.,

황하 물줄기 하늘에서 떨어져 黃河之水天上來,

바다로 일단 흘러들면 다시 오지 못하는 것을 奔流到海不復回.

그대는 못 보았는고 君不見.

고대광실의 거울 앞에서 백발 서러워하는 것을 高堂明鏡悲白髮,

아침에는 검은 실이 저녁에는 백설이 되었소 朝如靑絲暮成雪.

살아가며 기분 좋을 땐 마음껏 즐겨야지 人生得意須盡歡,

황금 술단지 멋적게 명월 대하게 하지 마소 莫使金樽空對月.

하늘이 나를 낳았을 땐 반드시 써먹을 곳 있으려니 天生我材必有用,

천금 만금 다 써버려도 돈이야 또 벌 수 있지 千金散盡還復來.

양을 잡고 소를 잡아 신나게 즐겨보세 烹羊宰牛且爲樂,

일단 만나 마셨다 하면 한번에 3백잔일세 會須一飮三百杯.

잠(岑)형! 단(丹)형! 岑夫子, 丹丘生,

술 권하노니 거절하지 말게나 進酒君莫停.

그대 위해 노래 한곡 부를테니 與君歌一曲,

귀 기울여 잘 들어 주시게 請君爲我側耳聽.

풍악 울리며 산해진미 그것이 귀한 게 아니요 鐘鼓饌玉不足貴,

그저 취해 깨어나지 않길 바라고 바랄 따름이지 但願長醉不用醒.

옛부터 성현은 한결같이 고독 속에 살았지만 古來聖賢皆寂寞,

유독 술 마신 자만이 지금까지 이름 남겼네 惟有飮者留其名.

조조 아들 조식이 평락관(平樂觀)에서 잔치할 적 陳王昔時宴平樂,

한 말에 만냥 귀한 술을 맘껏 마시고 즐겼다지 斗酒十千恣歡謔.

주인장은 어이하여 돈이 없단 소리 하오? 主人何爲言少錢,

내가 직접 술 받아와 그대와 한잔 더 하리다 徑須沽取對君酌.

오색 마필, 천금의 여우 갓옷 五花馬, 千金裘,

애 불러 가져다 좋은 술 바꿔오너라 呼兒將出換美酒,

이 풍진 세상을 함께 마시며 달래보세 與爾同銷萬古愁.

※ 고대광실(高臺廣室, grand residence) : 높은 누대와 넓은 집이라는 뜻으로, 크고 좋은 집을 이르는 말

※ 산해진미(山海珍味, sumptuous feast) : 산과 바다의 갖 진귀한 산물을 다 갖추어 차린, 매우 맛이 좋은 음식

※ 성현(聖賢, sages, saints) : 성인과 현인을 아울러 이르는 말

※ 성현관련 숙어(熟語, idiom : 두 개 이상의 낱말이 모여서 하나의 뜻을 이루는 말, 두 자 이상의 한 자가 합하여 하나의 뜻을 나타내는 글자) 성현이 나면 기린이 나고 군자가 나면 봉이 난다. 어진 사람이나 현명한 임금이 나와 나라를 잘 다스리면 기린이나 봉황과 같은 상서로운 징조가 나타나게 됨을 이르는 말

※ 풍악(風樂, music) 옛날부터 전해 내려오는 우리나라 고 유의 음악. 주로 기악(器樂, instrumental music : 악기 를 써서 연주하는 음악)을 이른다

※ 풍진(風塵, worldly affairs) : 1.바람에 날리는 티끌. 2.세상 에서 일어나는 어지러운 일이나 시련.

天若不愛酒　酒星不在天

地若不愛酒　地應無酒泉

天地既愛酒　愛酒不愧天

己聞淸比聖　復道濁如賢

賢聖己旣飮　何必求神仙

三盃通대道　一斗合自然

但得取中醉　勿爲成子傳

하늘이 술을 사랑 않으면 하늘에 술별 없었으리라

땅이 술을 사랑 않으면 땅에 술샘 없었으리라

하늘과 땅이 다 같이 술을 사랑하니 애주는 하늘에 부끄럽지 않으리

청주는 성인에 비하고 탁주는 현인과 같다네

성인과 현인을 이미 마셨거늘 하필코 신선이 되길 원할소냐

석 잔이면 대도에 통하고 한 말이면 자연에 합친다

오직 술꾼만이 이러한 취흥을 알 것이니 아예 맹숭이에겐 전하지 말지어다

※ 이백[李白(701~762)] 자는 태백(太白). 청련거사(靑蓮居士)라고도 한다. 두보(杜甫)와 함께 중국 당나라의 최고의 고전시인으로 꼽힌다. 이백(李白)은 어렸을 적 훌륭한 스승(great mentor)을 찾아서 상의산(象宜山)에 들어가 수학(修學, learn)했다. 어느 날 그는 공부에 싫증을 느껴 산을 내려오던 중 냇가(riverside)에서 도끼(ax)를 바위(rock)에 문지르고 있는 한 노파(old woman)를 만났다. 노파(old woman)의 행동(action)을 의아하게 여긴 이백이 뭘 하고 있는지 묻자 그 노파(old woman)는 "도끼(ax)를 갈아 바늘(needle)을 만들려고 한다"며 "중도에 그만두지만 않는다면 언젠가는(eventually) 바늘(needle)을 만들 수 있다"고 말했다. 이에 크게 깨달음을 얻은 이백은 다시 산으로 올라가 열심히 글공부(work[study] to read and write)에 전념(concentration of mind)하여 훗날(later days) 시선【詩仙, poetic genius : 선풍(旋風 sensation : 세상을 뒤흔드는 기세)이 있는 천재적인 시인】으로 칭송(praise)을 받는 인물(person)이 됐다고 한다. 이 고사(ancient event)에서 유래(the history)된 **마부작침(磨斧作針)은 당서(唐書) 문원전(文苑傳)에 나오는 말로 도끼**(ax)

를 갈아서 바늘(needle)을 만든다는 뜻으로 '끈기 있게 쉬지 않고 노력하면 어떤 어려운 일도 성취
(accomplishment) 할 수 있다'는 의미로 사용된다.

※ 두보(Tu Fu, 杜甫) 중국 당(唐) 시인. 오랫동안(long) 이백을 사모(yearning)해서 종종 그를 꿈속에
서 만나는 일도 있었는데 사흘 밤(three nights)이나 계속해서 이백을 만나는 꿈을 꾼 후 지은 것이
〈몽이백이수 夢李白二首〉이다.

006. 충북 진천군 문백면 장월리 권주가

잡수시오 잡수시오 이 술 한잔 잡수시오
이 술은 술이 아니라 먹구서 노자는 경배주라
술이라구 먹을량은 취하지나 마옵소서
입이라구 생기걸랑 이별이나 말옵소서

※ 진천 장월리 권주가 : **청구영언**(靑丘永言), **삼죽금보**(三竹琴譜) 등 **고악보에 사설과 악보**(樂譜,
musical note)**가 기록**(record)**되어 있으며 12가사 중의 하나다.**

※ **청구영언**(靑丘永言) : 조선 영조 4년(1728)에 18세기 대표적인 "여항문학【閭巷文學 : 조선 선조 때
부터 시작된 중인, 서얼, 서리 출신의 하급 관리와 평민들에 의하여 이루어진 문학】" 인 시조시인
김천택(金天澤)이 역대 시조를 수집하여 펴낸 최초의 시조집, 해동가요, 가곡원류와 함께 3대 시조
집으로 불린다

※ **삼죽금보**(三竹琴譜) : **조선 후기에 편찬된 것으로 추정되는 거문고 악보집. 편자 및 출판 연대는
미상이다.**

※ 해동가요 : **조선** 숙종 · 영조 때 활약한 대표적 가객 · 시조작가인 김수장이 편찬한 시조집, 최남선
소장의 육당본에는 568수의 시조가 수록되어 있고, 이희승 소장의 일석본에는 638수의 시조가 수
록되어 있다.

※ 가곡원유 : 1876년에 조선 고종 때 가곡의 명인으로 가 객들에 귀감이 될 만한 가론(歌論)을 확립하여 문학(literature)과 음악 영역에 있어 상당한 업적을 남긴 박효관과 박효관의 제자 안민영이 엮은 옛 가곡집

007.경상북도 울진군 울진읍 연지2리 권주가

오동나무 팔복남게
유리명창 에라놓고
술집아주머니 술 한잔부소
오곡수 가반에 돈 나간다
얼씨구 절씨구나 지화자 좋네
이렇게 놀다가 논 팔겠네

※ 오동나무(empress tree)가 보이는 창을 열어 두고 주모(the hostess of an inn)에게 술 한 잔 청하는 감흥(inspiration)을 말하는가 하면, 이 술로 인해 나가는 돈에 대한 염려의 뜻도 담고 있다. 현실적인 인식을 바탕에 둔 낭만적(romantic)인 노래라고 할 수 있다.

008. 아산지방의 권주가

이술은 술이 아니라 한무제 승로반에
불로초 술을 빚어 만 년 배에 가득 부어
잡수신 잔마다 비나이다. 이잔 곧 잡수시면
만수무강 하리오다. 잡수시오 잡수시오
이 술을 한 잔 잡수시오
이 술은 술이 아니라 한무제 승로반에

이 술 받은 술이오니 이 술 한잔 잡수시면

천 년 만 년 사오리라 약신동대 멀어진 바위

꽃을 꺾어 주를 놓아 무진무진 먹사이다.

인생 한 번 돌아가면 다시 오기 어려워라

권할 적에 잡수시오 백년가가 인인수라

오락을 충분히 백년을 권할 적에 잡수시오

우왈장사 홍문번쾌두 치주를 능류하되

이술 한 잔 못 먹었으니 권할 적에 잡수시오

권군갱신 일배주하니 서줄양판 무고인을

권할 적에 잡수시오 잡수시오

첫 째 잔은 부귀주요

둘 째 잔은 성남주요

셋 째 잔은…….

※ 한무제 유철(漢武帝 劉徹, 기원전(B.C = before Christ) 156년 ~ 기원전(B.C = before Christ) 87년)
은 전한의 제7대 황제(재위 기원전(B.C = before Christ)141년 ~ 기원전(B.C = before Christ) 87년)
이다. 경제의 열번째 아들이며 효경황후 왕지의 소생이다. 유학을 바탕으로 하여 국가를 다스렸으
며 해외 원정 (overseas expeditions)을 펼쳐 흉노, 위만조선 등을 멸망시켜 당시 중국 역사상 가장
넓은 영토를 만들어 전한의 전성기(the heyday)를 열었다. 위만조선을 멸망시키고 한반도(韓半島)
에 한사군 또는 한군현을 설치하기도 했다. 중국 역사상 진시황제 · 강희제 등과 더불어 중국의
가장 위대한 황제 중 한 사람으로 꼽힌다.

※ 불로초(不老草,a herb of eternal youth) 먹으면 늙지 않는다는 상상의 약초, 선경(仙境 : 신선이 산
다는 곳)에 있다고 믿어 왔다. 불로초를 찾아 동남동녀 5백 명을 거느리고 제주도 서귀포에 진시황
제【최초로 황제(emperor)칭호 사용】의 사신(envoy)으로 서복이 왔다.

※ 진시황제【秦始皇帝 중국진(秦) 나라의제1대황제(BC259~BC210, 재위BC247~BC210). 이름은정
(政)이며, 기원전(B.C = before Christ) 221년에 천하를 통일하고 자칭 시황제(始皇帝)로 군림하였

다. 군현제(郡縣制)에 의한 중앙집권(centralization)을 확립(establishment)하고, 분서갱유【焚書坑儒 : 학자들의 정치적 비판을 막기 위하여 의약, 점복, 농업에 관한 것을 제외한 민간의 모든 서적을 불태우고, 이듬해(the next year) 유생들을 생매장(burying alive)한 일】를 일으켜 사상을 통제하는 한편 도량형과 화폐를 통일(unity)시켰다. 아방궁【阿房宮 : 진나라 도성인 함양의 위수의 남쪽에 세운 호화롭고 거대한 궁전】과 만리장성(the Great Wall of China)을 축조 (building)하는 등 위세 (authority)를 떨쳤다.

009. 정읍지방의 권주가

　　술 잘 먹는 막걸리에 청주강의
　　저 건네 저 붐난질 이태백이 돛을 달아
　　띄워 놓고 안주무덤으로 갈거나

010. 부여지방의 권주가

　　삼강오륜으로 효충신으로
　　공맹자로 요순우탕
　　아무니 불더래도 파선 주랄 짓고
　　돛을 달어 소공을 삼고 실어 쓰니
　　걸죽풍이 그 배 할손가

011. 원주지방의 권주가

　　약산동대 꽃을 꺽어 만년 배에 잡수시오

이슬 한 잔 천만년이나 야지러진 바위

술을 빚어 가득 부어 잡수시면 사르시리라

※ 약산 동대(藥山東臺) 관서 팔경의 하나. 평안북도 영변의 약산에 있고, 경치가 매우 아름답다.

012. 서울지방의 권주가

잡수시오 이 술 한 잔 이 술 한잔

천만년이나 이 술이 아니라

한무제 이 술 받은 씨나다나 잡수시오

잡으시오 잡으시면 살으시리라

승로반에 것이오니 잡으시오

※ 승로반(承露盤) : 하늘에서 내리는 불로장생(eternal youth)의 감로수(sweet water)를 받아먹기 위하여 만들었다는 쟁반(tray).

※ 감로수[甘露水 : sweet water, sugared water, syrup] 깨끗하고 시원하며 맛이 좋은 물을 비유적(metaphorical)으로 이르는 말, 설탕을 달게 타서 끓인 물

013. 부산지방의 권주가

잡수시오 이 술 한 잔 이 술이 한무제

이 술 받은 이 술 한 잔 천만년 잡수시오

잡수시오 술이 아니라 승로반에 것이오

잡수시면 수하오니라

17

비즈니스(business)를 위한
술자리(drinking party)
에티켓(etiquette)

비즈니스를 위한
술자리 에티켓

001. 건배할 때 잔은 좌장(座長, the senior person present)이 제일 높이 들어서 하며 잔을 부딪칠 때에도 좌장(座長, the senior person present)의 잔보다 조금 밑에 부딪히는 것이 예의(etiquette)이다.

002. 건배 자리에선 술잔(goblet)을 먼저 마시고 내려놓는 것은 실례(impoliteness).

003. 어려운 자리에서 술잔(wineglass)을 받을 시에는 두 손으로 받아서 상체(the upper body)를 돌려 마시는 것이 예의(etiquette).

004. 술잔(winecup)은 권할 때에는 술병(bottle) , 주전자(kettle) 등을 준비하여 오른손(the right hand)으로나 두 손(two hands)으로 빈 술잔(goblet)

을 건넨 다음 오른손(the right hand) 등이 위로 왼손(the left hand)은 밑에서 받쳐 주는 듯 술병(bottle)을 감싸 쥐고 공손(politeness)하게 하며 소주인 경우는 약 7홉이 되도록 따름.

005. 왼손(the left hand)으로 술을 따르거나 왼손(the left hand)으로 술잔(goblet)을 건네는 것은 her man)에 대한 실수(mistake)를 하는 것이니 각별히 주의(care)해야 함.

006. 윗사람이 권하는 술은 꼭 받아서 입은 곧바로 준 사람술을 축이거나 받는 즉시 마시는 것이 예의이며 마신 잔에게 주는 것이 예의(etiquette).

007. 술을 마실 때 비록 독하더라도, 눈살(furrowed brow)을 찌푸리고 카~하고 숨을 내쉬어서는 안 되며 혀(tongue)로 입을 빨아서도 안 된다.

008. 술잔(goblet)을 돌릴 때에는 물컵(Water Cup)에 담가 이물질(foreign substance) 립스틱(lipstick) 위생적(insanitary)인 것으로 상대방(h) 등을 제거(removal)한 후 휴지(waste paper) 등으로 제거(removal)한 후 닦아서 권하는 것이 예의이며, 물수건(wet towel)으로 닦아 건네는 것은 다른 사람(other man)에게 불쾌감(discomfort)을 줄 수 있으니 각별히 주의(care)해야 함.

009. 귀한 분들과 술자리(drinking party)를 할 때는 좌장(座長 : 여러 사람이 모인 자리에서 중심이 되어 일 처리를 하는 가장 어른(adult)이 되는 사람)이 일어설 때까지 함께하여 마무리(finishing)하는 것이 예의(manners).

010. 술 마시는 자리는 짜증나며 듣기 거북한 말 등은 피하고 술자리(banquet)
에 참석한 사람이 공감(sympathy)할 수 있는 가볍고 재미있는 대화
(conversation)로 흥을 돋우는 것이 예의(etiquette).

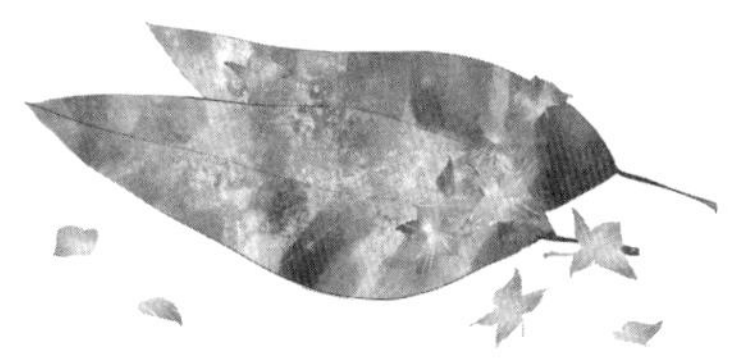

18

부록
세계의 명주

Ⅰ. 양주

whiskey는 스코틀랜드지방 술인 스카치위스키(Scotch whisky)가 위스키 (whiskey)의 대표로 알려졌다. 유럽대륙과 달리 스코틀랜드에는 포도가 자라기 힘든 환경이었지만, 그 대신 보리가 평원은 물론 협곡까지도 뒤덮고 있었다. 이렇게 많은 보리를 식용 이외로 이용할 가치를 찾다가 이 곡물을 증류(蒸溜, distillation)시켜 생명(life)의 물이라 불리우는 위스키(Whisky)를 만들어 냈다. 오늘날의 Scotch Whisky가 명성을 얻고 있는 것은 Scotland의 토양(soil), 공기, 물 그리고 불 이 네 가지가 미묘하게 조화되어 오랜 세월 계승되어 온 숙련된 기술(skillful technique)과 함께 합쳐진 결과(result)이다. 오늘날 위스키 (Whisky)는 수많은 나라에서 만들어지고 있으며 산지에 따라 품질과 성격이 전혀 다르다. 대표적인 산지는 스코틀랜드, 아일랜드, 아메리카, 캐나다, 일본 등이다. 위스키(whiskey)의 등급은 스탠더드(standard 3년), 프리미엄(premium

5년), 디럭스(deluxe 12년)로 나누기도 하고 라벨(label)의 색깔로 구분하기도
한다. 레드(red)는 프레미엄(premium 5년), 블랙(black)은 디럭스(deluxe 12
년), 골드(gold)는 18년, 블루(blue)는 30년 숙성 시킨 것을 의미한다.

※ 스카치[Scotch] : 스코틀랜드 지방에서 보리(barley)나 밀(wheat) 따위의 맥아(malt)에 효모를 넣어
발효(ferment)시킨 후 이를 증류(蒸溜, distillation)하여 특별히 생산되는 술. 땅속에 매몰된 기간이
오래지 않아 탄화 작용(carbonization function)이 제대로 이루어지지 않은 석탄인 토탄(土炭)을 사
용하여 특유의 향이 있다.

1. 코냑(cognac)의 종류

001. **카뮈**(CAMUS) : 코냑 메이커로선 세계 5위이다. 1969년 나폴레옹 탄생
     200주년을 기념해 카뮈 나폴레옹이란 프랑스의 코냐크 지방에서 생산되는
     고급브랜디, 포도주를 증류(蒸溜, distillation)하여 나무통(wooden cases)
     에 넣고 숙성시킨 술 코냑(cognac)을 내 놓으면서 명성(fame)을 얻게 됐다.

002. **헤네시**(Hennessy) : 프랑스 북부 리무진 지방에서 자라는 떡갈나무로 통
     을 만들어 숙성시켜 숙성 중에 떡갈나무 향기(scent)가 술에 배어 주질이
     중후하다.

003. **레미마틴**(Remy Martin) : 그랜드샹파뉴지역과 프티샹파뉴지역에서 생산
     되는 원주로만 빚는데 전 제품이 VSOP(Very Superior Old Pale : 코냑의 숙
     성기간 표시) 이상이다. '루이 13세'는 현재 브랜디(brandy) 중 최고가품이다.

※ **브랜디(brandy)의 숙성연도** V.O =〉 Very Old(15년) V.S.O =〉 Very Superior Old(15~25년)
V.S.O.P =〉 Very Superior Old Pale(15~30년) X.O =〉 Extra Old(45년 이상) Extra(70년 이상)

2. 알마냑(Armangnac)의 종류

001. 바론드비냑 나폴레옹 : 알마냑 생산지는 루이왕조시대를 배경으로 한 프랑
    스 작가 알렉상드르 뒤마의 소설 『삼총사』의 주인공 달타냥의 출신지다.
    이 술은 그 고장에서 19세기 중엽부터 증류(蒸溜, distillation)를 해온 드
    비냑 남작집안의 작품으로 5년 숙성시킨 것이다. 달타냥처럼 혈기왕성한
    느낌(red-blooded feeling)의 풍미(flavor)를 자랑한다.

002. 말리약 XO(Extra Old)골드 : 10년 이상 숙성한 원주를 사용하며 말리약가
    의 문장(crest)을 라벨(label)양 모퉁이(corner)에 새겨 넣어 무게(weight)
    를 더 해 준다.

※ 문장[紋章]국가나 일정한 단체 등을 나타내는 상징적인 표지(標識).

3. 스카치 위스키(Scotch whiskey)의 종류

001. 시바스리갈(CHIVAS REGAL) : 1801년 창립된 시바스 브라더스사 제품
    (product)으로 **프리미엄급 위스키**(premium grade whisky 5년)**중 판매량
    이 세계 1위다.** 상표명은 13세기 말엽 잉글랜드 국왕 애드워드 1세의 침공
    (invasion)에 맞서 스코트랜드를 지킨 알렉산더 3세의 용맹한 심복기사 로
    버트의 얘기와 시바스 가문의 이니셜(initials)을 합성(composition)시켜
    지었다.

002. 발렌타인(Ballantine) : 1827년 농부 조지 발렌타인이 개발한 술로 스
    탠더드급(standard grade 3년)에서부터 30년짜리까지 다양한 제품
    (product)이 있다. 저장 년수에 따라 맛과 향의 차이가 두드러진 것이 특

징(characteristic)이다.

003. 글렌피딕(Glenfiddich) : 그렌피딕이란 '사슴이 있는 골짜기'란 뜻인데, 산뜻한 맛의 드라이 타입(dry type) 남성적인 풍미(flavor)가 강한 술이다.

004. 조니워커(Johnnie Walker) : 전세계 스카치중 가장 많이 팔리고 있는 레드 라벨(red label, 5년)을 비롯, 블랙(black, 12년), 골드(gold, 18년), 블루(Blue, 30년) 등 4개 라벨(label)이 있다. 특히 불루라벨(Blue Label)은 조니워커 가문 최고의 위스키(whisky)로 최상의 품질(the highest quality)을 유지하기 위해 생산되는 모든 병마다 고유번호(identification number)를 부여하고 있다.

005. 딤플(Dimple) : 15년 숙성제품(product)으로 조니워커 제조사인 유나이디스틸러스사에서 만드는 또 하나의 명품이다. 1890년 헤이그'라는 이름으로 출시된 딤플은 보조개(Dimple)처럼 움푹 팬 병 모양 때문에 '핀치(Pinch, 꼬집기)' 혹은 '딤플' 이라는 애칭으로 불리다, 1910년 '딤플 스코어 2'로 개칭했다.

006. 더 글렌리벳(The glenlivet) : 스카치 위스키(Scotch whisky)의 본 고장인 하일랜드 지방의 리벳강(스코틀랜드 스페이사이드를 따라 흐르는 큰 강)유역에 있는 증류소 중의 하나로 리벳강의 이름을 따서 글렌리벳(glenlivet)이 되었다. 글렌리벳(glenlivet)이 세계적으로 유명하게 된 것은 1800년대 초 영국정부는 밀조(unlawful brewing)를 양성화(legalization)하는 계획(plan)을 세웠으나 응하는 사람이 없었다. 아무도 정부(government)의 선의(good will)를 믿으려 하지 않았기 때문이었다. 용감한 조지 스미스가

최초로 정부의 허가(government permit)를 받아 위스키(whisky)를 생산하기 시작하였다. 합법적(legal)이라 공장의 설비(plant equipment)를 마음대로 개량할 수 있어 품질(quality)이 최상급(the highest grade)인 위스키(whisky)를 생산(production)하게 되었다.

그로 인하여 조지 스미스는 수년간 밀조자(moonshiner)들에게 위협(menace)을 받았는데 이에 대응하여 항상 쌍권총을 지니고 다녔다는 유명한 일화(famous story)가 있다. 더 글렌리벳은 풍부한 향과 감칠 맛 나는 맛의 최고급 **싱글 몰트 위스키【**single malt whiskey : **100% 엿기름을 원료(materials) 로 하여 만든 위스키**(whisky), 영국 스코틀랜드 지방에서 제조되는 위스키(whisky)로 유명하다**】**로서 전세계 애주가들(habitual drinker)부터 아낌없는 사랑을 받고 있다. 글렌리벳사 제품(product) 중 유명한 것으로 우리에게도 널리 알려진 **Royal Salute**(왕의 예포)**가 있는데 이것은 1931년 글렌리벳사가 영국 여왕**(queen) **엘리자베스 2세가 5세때 21년 후에 있을 그녀의 대관식**(일부 군주 국가에서, 임금이 즉위한 뒤 처음으로 왕관을 써서 왕위에 올랐음을 일반에게 널리 알리는 의식)**을 위하여 특별히 준비한 위스키**(whisky)**로, 국왕의 공식행사 때 21발의 축포를 쏘는 데서 아이디어를 얻어 21년간 오크**(oak : 너도 밤나무과 졸참나무속의 총칭)**통에 숙성하여 제조한 최고급 위스키**(whisky)**로 로열살루트**(Royal Salute 왕의 예포)**라는 이름이 붙여졌다.**

007. **블랙앤화이트**(Black & White) : 1897년 제임스 부케넌이 런던에 브렌딩 업체로 위스키(whisky) 판매점(store)을 내면서 시작되었는데, 성공비결(the secret of success)은 한꺼번에(at a time) 많은 양(many amount)의 위스키(whisky)를 사들인 다음 자기가 직접 브렌딩(blending, 혼합)을 해서 품질(quality)을 일정하게 유지하는 위스키(whisky)를 제조한 것이다. 제임스 부케넌이 길렀던 애완견(pet dog)인 희고, 검은 한쌍의 하일랜

446건배사 모음 대백과

드 테리어 마스코트(Highland terrier mascot)로 삼아서 상표명을 블랙앤
화이트(Black & White)로 정하였는데 부드럽고 순한 맛으로 애주가(lover
of wine)가 많은 위스키≪whisky : 켈트어인'Uisge beatha'(생명의 물)가
어원≫다.

008. **인버하우스**(Inver house) : 마일드(mild : 부드러운)한 로울랜드 몰트〈브래
도녹〉을 중심으로 블랜드(blend, 혼합)되는데, 문자그대로(literally) 전형
적인 라이트 타입(light type)의 스카치 위스키(Scotch whisky)이다. **라이
트 위스키**(Light Whiskey : 알콜도수를 80%이상 증류하여 만든다)를 선
호하는 미국인의 입맛(appetite)에 맞았는지, 미국에서 인기(popularity)
가 급상승(zoom)하였다. 8년산 인버하우스(Inver house)는 매끄러운 속
에서도 기품(氣品 : 고상하게 보이는 품위나 품격)이 있는 풍미(風味 : 음
식의 고상한 맛)가 있고, 판워니 로열은 12년 숙성의 디럭스 라이트 위스
키(Deluxe Light Whiskey)이며, 31년산 인버하우스(Inver house)가 생산
(production)되고 있다.

009. **커티 샥**(Cutty sark) : 스코틀랜드의 시인 로버트 번즈의 시에서 마녀의
속옷(Witch's underwear)을 가르키는 말로 사용된 것이다. 범선(sailer)
커티 샥의 뱃머리(prow)에는, 이 **마녀**(witch)**의 속옷 모양**(underwear
form)≫**이 구원 표시로 장식**(decoration)**되어, 배의 안전을 지켜주는 상징**
(symbols)**으로 사용하고 있다. 커티 샥이란 게일어로 "짧은 셔츠"라는 뜻.**
커티 샥 위스키(Cutty sark Whiskey)는 색깔이 매우 엷고, 맛이 라이트
하다. 라이트 스카치(Light Whiskey)의 대표(representation)라 할 수
있다. 이것은 로울랜드 몰트(malt, 엿기름, 맥아)를 베이스(base)로 블렌드
(blend, 혼합)한 것을 사용하는 하일랜드 몰트(Highland malt)로 글랜고

인(Glengoyne : 몰트 위스키)처럼 온화한 성격(pacific personality)의 몰트
(malt, 엿기름, 맥아)를 선택(choice)하고 있기 때문이다.

※ **로버트 번즈 : 영국 시인. 《샌터의 탬》을 비롯한 이야기시(詩)의 명작**(masterpiece), **《새앙쥐에게》
와《두 마리의 개란》작품이 있고 석별의 노래 '올드 랭 사인**(Auld lang syne)**은 번즈의 시에서 비롯
되었다.**

4. 아메리칸 위스키의 종류

001. 짐빔(Jim Beam) : 맛이 부드러워 소프트버번(Soft Bourbon)의 대명사
(pronoun)로 인정받고 있는데 장기 숙성(long term aging)에서 얻어진
마일드(mild,부드러운)한 풍미(flavor)가 일품이다.

002. 와일드 터키(Wild Turckey) : 매년 사우스캐롤라이나 주에 서 열리는 '야
생 칠면조(와일드 터키)' 사냥에 모이는 사람 들을 위해 제조된 데서 비롯된
술이다.

003. 잭다니엘(Jack daniel) : 1846년 잭다니엘이 1846년 테네시 주의 링컨카
운티에서 잭 다니엘사를 창업(foundation)하여, 미국 남북전쟁의 와중에
서 북군에게 위스키(whiskey)를 공급하여 유명해진 위스키(whisky)이다.
특징(characteristic)탕단풍나무(캐나다의 국기에 디자인 됨)로 만든 목탄으로 여
과하여 맛이 부드럽고, 뛰어나며, **우리나라에서는 영화 "라스베이거스**(Las
Vegas) **떠나며…"**에서 자주 등장하여 영화와 함께 익숙하게 알려진 위스
키(whisky)이다.

※ **Bourbon** : 미국 최초의 위스키(whisky) 생산지인 켄터키주의 버번 지명에서 유래(the history)되었으며 버번으로 불리려면 세 가지 조건을 갖춰야 한다. 첫째 미국 내에서 생산돼야 하고, 둘째 옥수수가 51% 이상 첨가돼야 한다. 셋째 내부를 훈제한 새 참나무통(Oak barrel)에서 숙성(aging)해야 한다.

※ **라스베이거스**(Las Vegas) : 미국 남서부, 네바다 주(州)에 있는 도시. 도박장(gambling place), 호텔, 나이트 클럽 등이 있는 즐비한 환락가(amusement center)로 유명하다. 관광(tourism) 이외에도 상업과 광산 지역의 중심지.

5. 캐나디안 위스키(whisky)의 종류

001. **블랙벨벳**(Black Velvet) : 옥수수와 라이보리를 주원료로 만든 술로 보드카【odka : 맑고, 특정한 향기(scent) 나 맛이 없으며 알코올 성분(component)이 약 40~55%인 증류주】와 비슷한 맛이 난다.

002. **캐나디안 클럽**(Canadian Club) : 1858년에 만들어진 제품(product)으로 CC라는 애칭(pet name)으로 전 세계에 알려져 있다.

003. **크라운 로얄**(Crown royal) : 캐나디언 위스키(Canadian Whisky)의 일종으로 미국의 금주령이 해제(annulment)되면서 미국시장을 석권한 위스키(whisky)다. 1934년 **영국왕 죠지 6세가 캐나다를 방문했을 때 그 영광을 빛내기 위해 진상한 것이 바로 크라운 로얄이다.** 이 술은 캐나디언 위스키(Canadian Whisky)의 전반적 특징(characteristic)인 가벼움을 지니면서도 과일향이 은은하게 스며 나오며 비단(silk)같이 부드러운 맛(smooth taste)을 내는 최고급 위스키(Whisky)다.

※ **위스키**≪whiskey : **켈트어인 'Uisge beatha'(생명의 물)가 어원**≫의 사용하는 원료(materials)
는 맥아, 옥수수, 밀, 귀리 등을 발효(ferment)시킨 다음 증류(蒸溜, distillation)해서 만드는데 **원료
(materials) 곡물의 배합 비율(Grain mixing ratio)이나 제조법**(manufacturing technique)**에 따라 버
번, 콘, 라이, 몰트, 그레인, 블랜디드 위스키 등으로 나누어진다.**

6. 기타양주

001. 스카치 블루(Scotch blue) : 21년산과 6년산 원액을 스트레이트(straight)
를 즐기는 한국인의 입맛(appetite)에 맞추기 위하여 블렌딩(blending)
한 것으로 도수 40%, 생산지가 스코틀랜드, 한국이다. 가벼우면서도 보디
감(body sensation : 전체가 주는 인상이나 느낌)과 톡 쏘는 첫맛(piquant first
taste), 부드러운 뒷맛(smooth aftertaste)이 있다.

002. **윈저 12**(Windsor) : 200년 전통의 주정인 윌리엄 힐스에서 제조된 위스키
(whiskey). 숙성 연도 12년, 도수 40%로 한국과 스코틀랜드 블렌딩 마스
터가 함께 제작(production)해 한국인의 입맛(appetite)에 잘 맞는다. 마
일드(mild : 부드러운)하며 스카치(Scotch) 특유의 맛이 약하며, 첫 맛은
조금 거칠지만 뒷맛은 부드럽다. 1999년 4월에 **내한한 엘리자베스**(2세)
여왕(queen)**의 축하만찬**(celebration dinner)**에 제공**(offer)**기도 했다.**

003. 스윙(Swing) : 1930년대 호화 여객선(luxury liner)을 타고 세계를 유람
(sightseeing)하던 유럽 귀족(貴族, nobility)들을 위해 만들어졌다. **흔들리
는 배**(rocky boat)**에서도 쓰러지지 않도록 고안된 용기 디자인과 '스윙'이라
는 이름이 역사를 말해준다.** 숙성 연도 15년, 도수 43%로 낭만(romance)을
즐기고 정열(passion)을 불태웠던 귀족(貴族, nobility)적 여유가 흐르는 술

이다. 강한 원료(materials)의 맛이 숙성되면서 부드러워졌다.

004. **패스포드**(Passport) : 숙성 연도(mature years) 스탠더드급 난에이징
(standard grade none ageing, 熟成 연산 미표시), 도수 40%로 부드러
운 크림을 바른 달콤한 과일(sweet fruit)의 맛과 향(unique smell and
taste)을 지녔다. 스탠더드급 난에이징(standard grade none ageing, 熟
成 : 연산 미표시)위스키(whiskey)라 보디(body)는 약한 편이지만 가볍게 즐
기기엔 부담 없다. 코가 훅 하고 느껴지는 맛이 있고 뒷맛(aftertaste)이
흐려 한국인에게 어울리는 스카치(Scotch)다. 강렬한 이미지(powerful
image)지만 뒷맛aftertaste)을 깔끔하게 처리했다.

005. **썸씽 스페셜**(Something special) : 숙성 연도(mature years) 스탠더드
급 난에이징(standard grade none ageing, 熟成 : 연산 미표시), 도수 40%
1912년 위스키(whiskey) 명가 힐 톰슨사에서 생산하기 시작했다. 스탠더
드급 난에이징(연산 미표시) 위스키(whiskey)임에도 스모키 향(smoky
incense : 그을은 냄새)을 간직한 것이 특징(characteristic)이다.
뒷맛(aftertaste)은 부드러운 과일맛(soft fruit taste)이며 대중적으로
즐길 수 있는 위스키(whiskey)다. 보디(body)도 적당하고 오크 향이 적
당이 퍼져 편안하다. 강한 첫맛(strong first taste), 깔끔한 뒷맛(neat
aftertaste)이 있다.

006. 임페리얼(Imperial) : 생산 연도(production year) 12년, 도수 40%
로 1994년에 출시(release)해 가장 대중적인 입맛(the most popular
appetite)으로 자리 잡은 이후 **고객의 신뢰**(customer trust)**를 확보**
(security)**하기 위해 위조 방지 캡**(Anti-counterfeiting Cap)**을 장착**

(equip)**했다.** 발렌타인의 블렌더 로버트 힉스가 직접 블렌딩(blending)을 책임져 맛과 향 (taste and flavor)에서 발렌타인에 버금가는 부드러움을 지향한다.

007. 골든블루(GOLDENBLUE) 생산 연도(production year) 12년, 17년, **도수 36.5%** 12년산은 잘 익은 사과 향과 바닐라가 달콤한 향(sweet scent)을 내며, 적당한 오크 향이 나서 풍미(flavor)가 부드럽다. 부드러운 첫 맛(tender first taste)에 달콤한 꽃향기(sweet floral fragrance)와 피트(Peat) 향이 자연스럽게 조화를 이루며, 꿀 향(honey flavour)이 길게 여운을 준다.

 17년산은 잘 익은 사과【에틸렌 성분(component)이 있어 감과 함께 놓아 두면 감을 쉽게 익게 한다】향이 풍부하게 나며, 달콤한 바닐라 향이 부드러운 느낌(soft feeling)을 준다. 입안(inside mouth)을 감싸는 깊고 그윽한 풍미(flavor)에 코코넛 향까지 더해져 숙성된 맛을 느끼게 한다. 여기에 피트 향이 부드럽게 마무리한다.

※ 바닐라 : 열대지방(tropical regions)에서 자라는 덩굴성 난(蘭)으로 이루어진 속. 이 속의 식물(Vegetation)을 바닐라(vanilla)라고 한다. 꼬투리에서 널리 쓰이는 향료(spice)를 뽑아낸다. 호코아틀【xocoat : 코코아 열매를 빻아서 만든 음료】의 맛을 내기 위해 썼는데, 호코아틀은 아스텍(멕시코) 사람들이 즐겨 마시던 초콜릿(chocolate : 카카오나무의 열매를 볶아 만든 가루)음료로 스페인의 정복자 코르테스가 몬테수마 궁에서 그것을 마시고 난 다음부터 바닐라가 유럽 곳곳으로 퍼져 널리 쓰이게 되었다. 현재 바닐라는 여러 가지 달콤한 음식 · 음료, 특히 초콜릿 · 과자 · 아이스크림 · 제과류 · 향수 등에 널리 쓰이고 있다.

※ 페르난도 코르테스 몬로이 피사로 알타미라노(스페인어 : Fernando Cortés Monroy Pizarro Altamirano, 1484년 ~ 1547년12월 2일)는 멕시코지역의 고원에서 번성하던 아메리카인디언의 고대 문명(ancient civilization)인 아즈텍 문명을 정복하여 스페인왕의 영토(territory)로 만든 스페인의 정복자(conqueror)이다.

008. 킹덤(kingdom) : 생산연도(production year) 12년,17년, 21년, 30년, 도수 10% 12년산은 맛이 부드럽고 깔끔하며, 뒷맛 (aftertaste)의 여운이 길게 남지 않아 위스키 자체의 순수함과 그윽하고 깊은 향미(deep flavor)를 그대로 즐길 수 있다.

17년산은 원액만을 사용한 이 위스키는 슈퍼프리미엄급으로 분류된다. 잔을 기울일 때 혀에 휘감기는 특유의 부드러운 풍미(smooth flavor)가 일품(article of top quality)으로서, 중세 왕이 망토【manteau : 소매 부분이 없이 어깨(shoulder) 위로 걸쳐서 둘러 입는 외투】를 걸치고 있는 형상에서 모티브를 따서 제작(production)하였으며 가장 상세하고 고급스러운 불루라벨이 돋보인다.

21년산은 최고급 슈퍼프리미엄 위스키로 극소량(the minimum)만 생산된다. 30년산은 스카치 위스키의 심장(Heart of The Scotch Whisky)라 불리는 Speyside에서 얻은 깨끗한 물(clean water), 고가의 쉐리오크통에서 30년 숙성을 거치면서 발현되는 복잡하면서도 섬세한 아로마와 과일향을 가진 최고급 위스키(the finest whiskey)

009. 랜슬럿 12(Lancelot) : 생산 연도(production year) 12년, 도수 40%, 생산지 원산지 스코틀랜드, 보틀링(bottling : 병 채우기)한국으로 1,000년 전부터 전설(legend)로 내려오는, 사람에게 생기를 주었다는 생명의 물(water of life) 라틴어 '아쿠아비테'를 되살리겠다며 2003년 9월 출시한 신생 위스키. 셰리 오크통에서 숙성된 원액(crude liquid)으로 부드러운 향을 풍긴다. 8,000번 이상의 단계별 품질 테스트를 거쳐 탄생한다. 맛은 부드러우나 코에서 뿜어져 나오는 향이 강하며 독특한 향 (unique aroma)이 코료 진하게 뿜어져 나온다

※ **셰리 오크통**(Sherry oak cask) : **스페인지역에서 나오는 떡갈나무 또는 졸참나무로 통을 만들어서 세리와인을 숙성시키고 난후 폐기한 것**

※ **도토리나무**(= 참나무, oak) 종류
참나무는 흔한 나무인 동시에 '진짜나무'란 뜻의 진목(眞木)이라하며 흔히 도토리가 열린다. 떡갈나무, 신갈나무, 상수리나무, 갈참나무, 졸참나무, 굴참나무 등 6종류가 있다. 참나무는 1cm3에 5백kg의 압축강도를 견딜 만큼 단단하고 질겨 조선시대 거북선 등 싸움배의 앞부분에 사용했다.

※ 떡갈나무 : 물명고(物名考 : 조선 시대, 유희가 지은 동물 · 식물 · 광물 등의 이름을 모아 한글로 설명한 책)라는 책에 떡과 관련이 없는 덥갈나모로 되어있는 것으로 볼 때 나무의 잎을 덮개로 이용한데서 떡갈나무라는 이름이 유래(the history)된 것이라고 추정한다. 국민속학자는 시루떡을 해먹을 때 밑에 널찍한 나뭇잎을 깔고 떡을 찌는데 흔히 칡나무나 떡갈나무 잎을 이용한데서 유래(the history)되었다고 한다.

※ 굴참나무 : 두꺼운 수피(thick bark) 때문에 세로로 깊은 골이 파진다 하여 골참나무로 부르다가 굴참나무로 바꾸어 부르게 되었다. 수피(樹皮)에 코르크가 두껍게 만들어지며 깊게 갈라진다.

※ 갈참나무 : 잎이 가을 늦게 달려 있고 단풍의 색깔도 황갈색이라 눈에 잘 띄므로, 가을 참나무로 부르던 것이 갈참나무가 된 것이하 전해진다.

※ 상수리나무 왕의 자리에 올랐던 음식, 그것도 가장 높은 자리에 올랐다 하여 상수라로부터 유래(the history)된 상수리라는 이름을 가지고 있다. 예로부터 상수리나무 열매가 많이 달리면 흉년(year of bad harvest)이 들고, 적거나 달리지 않으면 풍년(bumper harvest)이 든다는 속설(folklore)이 있다. 과거에는 장작과 한옥의 마루, 뒤주, 마차의 바닥 등에 널리 쓰였다. 그리고 대부분의 참나무속 나무의 잎이 제초제 (herbicide) 기능을 할 수 있는데, 과거 나물 밭이나 씨앗을 뿌린 밭에 참나무 잎[특히 상수리나무]을 섞어서 펼쳐 두면 풀의 종자가 발아하여도 성장하지 못하는 점을 알고 이를 널리 활용하기도 하였다. 유기농(organic)을 꿈꾸는 오늘날 많은 시사점이 들어 있는 대목이다.

※ 신갈나무 : 옛날 나무꾼(woodcutter)들이 숲속에서 짚신 바닥이 해지면 잎이 넓은 이 나무의 잎을 짚신 바닥에 깔아 사용했다 해서 생긴 이름이다

※ 졸참나무 : 참나무 종류 중에서 잎이 가장 작다는 의미에서 졸병 참나무라는 뜻에서 유래(the history)되었다.

※ 옛 말에 "도토리나무는 들판을 내다보고 열매를 맺는다"라는 말이 있다. 우리나라에는 흉년을 대비한 구황식물로 첫 번째는 도토리를, 그다음으로 소나무를 삼았다는 기록(record)이 고려 때 문신인 이규보 (李奎報 : 1168~1241)의 시문집인 동국이상국집(東國李相國集)에 나온다. 최근에는 도토리에서 빼낸 아콘산(acornic acid)으로 환경오염(environmental pollution[contamination])의 주범인 중금속(heavy metal)을 제거(removal)할 수 있는 기술(technique)이 개발(development) 되어 수질오염(water pollution) 해결(solution)에 크게 기여할 것으로 보이는데, 도토리 1kg이 약 3.4t의 폐수(waste water) 를 처리할 수 있다고 알려져 있다. 속담(proverb)에 '도토리 키재기'라는 말이 있는데, 이는 정도가 고만고만한 사람끼리 서로 낫다고 다투고 있는 것을 말한다. 또 '개밥에 도토리'는 어떤 무리에도 끼지 못하고 혼자 있는 사람을 일컫는다. 개는 도토리를 먹지 못하므로 밥 속에 들어가도 끝까지 남기기 때문에 생긴 속담이다.

010. **J&B JET** : 숙성 연도 12년산, 도수 40%로 영국 왕실 주류 공급 업체인 J&B사 제품(product)으로 **'검은 보석'이라는 뜻의 'Jet Stone'에서 이름을 따왔다.** 연한 호박색(light amber color)은 캐러멜(caramel : 설탕엿)같은 인공 첨가제(artificial additive)를 사용해 만든 것이 아니라 오크통에서 자연 숙성한 것이다. **위조 방지(anti-counterfeiting)를 위해 만든 키퍼(keeper)로 더 유명해졌다.** 마일드(mild 부드러운)한 맛은 동급 최강. 목 넘김이 부드럽고 보디(body)감도 좋으며 달콤하고 균형이 잘 잡힌 스카치(Scotch).

011. **J&B RESERVE** : 숙성 연도 15년, 도수 40%로 스페인 강변(banks of a river)에서 생산된 몰트 위스키[malt whiskey : 100% 엿기름을 원료(materials)

로 하여 만든 whisky】와 로우랜드산 그레이 위스키(whiskey)를 블렌딩(blending)한 15년산 프리미어 스카치(premier Scotch) 마니아(mania : 어떤 한 가지 일에 열중하는 것)들을 위한 '리저브(Reserve grade : 2군)'급으로, 스트레이트용traight use : 양주를 물을 타지 않고 그대로 마시는데 사용)로 잘 알려져 있지만 고유의 깊고 풍만한 맛과 향을 즐기는 데는 **온더록**(on the rocks : 물을 타지 않고 얼음을 넣는 것)**도 좋다. 숙성된 단맛이 부드러움을 한층 가미했다.**

※ 국산양주는 윈저 · 임페리얼 · 스카치블루 · 킹덤 · 골든블루 브랜드의 5개사 제품(product) 있다.

7. 일반증류주

위스키와 큰 차이(big difference)는 숙성시키지 않는 것이다. 드라이진(dry gin), 럼(rum), 보드카(vodka), 데킬라(tequilla) 등이 이에 해당 된다.

※ 진(Gin) 곡물(cereals)을 발효(ferment)시킨 것에 향신료(spice)를 넣고 증류(蒸溜, distillation)한 백색증류주다. **노간주 나무열매**(Juniper berries, 두송실(杜松實)는 원래 이뇨작용【**콩팥으로부터 배출되는 소변의 양이 증가하는 것**】을 돕기 위해 네덜란드 대학의 **교수**(professor)**이며 의사**(doctor)**인 프란시스 듀보아**(Franciscus Dubois de la Boe, 보통 Doctor sylvius라고 부른다.)**가 알코올을 넣고 증류**(蒸溜, distillation)**하여 의약품**(medical supplies)**으로 발명**(invention)**한 것**이었는데 이후 영국으로 건너가 지금의 이름인 진으로 불리게 됐다. 네덜란드 사람이 만들었고 영국인이 꽃(flower)을 피웠으며 미국인이 영광(honor)을 주었다. 라는 말이 있다.
다른 술과 달리 숙성의 과정(process)이 필요 없고 만든 후 반시간 정도가 지나면 마실 수 있다. 알코올 40℃이고 올드텀, 플리머스 등이 있다. 진은 발효(ferment)를 마친 95℃ 순도의 순수 알코올에 증류수【蒸溜水, distilled water : 물을 가열하여 발생하는 수증기(vapor)를 냉각(cooling)시켜서 소금기를 빼고 불순물(impurities)을 제거한 물. 무색투명(colorless and transparent) 하며, 화학실험(chemical experiment), 의약품(medical supplies) 따위에 쓰인다.】를 첨가(addition)해 40℃로 낮춘 것이기 때문에 가능하면 **스트레이트로 마시지 않는 것이 좋다.**

　　　　　　　　　　　　　　　　　　　　　　건배사 모음 대백과

※ 럼(RUM) 사탕수수의 즙을 발효(ferment), 증류(蒸溜, distillation), 숙성시켜서 만든 술로 원산지 (place of origin)는 인도제도이다

※ 보드카 러시아의 대표술인 보드카는 옥수수와 감자【**감자의 순에 솔란닌 독성분 함유**】가 주재료 (main ingredient)이며 발효(ferment), 증류(蒸溜, distillation)시킨 것으로 무미, 무취인 것이 특징 (characteristic)이다.

※ 데킬라(Teguila) 선인장의 일종인 용설란을 발효(ferment)시켜 제조한 술로 멕시코가 원산지(place of origin)다

II. 와인

001. 샤르도네(Chardonnay)

Frontera, Concha y Toro, Chile.

생산자 : 콘차 이 토로 품종 : 샤르도네

추정 가격대 : 8천~1만 2천원

콘차 이 토로는 1백 20년의 역사를 가진 칠레 최대의 와인회사다. 쓴맛의 식탁용 백포도주로 고급 와인 생산의 기치를 걸고 칠레 와인의 근대화를 위해 노력해 왔다. 최대 생산자(largest producer) 답게 다양한 브랜드(Various brands)를 가지고 있다. 프론테라 와인(Frontera wine)은 가장 저렴한 축에 속한다.

※ 테이스팅 포인트(Tasting points : 시음 포인트) : 밝은 노란색 컬러(color)가 청명하게 느껴진다. 짧은 기간(short period)만 스테인리스 스틸 탱크(Stainless steel tank)에서 숙성시켜 본연의 싱싱한 과일향을 최대한 유지하려 했다. **레몬**(lemon)**과 파인애플**(pineapple)**의 가뿐한 아로마**(aroma, 향기)**가 퍼지면서 알콜**(alcohol)**이 주는 무게감으로 이어진다.** 굳이 복합미를 추구하지 않는다면 가격 대비 상큼한 만족도를 얻을 수 있다. 오크통【oak : 너도밤나뭇과 졸참나무속의 총칭, 숙성기간

(ripening period)】술을 담아 두는 용기)을 사용하지 않았기에 오히려 신선하고 상쾌한 화이트 와인(white wine)의 기본을 느낄 수 있게 해준다. 계절 샐러드(salad), 치즈 샐러드(cheese salad)와 잘 어울릴 듯.

※ 레몬(lemon) : **십자군 전사들이 팔레스타인에서 자라던 열매를 발견하고 유럽 전역에 퍼뜨렸다.**

※ 파인애플(pineapple) : **솔방울을 지칭하던 'Pineapple'에서 유래(the history)되었는데 솔방울은 혼동(confusion)을 막기 위하여 'Pine cone'으로 명칭이 바뀌었다.**

002. 소비뇽 블랑(Sauvignon Blanc)

Private Bin, Marlborough, Villa Maria, New Zealand.

생산자 : 빌라 마리아 품종, 소비뇽 블랑 추정

가격대 : 2만 4천원 전후.

소비뇽 블랑은 샤르도네와 함께 세계인의 사랑을 받는 청포도 품종이다. 빌라 마리아는 뉴질랜드의 견실한 업체로 한국시장에서 뉴질랜드 소비뇽 블랑 붐(boom : 일시적 유행)을 일으켰다. California산의 쌉쌀한 맛이 나는 백포도주.

테이스팅 포인트(Tasting points : 시음 포인트) : 짙은 연노랑색에 연록색 뉘앙스(nuance 프랑스어)가 살짝 깔려 있는 매력적인 색상(attractive colors), 오렌지(orange) · 파인애플(pineapple) · 자몽의 과일향이 많이 느껴지며, 오크 (oak, 너도밤나뭇과 졸참나무속의 총칭)숙성을 시키지 않아 오히려 청량감이 배가됐다. 전체적으로(overall), 높은 산미와 알콜(alcohol), 풍미(flavor)의 밸런스(balance)가 잘 잡혔다. 음식은 생선(fish) · 해산물(seafood) · 회(slices of raw fish) 등과 잘 어울리겠다. 특히 **잔칫상**(banquet)**의 생굴**(raw oyster : 고대 이집트 프톨레마이오스 왕조

(dynasty,王朝)의 여왕((queen) 클레오파트라도 즐겨 먹은 '바다의 우유')과는 환상의 궁합을 이룰 듯. 서양 음식이라면 아스파라거스(Asparagus)가 들어간 간결한 샐러드(salad)와 염소 치즈(cheese)가 단연 굿!

※ 오렌지族(orange族) : **소비 지향적이고 개방적인 성을 즐기는 부유층**(wealthy classes)**의 젊은이들**(young people)**을 속되게 이르는 말**

※ 치즈(cheese) : 우유 속에 있는 카세인(casein : 동물의 유즙 속에 있는, 인을 함유한 단백질)을 응고(congelation)하여 발효시킨 식품(fermented foods)

003. 리슬링(Riesling)

Spatlese, Apotheke, Trittenheim, Mosel, Weingut Hubertus Clusserath, Deutschland.

생산자 : 바인굿 후베르투스 클루세라트

품종 : 리슬링

추정 가격대 : 3만 1천원

세계에서 가장 섬세한 화이트 와인(white wine)을 만들 수 있는 품종이라면 단연 리슬링을 꼽고 싶다. 리슬링 품종은 산미와 당미의 균형이 좋다. 더구나 독일과 알자스(프랑스의 독일 접경 지역) 같은 서늘한 기후대에서 자란 리슬링은 화이트 와인(white wine)이 얼마나 깨끗하고 깔끔하게 만들어질 수 있는가의 표본(specimen)이다. 싱그런 색상(refreshing color), 경쾌한 향(lively flavor), 조화스러운 입맛(appetite) 모두 만족(satisfaction)이다. 이 **화이트 와인**(white wine)**은 독일의 가장 유명한 산지인 모젤 지방의 와인으로 모젤 강변의 급경사지에서 어렵게 재배한 리슬링 포도로 만들었다.** 특유의 과일향(fruit flavour)이 강하게 풍겨 나오며 부드러운 미감을 갖고 있어 초보자(beginner)들에게 더 할 나위 없이 좋다.

테이스팅 포인트(Tasting points, 시음 포인트) : 엷은 노란색(pale yellow)에 황록색 뉘앙스(nuance 프랑스어)를 가진 초봄의 **버드나무**(아스피린 원료 추출) 새순 이파리를 연상시킨다. 곧바로 입가에 미소를 짓게 하는 달콤한 과일향(sweet fruity flavour)이 풍겨 나오고, 와인을 한 모금 머금으면 사람들이 왜 이 와인을 다들 좋아하는지 금방 알 수 있다. 입안에서 새콤달콤하게(sweet-and-sour) 녹아드는 부드러운 독일 리슬링의 전형적인 맛(typical taste)을 느낄 수 있기 때문이다. 알콜(alcohol)도수도 낮아 여성들이 좋아할 만하며 낮술로 가볍게 마시기에도 부담이 없다. **파전이나 굴전 등과 함께 마셔도 좋겠다.**

004. **빌라 무스카텔**(Villa Muscatel) Piemonte, Italia.

생산자 : 잔니 갈리아르도

품종 : 모스카토 추정

가격대 : 3만 2천원 전후

프랑스에서 뮈스카(Muscat)라고 부르는 **모스카토 품종은 대개 상큼한 스위트 와인**(Sweet wine)**을 만들 때 사용된다.** 리치(Lychee) · 바나나(banana) · 파인애플(pineapple)등 폭발적인 열대과일향이 풍부하고 생산방식(production method)에 따라 **은은한 꽃향기**(delicate flower scent)**도 나타나는 정말 여성스러운 와인이다.** 이탈리아에서는 전통적으로 이 품종을 이용하여 아스티(Asti)나 모스카토 다스티(Moscato d' Asti) 등을 생산하는데, 모두 약한 발포성의 경쾌한 와인이다. **빌라 무스카텔 와인의**

재미있는 점은 병에 라벨(label)이 없다는 것이다. 대신 가면 모양을 한 빨간 밀랍 딱지가 붙어 있다. 이 와인을 마시면 내 얼굴을 가리고 있는 가면이 하나씩 벗겨지기 때문일까?

테이스팅 포인트(Tasting points, 시음 포인트) : 색상은 참 진한 편이다. 코르크(cork)를 따면서 약한 발포성을 느낄 수 있다. 따라서 혀와 입안 점막을 간지럽히는 이 즐겁다. 대개 이런 종류의 스위트 와인(Sweet wine)을 마시면 달기 때문에 좀 무거운 느낌(heavy feeling)을 받는데, 이 스파클(spark)의 경쾌함이 그 묵직함을 잘 가셔주고 있다. 발포성이라고는 하지만 압력이 약한 편이기에 일반 코르크(cork) 마개를 사용하고 있다.

※ 리치(Lychee) : 당도가 높고, 향기(scent)가 나서 중국 고대부터 귀하게 여겨, 당나라 때 양귀비가 화남에서 장안까지 빠른 말로 가져오게 했다는 이야기는 유명하다. 조선왕조실록【승정원일기(承政院日記)》, 《의정부일기(議政府日記)》를 자료 삼아 조선 태조 때부터 철종 때까지 25대 427년간의 역사적 사실을 연대순으로 적은 사서로 세계 유네스코 기록 유산】에는 1403년10월 21일 태종 3년 설미수가 여지(중국어 이름)를 올리다 에서 리치를 올렸다는 기록(record)이 있다.

005. **샴페인**(Champagne) Taittinger, Brut Reserve, France.

생산자 : 테탱저 품종 : 피노누아 · 피노 므니에 · 샤르도네 추정

가격대 : 10만원

테탱저(Taittinger)는 샤르도네를 많이 사용하며, 우아한 스타일(style)의 샴페인(champagne : 샹파뉴 지방산의 발포성 백포도주)을 생산하는 회사다. 그 때문에 **여성들의 기호에 맞는 부드러움이 특징(characteristic)이다.**

테이스팅 포인트(Tasting points, 시음 포인트) : 신선한 사과향(fresh apple scent)이 지배적이며 약간의 쌉쌀한 자몽과 국화향도 있다. 뒷부

분에서는 가벼운 비스킷(biscuit : 무발효의 소형 빵)향이 등장해 샴페인(champagne)의 복합미를 더해준다. 보통 샴페인(champagne)을 처음 드시는 분들은 "쓰다~"고 하는데 사실 고급 샹파뉴는 우리가 마셔 왔던 제과점의 스위트(sweet, 단맛)한 발포성 와인과는 다르다. 오히려 고급으로 갈수록 맛이 드라이(dry)하다. 결국, 샴페인(champagne)의 테이스팅 포인트(Tasting points, 시음 포인트)는 그 기포의 미세함과 자태, 효모의 잔해 위에서 배양된 샴페인(champagne)의 복합적인 구수한 향, 입안에서 느껴지는 산미와 드라이(dry)한 미감을 즐기는 것이다.

※ 자몽(일본어 : ザボン 자봉[*], Pomelo) 동남아시아가 원산지인 귤속의 나무 또는 그 열매다.

※ 나폴레옹은 "승리했다면 샴페인을 마실 권리가 있고, 졌다면 샴페인이 절대 필요하다"고 설파했다.

006. 화이트 진판델(White Zinfandel) Sutter Home, California, USA.

생산자 : 서터홈 와이너리

품종 : 진판델 추정

가격대 : 1만 2천원

미국 와인하면 진한 색상과 강한 농축미의 레드 와인(red wine)을 떠올리는데, 의외로 **미국 베스트셀러 1위는 화이트 진판델 와인**(White Zinfandel win)**이다.** '화이트(white)'가 붙어 있지만 로제 와인(Rose Wine)이다. 연한 핑크색(bright pink) 에서 연한 루비(ruby)색까지 다양한 색감(various color sense)을 보이는데, 붉은색 (red color)의 포도(grape)로 그 즙은 투명한 **진판델 품종**(variety) **자체가 진한 레드 와인**(red wine)**을 만들기에 '가벼운 진판델'이라는 의미에서 '화이트**(white)**'라**

는 단어를 사용한 것 같다. **서터홈 와이너리**(winery : 포도양주장)**는 이 스타일**(style)**의 와인을 최초로 개발한 회사다.**

테이스팅 포인트(Tasting points, 시음 포인트) : 엷은 인디언 핑크(pink) 이보다 더 환상적인 색상(fantastic color)은 없다. 저온에서 조심스럽게 뽑아낸 색상이기에 다른 곳에서 흉내 내기도 쉽지 않다. 포도와 딸기 향을 중심으로 하는 서터홈 화이트 진판델(Sutter Home White Zinfandel)은 동일한 스타일(same style)의 와인 중에서 가장 섬세하고 부드러운 편이다. 입안에서 느끼는 새콤달콤한(Sweet and sour) 미감(the taste)은 마치 독일 와인을 연상시키는 듯 하나, 붉은색 베리(berry : 베리 등 작고 수분이 많은 과실)가 주는 새큼한 이미지로 자기의 정체성(identity)을 회복해 나간다. 이런 스타일(style)의 와인은 **안주와 장소를 필요로 하지 않는다. 야외**의 잔디밭(grassplot)**이나 아파트의 테라스, 아니면 거실**(sitting room)**에서 TV를 보면서 가볍게 한잔 할 수 있다. 정 안주가 아쉬우면 사과 하나 깎아 놓고 마셔도 참 행복할 것이다.**

※ 발코니 [Balcony] : 건물 위층에서 외부로 뻗어 나온 공간.

※ 테라스(terrace)는 건물을 외곽으로 확장한 형태(expanded form)로 위층(upstairs)들에 설치한다. 발코니보다 큰 규모의 공간(large scale space)으로 지붕(roof)이 없고, 다양한 용도로 사용하는 곳이다. 가끔은 작은 수영장(small pool)이나 옥외 욕조(outdoor tub)를 테라스에 설치(installation)하기도 한다.

※ 베란다(veranda) : 서양건축에서 대개 가옥(house) 밖으로 나와 있는 벽이 없고 난간(balustrade)으로 둘러쳐진 지붕 덮인 부분.

007. 프론테라(Frontera) Concha y Toro, Chile.

생산자 : 콘차 이 토로

품종 : 카베르네 소비뇽 추정

가격대 : 9천~1만 2천원

콘차 이 토로가 생산하는 유명 브랜드(brand) 가운데 선라이즈(Sunrise)와 함께 전 세계 와인 애호가(enthusiast)들로부터 사랑받고 있는 제품(product)이다. 가격은 가장 낮으나, 마시면 놀랄 정도의 품질(quality)이 느껴진다. '프론테라≪Prontera : 스페인 남서부 신성 룬 미드가츠 왕국의 심장부 (the heart)에 해당하는 수도≫'라는 이름에서 느껴지는 강한 개척 정신(strong pioneering spirit)과 변방의 소리를 들어보자.

테이스팅 포인트(Tasting points, 시음 포인트) : 전형적인 레드 와인(red wine)의 기본적 타닌(tannin)과 초콜릿(chocolate : 카카오나무의 열매를 볶아 만든 가루)·자두·카시스 등과 같은 인상적인 아로마(aroma, 향기)를 지니고 있다. 입안(inside mouth)에서 느껴지는 질감(texture)도 좋고, 산미도 적절하다. 특히 **와인을 처음 접하는 소비자들**(consumers)**에게 부담 없이 권할 수 있는 준수한 와인이다.**

※ 카시스(Cassis)는 블랙 커런트(black currant : 머루의 일종)의 불어명으로 유럽으로부터 아시아의 한랭지에서 널리 재배 (cultivation)되고 있다. 독특한 향(unique flavour)이 있고 직경 1cm 정도의 농자색의 과실로서 베리류(Berry)의 일종이며 과실은 쥬스, 잼, 술 등의 원료(materials)로써 널리 이용되고 있다

※ 자두(plum) : 날것을 후식으로 먹거나, 설탕에 절이거나 잼을 만들고 여러 가지 과자로 구워 먹는다. 발효(ferment)시키지 않고 말릴 수 있는 품종들을 프룬(prune)이라고 한다. 1897년 10월 12일 고조 광무제가 대한제국(1897-1919)을 건국하면서 **오얏 이(李)자에서 따온, 오얏꽃**(자두꽃) **문양, 이화문(李花紋)을 대한(大韓) 황실(皇室)의 상징 문장(紋章)으로 삼았으며** 이화문(李花紋)의 문양은 여러 형태로 남아 있지만 대체로 다섯 꽃잎(petal)의 꽃잎(petal)마다 셋의 꽃술을 놓고 꽃잎

(petal)사이에 또 꽃술을 하나씩 놓은 꼴로 정형화(standardization)됐다.

008. 시 리지(Sea Ridge) California, USA.

생산자 : 시 리지

품종 : 카베르네 소비뇽

추정 가격대 : 1만 5천원 내외

미국 캘리포니아 해안가에 자리 잡은 '시 리지' 포도원은 그리 크지 않다. 그럴 듯한 웹사이트(web site)도 없고 와인책에도 안 나와 있다. **라벨**(label)**에 잔잔한 미색 종이 위에 귤색의 가는 선이 약간 성긴 거미줄**(spider's thread)**처럼 그려져 있고, 그 가운데에 작은 범선의 삽화**(내용의 이해를 돕거나 보충 설명을 위해 책이나 신문, 잡지 등에 끼워 넣는 그림)**가 그려져 있었다. 고동색 색상이나, 바람을 받아 볼록해진 돛**(sail)**의 모양을 보고 달팽이**(snail)**로 착각**(illusion) **할 수 있다. 거미줄**(cobweb) **같은 선이 해도의 항로**(route)**라면 그 바다 위에 떠 있는 꼬맹이 범선**(sailer)**이다.** 라벨 디자인(label design)도 복잡하지 않고 단순 · 명확, 그러면서 글씨체(handwriting)도 깔끔~! 가격은 더욱 깔끔~!

테이스팅 포인트(Tasting points, 시음 포인트) : 색상은 평균 정도의 캘리포니아 와인, 그리 진하진 않았다. 향은 과일향의 골격에 부드러운 오크 터치(oak touch)가 가미되었고, 씁쓸한 뒷맛(bitter taste)도 개성(individuality)이 있다. 블랙 초콜릿(black chocolate)처럼, 카카오(cacao : 코코아와 초콜릿 원료)처럼 잘 잡고 늘어지면서 끊어질 듯 연결되는 게 감칠맛 나는 와인(full-bodied wine)이다. 물론 고급 와인은 아니지만 이 정도 가격대에서 이만한 미감을 유지하는 것도 쉽지 않다. **돼지갈비가 생각나는 와인이다. 혹시 운이 좋아 이 회사의 붉**은색의 포도로 그 즙은 투명한 품종(transparent varieties)으로 빚은 **'진판델' 와인**(Zinfandel wine)을 구하게 되면 더욱 큰 행운(big good luck)이다.

※ 카카오[cacao] : 카카오나무의 열매, 오이와 모양이 비슷하며, 속에 든 씨를 발효(ferment)시킨 다음 볶아서 가루(powder)를 내어 코코아와 초콜릿을 만들며, 식물성 천연지방인 코코아 버터를 추출한다.

※ 맛의 5가지 분류 : 혀끝으로 느끼는 단맛(sweetness) , 혀 양쪽으로 느끼는 신맛(sourness), 혀 뒤로 느끼는 쓴맛(bitter taste) , 혀 가장자리 느끼는 짠맛 (salty taste)과 먹어서 느끼는 맛 감칠맛(palatability)으로 분류한다.

009. 까시레로 델 디아블로(Casillero del Diablo) Concha y Toro, Chile.

생산자 : 콘차 이 토로

품종 : 카베르네 소비뇽

추정 가격대 : 1만 8천~2만원

콘차 이 토로 회사의 설립자 멜초르 경(卿) 당시의 이야기. **보관 창고의 와인이 지속적으로 없어지는 것을 이상하게 여겼다. 퇴근길 지하창고**(cellar) 근처에 숨어 있다가 일꾼들이 창고에 들어가 와인을 갖고 퇴근하는 걸 목격했다. 인정(humaneness) 많은 멜초르 경은 궁리 끝에 그 다음날 밤 퇴근길에 몰래 다시 지하창고(cellar)에 숨어들어 귀신 복장을 하고 있었다. 그리곤 일꾼들이 들어왔을 때, 괴상한 소리(strange sound)를 내 일꾼(worker)을 내쫓았다. 순박한 일꾼(unsophisticated worker)들은 지하창고(cellar)에 악마(Satan)가 산다고 믿고는 다시는 도둑질(theft)을 하지 않았다고 한다. 그래서 라벨(label)에는 악마(demon)의 그림이 그려져 있고, **'카시예로 델 디아블로**(Casillero del Diablo)'라는 이름도 '악마의 셀러(Devil's cellars)'라는 뜻이다.

테이스팅 포인트(Tasting points, 시음 포인트) : 카베르네 소비뇽으로 만들었다는 확신을 느낄 수 있는 멋진 색상이다. 풍성한 과일향에 진한 향신료향도 거든다. 칠레의 카베르네 소비뇽에서 느껴지는 강한 식물성(Strong vegetability) 터치(touch)도 빼놓지 말고 음미하자. 마치 소비뇽 블랑으로 만든 레드 와인(red wine) 같다. 타닌(tannin)은 힘이 있지만 압도적이지는 않고 전체적으로(in aggregate) 밸런스(balance)가 잘 잡혀 있다.

010. R. H. 필립스(R. H. Philips) California, USA.

생산자 : R. H. 필립스

품종 : 메를로 추정

가격대 : 2만 9천원

미국 캘리포니아의 주도 새크라멘토에서 서북쪽으로 달리다 보면 요로 카운티라는 곳이 나온다. 바로 R. H. 필립스사의 포도밭(vineyard)이다.

테이스팅 포인트(Tasting points, 시음 포인트) : 메를로는 원래 부드러운 특성(soft characteristic)이 있는 품종(variety)인데, 대개 캘리포니아에서는 약간 강하게 표현되게 마련이다. 그런데 이 와인은 정말 부드럽다. 매끈하고 가벼운 타닌(tannin)과 스카치 캔디(Scotch candy)의 바닐라 스위트(vanilla sweet, 단맛) 미감을 연상케 하는 부드러운 풍미(soft lavor)가 일품이다. **가벼운 소시지 요리와 스테이크, 그리고 중식 요리에도 괜찮게 어울린다.**

011. 무똥 까데(Mouton Cadet)

Baron Philippe de Rothschild, Bordeaux, France.

생산자 : 바롱 필립 드 로실드

품종 : 메를로 55%, 카베르네 소비뇽 30%, 카베르네 프랑 15%

추정 가격대 : 3만 2천원 1932년 작황(crop)이 안좋았던 보르도【Borde-aux : 프랑스 남서부의 가론 강가에 있는 하항 도시. 포도가 많이 나며, 포도주로 유명하다】 특급 와인 생산업체 무똥은 특급 와인의 명성(fame)을 지키고자 그 포도(grape)를 갖고 막내 동생격인 '무똥 카데'를 만들었다. 지금은 별도의 독립된 브랜드(brand)로서 전 **세계에서 가장 잘 나가는 브랜드(brand) 중 하나다.** 보르도 와인에 입문하려면 한번은 거쳐야 하는 와인. '테이스팅 포인트(Tasting points, 시음 포인트) : 카베르네 소비뇽과 메를로의 전형적인 보르도 블렌딩(blending, 혼합)으로 탄생한 이 와인은 부드러운 심홍색을 보이며, 기본적인 과일향과 오크(oak : 너도밤나뭇과 졸참나무속의 총칭)의 느낌(feeling)을 잘 반영한 아로마(aroma 향기), 상큼한 산미 · 타닌(tannin) · 알콜(alcohol)의 균형감(perspective)을 가지고 있다. 상대적으로 메를로(merlot)를 많이 사용해 보디(body)가 섬세하다. 대부분의 일반 고기 요리(cooking)에 무난히 잘 어울린다.

012. 에스쿠도 로호(Escudo Rojo)

Baron Philippe de Rothschild Maipo, Chile.

생산자 : 바롱 필립 드 로실드

품종 : 카베르네 소비뇽 70%, 카베르네 프랑 10%, 카르므네르 20% 추정

가격대 : 3만 4천원 바롱 필립사의 자회사인 바롱 필립 드 로실드 마이포

칠레가 바롱 필립의 기술(technique)을 세계에서 가장 건강한 토양인 칠레의 토양(soil)에 결합해 생산하는 와인. 전형적인 보르도(Bordeaux : 프랑스 남서부의 가론 강가에 있는 하항 도시, 포도가 많이 나며, 포도주로 유명하다) 품종과 칠레 고유의 품종을 절묘하게 블렌딩(blending : 혼합)해 만들었다. 바롱 필립사의 예술 감각(artistic sense)은 에스쿠도 로호에서도 십분 발휘(display)되었다. 스페인어로 '붉은 방패(Red Shield)'라는 뜻을 가진 에스쿠도 로호는 바로 로실드 가문을 상징(symbols)한다. 로실드는 독일어로 'Das Rote Schild'에서 파생된 단어로 붉은 방패(red shield)를 의미한다. **에스쿠도 로호 와인의 라벨 디자인(label design)은 이름을 형상화한 방패 모양(shield shape)과 로실드 가문의 색깔인 옐로(yellow) · 블루(blue)로 이루어져 있다.** 견고하면서도 심플(simple)한 병과 육중한 무게는 와인의 품질(quality)을 느끼게 해준다. 테이스팅 포인트(Tasting points, 시음 포인트) : 짙은 암홍색에 적보랏빛 톤이 깔린 안정감 있는 색상에서 뿜어 나오는 강렬한 과일향(Intense fruit flavour)과 오크(oak : 너도 밤나뭇과 졸참나무속의 총칭)향의 결합은 프렌치 테크닉(French technique)이 신세계의 토양(soil)과 만나 이루어낸 결정판(definitive edition)이다. 특히 이 와인의 테이스팅 포인트(Tasting points, 시음 포인트)는 20% 들어간 카르므네르에 있다. 이 품종 역시 카베르네 소비뇽 이상 가는 강렬하고도 야성이 넘치는 레드 와인(red wine)이다. 칠레의 태양이 만들어준 높은 알콜(alcohol)도수가 주는 파워(power)까지 겸비하고 있어 비슷한 가격대에서는 최고의 품질(the best quality)이다.

※ 프렌치 테크닉(French technique) : 서부알프스의 눈이 굳어서 얼음(ice)이 된 빙설면에 적합하도록 개발된 등반기술(climbing technique)

013. 틴타라(Tintara) Hardy's, Australia.

생산자 : BRL 하디

품종 : 시라즈

추정 가격대 : 4만원

하디스의 틴타라 와인은 같은 입맛(appetite)과 품질(quality)을 꾸준히 유지하며, 합리적인 가격(reasonable price)으로 와인애호가(lover)를 유혹(temptation)한다. 이름을 잘못 발음하면 '딴따라'가 되는데, 그래서 더욱 기억하기 쉬운 이름이다. 호주를 대표하는 와인 스타일(wine style)로서 가격 대비 품질(quality)의 만족도가 높다.

테이스팅 포인트(Tasting points, 시음 포인트) : 시라즈 특유의 짙고 선명한 적자색의 자태(shape)가 곱게 드리워 있으며, 각종 과일향에 부드러운 미감을 지닌 전형적인 호주 와인이다. **가벼운 등심이나 소시지 구이, 야외의 불고기 파티 때 함께 곁들이면 좋다.**

014. 앙겔리(Angheli)

Sicilia IGT, Donna Fugata, Italia.

생산자 : 돈나푸가타

품종 : 메를로 · 네로 다볼라

추정 가격대 : 3만 9천원

시칠리아 굴지의 와이너리(winery : 포도양주장)로 평가받는 돈나푸가타(Donnafugata)는 1백 50년간 운영돼온 가족기업이다. **돈나푸가타 지역은 유명한 주세페 토마시 디 람페두사(Giuseppe Tomasi di Lampedusa)의 대하소설**(장편소설) **'IL Gattopardo'**(영어 제목 The Leopard, 표범. 19세기 이탈리아의

시칠리아섬 내전 당시를 배경으로 한 소설)**에 나오는 한 장소이기도 하다. 돈나푸가
타란 이름은 '피신한 여인'이라는 뜻이다.** 19세기 부르봉 왕국 페르디난도
(Ferdinando) 4세의 아내인 마리아 카롤리나(Maria Carolina)가 나폴리
왕국(중세부터 1860년까지 이탈리아 반도 남부에 있던 왕국)에서 도망쳐 은신한 포도
원(vineyard)이다. 여러분은 이 스토리(story)를 동화 같은 라벨(label)에
서 그대로 읽어낼 수 있다.

테이스팅 포인트(Tasting points, 시음 포인트) : 작열하는 태양이 만들어놓
은 농축된 과일향과 짙은 색감은 시칠리아 자연을 그대로 담고 있다. 3~4
년 숙성된 와인에서는 감초와 정향(정향나무는 서양수수꽃다리 혹은 라일락이라 한
다)의 복합미까지 풍긴다. 프랑스의 국제적 품종인 메를로와 시칠리아의 토
종 품종인 네로 다볼라(이테리와인에서만 느낄 수 있는 특유 여유스러운 와인)의 결합
(combination)은 대단히 성공적이다. 진하고 거친 네로 다볼라를 부드러
운 메를로가 매끄럽게 감싸준다. **요즘 유행하는 불닭 메뉴와 함께 먹으면
좋을 것 같다.**

015. **틴토 페스케라**(Tinto Pesquera)

Ribera del Duero Crianza, Alejandro Fernandez, Spain.

생산자 : 페스케라

품종 : 템프라니요

추정 가격대 : 4만 5천원

리베라 지역 한 농부의 끈질긴 고집(persistence)이 오늘날 스페인 와인의
품질(quality)과 위상을 한껏 높여 놓았으니, 그가 바로 알레한드로 페르
난데스다. 그는 지역 토착 품종의 지력(potential energy)을 믿으며 **테루**

아(Terroir : **와인과 관련되는 천, 지, 인의 조건을 한마디로 종합해서 테루아라 한다**)가 살아 있는 '스페니시(spanish, 스페인의)'한 와인을 생산하고 있다.

테이스팅 포인트(Tasting points, 시음 포인트) : 진한 암적색에 무엇보다 풍부한 향이 깃들여 있다. 신기하게도 어린 시절의 기억(childhood memories)과 일치하는 오디 열매(뽕나무 열매), 산딸기의 상큼한 산미, 그리고 담배의 구수한 훈연의 내음, 향신료(spice)와 오크(oak : 너도 밤나뭇과 졸참나무속의 총칭)의 볶은 커피(coffee) 같은 향이 좋다. 그러나 뭐니 뭐니 **해도 스페인 와인 시음의 진미는 그 독특한 '산화미'에 있다고 생각한다.** 평범하게 생각하면 산화(oxidation : 어떤 물질이 산소와 결합하거나 수소를 잃는 화학 반응)된 것 같기도 하고 '힘이 없는 것처럼 느껴지는 공허함' 그것이다. 아마도 진하고 새콤한 농축미가 강한 호주 시라즈 와인(Shiraz win)을 애호하는 분은 잘 이해가 안 될 것이다. 바로 이런 것이 해당 지역과 해당 국가 와인만이 가지고 있는 고유의 색깔(unique color)이며, 와인의 신비다.

016. "1865"

Carmenere, Reserva, San Pedro, Chile.

생산자 : 비냐 산페드로

품종 : 카르므네르

추정 가격대 : 5만 2천원

'18홀을 65타에 치라는 행운의 의미'를 담은 '골프 와인'으로 유명하다. 카르므네르 품종은 프랑스에서 건너온 품종(variety)이지만, 최근에 (recently) 칠레에서 놀라운 성과(amazing accomplishment)를 나타내고 있다. 칠레 정부가 전폭적으로 지원하고 있는 국가 대표 품종이라고

볼 수 있으며, 칠레의 자연환경(natural environment)에서 최적의 성장(optimal growth)을 보이고 있다.

테이스팅 포인트(Tasting points, 시음 포인트) : 카베르네 소비뇽과 시라를 섞어 놓은 듯한 진한 농축미와 색상, 그리고 매콤한 풍미(flavor)가 인상적이다. 방앗간(mill)에서 맡을 수 있는 고춧가루 향(powdered red pepper flavor)도 있다. 따라서 음식도 매콤하고 자극적인 것까지 충분히 받아들일 수 있다. 그런 의미에서 **한국의 김치찌개**(kimchi soup, pork stew with kimchi)**나 고추장, 비빔밥, 제육볶음 등과 잘 어울린다.**

※ **고추장** : 붉은빛을 띠며 매운맛≪매운맛 성분(component)인 캡사이신(Capsaicin)은 위벽을 보호하고, 암 억제 효과가 있다≫을 내는 한국 전통 장류의 하나. 1614년(광해군 6년)에 지봉 이수광(李睟光)이 지은 일종의 백과사전적 저서인 지봉유설(芝峰類設)에 고추를 일본에서 온 겨자라는 뜻으로 '왜겨자(倭芥子)'로 표현되어 있다. 쓰네야 세이후쿠의 조선개화사에 임진왜란 때 우리 민족을 독살키 위하여 가져왔으나 우리 민족의 체질(constitution)에 맞아 즐겨 먹었다는 기록(record)이 있다.

※ **비빔밥** : 조선시대 요리 서적 東國歲時記(1894년). 是議全書에 비빔밥을 골동반(骨董飯)이라고도 하는데, '골동'이란 섞는다는 뜻이다. 공연예술가 백남준은 "전자와 예술과 비빔밥"이라는 수필에서 자신의 예술세계(world of art)를 비빔밥으로 표현(expression)했다.

※ **제육볶음** : 돼지고기(pork)를 갖은 양념을 넣어 볶다가 부추〈기양초(起陽草 : 양기를 든든하게 하는 풀), 장양초(壯陽草 : 양기를 일으키는 풀), 정구지(精久持 : 부부간의 정을 오래도록 유지시켜 준다는 뜻)〉를 넣고 다시 볶은 음식

017. 물랭리쉬(Moulin Riche)

de Chateau Leoville-Poyferre, Saint Julien, Bordeaux, France.

생산자 : 샤토 레오빌 푸아페레

품종 : 카베르네 소비뇽 · 메를로 · 카베르네 프랑

추정 가격대 : 6만 5천원 오랜 역사(long history)를 가진 레오빌 가문의 포도밭(grapery) 3개 중에서 힘과 섬세함(strength and delicacy)의 밸런스(balance)가 뛰어난 레오빌 푸아페레의 **세컨드와인**(second wine)**이다.** 품질(quality)과 특성(characteristic)이 뛰어난 그랑크뤼 와인(Grand Cru wine)을 만들기 위해서는 완벽한 포도(perfect grape)만을 엄격하게 선별(sort)할 필요가 있다. 그러다 보니 남겨진 포도도 상당히 좋은 경우가 있다. 이런 포도(grape)를 가지고 세컨드 와인(Second wine)을 생산한다. 이 때문에 세컨드 와인(Second wine)엔 가격 대비 품질(quality)이 좋은 와인이 비교적 많다. **물랭 리슈 와인**(Moulin Riche Wine)**은 보르도** 【Bordeaux : 프랑스 남서부의 가론 강가에 있는 하항 도시. 포도가 많이 나며, 포도주로 유명하다】**의 세컨드 와인**(Second wine) **중에서 가장 성공한 경우다.**

테이스팅 포인트(Tasting points, 시음 포인트) : 생쥘리앙이라고 하는 AOC(Appellation d' Origine Controlee)에서 기대할 수 있는 것보다 훨씬 힘이 세고 강한 와인이라 좀 놀랄 것이다. 그만큼 농축미가 있으며 진한 깊이를 느낄 수 있는 미디엄 풀보디 와인(medium full-bodied wine : 우유를 마실 때 느껴지는 무게감에 해당한다)이다. 특히 오크(oak : 너도밤나뭇과 졸참나무속의 총칭) 뉘앙스(nuance 프랑스어)가 강하게 배어 있어 오크(oak : 너도밤나뭇과 졸참나무속의 총칭)향 깔린 느낌(feeling)을 좋아하는 분들에게 추천하고 싶다. **음식은 석쇠에 구운 소고기류와 잘 어울리다.**

018. 마스 라 플라나(Mas La Plana)

Cabernet-Sauvignon, Penedes DO, Miguel Torres, Spain.

생산자 : 미겔 토레스

품종 : 카베르네 소비뇽

추정 가격대 : 7만 2천원

마스 라 플라나(Mas La Plana)는 **1979년의 파리 와인 올림피아드에서 샤토 라투르(Chateau Latour)를 위시한 당대의 유명한 여타 카베르네 와인(Cabernet wine)을 제치고 우승**(1970년 빈티지)해 그 명성(fame)을 높였다. 스페인에서 나오는 국제적 스타일(style)의 와인으로 꾸준한 인기(steady popularity)를 누리고 있다.

테이스팅 포인트(Tasting points, 시음 포인트) : 이 와인의 짙은 암홍색은 정말 환상적이다. 익은 과일향과 산미, 힘찬 타닌(tannin), 그 모든 것이 잘 균형을 이루고 있어 이 가격대에서는 찾아보기 힘든 경쟁력(competitive power)을 갖고 있다. 잘 구운 안심과 등심, 모든 고기와 잘 어울린다. 병의 육중함도 인상적.

019. 레스 테라제스(Les Terrasses)

Priorat DOC, Alvaro Palacios, Spain.

생산자 : 알바로 팔라치오스

품종 : 카리네나 55~60%, 가르나샤 30~40%, 카베르네 소비뇽 10%.

추정 가격 대 : 7만 3천원

스페인의 야무진 젊은이 알바로 팔라치오스는 스페인 신세대 (new generation)를 이끄는 최고의 생산자(the best producer)다. 그가 포도나무(grapevine)와 포도밭(vineyard)에 들인 공은 고스란히 와인의 품질(quality)로 되돌아왔다. 지중해의 태양과 험준한 산악 비탈(rugged mountain slope)의 정기가 하나로 갖추어진 와인.

테이스팅 포인트(Tasting points, 시음 포인트) : 선명한 보랏빛을 견지한 심홍색은 참으로 아름답다. 여기에 풍부한 과일향과 부드러운 나무향, 견과향, 그리고 알콜(alcohol)이 주는 힘과 견고한 타닌(tannin)으로 잘 무장(armament)된 이 와인은 마스 라 플라나(Mas La Plana)와 함께 스페인을 대표하는 7만원대 최고의 밸류 와인(Value Wine)이다.

020. 샤또 글로리아 생줄리앙(Chateau Gloria Saint Julien)

France.

생산자 : 샤토 글로리아

품종 : 카베르네 소비뇽 75%, 메를로 25%

추정 가격대 : 7만 5천원

라벨(label)에 그려진 천사의 쌍고동이 인상적이다. 샤토 글로리아는 보르도(Bordeaux : 프랑스 남서부의 가론 강가에 있는 하항 도시, 포도가 많이 나며, 포도주로 유명하다)에서 가격 대비 품질(quality)이 뛰어난 와인 중 하나다. 그랑크뤼 4등급 와인인 샤토 생피에르(Ch. Saint Pierre)를 소유한 앙리 마르탱(Henry Martin)의 고집스런 정열과 노력으로 고고한 행진을 계속하는 멋진 와인이다.

테이스팅 포인트(Tasting points, 시음 포인트) : 부드러운 색감에 사랑스러운 부케(Bouquet)의 움직임이 코를 자극하는 매력적인 와인(charming wine). 특히(specially) 은은한 삼나무≪Japanese Cedar : 삼나무의 나뭇잎은 뾰족하며 가시(spine)가 있고 편백은 부챗살처럼 생겼다≫향이 저변을 받쳐주며 향신료향이 수직 기둥을 만들어내고 그 위에 다양한 과일향들이 폴폴 떠다니는 황금 구조를 갖춘 미디엄 풀보디 레드 와인(medium full body red wine)이다.

※ **장기 숙성된 맛이 진한 와인은 풀 보디**(full body), **가벼운 것은 라이트 보디**(light body), **그리고 그 중간을 미디엄 보디**(medium body)**라고 한다.**

021. **샤토 수브랭**(Chateau Souvrain)

Alexander Valley, California, USA.

생산자 : 샤토 수브랭 품종 : 카베르네 소비뇽 주품종

추정 가격대 : 7만 7천원

미국의 와이너리(winery : 포도양주장) **이름에 '샤토'가 들어가서 이상하게 생각되겠지만 엄연한 미국 와인이다.** 아마도 프랑스 와인 같은 섬세한 느낌(delicate feeling)을 미국의 토양(soil) 위에서 담아내려는 생산자(producer)의 소망(wish)을 표현한 게 아닐까 한다. 최근 캘리포니아 와인은 전처럼 값싼 와인(cheap wine)의 이미지에서 벗어나 실질적으로 고품질 와인(high quality wine)을 생산하며 가격도 상당히 높아졌다. 이 와인은 그 중간 접점을 잘 메워주고 있다. 테이스팅 포인트(Tasting points, 시음 포인트) : 블랙베리(blackberry, 검은 딸기)나 체리 잼(cherry jam)에서 나는 진한 달콤함과 산미를 동반한 과일향이 전반을 리드(lead)한다. 시간이 흐를수록 향신료의 매콤함과 스모키(smoky : 그을은)한 복합미가 곁들여지며 끝을 장식해준다. 여운이 길며 커피(coffee) · 초콜릿(chocolate : 카카오나무의 열매를 볶아 만든 가루)의 뒷맛을 남긴다.

022. **카스텔로 디 아마**(Castello di Ama)

Chianti Classico, Toscana, Italia.

생산자 : 카스텔로 디 아마

품종 : 산지오베제 블렌딩

추정 가격대 : 8만 3천원

키안티 와인은 이탈리아를 대표하는 와인인데 생산량이 많다보니 사실제 특성을 확실히 느낄 수 있는 와인을 찾기가 쉽지 않다. 카스텔로 디 아마는 키안티≪Chianti : **이탈리아 토스카나 지방산의 쌉쌀한 적포도주**≫를 아주 잘 만드는 생산자 중 하나다. 해발 5백m의 고지에서 산도와 당도(sugar content and acidity)가 잘 조화된 포도를 생산한다. 그러면서도 약간 산미쪽으로 강화된 미감을 보이는 게 전형적인 산지오베제(Sangiovese) 와인의 특성(characteristic)이다. 테이스팅 포인트(Tasting points, 시음 포인트) : 짙은 밀짚색(dark straw color), 과일향이 두드러지며 특히 산딸기(mountain berries)와 자두 (plum)의 느낌(feeling)은 아주 인상적이다. 오크(oak : 너도밤나뭇과 졸참나무속의 총칭)속 숙성이 주는 부드러운 토스트(soft toast), 스모키향(그을음 냄새)이 간간이 떠오르며 전반적으로 다양한 향신료(diverse spices)의 향과 잘 조화를 이룬다. 물론 산미는 뛰어나며 매끈한 타닌(tannin)이 단단한 골격(solid skeleton)을 형성(formation)한 미디엄 풀 보디(medium full body)의 키안티 와인(Chianti wine)이다. **섬세한 안심을 이탈리아 풍으로 요리한 음식, 가볍게는 풍부한 토핑의 피자나 토마토**(붉은 색을 띠게 하는 색소성분 라이코펜 성분 함유) **고기 스파게티**〔spaghetti : 국수 모양의 이탈리아 음식으로 어원은 스파고(spago : 끈)에 에토(etto)라는 축소사가 붙어 생긴 말이다〕**와도 잘 어울린다.**

※ 토핑(topping) : 요리나 과자의 맛이나 모양을 좋게 하려고 끝마무리 손질로서 그것의 위에 얹는 음식물이나 장식물. 잘게 썬 견과(堅果)나 깎아 만든 초콜릿 등이 있다

　　　　　　　　　　　　　　　　　　　　건배사 모음 대백과

023. 리저브(Reserve)

Argyle Vineyard, Willamette Valley, Oregon, USA.

생산자 : 아가일 비니어드

품종 : 피노 누아 추정

가격대 : 8만 3천원피노

누아 와인(Pinot Noir wine)하면 흔히 부르고뉴 와인(Bourgogne Wine)이 최고라고 하지만, 신세계 생산지역에서 오리건의 성공을 빼놓을 수 없다. 북태평양 알래스카(Alaska)로부터 내려오는 한류의 영향(hallyu's influence)으로 서늘한 기후(cool climate) 에서 재배되는 오리건 피노 누아의 수준은 세계를 놀라게 하고 있다. **2004년 와인 스펙테이터지**(세계의 뮤명와인 잡지) **1백대 와인에 선정됐다.** 테이스팅 포인트(Tasting points, 시음 포인트) : 피노 누아는 색상이 본래 연한데, 이 와인은 약간 진한 듯한 루비(ruby : 홍옥)색을 띠고 있다. 잘 익은 베리≪Berry : 장과, 베리 등 작고 수분이 많은 과실, 액과를 맺다≫의 순한 향이 부드러운 오크(oak : 너도밤나뭇과 졸참나무속의 총칭) 아로마(aroma, 향기)와 잘 결합(combination)되어 있다. 매끈한 타닌(tannin)과 적절한 알콜(alcohol)의 힘까지 겸비하고 있는 피노 누아(Pinot Noir, 1로 만든 적(赤)포도주)의 특별한 표현(Special express)을 찾을 수 있다.

※ **와인 스펙테이터지**(Wine spectator paper) : **미국 와인 잡지**(journal)로 **전문칼럼**(Specialty Column : 시사문제 등을 촌평하는 란), **review**(평론 : 예술 작품이나 문화 현상 따위에 대하여, 그 가치, 우열, 미추 따위를 논하여 평가함)을 한다.

🍃 **참고사항**

※ 오프 더 레코드(off the record) : 보도하지 않을 것을 조건으로 하는 기사제공. 즉 방송하지 않는 다는 조건으로 기사를 주는 것

※ 데드라인(Deadline) : 기사 마감시간

※ 스쿠프(Scoop) : 특종기사

※ 모니터(Monitor) : 방송 프로그램을 신청하여 비판해주거나 전망 등을 시사해주는 사람

※ 다큐멘터리(Documentary) : 기록영화, 사실적 방송

024. 잭 런던 멜롯(Jack London Merlot)

Kenwood, Sonoma, California, USA.

생산자 : 켄우드

품종 : 메를로 추정

가격대 : 8만 4천원

차세대 캘리포니아 와인의 명산지 소노마 밸리에서 미국의 유명한 소설가 (noted novelist) 잭 런던이 소유하고 있었던 목장의 포도원에서 독점 생산한다. **라벨**(label : 상표)**없이 와인병에 직접 그려진 늑대**(wolf)**의 두상은 잭 런던이 원고 탈고 후 자신의 도장**(seal)**처럼 사용했던 문장**(crest)**이다. 늑대**(wolf)**의 눈빛이 섬뜩한데, 그 눈빛을 보노라면 한 병을 마셔도 취하지 않는다.**

테이스팅 포인트(Tasting points, 시음 포인트) : 흔히 카베르네 소비뇽과 메를로의 차이를 이야기하면서 타닌(tannin)의 질감(texture)과 과일향의 차이, 그리고 3차향이 주는 특성(characteristic)을 꼽는데, 이 와인에서 캘 포니아 메를로의 제 모습을 발견할 수 있다. 산미와 당미가 적절히 교차된 잘 익은 자두가 주는 느낌(feeling)과 섬세한 오크(oak : 너도밤나뭇과 졸

참나무속의 총칭)향이 잘 가미된 아로마(aroma : 향기)에 가볍게 그을린 짚단의 구수함까지 깃들여 있다. 타닌(tannin)으로 인한 질감(texture)이 정말 부드럽다.

025. 마스드 도마스 가삭(Mas de Daumas Gassac)

Vin de Pays de l'Herault, Languedoc, France.

생산자 : 마스 드 도마 가삭

품종 : 카베르네 소비뇽 80%, 나머지 20%는 10여개 품종의 조합.

추정 가격대 : 11만원

프랑스 남부 랑그도크(Languedoc) 지방 가삭 밸리의 태양과 지중해(the Mediterranean Sea)의 바닷 내음이 깃들인 가삭의 와인은 정말 고유하며 전통적이다. 풍부하고 복합적인 고유의 개성이 담긴 향과 부케(bouquet : 포도주 등의 향기), 풍미(風味 : 음식의 고상한 맛) 와 와인에서도 면면이 느껴지는 생산자(producer)의 옹고집(obstinacy)을 보도록 하자.

테이스팅 포인트(Tasting points, 시음 포인트) : 먼저 포도 품종의 비율이 특이하다. 카베르네 소비뇽이 80% 정도이니, 전반적으론 이 품종의 특성(characteristic)이 지배적이다. 그러나 피노 누아 · 네비올로 · 산지오베제(Sangiovese)까지 들어간다면 믿을 사람이 누가 있을까?

그야말로 **지중해 세계의 전 품종을 블렌딩**(blending : 혼합)**한 명실공히 '유럽 와인'이다.** 짙은 심홍색에 부드러운 산화(oxidation : 어떤 물질이 산소와 결합하거니 수소를 잃는 화학 반응)로 인한 적벽돌(red brick) 톤이 사뿐히 깔려 있는 의미 깊은 색상. 오래된 석류껍질색(pomegranate Peel color)이라고 보면 된다. **다채로운 향신료**(colorful spice) **향과 감초**(licorice), **버섯**(mushroom)**을 동반한 황야**(wilderness)**의 들풀 내음**(scent of wild grass)**도 느껴진다. 비릿한 동물향이 감돌며 마지막을 장식**(decoration)**한다.** 견고한 타닌(solid tannin)과 적당한 알콜(moderate alcohol), 높은 산미, 약간 마른 듯한 뒷맛(aftertaste) 등이 특징(characteristic)이다. **양고기**(mutton)**와 어울릴 것도 같다.**

※ 석류(omegranate)의 이름은 중국 한나라 때 장건이 안석국(安石國 : 지금의 페르시아(이란))에서 들여온 것에서 유래(the history)한다. 초기에 '안석국의 류'라고 해서 '안석류'로 불렸다. '류(榴)'는 혹처럼 열매가 주렁주렁(in full bearing) 달리는 나무를 뜻 한다. 석류에 함유된(contain) 천연 식물성(natural herbal) 에스트로겐 성분(component)은 여성의 생리기능(women's physiological function)에 도움을 주며 피부 내 콜라겐 합성(synthesis)을 촉진(promotion)하여 노화(old age)를 방지해 준다. 성서에 의하면 솔로몬 왕은 석류과수원을 가지고 있었고, 유대인들이 이집트에서의 편안한 생활(comfortable life)을 버리고 황야(wilderness)를 떠돌아다닐 때 그들의 기억 속에 남아 있는 석류의 시원함을 간절히 바랐다고 한다. 그로부터 수세기(centuries)가 지난 뒤 예언자(prophet) 마호메트는 "질투와 증오(ealousy and hatred) 없애려면 석류(pomegranate)를 없애라"고 말했다고 한다. 절세미인으로 전해지는 양귀비와 클레오파트라가 에스트로겐과 비타민이 풍부해 피부 미용을 위해 즐겨 먹었던 과일로도 유명하다.

026. 쉐이퍼(Shafer) Shafer Vineyards, Napa Valley, USA.

생산자 : 쉐이퍼

품종 : 카베르네 소비뇽

추정 가격대 : 12만원

내파밸리는 캘리포니아 최고의 명산지인데 세계 정상급(world's top class)의 고급 와인(fine wines)을 생산하는 셰이퍼 비니어드의 카베르네

(Cabernet)는 내파밸리 중에서도 남쪽 산 파블로 만 가까이에 위치해 있다. 남서향의 언덕(southwest-facing hillside)에 위치한 포도밭(rape plantation)서는 **소위 컬트 와인**(Cult Wine : 극소량만 생산되는 희귀 와인)**의 하나인 'Hillsides Select' 와인이 생산되며, 나머지 주변에서 일반 카베르네를 만든다.** 그러나 40만원짜리 컬트 와인(Cult Wine)보다 좋은 것 같다. 테이스팅 포인트(Tasting points, 시음 포인트) : 이 와인의 매력 포인트(point)는 바로 미감에 있다. 입안 가득히 전해오는 조직의 충밀도가 아주 진하고, 타닌(tannin)의 힘이 충분한데도 질감(texture)이 이토록 미려할 수 없다. 알콜(alcohol)의 뜨거움도 만만치 않지만 새큼한 과일 맛이 감싸주며, 타닌(tannin)이 거칠게 느껴 질까봐 곧바로 블랙 초콜릿(black chocolate)의 부드러운 미감이 전해온다. 함께 먹는 치즈(cheese)도 가급적 같은 느낌(feeling)을 공유하면 좋겠다.

※ 카베르네(Cabernet) : 세계적으로 가장 유명한 레드 와인용 포도 품종(grape varieties)이다. 프랑스 보르도(Bordeaux : 프랑스 남서부의 가론 강가에 있는 하항 도시, 포도가 많이 나며, 포도주로 유명하다)가 고향(one s hometown)이고 진한 색깔(dark color), 작은 포도알, 두꺼운 껍질(thick rind)과 씨(seed)가 차지하는 비율(ratio)이 높기 때문에 타닌이 강하고 색깔도 매우 진하다.

027. 엔시알(Antiyal) Alvaro Espinoza, Maipo Valley, Chile.

생산자 : 알바로 에스피노사

품종 : 카르므네르 45%, 카베르네 소비뇽 35%, 시라 20%

추정 가격대 : 12만원

칠레 와인 산업은 최근 수년 동안(for years) 혁명적 격변기(revolutionary upheaval period)를 맞이하였다. 새로운 사고(new thinking)를 지닌 젊은 생산자들(young producers)이 많아졌기 때문이다. 그 가운데 알바로 에스피노사는 가장 뛰어난 생산자(the most outstanding producer)다. 와인메이커(wine maker)로 일했던 그는 유기농법(organic farming), 관개관리(irrigation management), 경사진 언덕(sloping hill) 포도원 운영(vineyard operations) 등을 전문적으로 공부했다. 현재 독자적인 안티얄 브랜드(Antiyal brand)로 유기농법에 의한 고급 와인을 생산해내고 있다. **안티얄의 모든 포도는 풀을 썩여 만든 자연 퇴비(compost)로 시비하기 때문에 토양의 성질(nature of the soil)을 해치지 않으면서도 기름지다. 인위적 손길(artificial hand)을 최소화하고 자연에 순응(adaptation)하여 각 토양(soil)이 지닌 독특한 테루아**(Terroir : 와인과 관련되는 천, 지, 인의 조건을 한 마디로 종합해서 테루아라도 한다)**의 특징(characteristic)을 그대로 표현하는 방식(as a way to express)이 그의 비법(secret method)이다.**

테이스팅 포인트(Tasting points, 시음 포인트) : 현대적 칠레 와인은 카르므네르와 시라 품종(variety)을 잘 사용하여 만든다. 색상과 향(colors and scents), 그리고 미감(the taste)에서 확실한 효과(definite effect)를 보기 때문이다. 우선 이 와인을 만드는데 사용된 세 품종은 모두 색깔이 진하고 매콤하게 느껴지는 강한 향(strong aroma)을 갖고 있다. 그런데 이 와인은 그렇지 않다. 기본적인 농축미와 개성(individuality)은 유지한 채 아주 자연스럽고 섬세하다. 부드럽기까지 하다. 바로 유기농법(organic farming)으로 만든 자연스러움이 은연중에 배어 있기 때문일 것 같다. 웰빙 와인(well-being wine)의 선두주자(forerunner)이며 대표적 아이템(typical item)이다.

028. 샤또 드 보카스텔(Chateau de Beaucastel)

Chateauneuf du Pape, Rhone, France.

생산자 : 샤토 드 보카스텔

품종 : 그르나슈(Grenache), 쉬라(Syrah), 셍소(Cinsault), 무르베드르(Mourvedre) 외 다수.

추정 가격대 : 16만원

'샤토뇌프 뒤 파프'(Chateauneuf-du-Pape)는 마을 이름이면서 곧 AOC(Appellation d'Origine Controlee)의 이름이기도 하다. 14세기 교황청(the Vatican)이 프랑스의 아비뇽이라는 남부 도시에 있을 때 교황청(Vatican)에서 사용할 포도주를 납품(delivery)하던 포도마을(vineyard town)이었다. 그 때문에 지금도 **와인병 디자인과 협회 로고**(logo : 단체나 기업, 제품(product) 따위를 표상하기 위한 문자 도형)**로 교황**(pope)**의 모자와 열쇠**(hat and key)**를 자랑스럽게 사용하고 있다.** 이 지역의 포도원 중 가장 대표적인 회사가 보카스텔이다. 가장 자연적인 와인 생산 철학(production philosophy)을 가지고 본래의 전통(tradition)에 충실한 샤토뇌프 뒤 파프 와인《Chateauneuf-du-Pape wine : 완고하고 강건하며 완전한 발란스를 이루는 레드와인(Red Wine)》을 만들고자 한다. 그르냐슈와무르베드르(Mourvedre)를 중심으로 AOC(Appellation d'Origine Controlee)에서 허용하는 전 품종을 골고루 사용하고 있다.

테이스팅 포인트(Tasting points, 시음 포인트) : 이 와인의 특징(characteristic)은 그르나슈(Grenache)와 무르베드르(Mourvedre) 품종을 각각 30%씩 사용하고 나머지는 시라와 셍소 등 기타 다양한 품종(various variety)을 블렌딩(blending, 혼합)한데 있다. 원래 그르나슈(Grenache)는 산화(oxidation : 어떤 물질이 산소와 결합하거나 수소를 잃는 화학 반응)에 약하기 **때문에 샤토뇌프 뒤 파프의 와인**(Chateauneuf-du-Pape wine)**은 마치**

스페인 와인처럼 유순한 산화미가 특징(characteristic)**이다.** 물론 너무 치우치는 것을 예방 (prevention)하기 위해 타닌(tannin)과 힘이 좋은 무르베드르(Mourvedre)를 섞어 보완하는 지혜(wisdom)를 발휘(display)했다. 색상은 전반적으로 짙은 편이 아니다. 다채로운 향신료 향(colorful spice incense)은 샤토뇌프 뒤 파프 와인(Chateauneuf-du-Pape wine)의 특징(characteristic)이다. 황야(wilderness)의 들꽃(wild flower)과 들풀(wild grass)의 느낌(feeling)도 선명하며, 그 들판(field)을 뛰어다닌 동물들의 체취(body smell)도 흠뻑 느껴진다. 알콜(alcohol)이 주는 너그러움과 부드러운 산미는 샤토뇌프 뒤파프만이 갖고 있는 매력 포인트다. **미디엄-레어**(medium rare) **이하로 구운 쇠고기**(beef)**나 양고기**(mutton)**와 함께 들어 보시면 좋을 듯하다.**

※ AOC(Appellation d'Origine Controlee) : 프랑스 와인은 크게 AOC급 와인, 지역등급 와인(Vin de Pays) 및 테이블 와인(Vin de Table)으로 분류한다.

029.29. 티냐넬로(Tignanello) Toscana IGT, Piero Antinori, Italia.

생산자 : 피에로 안티노리

품종 : 산지오베제 80%, 카베르네 소비뇽 15%, 카베르네 프랑 5%

추정 가격대 : 15만원

이탈리아의 명문 와인 가문 안티노리의 26대손 피에로 안티노리 후작이 토스카나 지방의 고유 포도 품종에 보르도(Bordeaux : 프랑스 남서부의 가론 강가에 있는 하항 도시, 포도가 많이 나며, 포도주로 유명하다) 품종을 블렌딩(blending, 혼합)해 완전히 새로운 개념의 이탈리아 와인을 생산했다. 이 와인은 프랑스 보르도(Bordeaux : 프랑스 남서부의 가론 강가에 있는 하항 도시, 포도가 많이 나

며, 포도주로 유명하다)의 특등급 와인이 석권(sweep)하고 있던 세계 고급 와
인 시장의 판도를 바꾸어 놓았다. **슈퍼 투스카니 와인(Super Tuscans
wine)으로 전 세계에 알려지게 된 이탈리아 명품 와인의 원조(originator)
가 됐다.** 티냐넬로는 작황(crop)이 좋지 않은 해에는 생산하지 않으며 엄
격한 품질 관리(quality control)로 생산량(output)이 제한(restriction)
돼 있다. 지난해 추석 때는 **삼성의 이건희 회장이 자사 임직원(executives
and employees)들에게 선물로 돌렸다 하여 연말에 잠시 사재기(panic
buying) 바람까지 일었다.**

테이스팅 포인트(Tasting points, 시음 포인트) : 티냐넬로는 짙고 아름다운
루비 가닛【garnet : 철, 망간, 마그네슘 등을 포함한 규산염의 광물(mineral), 빛깔은 황색,
갈색, 적색, 흑색 따위가 있다】빛과 풍부한 과일향, 뛰어난 구조와 긴 여운을 남
기는 풀보디 와인(full-bodied wine : 물과 우유의 중간 정도의 느낌이 든
다)이다. 산지오베제(Sangiovese)의 과일향과 높은 산미, 카베르네 소비
뇽의 타닌(tannin)과 강한 터치(touch)가 조화를 잘 이룬 것으로 평가된
다. 스테이크(steak)·갈비 등 육류 요리(meat cook)와 잘 어울린다. **와
인만 마실 경우엔 이탈리아의 파르마잔 치즈를 권한다.**

※ 파르마잔 치즈(Parmesan cheese) : 딱딱하고 wheel모양으로 만들어졌으며 부채꼴 모양으로 썰어 판
매, 피자집에서 피자(이탈리아 파이의 한 종류) 위에 뿌려먹는 치즈가루가 대부분 파르마잔 치즈다.

030. 샤또 팔메르(Chateau Palmer) Margaux AOC, Bordeaux, France.
생산자 : 샤토 팔메르
품종 : 카베르네 소비뇽 45%, 메를로 45%, 카베르네 프랑 10%.
추정 가격대 : 29만원

샤토 팔메르는 나폴레옹{Napoléon] 전쟁시의 영국군 장교 찰스 팔머 장군이 인수하면서 현재의 이름으로 불렸다. 20세기 중반에 이르러 품질(quality)이 매우 향상돼 '수퍼 세컨드(super second)'라고 불릴 정도다. **마르고 AOC(Appellation d'Origine Controlee)의 특성(characteristic)을 잘 표현한 대표 와인 중 하나다.**

테이스팅 포인트(Tasting points, 시음 포인트) : 메독 와인임에도 메를로 품종의 비율이 상당히 높은 게 가장 큰 특징(characteristic)이다. 만약 팔메르가 섬세하고 우아한 귀부인(elegant lady)같다면 바로 이 블렌딩(blending : 혼합)에서 기원(beginning)한다. 물론 마르고 지역은 메독에서도 가장 자갈(pebbles)이 많은 곳이다. 본래 부드럽고 여성적인 우아함(soft and feminine elegance)으로 정평(reputation)이 나있다. 퐁당 빠지고 싶은 맑고 고운 암홍색에 상큼한 과일향(refreshing fruit flavor), 체리(cherry : 벚나무의 열매), 산딸기, 블랙베리(blackberry : 검은 딸기), 그리고 은은한 제비꽃(그리스의 국화) 향기와 장미(영국, 불가리아, 이라크 등 10개국의 국화)의 뉘앙스(nuance 프랑스어)가 번진다. 가벼운 정향【후추, 계피와 함께 세계 3대 향신료중 하나】과 다양한 향신료 (diverse spices) 풍미(flavor)도 언저리(edge)를 맴돌다 마지막에 합류(confluence)한다. 그리고 저변에 여전히 깔려 있는 바닐라≪vanilla : 난초과에 속한 여러해살이 덩굴풀≫ · 토스트(toast) 향도 조만간 합류할 태세다. 매끈한 타닌(tannin)에서 오는 부드러운 질감, 높은 산미의 상승감, 적당한 알콜(moderate alcohol), 과일향 가득한 풍미(flavor), 모든 것이 섬세하고 우아한 밸런스(delicate and elegant valance)를 이루고 있다. 고운님을 맞는 기분(feeling)으로 음미해 보자.

※ 영국의 장미전쟁(the Wars of the Roses) : 왕위를 다투던 요크가와 랭커스터가가 제각기 흰 장미(white rose)와 붉은 장미(red rose) 를 달고 30년 동안 전쟁을 일컬음

　　　　　　　　　　　　　건배사 모음 대백과

031. 국산포도주(domestic wine)

제품명 샤토마니(ChateauMani)

생산지 : 충북 영동

생산자 : 와인코리아(주)

샤토마니는 기암절벽(bizarre cliffs and rock formations) 고성(古城, old[ancient] castle)으로 이름난 마니산(摩尼山 / 충북 영동) 포도농원(grape plantation)의 포도(grape)로 정통양조법(Traditional brewing method)으로 **자가 양조한 순수 우리 포도주**로서, "고성 마니산 농장의 포도주"란 뜻을 지니고 있다.

샤토마니의 원료(raw materials)가 되는 영동포도는 추풍령, 민주지산, 덕유산, 마니산 등 고산분 지형 산악지대(mountainous area)에서 주로 재배되어 포도 수확기(grape-harvest season)에는 강우량(rainfall)이 적고 낮에는 일조량(amount of sunshine)이 많으며, 밤낮(night and day)의 일교차(daily temperature range[difference])가 10℃ 이상이 되는 등 포도 숙성에 최적의 조건(optimal environment)을 갖고 있어, 전국 최고의 고당도 포도(high sugar grape)다. 따라서(accordingly) 고급와인(high end wine)의 양조(brewing)에 필수불가결한 양질(good quality)의 포도주 원료(materials)로서 매우 적합하며, 고품격와인(first-rate wine) 샤토마니(ChateauMani)을 탄생(birth)시켰다.

충북 영동지방은 전형적인(typical) 내륙 고원(inland plateau) 분지형 기후(climate)로서 포도수확기(grape-harvest season)에는 강우량(rainfall)이 적고 낮에는 고온(high temperature)과 일조량(amount of sunshine)이 많고 밤낮(night and day)의 일교차(daily temperature range)가 10℃ 이상이 되는 등 포도 성숙(grape mature)에 최적의 기후 조건(optimal climatic conditions)을 지니고 있다.

영동의 토양(soil)은 배수(drainage)가 잘 되고 비교적 척박한 자갈 (barren pebbles), 모래(sand), 석회질(calcareous)로 고품질(high quality)의 포도재배(vine culture)에 가장 알맞은 토양성분(The most appropriate soil component)을 갖고 있어 포도 뿌리(grape root)가 땅속 깊이 파고들어 항상 최적의 수분(optimum moisture)과 자양분 (nutritious element)만을 섭취(intake)하여 좋은 품질(good quality)의 포도(grape)가 생산 (production)된다.

영동포도주 샤토마니(ChateauMani)는 하늘(heavens)과 땅(Earth) 인간 (human)이 만들어낸 합작품(joint work)이라 할 수 있다.

032. 샤토마니 드라이화이트

알콜도수 13%

품종 Sauvignon Blanc

추정가 750ML 25,000원

계절 13℃ 항온(constant temperature)과 충분한 습도(sufficient humidity) 등 와인이 가장 좋아하는 환경(the best environment)을 골고 루 갖춘 지하 동굴(Underground cave)에서 2~3년 숙성되어 약간 떫고 상큼한 맛의 가벼운 드라이 화이트와인【Dry white wine : 엷은 황색 혹은 황갈 색의 포도주, 청포도(green grape)를 주성분(the chief[main] ingredient)으로 하여 빚는다】이 다. 마실 때 알맞은 온도(reasonable temperature) 10~13℃이다.

033. 샤토마니 복분자 "丹"

알콜도수 15%

품종 BOKBUNJA

추정가 360ml 8,000원

일반 복분자와는 달리 주정 한 방울도 희석되지 않았으며 포도증류주 (grape distilled liquor)를 보정하여 원액 함량(undiluted solution content)이 월등이 투입(input)되어 복분자 100%의 깔끔한 맛(crisp taste)을 느낄 수 있는 고급 네츄럴 와인 high quality natural wine)이다. 마실 때 알맞은 온도(suitable temperature)는 16~18℃이다.

034. 샤토마니 드라이레드

알콜도수 13%

품종 Muscat Bailry A 90% Cabernet Sauvignon 5% Merlot 5%

추정가 750ML 25,000원, 500ML19,000원

사계절(four seasons) 13℃ 항온(constant temperature)과 충분한 습도(sufficient humidity) 등 와인이 가장 좋아하는 환경(the best environment)과 골고루 갖춘 지하 동굴(Underground cave)에서 2~3년 숙성되어 적당히 떫고 깊은 맛의 정통 드라이 레드와인(Dry red wine)으로 마실 때 알맞은 온도(suitable temperature) 16~18℃이며 소스(sauce)가 강한 스테이크류, 육류, 갈비찜 등과 음식궁합(food chemistry)이 맞는다.

※ 스테이크(steak)는 고기를 굽거나 튀겨서 익히고 소스(sauce) 를 얹은 서양 요리(Western food)의 하나

※ 티본(T-bone)스테이크는 "T"자 형태의 뼈가 들어가 있어 생 긴 이름으로 안심과 등심 맛을 동시에 느낄 수 있다.

※ 등심(sirloin) 스테이크는 영국왕 찰스 2세로부터 귀족작 위를 받은 스테이크로 알려져 있다.

※ 립아이(rib-eye) 스테이크는 갈빗살로 구운 것으로 부드럽고 풍미(flavor)가 좋아 인기(popularity)가 높다. 갈비인 립(rib) 과 눈인 아이(eye)라는 단어가 결합된 이름(Combined name)이 특이하다. 하지만 여기서 "립아이"는 갈비의 눈이 아니라 고기 자를 때 쓰는 전문용어(technical language)다. 우리는 보통 꽃등심 스테이크라고 부른다.

※ 소스(sauce)의 어원은 라틴어의 'sal(소금)'이 모태(matrix)가 된 고대 라틴어 'salsa/salsus'에서 유래한 고대 프랑스어 'sauce'가 오늘날까지 내려오고 있다.

035. 샤토마니 스위트레드

알콜도수 12%

품종 Campbell Eaely

추정가 750ML 17,000원, 500ML 12,000원

와인초보자(wine beginner) 및 여성분들(women)이 많이 선호하는 가볍고 달콤한 스위트레드와인(Sweet red wine)으로 마실 때 알맞은 온도(nice temperature)는 16~18℃이며 소스(sauce)가 약한 육류(meat), 돈가스 (프랑스어 '코틀레트(cotelette)'에서 유래), 삼겹살(bacon) 등과 잘 어울린다.

※ **빈티지(Vintage) : 사용된 포도의 수확연도(crop year)를 의미한다. 라벨(label)에 표시돼 있다. 생산연도(production year)가 중요한 이유(important reason)는 첫째, 포도주별로 보관(keep) 할 수 있는 기간이 다르기 때문이다. 와인은 포도 품종과 제조 방법(manufacturing method)에 따라 그 보존기간(retention period)이 다르다. 예를 들어(for example) 카베르네 소비뇽(Cabernet-Sauvignon) 같은 품종으로 만든 포도주는 상대적으로(relatively) 오래 보관(keep)할 수 있으나, 가메(Gamay)포도 품종으로 만든 포도주는 그렇지 못한 편이다. 따라서 무조건 오래 되었다고 좋은**

것은 아니다. 최적의 숙성 시기(optimal ripening period)에 마셔야 한다. 신선할 때 마셔야할 와인이 있고, 장기간 세월의 관록(dignity)이 밴 묵직하고 그윽한 맛(mellow taste)을 즐겨야 하는 와인이 따로 있다. 빈티지(Vintage)를 모르면 풋내 나는 와인을 마시게 되거나 적정기가 지난 김빠진 와인(stale wine)을 마시게 될 것이다.

※ 레드 와인[Red Wine] : 껍질(skin)과 씨(seed), 알맹이(substance)를 모두 사용해 제조한 붉은 빛의 와인

※ 로제 와인[Rose Wine] : 포도 껍질(skin)과 과육(fruit pulp)을 같이 넣고 발효시키다가 색이 우러나오면 껍질(skin)을 제거한 채 과즙(nectar)을 가지고 제조하는 와인으로 색이 분홍빛이며 맛은 화이트 와인에 가깝다.

※ 백포도주[화이트와인] : 껍질(skin)을 벗긴 청포도(green grape)의 주스만을 발효(ferment)시킨 것

※ **산화방지제 이산화황**(sulfur dioxide) : **황 성분은 와인을 안전하게 보관시켜주는 산화 방지제**(antioxidant)**다. 그 덕에 오랜 기간 지나도 와인이 식초**(vinegar)**로 변하지 않는 것이다.** 아직 황을 대체할 만한 소재(material)가 마땅치 않다. 또 식품(food)이 발효(ferment)하면 아주 미세한 양(micro amount)이지만 이산화황《sulfur dioxide : 황이 연소할 때 생기는 유독성 기체》이 자체 발생하기도 한다. 문제는 필요 이상으로 과다하게 사용되는 경우다. 우선 고농도일 경우, 냄새가 아주 심하다. 천식 환자들은 금방 거부감을 나타내며 편두통(migraine)과 소화불량(indigestion)을 야기할 수 있다. 따라서 세계 각국의 식품 위생법 (food hygiene law)은 이산화황(sulfur dioxide) 포함시 그 양을 표시하도록 돼 있다. 스위트 와인(Sweet wine)에 이산화황(sulfur dioxide)이 가장 많다. 이산화황《sulfur dioxide : 황이 연소할 때 생기는 유독성 기체》이 가장 적은 와인을 마시려면 드라이(dry)한 강한 레드 와인(red wine)을, 그 다음으로 드라이(dry)한 화이트 와인(white wine)을 선택하라.

Ⅲ. 중국의 명주

001. 수이칭팡(水井坊 : 수정방)

1988년 3월 사천성 전흥(全興)그룹은 양조장(brewery)을 수리하던 중 발

견한 600여 년 전의 증류기(distiller)와 부뚜막(cooking fireplace) 등이 발견 (discovery)되어 **세계에서 가장 오래된 양조장**(brewery)**으로 인정** (recognition) **받았다.** 전흥그룹은 이를 마케팅에 활용(practical use)해서 수정방이라는 브랜드(brand)로 고급백주를 출시하여 38℃~61℃에 이르는 다양한 도수와 고급스런 포장(luxury packaging), 향(fragrance), 맛(flavor)이 시장(market)에 부합(coincidence)되어 크게 환영받고 있다. **후진타오시기에 중국의 최고의 술로 인정**(recognition)**받고 있다.**

※ **후진타오**(호금도, 중국어간체 : 胡锦涛, 정체 : 胡錦濤, 병음 : Hú Jǐntāo, 1942년12월 21일~) 는 중국공산당 중앙위원회 총서기이자 중화인민공화국의 주석이다. 칭화 대학에서 기계공학 (mechanical engineering)을 공부했으며, 문화 대혁명 기간 동안 일체의 정치 활동(political activity)을 하지 않아 혁명(revolution)의 광풍(violent gale)에 휘말리지는 않았다. 대학교 졸업 (graduation) 이후 수력발전소(a hydroelectric power plant)에서 노동자(worker)로 근무를 시작 하여 기술자(engineer), 정치인(politician)을 거쳐 중국의 최고 권력자(the most powerful man in China)가 된다. 2010년 11월, 미국 대통령(president) 버락을 제치고, 미국 경제전문지 포브스지가 선정한 세계에서 영향력(influence)이 가장 큰 인물에 선정(selection)되었다.

002. 마오타이지우(茅台酒 : 모태주)

기원전(B.C = before Christ) 135년 한무제가 감미롭다는 말로 칭찬 (praise)했다고 전해질 만큼 유래(the history)가 깊은 술. 고량을 **누룩** (yeast)**으로 9~10개월 동안 여덟 번 발효**(ferment)**시키고, 아홉 번 증류** (蒸溜, distillation)**하여 생산한 후에 4년의 저장 기간**(storage period)**을 거쳐 병**(bottle)**에 담아 판매**(sale)**하기 때문에 맛과 향**(taste and flavor) **이 상당히 진하고 풍미**(flavor)**가 넘친다.** 마오타이지우는 300여 가지 성분(ingredient)이 향기(scent)를 만드는 것으로 알려졌고 1915년 파나마에서 열린 술 박람회(exposition)에서 위스키(Whisky)와 꼬냑과 더불어 세계 3대 증류주(distilled liquor)로 선정되기도 하였으며 2011년 4월 열린 마오타이지우 경매행사(auction) 때 1992년산 한디마오타이(汉帝茅台)가 한화 약 15억 원에 거래되어 바이지우 최고 거래가를 기록(record)하기도 하였다. **모택동 시기에 중국 최고의 술로 인정받았다.**

※ 목택통은 중국의 정치가(1893~1976). 1921년 상하이에서 공산당 창립에 후난 성 대표로 참가(participation)하였다. 1924년 국공 합작(國共合作)이 되자 공산당 중앙 위원, 국민당 제1기 후보, 중앙 집행 위원, 선전 부장 대리, 중앙 농민 운동 강습소장, 정치 주보 사장 등을 겸임(hold an additional post)하였다. 1949년에 중화 인민 공화국 정부를 베이징에 세워 국가주석 및 혁명군사 위원회 주석을 지냈다. 중국어 'MaoZedong[毛澤東]'을 우리 한자음으로 읽은 이름이다.

※ 목택동 경구(aphorism) : 모든 권력은 총구에서 나온다.(枪杆子里面出政权 ,All the power comes from the barrel) / 작은 불씨가 온 초원을 태울 수 있다.(星星之火, 可以燎原)

003. 우량예(五粮液 : 오량액)

우량예는 수수, 찹쌀, 백미, 밀, 옥수수 등 다섯 종류의 곡물로 양조한 술로 진씨(陳氏)라는 사람에 의해 명나라 초부터 생산되기 시작 하였다. 특유의 곡물 혼합 방식과 첨가되는 소량의 약재로 인해 독특한 맛과 향(unique aroma and flavor)을 내는 우량예는 1995년 파나마 국제박람회(international exposition)에서 주류부분 금상(gold prize)을 수상하는 등 국제 술 박람회에서 32번의 수상경력(award winning career)이 있으며 일부 애주가(habitual drinker)들 사이에서는 훨씬 좋은 평판(much better reputation)을 얻고 있다 **등소평 시기에 최고의 술을 인정(recognition)받았다.**

※ 등소평 (鄧小平, Deng Xiaoping, 1904년8월 22일 ~ 1997년2월 19일)은 중화 인민 공화국의 정치
가로 중국 공산당의 소위 2세대의 가장 주요한 인물(the big enchilada)이다. 오랜 정치 경력(long
political career)을 거치며, 권력을 다졌으며, 1970년대에서 1990년대에 이르기까지 중국에서 실질
적인 지배력(controlling power) 을 행사했다. 경제정책(economic policy)은 흑묘백묘론을 통한 실
용주의 노선(pragmatic line)을 추진(propulsion) 하고, 정치는 기존의 공산주의 체제를 유지하는 정
경분리의 정책(policy separating economy from politics)을 통해 덩샤오핑은 세계에서 유례가 없
는 중국식 사회주의(Chinese-style socialism)를 탄생시켰다

※ 등소평의 경구(aphorism) : 흑묘백묘론(黑苗白描論) "흰 고양이든 검은 고양이든 쥐만 잘 잡는다
면 문제될게 없다."

004. 양허따취(洋河大曲 : 양하대곡)

400여 년의 역사를 가지고 있고 장쑤성(江苏省)에서 생산되는 양허따취
는 수수를 발효(ferment)하여 증류(蒸溜, distillation)한 후 저온의 토굴
(crypt of low temperature)에서 오랜 시간 발효(long time ferment)한
다. 과음(excessive drinking)을 해도 다음날 숙취(angover)가 없어 뒷맛
(aftertaste)이 깨끗한 술로 사랑받고 있다.

005. 루저우라오자오(泸州老窖 : 노주노조)

쓰촨 루저우(四川泸州) 지방은 술을 빚는 공예가 매우 발달하여 술의 고
장이라 불리우는데, 송나라 때에는 **루저우의 술 공장에서 거둬들인 세금
이 국가 수입의 10%를 차지했다고 한다.** 현재 루저우라오자오를 생산하고
있는 루저우라오자오지우예(泸州老窖酒业)의 생산 공장(manufacturing
plant)은 명나라 시기부터 유명했던 양조장 (brewery)에 위치하여 당시

건배사 모음 대백과

의 저장창고(storehouse)를 그대로 사용하고 있는데, 1573년 **양조장 주인(brewery owner)이 처음 땅굴(underground tunnel)을 파 술을 저장했다는 저장 동굴(storage cave)은 현재 중국의 국보**(national treasure)**로 지정**(designation)**되어 있다.** 루저우라오자오는 은은한 향(subtle fragrance)을 지니면서도 달콤하고 깔끔한 맛(sweet and smart taste)으로 중국인들의 많은 사랑을 받고 있다.

006. 펀지우(汾酒 : 분주)

펀지우는 그 역사가 4,000년이 넘는다는 설이 있는 민간 전래 술로서, 현재 전해지는 펀지우는 1,500년 전 남북조시대에서부터 샨시성(山西省) 펀양현(汾阳县) 싱화촌(杏花村)에서 생산 되고 있는 방식이다. 샨시 중부 평원 특산의 고량을 원료(materials)로 하여 대맥, 완두(pea)로 누룩(yeast)을 만들어 발효(ferment)시키고, 여러 항아리(pot)에서 증류(蒸溜, distillation)한 후 특유의 비법(secret of the distinctive)으로 배합(combination)하여 부드럽고 시원하며 단맛(sweetness)이 나는 펀지우는 **두보, 이백과 같은 당나라 시인들에게 사랑을 받으며 중국 전역에 이름을 떨치게 되었다.**

007. 랑지우(郎酒 : 랑주)

쓰촨성(四川省) 구린현(古蔺县) 얼랑진(二郎镇)에서 생산되는 랑지우는 북송 시기에 얼랑진의 주민들이 랑천(郎泉)의 물로 빚어 술을 마시던 것이 전해진 것으로 1903년부터 지금의 제조방식(manufacturing method)으로 생산되기 시작하였다. 랑천의 청정수(clean-water)로 빚었기 때문에 아무리 취하여도 목이 마르지 않는다는 특징(characteristic)이 있다고 한다.

008. **구징꽁지우**(古井贡酒 : 고정공주)

위왕 조조가 동한 말에 한나라 헌제에게 올린 글에서 자신의 고향(one s hometown) 하오주(亳州)에는 아홉 가지 술 빚는 방법(method)이 있다고 전했는데, 그 중 안후이성(安徽省) 하오주(亳州)의 구징(古井)이라는 우물(well)에서 빚어졌던 술이 구징꽁지우이다. 현재 구징양조장에서 쓰고 있는 우물(well)은 남북조시대에서부터 내려온 우물(well)이라고 전해지며 명나라 만력황제 때 구징의 술을 황제(emperor)에게 바쳤더니 황제(emperor)가 그 맛에 감탄(admiration)하여 그때부터 이름을 구징꽁지우라 하고 이후 제왕(emperor)들에게 공물(tribute)로 헌납(dedication)되었다고 한다.

009. **시펑지우**(西凤酒 : 서봉주)

샨시성(陕西省) 펑샹현(凤翔县)에서 생산되는 시펑지우는 수수를 주원료로 하고 시펑의 샘물(spring water)을 사용하여 보리(barley)와 완두(pea)로 누룩(yeast)을 만든 후 등급에 따라 증류(蒸溜, distillation), 다시 3년 정도 숙성 기간(ripening period)을 거친 후 판매 되는 술이다. **시고**(acid), **달고**(sweet), **쓰고**(bitter), **맵고**(spicy), **향기**(scent)**로운 다섯 가지 맛이 복합적으로 난다는 매우 특이한 술**(very unusual liquor)로 당 고종이 마신 후 찬탄(admiration)을 금치 못했다고 전해지고 국가명주로 4

차례나 뽑힌 바 있다.

010. 꾸이저우동지우(贵州董酒 : 귀주동주)

꾸이저우의 쮼의시(遵义市)에서 만들어지는 동지우는 탈곡한 고량을 원료
(materials) 로 하여 130여 종의 약재(medicines)를 첨가한 누룩(Added
yeast)을 이용하여 빚어 다양한 향미(various flavors)와 독특한 맛
(Unique Flavor)을 낸다.

011. 지엔난춘지우(剑南春酒 : 검남춘주)

지엔난춘지우는 당대 시인 이백의 고향(one s hometown)인 쓰촨성 미
엔주현(绵竹县)에서 만들어지는 술로 수수(sorghum), 쌀(rice), 찹쌀
(glutinous rice), 옥수수(corn), 밀(wheat)을 원료(materials)로 하여 밀
(wheat)로 만든 누룩(yeast)로 발효(ferment)한다. 당나라 시기의 지엔
난샤오춘(剑南烧春)이 전신으로 **향이 매우 진하며 여운이 길게 남는 특징**
(characteristic)**이 있다.**

※ **참고자료** //

　기업은행, 농협, 우리은행, 전라남도선거관리위원회,
　IMI국제경영원, 수협은행 건배사

저자 김선영

아호(雅號) 천광(天光, sky light)

1957년 충북 청원군 미원면 기암리 출생
1981년 한국전력 입사 33년째 재직 중

2004년 04월 18일 청주사랑 어울마당 '천년대종을 울려라' 청주사랑퀴즈대회 대상 수상
2012년 11월 23일 지식경제부 장관상 수상
2013년 06월 09일 가래떡데이 상표 등록
현대한국인물사 2013판 등재

저서 '건강과 행복과 대박을 위하여'